OSWALDO CORRÊA GONÇALVES

Edições Sesc São Paulo
Gerente Iã Paulo Ribeiro
Gerente adjunta Isabel M. M. Alexandre
Coordenação editorial Francis Manzoni, Clívia Ramiro, Cristianne Lameirinha, Jefferson Alves de Lima
Produção editorial Antonio Carlos Vilela
Coordenação gráfica Katia Verissimo
Produção gráfica Fabio Pinotti
Coordenação de comunicação Bruna Zarnoviec Daniel

OSWALDO CORRÊA GONÇALVES
ARQUITETO CIDADÃO

GINO CALDATTO BARBOSA • RUY EDUARDO DEBS FRANCO

COM A COLABORAÇÃO DE

CHRISTIANE COSTA FERREIRA • FABIO EDUARDO SERRANO •
MARIA TEREZA REGINA LEME DE BARROS CORDIDO • NEY CALDATTO

edições sesc

Preparação Fátima Couto
Revisão Sílvia Balderama Nara, Maiara Gouveia
Projeto gráfico e capa Mariana Bernd
Foto de capa José Moscardi
Composição Jussara Fino

Dados Internacionais de Catalogação na Publicação (CIP)

Os9
Oswaldo Corrêa Gonçalves: arquiteto cidadão
Organização de Gino Caldatto Barbosa; Ruy Eduardo Debs Franco.
São Paulo: Edições Sesc São Paulo, 2021.
336 p. il.: fotografias, plantas, desenhos, esboços.

Bibliografia
ISBN: 978-65-86111-39-2

1. Arquitetura. 2. Biografia. 3. Oswaldo Corrêa Gonçalves.
4. Arquiteto Brasileiro. 5. Arquitetura Social.
I. Título. II. Barbosa, Gino Caldatto. III. Franco, Ruy Eduardo Debs.

CDD 720

Ficha catalográfica elaborada por Maria Delcina Feitosa CRB/8-6187

Edições Sesc São Paulo
Rua Serra da Bocaina, 570 – 11º andar
03174-000 – São Paulo SP Brasil
Tel.: 55 11 2607-9400
edicoes@sescsp.org.br
sescsp.org.br/edicoes
/edicoessescsp

AGRADECIMENTOS

Beatriz Pereira de Almeida, Benno Perelmutter (*in memoriam*), Cassia Neves Teixeira, Christina de Castro Mello, Fernando Oswaldo Moura Gonçalves, Gilberto Orcioli Salvador, Hugo Segawa, Isabel M. M. Alexandre, Jon Andoni Vergareche Maitrejean, José Claudio Paneque, José Ferreira Portela, Júlio Roberto Katinsky, Lenimar Rios, Lígia Palhares Silva, Lourdes Valente de Almeida e Silva, Lucila Mara Sbrana Sciotti, Luiz Carlos Pereira de Almeida, Marcus Vinicius Barili Alves, Maria Aparecida Gonçalves, Maria Dirce Duarte, Maria Isabel Najm Strapetti, Maria Tereza Regina Leme de Barros Cordido, Neide Fabbri Moura, Osmar Antônio Tosi, Paulo Velzi, Viviane Santos Silva.

PARA

CAROLINA, DANILO, DIOGO, GABRIEL,
LUCAS, LYDIA, PEDRO E THOMAS;
NOSSOS FILHOS.

SUMÁRIO

APRESENTAÇÃO

ARQUITETO COMO INTERFACE

DANILO SANTOS DE MIRANDA
DIRETOR DO SESC SÃO PAULO

Quando se concebe a cultura como meio no qual estamos imersos, marcados por constantes trocas – em vez de restringi-la a signos de distinção social ou cabedal de informações –, algumas metáforas ajudam a dar materialidade a essa noção. Uma dessas metáforas provém do próprio domínio cultural *stricto sensu*: a arquitetura.

Território de intenso trânsito, a arquitetura se destaca pela quantidade e a magnitude de condicionantes que a atravessam, sejam eles político-econômicos ou socioculturais, além das determinações físico-materiais. Nesse campo, impera a negociação. A presente publicação, ao abordar as diversas facetas profissionais de Oswaldo Corrêa Gonçalves, permite pensar o arquiteto como plataforma de mediações.

A própria estrutura do livro é coerente com tal condição. Organizado a partir dos vários papéis assumidos em sua trajetória, sugere a imagem de uma encruzilhada de motivações. Fica assim patente a impossibilidade de dissociar o autor-criador de suas outras personas: o professor engajado, o intelectual questionador, o gestor cultural e o ativista em prol da profissão.

Nesse universo variado, uma característica se impõe: a disposição para o diálogo. Testemunho disso é a predileção pelas parcerias, por meio das quais boa parte de seus projetos se efetivou, assim como sua permeabilidade à influência de outros profissionais, a partir de um léxico partilhado. Sua defesa da arquitetura moderna, que inclui a imersão nas problemáticas urbanas, desmonta qualquer noção de inspiração individualista ou desvinculada da realidade.

É visível a conexão dessa disposição com seu protagonismo no meio cultural no qual estava inserido, organizando congressos, fazendo a curadoria de exposições, representando a arquitetura brasileira em viagens internacionais – sempre sob o signo da articulação. De modo análogo, sua atuação na esfera educativa colaborou para o alargamento de práticas e debates, acolhendo mais gente num campo em vigoroso crescimento.

Nesse itinerário, as interfaces entre Oswaldo Corrêa Gonçalves e Sesc foram fundamentais para ambos. Para o arquiteto, representaram a possibilidade de aproximar as premissas modernas do ideário educativo, projetando unidades compartilhadas entre Sesc e Senac nas décadas de 1950 e 1960 (nas cidades de Santos, Marília, Bauru, São José do Rio Preto e Ribeirão Preto, esta última abrigando atualmente o Sesc Ribeirão Preto), além da sede compartilhada à época pelas duas entidades (atual sede do Senac), bem como do projeto da Comunidade Brasílio Machado Neto, em Suzano. Para a instituição, tratou-se de um momento fundamental no amadurecimento de seus valores, para os quais a vocação urbana e modernizante do arquiteto era estrategicamente simbólica.

Num país onde desenvolvimento e desigualdade entremeiam-se na forma de dilemas, a arquitetura ao longo do século XX operou como fórum de debates direcionados à busca do bem comum. A valorização de tais memórias implica, ao mesmo tempo, a iluminação de um passado à luz dos problemas contemporâneos e, sobretudo, a possibilidade de futuros mais promissores, desenhados e construídos por muitas mãos.

PREFÁCIO

OSWALDO CORRÊA GONÇALVES: UM RETRATO

JÚLIO ROBERTO KATINSKY

Para a apresentação deste minucioso trabalho sobre a vida e a obra de Oswaldo Corrêa Gonçalves, meu caro colega e amigo, realizado pelos jovens Ruy Eduardo Debs Franco e Gino Caldatto Barbosa, penso em esboçar uma lembrança pessoal, pois conhecia o arquiteto praticamente desde que cursei a Faculdade de Arquitetura e Urbanismo da Universidade de São Paulo.

Para isso, reuni as mais importantes imagens que guardei de Oswaldo e que podem ser resumidas em quatro retratos parciais de sua e de minha vida. Aliás, embora ambos tenhamos nos modificado ao longo desses sessenta anos, essas imagens demonstram que, curiosamente, permanecemos idênticos: afinal, não sou capaz de me lembrar de visões e atitudes desde a minha mais longínqua infância? O mesmo pode ser dito de nosso biografado. Pretendo, por fim, apresentar a síntese dessas imagens.

Oswaldo Corrêa Gonçalves foi um dos mais ativos e operosos arquitetos da primeira fase da instalação do Instituto de Arquitetos do Brasil (IAB), em São Paulo, logo após o término da Segunda Guerra Mundial. Essa fase foi fundamental para a consolidação e o desenvolvimento dessa profissão que, apesar de sua antiguidade, só nesse segundo pós-guerra se firmou como um fenômeno necessário de nossa civilização, deixando de ser a atuação de uns poucos – dedicados também a algumas e poucas construções – para se tornar uma atividade de muitas pessoas dedicadas a todas as atividades que envolvam o convívio de populações. Oswaldo foi reconhecido por seus pares, tardiamente, como um dos mais ilustres protagonistas dessa fase.

Entrei para a FAU em 1952. Aproximadamente em 1953, nós, alunos, começamos a frequentar o IAB – já na sua sede própria, onde se encontra até hoje –, incentivados pelos nossos professores Artigas e Abelardo de Souza, nas reuniões sociais que aconteciam no almoço e depois do expediente, nas quais se encontravam profissionais para comentar acontecimentos relevantes da cidade e a atuação dos arquitetos mais conhecidos. Assim, em uma noite, provocado pelos circunstantes, Oswaldo gentilmente concordou em contar mais uma vez o episódio ocorrido em um congresso recente de arquitetos pan-americanos, relacionado ao entusiasmo de Frank Lloyd Wright pela sua gravata – ocasião em que o nosso arquiteto, tirando-a, ofereceu-a ao então "monstro sagrado da arquitetura americana e mundial". A imagem que então me pintavam de Oswaldo era de que ele não passava de um jovem rico e "boa-praça", mas não mais do que isso. Daí seu apelido "Oswaldo sobre as Ondas", que fazia alusão a um dos primeiros edifícios da Baixada, no Guarujá, que tinha sido projetado por Fonseca Rodrigues em parceria com Oswaldo – insinuando-se, porém, que o projeto era na realidade de Fonseca Rodrigues, e que Oswaldo operava como mero coadjuvante, por suas relações nos meios empresariais. De fato, Oswaldo tinha penetração na sociedade paulistana – essa, muito provinciana, concentrava todos os arquitetos do estado. Mais tarde, Oswaldo foi convidado a dar aulas na FAU, mas seu entusiasmo por Niemeyer não melhorou sua imagem – muito pelo contrário. Os arquitetos de maior prestígio na escola eram os admiradores de Wright e, como concessão, do Artigas em sua fase "wrightiana".

Mas seria esse retrato correto? Oswaldo, quando estudante da Escola Politécnica, revelou grande apreço por três personalidades que o acompanharam por toda a sua vida: o professor Anhaia Mello e seu assistente Vilanova Artigas, bem como seu contemporâneo Luís Saia. Outro traço que registro é sua participação em congressos de arquitetura brasileiros e internacionais. Assim, ele viajou com delegações para Belo Horizonte, onde conheceu as obras da Pampulha, sobre a qual escreveu falando da grande qualidade arquitetônica da capela de São Francisco, recém-terminada e que esperava consagração. Mas enquanto os católicos franceses, empenhados em uma requalificação da arte religiosa, valorizaram a pequena capela, os bispos brasileiros a denunciavam como perigosa obra subversiva. Ela só foi consagrada em 1960, por insistência direta do presidente da República.

Outro aspecto que surpreende é sua defesa do trabalho em equipe, "tão raro entre nós". Teria ele tomado conhecimento das propostas de Walter Gropius em seu período americano? Também nesse pós-guerra, Oswaldo foi à Europa, deixando fugidias impressões sobre o encantamento que lhe causou a cidade de Veneza, muitos anos mais tarde considerada "patrimônio da humanidade" pela Unesco, como, aliás, o foram também Ouro Preto, Olinda e Brasília. Podemos considerar essas viagens como complementação a sua formação de arquiteto, expediente recomendado pelos melhores mestres da arquitetura.

Mas a postura de trabalhar em equipe e em parceria com outros arquitetos marcou-o para sempre, o que me parece a grande contribuição da Politécnica (de São Paulo) para a constituição do exercício e do ensino da arquitetura no Brasil.

Voltando a atenção para os politécnicos de sua formação, não podemos deixar de reconhecer seu entusiasmo pelas ideias urbanísticas de Anhaia Mello, pois a maior parte dos artigos de Oswaldo dessa época versa sobre urbanismo. O professor Anhaia Mello, na realidade, era catedrático de grandes composições, mas sua atuação no Instituto de Engenharia se destacou pelo estudo dos problemas da gestão urbana. Em 1934 proferiu magistrais palestras sobre a iniciativa norte-americana de criar o Tennessee Valley Authority, que iria, em seguida, modificar radicalmente o perfil econômico e social desse afluente do rio Mississípi. Anhaia Mello era ligado às experiências da cidade-jardim inglesa, também ao urbanismo norte-americano que privilegiava a qualidade de vida do morador urbano genericamente considerado e que já na década de 1920 propunha a "unidade de vizinhança", com suas facilidades e serviços. Esse urbanismo incorporava todas as conquistas sociais conseguidas pela república americana. Essa tendência se contrapunha, até certo ponto, àquela outra, de matiz francês, que privilegiava a circulação de pessoas e de mercadorias, defendida pelo professor Prestes Maia. Essas duas tendências corriam paralelas e só foram sintetizadas no Brasil por Lúcio Costa, em seu projeto de Brasília, no final da década de 1950. Vilanova Artigas era então um jovem arquiteto, quase da idade de seus alunos, mas já se destacava pela procura da arquitetura como expressão autóctone de excelência. Luís Saia, por sua vez, era ligado a Mário de Andrade e aos arquitetos que participavam da valorização do passado artístico brasileiro, por mais tênue que fosse, por meio do recém-fundado Serviço do Patrimônio Histórico e Artístico Nacional (Sphan), de âmbito federal. Artigas provavelmente foi professor de Oswaldo, pois, assim que se formou, foi chamado pelo professor Anhaia Mello para ser seu assistente. Assisti, muitos anos depois, à defesa de Oswaldo, diante de um deputado federal de Santos, do tombamento da Casa de Câmara e Cadeia, sob o argumento de que se tratava de um edifício da mais alta importância para a cidade. Acho que Luís Saia nunca soube disso. Mas toda essa atividade nos era alheia, uma vez que nós, estudantes na época, estávamos empenhados no ensino da escola, quando o Conselho Universitário recusara contratar o arquiteto Oscar Niemeyer por primárias razões puramente ideológicas. Havia uma desconfiança de que os "politécnicos" seguidores do professor Camargo queriam retornar ao curso antigo, ou seja, anular a fundação da FAU, contra a orientação do professor Anhaia Mello, que não escolhia os professores por razões mesquinhas, mas por mérito dos melhores.

Oswaldo, na década de 1950, projetara uma residência para o casal Abu Jamra – uma dupla de pesquisadores da Faculdade de Medicina –, que foi muito divulgada pelas revistas especializadas, entre outras coisas por incluir um painel de pastilhas, material novo na época, de autoria do pintor Clóvis Graciano. A filha do casal, Nina, foi minha aluna e, mais tarde, minha particular amiga e distinguiu-se como arquiteta e estudiosa da arquitetura paulista, dedicando-se inclusive ao ensino. Uma vez ela comentou comigo que fora estudar na FAU/USP porque tinha vivido toda a sua infância naquela casa. A família conserva até hoje essa residência, a meu ver um dos marcos arquitetônicos da época.

Comecei a relacionar-me com Oswaldo depois que me formei, nas reuniões oficiais do IAB, pois eram próprias do arquiteto uma grande afabilidade e uma atenção respeitosa e gentil para com todas as pessoas. Assim, em 1960, Oswaldo nos convidou, a mim e ao Abrahão Sanovicz, então meu sócio, para uma parceria em projetos de arquitetura. Ambos tínhamos vencido um concurso nacional para um clube em Londrina, em 1959, em parceria com o arquiteto Toscano, cujos desenhos originais encontram-se hoje no Museu Pompidou; Oswaldo, por sua vez, tinha um posto altamente qualificado, que lhe permitia acompanhar o que acontecia no ensino de arquitetura no mundo. Era pessoa de confiança de Ciccillo Matarazzo, fundador da Bienal Internacional de Artes, para a qual Oswaldo organizava a Seção de Arquitetura. Esta promovia um concurso, também de abrangência internacional, de escolas de arquitetura. Em 1957, Abrahão e eu, em equipe com vários outros colegas, ganhamos o primeiro lugar *ex æquo* com outras duas escolas do exterior. Nosso projeto era uma unidade de vizinhança para os técnicos e os operários da Usina Presidente Bernardes, da Petrobras, em Cubatão, com orientação do professor Artigas. Ora, essa orientação urbanística era afim à do próprio Oswaldo.

Assim começamos uma parceria em que pesou nossa postura comum de trabalhar em equipe. Desses primeiros projetos somente vingou o do Teatro Municipal de Santos, iniciativa do prefeito Sílvio Fernandes Lopes e do entusiasmo de seu candidato, Luís La Scala. Essa foi a primeira experiência mais concreta não só da seriedade profissional como do comportamento de Oswaldo, que sempre valorizou o trabalho dos seus parceiros e colaboradores. Infelizmente, La Scala, eleito prefeito, morreu no dia da posse. Nossa parceria continuou até o prefeito Fernandes, em seu segundo mandato (1967), desapropriar terreno adequado, e o projeto, ampliado com um centro cultural por nós proposto, ser construído.

Em 1971, Oswaldo convidou a mim, ao Abrahão e ao Benno Perelmutter para fundarmos a Faculdade de Arquitetura de Santos. Participamos das discussões iniciais, e ficou estabelecido que me encarregaria da disciplina desenho do objeto, pois me parecia que centrar a ênfase em produção em série para um parque industrial primitivo seria irrealista. Abrahão ficou encarregado da programação visual, e Benno ficou como assistente de Oswaldo na faixa de arquitetura. Posteriormente, nossa experiência serviu de base para o programa da Faculdade de Arquitetura da Universidade de Brasília, a pedido de seu diretor, o arquiteto Miguel Pereira. Esse programa foi publicado pela Associação Brasileira de Escolas de Arquitetura.

Novamente se pôde comprovar a isenção e a generosidade do Oswaldo, por ocasião de um episódio dramático: quando os "arquitetos da guerrilha" foram presos e torturados, Oswaldo e eu fomos convocar Aníbal Clemente (diretor da escola) para depor em favor dos professores da Faus perante os militares. Lembro-me bem das hesitações de Aníbal Clemente ao argumentar que os arquitetos tinham confessado suas ações e atitudes contra a ditadura como uma postura ilegal. Oswaldo contra-argumentou com veemência, afirmando que tal confissão não valia nada, pois fora obtida mediante tortura, e que "sob tortura qualquer um confessa que matou a própria mãe". Confrontado com esse raciocínio, Aníbal afinal concordou em acompanhar Oswaldo à audiência exclusiva aos dois. A visita surtiu o efeito desejado, pois os militares já estavam cientes da reação negativa a seu desrespeito aos direitos humanos, tanto internamente quanto no exterior.

A última ação de que participei com Oswaldo e que gostaria de comentar deu-se por ocasião de mais uma iniciativa de Ciccillo Matarazzo, ao aventar a 1ª Bienal Internacional de Arquitetura. Fomos procurados, Abrahão e eu, para propor o "tema" da Bienal. Sugerimos então a frase "O ambiente que o homem constrói". Oswaldo, como era seu costume, quis ouvir a opinião de seu amigo Artigas, à época aposentado compulsoriamente da USP. Artigas aprovou nossa proposta, com uma modificação: "O ambiente que o homem organiza", conforme Oswaldo nos contou em seguida. O único país que enviou uma representação foi a Rússia (sob o nome de URSS), que realizava uma exposição itinerante naquele momento, montada na Argentina. A própria Bienal foi organizada espacialmente pelo arquiteto Paulo Mendes da Rocha, outro perseguido da FAU/USP pela ditadura. A Bienal homenageou os arquitetos João Vilanova Artigas, o paisagista Burle Marx e o engenheiro Joaquim Cardoso. Por causa do ambiente opressivo, talvez, a Bienal teve um êxito surpreendente, com toda a propaganda – projetada pela equipe de Ricardo Ohtake, Dalton de Luca e José Graciano – baseada no projeto do edifício da própria Bienal e em sua realização, o que não deixava de ser uma homenagem ao seu autor, Oscar Niemeyer, então exilado em Paris. Mais uma vez pude comprovar o sentido amplo em que Oswaldo entendia a atividade da arquitetura e sua significação social; e, sobretudo, a tenacidade com que realizava as tarefas que lhe eram solicitadas.

Em síntese, ao tempo em que Oswaldo participava com entusiasmo das reuniões da fundação do IAB ou da criação da FAU/USP, naturalmente eu era um ginasiano e estava empinando papagaios, como se costuma dizer. E toda essa parte da vida de nosso arquiteto eu tive de deduzir a partir de nossa vida em comum e dos desabafos pessoais que fez a mim. Posso dizer, entretanto, que Oswaldo Corrêa Gonçalves foi uma pessoa que contribuiu para a consolidação de uma atividade impulsionada inicialmente por um pequeno grupo de arquitetos modernos cariocas e depois brasileiros, desenvolvendo-se fortemente de uma atividade tradicional para uma atividade interdisciplinar, com um inequívoco compromisso com a cidade que se quer e seu futuro comum. Podemos, pois, atribuir ao arquiteto a qualidade civil que o poeta máximo de nossa língua deixou registrada em seu poema:

A disciplina militar prestante
Não se aprende, Senhor, na fantasia,
Sonhando, imaginando ou estudando,
Senão vendo, tratando e pelejando.[1]

Concluo este retrato apenas esboçado lembrando que a maior qualidade do arquiteto não se fixa na sua condição de destacado profissional nem em sua atuação como cidadão, mas em sua lealdade para com as pessoas com as quais conviveu e com os ideais com elas partilhados.

1. Luís de Camões, *Os lusíadas*, canto X, estrofe 153. Disponível em: http://oslusiadas.org/x/153.html.

INTRODUÇÃO

GINO CALDATTO BARBOSA
RUY EDUARDO DEBS FRANCO

Este livro revela parte da vida do arquiteto Oswaldo Corrêa Gonçalves, sem a pretensão de executar recorte biográfico preciso. Distintas leituras abordam sua produção para além do êxito profissional, versando sobre os fazeres do arquiteto e do cidadão, de modo que se amplie o entendimento acerca de sua complexa personalidade.

Expoente de uma geração de profissionais alinhados pelo ideal moderno de pensar o edifício e a cidade como instrumentos transformadores da realidade coletiva, Oswaldo Corrêa Gonçalves pontuou sua carreira por caminhos desiguais. Para usar uma expressão em voga no atual mercado de trabalho, não foi um "especialista", mas teve imenso envolvimento com a profissão, demonstrando na prática a visão universalista do arquiteto na atuação cotidiana. Sua trajetória profissional se confunde com os caminhos percorridos pela história da arquitetura moderna no Brasil – marcados por compromissos ideológicos e por um projeto de desenvolvimento nacional, em que a consolidação da profissão passava pela organização dos seus órgãos de representação de classe e pela formação acadêmica.

Certamente, a atividade de Oswaldo está entre as que mais representam esse esforço e essa ação múltipla. Isso fica claro na diversidade dos projetos arquitetônicos e urbanísticos realizados, assim como em seu comprometimento com a ampliação do campo de trabalho – tome-se como exemplo o envolvimento em exposições como a Bienal de Arte de São Paulo e a Bienal Internacional de Arquitetura, na criação do departamento paulista do Instituto dos Arquitetos do Brasil (IAB/SP) e na luta pela formação do curso de arquitetura no estado de São Paulo. Contudo, o reconhecimento por tão destacada atuação nunca encontrou ressonância na crítica de arquitetura, que de modo recorrente silencia diante da importância dele para a história do modernismo brasileiro.

Santista de nascimento e alma, Oswaldo concluiu estudo superior na capital, formando-se engenheiro-arquiteto em 1941 pela Escola Politécnica da Universidade de São Paulo, no tempo em que a arquitetura ainda era vista como disciplina adicional do curso de engenharia. O encantamento pelas obras modernas se deu ao ser contagiado pelo "espírito novo" preconizado por Le Corbusier e pelas formas sensuais da obra de Oscar Niemeyer. Como profissional, despontou na década de 1950, com a realização dos projetos de unidades escolares para o Convênio Escolar da Prefeitura Municipal de São Paulo e, sobretudo, para o Sesc, à época ainda vinculado ao Senac – instituições recém-criadas, que apresentavam como demanda imediata construir edifícios próprios por todo o território paulista em busca de unidade corporativa. Para essas instituições, Oswaldo projetou e supervisionou as obras das sedes de Ribeirão Preto (1956), Araraquara (1957), Marília (1957), Santos

(1959), Bauru (1959), São José do Rio Preto (1960) e São Paulo (1963), cujo padrão arquitetônico de grande vigor plástico teve papel fundamental na elaboração da imagem modernizante que Sesc/Senac desejava imprimir para si.

Na Baixada Santista concentrou parte de suas atividades desde o fim da Segunda Guerra Mundial, quando a região foi beneficiada pelo surto desenvolvimentista por que passava a economia no mundo. A escassez de arquitetos no litoral rendeu-lhe grandes oportunidades profissionais, tornando-o um dos responsáveis pela difusão da arquitetura moderna na região. Essa atuação posteriormente alcançou dimensão nacional, quando solicitado para a elaboração de projetos em quase todo o território brasileiro. Entre as atividades locais de maior destaque estão o Plano Diretor de Santos, elaborado em 1967, que estabeleceu pela primeira vez na cidade conceitos como zoneamento do uso do solo, controle da densidade populacional dos bairros e criação de áreas verdes. Nessa época Oswaldo idealizou a Faculdade de Arquitetura e Urbanismo de Santos (Faus) como algo necessário para dar sequência às ideias contidas no plano.

Engana-se quem imagina a dedicação plena do arquiteto às obrigações profissionais. Adentrando a agenda pessoal de Oswaldo, deparamos com uma vida social entrecruzada à devoção pela arquitetura. A intensidade com que usufruiu o momento cultural e social efervescente da geração pós-Segunda Guerra perfaz o recorte de um personagem integrado ao seu tempo. Nas décadas de 1940 e 1950, por exemplo, teve vida glamorosa. Habitual da cena noturna paulistana e, por vezes, carioca, figurava como legítimo representante do *jet set* da época. Oswaldo era alto e bem-apessoado, amável e cordial, um *gentleman*, na opinião de muitos, qualidades que lhe permitiram frequentar sem cerimônia badaladas rodas de São Paulo. Conheceu inúmeras mulheres e personalidades do mundo da política, das artes e da arquitetura. Amante da velocidade, desfilava entre as ruas de São Paulo e as praias do litoral paulista a bordo do Jaguar esportivo. Destemido, lançou-se em um prolongado safári na África, aventura trazida ao conhecimento público pela imprensa, enaltecendo a coragem heroica do arquiteto no abate de diversos animais de porte – uma prática recorrente no passado, atualmente condenável. Progressista, lutou pela retomada da democracia durante o período da ditadura militar no país.

Apesar do relativo isolamento mantido nos últimos anos de vida, Oswaldo recebeu homenagens que corroboram o alcance de sua atividade profissional em prol da coletividade. Honrarias como o Colar de Ouro do Instituto dos Arquitetos do Brasil (IAB) e o Prêmio Mário de Andrade, concedido pelo governo do estado de São Paulo pelo destaque no campo da arquitetura brasileira, somam-se ao reconhecimento da Câmara Municipal de Santos ao lhe conceder o título de Cidadão Emérito por sua trajetória de vida.

Para desvendar esse personagem dinâmico e, por vezes, surpreendente, a pesquisa que embasa esta obra foi organizada em quatro partes, ou melhor, quatro "tempos" de compassos sinuosos. No transcorrer de cada capítulo o leitor é conduzido a embrenhar-se no panorama das ações de Oswaldo Corrêa Gonçalves. O universo da formação escolar e profissional que inicia esse percurso está revelado na parte introdutória, "Tempo de aprender e divulgar". Nesse contexto igualmente se descreve a militância de Oswaldo junto às entidades de classe e a sua contribuição para a valorização profissional. Relevantes projetos arquitetônicos e urbanísticos por ele concebidos, em particular os edifícios elaborados para as unidades do Sesc, são examinados na parte seguinte, "Tempo de projetar". Residências, edifícios multifamiliares, conjuntos habitacionais, ginásios, estádios, teatro, escolas, postos de gasolina, planos diretores e projetos urbanísticos expressam a diversidade dos trabalhos de que o arquiteto participou, cuja análise contou com a colaboração dos autores Ney Caldatto, Christiane Costa Ferreira, Maria Tereza Regina Leme de Barros Cordido e Fabio Eduardo Serrano. O envolvimento do arquiteto com a formação profissional é destacado na terceira parte do livro. Intitulada "Tempo de ensinar", traz subsídios adicionais para a história do ensino de arquitetura do país, atentando para a criação dos cursos da Universidade de São Paulo e, posteriormente, da cidade de Santos. Enfim, a parte "Todo o tempo", epílogo da pesquisa, converge para a organização cronológica das atividades profissionais e sociais do arquiteto. Um esforço para organizar a quase totalidade dos trabalhos produzidos, coletados de publicações diversas e dos registros e projetos do seu arquivo pessoal.

Desde muito se desejou concretizar um livro revelador da produção multidisciplinar de Oswaldo Corrêa Gonçalves como legado para as futuras gerações. Inúmeros esforços se somaram a esse objetivo em diversas ocasiões, iniciados na década de 1980, sem contudo alcançar o êxito almejado. A perseverança na convicção de que esse projeto era viável encontrou ressonância muito tempo depois nas Edições Sesc, que, sensibilizadas diante do significado de Oswaldo para a instituição, compreenderam a importância e a premência do livro que agora se apresenta.

Oswaldo veria nesta publicação a satisfação de seus anseios, uma vez que a estrutura editorial aqui apresentada contou com sua aprovação em reuniões que antecederam seu falecimento. Tempos depois da última conversa, o trabalho finalmente se conclui.

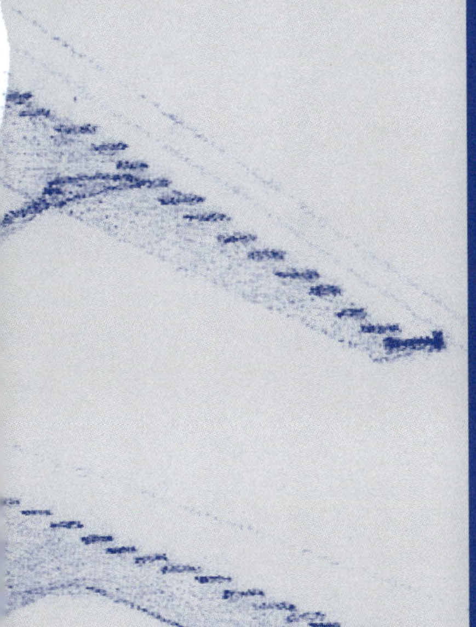

TEMPO DE APRENDER E DIVULGAR

APRENDER

Gino Caldatto Barbosa

Oswaldo Corrêa Gonçalves foi ativo arquiteto no que concerne a tudo que essa profissão possa abranger. Incansável no desempenho do trabalho, integrou a pioneira geração de arquitetos modernos que confiaram no poder transformador da atividade profissional sobre a realidade desigual do país.

Nacionalista, vivia informado sobre o que se passava no cenário político brasileiro, demonstrando preocupação diante de vários problemas – o analfabetismo da maioria da população brasileira, a desigualdade social, a crise de energia elétrica, o aumento da densidade demográfica das cidades e a falta de moradia popular. Abraçou a campanha "O Petróleo É Nosso", que culminou na criação da Petrobras. Lutou pela redemocratização do país e empenhou-se diretamente na campanha para eleger Tancredo Neves à presidência da República, quando então se encerrou um longo período da cena política sob o regime militar.

Oswaldo pertenceu a um gênero de profissionais que se devotou amplamente à arquitetura. No universo de projetos realizados, acumulou centenas de trabalhos que compreenderam distintas tipologias de edifícios, urbanizações e planejamento urbano. Como educador, foi professor e atuou na formação de duas importantes escolas de arquitetura. Militou ainda nas entidades representativas da categoria profissional e criou eventos culturais expressivos, como a Bienal Internacional de Arquitetura, em São Paulo.

Progressista na opinião de alguns, conservador e controverso segundo outros, Oswaldo foi um personagem de múltiplas faces, grandes histórias e pouca valorização. Renegado, não mereceu da crítica de arquitetura reconhecimento à altura de suas realizações. Em contrapartida, Oswaldão – como ficou conhecido por sua elevada estatura física – foi, graças a suas virtudes e apesar de seus defeitos, complacente com todos os que o cercaram.

"Ficamos amigos com relativa facilidade, pois ele era muito aberto; o Oswaldo era uma pessoa que não tinha uma postura agressiva com relação às pessoas. Figura amistosa, foi muito generoso comigo"[1], afirmou Júlio Katinsky, aluno de Oswaldo na Faculdade de Arquitetura e Urbanismo da Universidade de São Paulo (FAU/USP) na década de 1950.

◄ Oswaldo em seu escritório, em 1975.

1. Ruy Eduardo Debs Franco, entrevista com Júlio Roberto Katinsky, São Paulo, 6 jan. 2014.

Katinsky recebeu convites do velho mestre para trabalhos conjuntos, como o projeto para o Teatro Municipal de Santos, em 1960, e a participação no quadro docente pioneiro da Faus, em curso por ele criado em 1969. Impressões similares foram registradas pelo arquiteto Benno Perelmutter, com quem Oswaldo constituiu sociedade na década de 1970 na firma Pluric – Escritório Pluricurricular de Projetos:

> Arquiteto brilhante, sempre atuante e presente nas décadas de 1950, 1960 e 1970. Competente, com extraordinária qualidade humana, generoso, solidário com os colegas arquitetos, participou da primeira reunião para a criação do núcleo paulista do IAB, incluindo-se entre os membros da diretoria inicial[2].

Sensível, muitas vezes ficava combalido diante dos percalços que a profissão lhe reservava, tornando-se sujeito a reveses quanto a sua saúde. Oswaldo também era dedicado, meticuloso e organizado, comportamentos facilmente reconhecidos por quem manuseie o acervo documental que doou à biblioteca da Faus.

Apesar do extenso currículo profissional, Oswaldo nunca se deixou levar por outras vaidades além do narcisismo habitualmente cultivado em frente ao espelho. Quando jovem, tinha físico de atleta; era alto, magro, de boa aparência e, ainda por cima, oriundo de família rica. Por tudo isso, Oswaldão era o tipo pelo qual as mulheres suspiravam – e que os homens invejavam. “Era um homem muito bonito; além disso, era simpático e muito rico, então as meninas caíam em cima dele, e o pessoal morria de inveja[3].”

ARQUITETURA COMO DESTINO

Oswaldo fez sua opção profissional ainda na adolescência, embora não soubesse precisar quando se manifestara esse desejo, ao qual se entregaria de corpo e alma por mais de sessenta anos de atividade:

2. Cf. Benno Perelmutter, “Um militante fiel da arquitetura: atuação”, em *Boletim informativo do Instituto dos Arquitetos do Brasil – Departamento de São Paulo*, n. 51, jul.-set. 2005.

3 Cf. Júlio Roberto Katinsky, *apud* Ruy Eduardo Debs Franco, *op. cit.*

▲▶
Balbina, Oswaldo, sua irmã Lucy e Pedro Borges Gonçalves, em Santos, 1920.

▲▶▶
Oswaldo e Lucy na casa da rua Barão de Penedo, 20. Santos, 1924.

▶
Oswaldo e Lucy, em 1928.

▶▶
Oswaldo, o primeiro à direita, em atividade no Exército, em 16 de outubro de 1939.

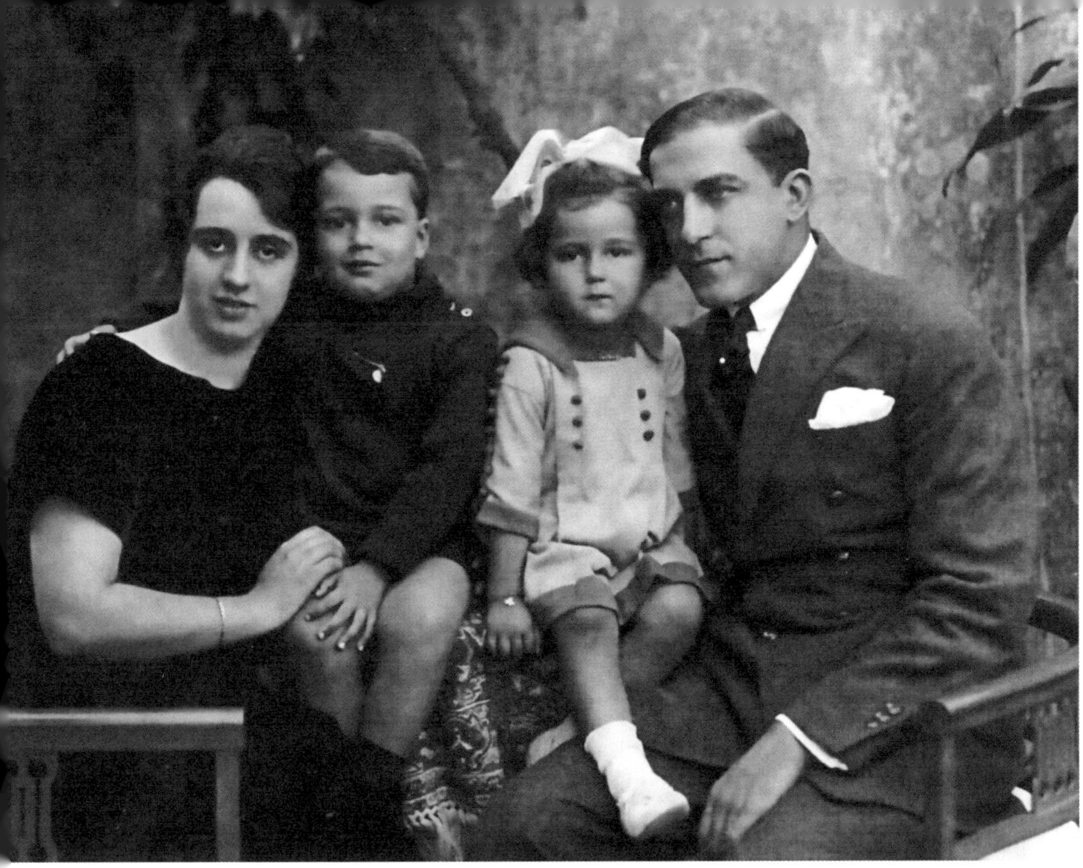

Manobras da 2ª Região Militar - QQG no Butantan - 16 de Outubro de 1939

Não tenho muita segurança em dizer exatamente o que me fez optar por estudar arquitetura. Achava que entre arquitetura e engenharia, que se colocavam como alternativas para mim, parecia-me que na arquitetura havia mais possibilidade de dar minha própria contribuição do que em qualquer outro tipo de formação profissional[4].

A atração pela arquitetura foi tão grande que ele ingressou de imediato no curso de engenheiro-arquiteto na Escola Politécnica da Universidade de São Paulo, numa época em que a postura habitual dos postulantes era fazer engenharia civil para depois complementar os estudos em arquitetura. Oswaldo, desse modo, priorizou a formação de engenheiro-arquiteto, concluída em 1941, e, após o período de convocação para o serviço militar durante a guerra, voltou aos bancos da Poli e finalizou em 1945 o curso de engenharia.

Natural de Santos, cresceu na época em que a cidade enaltecia os avanços trazidos pela engenharia e pelo urbanismo, duas atividades que tempos depois cruzariam sua vida. Foi o período em que Santos deixou para trás o estigma de "porto da morte", das últimas décadas do século XIX, e seus habitantes passaram a usufruir uma significativa melhora de qualidade de vida. As endemias e a falta de infraestrutura e de saneamento básico enfrentadas tempos atrás foram superadas por meio de um ambicioso plano de urbanização idealizado e implantado por Francisco Saturnino Rodrigues de Brito, engenheiro sanitarista. Oswaldo cresceu em um universo modernizado, de espaços saneados e organizados que contribuíram para a ascensão de um mundo burguês, sob influência do padrão cultural europeu. Com benefícios provindos da engenharia, a cidade partia para uma nova fase de desenvolvimento econômico, impulsionado pelos interesses do capital agroexportador. A interação com esse contexto possivelmente exerceu sobre Oswaldo influência decisiva para a escolha da futura profissão.

Oswaldo Corrêa Gonçalves nasceu no dia 27 de fevereiro de 1917, em uma família tradicional da cidade de Santos. Foi o primogênito de um casal de filhos que Balbina e Pedro Borges Gonçalves tiveram. Passou a infância tranquila e segura, sem privações, em um amplo casarão na rua Barão de Penedo, 20, próximo ao Orquidário Municipal, em frente a um dos inúmeros canais de drenagem que Saturnino de Brito concebeu. Hoje se encontra no local o edifício Clipper Sea, projetado pelo próprio Oswaldo.

4. Cf. Edison Gloeden e Eugênio Lara, entrevista com Oswaldo Corrêa Gonçalves, Santos, 21 nov. 1982, p. 1.

Cresceu num ambiente doméstico conservador, disciplinado, protocolar, aspectos que de algum modo condicionaram o comportamento formal que o distinguia. Seu pai, empresário de renome, ligado ao ramo de café (era sócio da firma Pedro Gonçalves & Alberto Delport), sobressaía pelas virtudes morais e cívicas, tendo exercido funções públicas e desempenhado atividades filantrópicas que lhe valeram a condecoração da Ordem da Rosa[5].

A formação educacional de Oswaldo foi dividida entre a cidade natal e a capital do estado. Cursou o primário como aluno interno do Colégio São Bento, em São Paulo; o secundário, iniciado no Ginásio Luso-Brasileiro[6], em Santos, ele transferiu para o tradicional Liceu Nacional Rio Branco, da capital. A opção por cursar os dois últimos anos no Rio Branco, concluídos em 1934, indica o momento em que Oswaldo decidiu ingressar na Politécnica. Ao que parece, seria a maneira indicada para se preparar para essa faculdade, pois "[...] esse colégio tinha os melhores professores para quem pretendia cursar engenharia[7]".

Entre 1935 e 1936, cursou ainda o colégio universitário da Politécnica, também chamado de curso pré-politécnico, equivalente a um núcleo preparatório. Complementar ao ensino secundário, tinha duração de dois anos e permitia acesso direto à faculdade. Oferecia formação relativamente ampla, conciliando conhecimentos das ciências exatas com algumas áreas de humanas. No primeiro ano, a grade curricular compunha-se das disciplinas matemática, física, química, geografia e cosmografia, história natural, psicologia e desenho; no segundo e último ano, de matemática, complementos de matemática elementar, física, química, história natural e lógica[8].

Enquanto fazia os estudos preparatórios, Oswaldo, então com 18 anos, alistou-se no Centro de Preparação de Oficiais da Reserva do Exército (CPOR) de São Paulo, onde por três anos se especializou no ramo da artilharia, formando-se aspirante em armas em 1938. Deu sequência à atividade militar completando o curso de especialização de artilharia de costa e o estágio no Corpo de Tropa, em 1941. Condecorado primeiro-tenente, em 1942 foi convocado para o serviço ativo do Exército, servindo como oficial e comandante de bateria no 5º Grupo de Artilharia da Costa no forte de Itaipu, em Praia Grande. Por sua atuação recebeu medalha de guerra.

5. Cf. Olao Rodrigues, *Veja Santos*, Santos: Prefeitura Municipal de Santos, 1974.
6. O Ginásio Luso-Brasileiro, na avenida Conselheiro Nébias, foi demolido na década de 1960 para dar lugar à construção da sede do Sesc-Senac, projeto de Oswaldo Corrêa Gonçalves.
7. Cf. Oswaldo Corrêa Gonçalves, depoimento manuscrito, São Paulo, 8 mar. 1985, p. 1.
8. Cf. Sylvia Ficher, *Os arquitetos da Poli*, São Paulo: Fapesp/Edusp, 2005, p. 25.

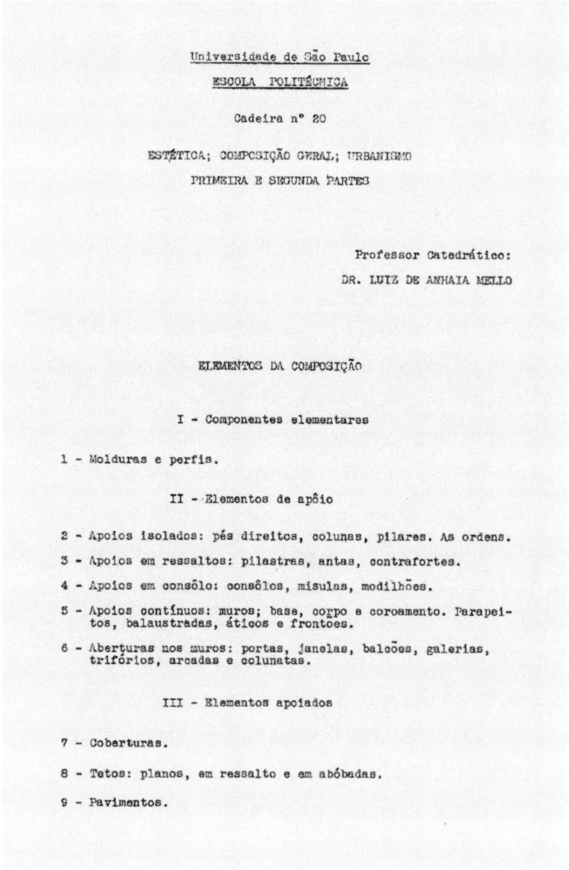

Universidade de São Paulo

ESCOLA POLITÉCNICA

Cadeira nº 20

ESTÉTICA; COMPOSIÇÃO GERAL; URBANISMO

PRIMEIRA E SEGUNDA PARTES

Professor Catedrático:

DR. LUIZ DE ANHAIA MELLO

ELEMENTOS DA COMPOSIÇÃO

I - Componentes elementares

1 - Molduras e perfis.

II - Elementos de apôio

2 - Apoios isolados: pés direitos, colunas, pilares. As ordens.

3 - Apoios em ressaltos: pilastras, antas, contrafortes.

4 - Apoios em consôlo: consôlos, misulas, modilhões.

5 - Apoios contínuos: muros; base, corpo e coroamento. Parapeitos, balaustradas, áticos e frontoes.

6 - Aberturas nos muros: portas, janelas, balcões, galerias, trifórios, arcadas e colunatas.

III - Elementos apoiados

7 - Coberturas.

8 - Tetos: planos, em ressalto e em abóbadas.

9 - Pavimentos.

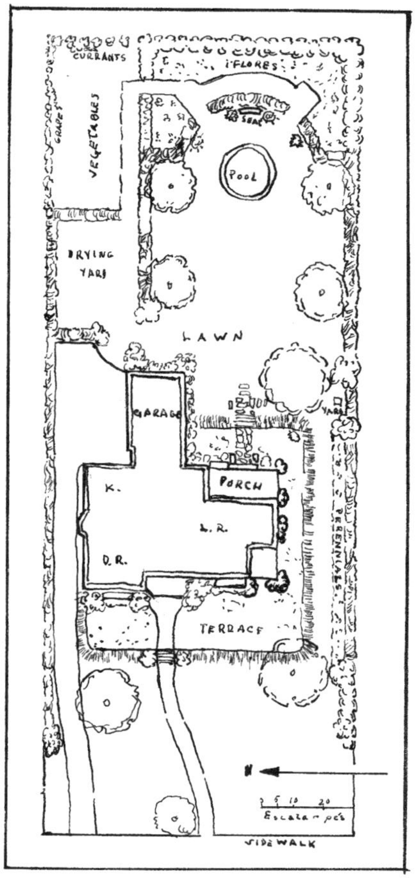

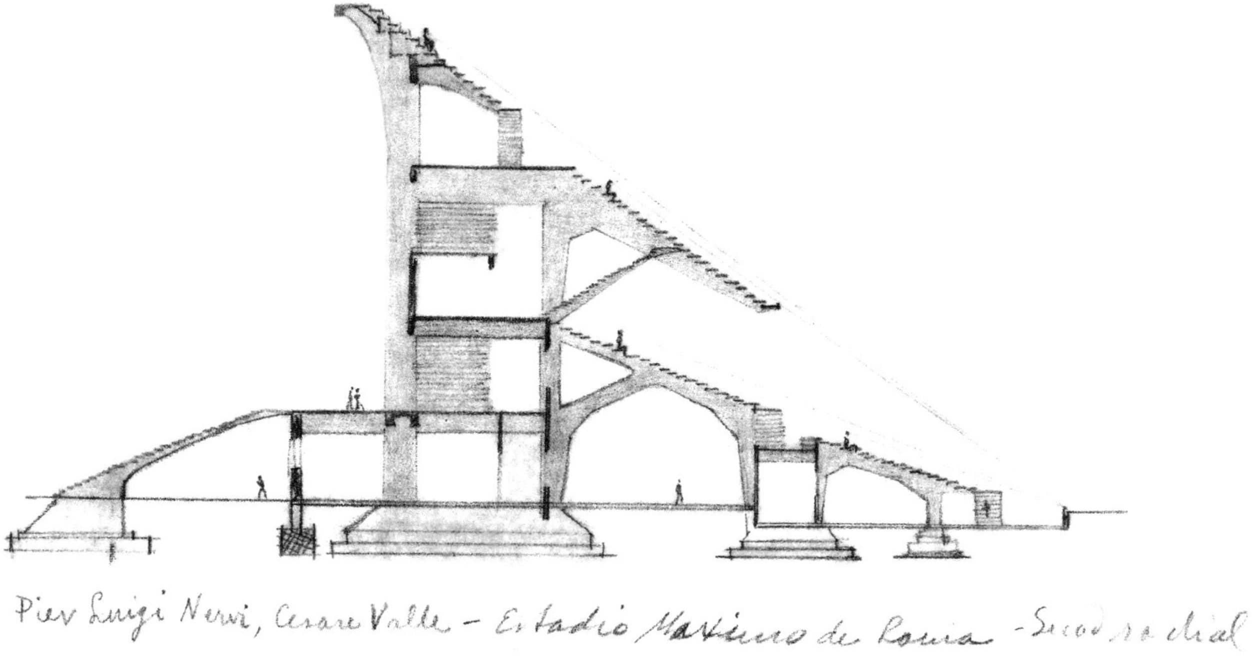

▲◄◄
Programa da Cadeira nº 20 (estética, composição geral e urbanismo), ministrada pelo prof. Luiz de Anhaia Mello.

▲◄
Trabalho escolar de Oswaldo, produzido no quarto ano do curso politécnico.

◄
Trabalho escolar de Oswaldo, produzido na Politécnica.

Em plena Segunda Guerra Mundial, o Brasil foi chamado a enviar a Força Expedicionária Brasileira para lutar na Itália. Eu era oficial do Exército, servindo na Artilharia de Costa, e fui designado para o forte de Itaipu, em Praia Grande, onde em consequência da guerra ficávamos de prontidão dia sim, dia não[9].

Em 1937, período em que ainda cursava o CPOR, Oswaldo entrou para a Escola Politécnica de São Paulo, formando-se engenheiro-arquiteto cinco anos depois.

Quando eu estudava, ainda não existia faculdade de arquitetura. Estudei na Politécnica de São Paulo, que formava naquela época engenheiros civis, engenheiros-arquitetos, eletricistas e químicos. Eu resolvi seguir a carreira de engenheiro-arquiteto, dentre os ramos de engenharia citados [...] não era muito diferente do ramo de engenharia civil[10].

A baixa procura pelo curso trouxe incômoda situação a Oswaldo – era o único aluno da turma. Nos primeiros anos a exclusividade fora atenuada pelo fato de as aulas da engenharia civil e da arquitetura serem conjuntas. Depois sua condição tornou-se privilegiada: "Do terceiro ano em diante, como único aluno do curso, tinha professores só para mim, de composição e de urbanismo"[11]. No penúltimo ano, Oswaldo juntou-se à turma da frente para cursar a disciplina de urbanismo: "Quando estava no penúltimo ano, eu me anexei ao último ano do curso de urbanismo nas aulas dadas pelo professor Luiz de Anhaia Mello para sete estudantes do quinto ano[12]".

O período inicial na Escola Politécnica trouxe dificuldades para o aprendizado de Oswaldo. Disciplinas com ênfase em ciências exatas acarretaram avaliações finais decepcionantes – sobretudo nos dois primeiros anos –, considerando a boa formação adquirida na base escolar. Problemas com os estudos da Politécnica podem ter sido uma das causas da interrupção do curso do CPOR por um ano.

Os três anos iniciais eram comuns a engenharia civil e arquitetura. No primeiro ano estudava cálculo, geometria descritiva e outras disciplinas de

9. Cf. Oswaldo Corrêa Gonçalves, *op. cit.*, p. 1.
10. Cf. Oswaldo Corrêa Gonçalves, *apud* Edison Gloeden e Eugênio Lara, *op. cit.*, pp. 1-2.
11. Cf. Oswaldo Corrêa Gonçalves, *apud* Edison Gloeden e Eugênio Lara, *op. cit.*, p. 1.
12. *Idem, ibidem.*

formação técnica. No segundo ano, tive física, química. Precisei estudar química durante dois anos com professor difícil[13]. Só no terceiro ano começou a aparecer uma disciplina chamada composição, que se dividia em grandes, médias e pequenas composições[14].

Com cinco anos de duração, o curso de engenheiro-arquiteto na Politécnica concentrava nos primeiros três anos disciplinas, em sua maioria, comuns ao curso de engenharia civil. A carga horária, inicialmente condensada em atividades de ciências exatas, da metade do curso em diante norteava o ensino para a formação do arquiteto. Apenas no terceiro ano eram introduzidas disciplinas do universo da arquitetura: composição geral, desenho de perspectiva, desenho de composição, noções de arquitetura, história da arquitetura, entre outras[15].

Sobre o conhecimento alcançado, Oswaldo foi incisivo ao mencionar que a formação profissional obtida era essencialmente politécnica: "Na vida profissional foi que senti a arquitetura e o urbanismo. Na faculdade, o ensino era de engenheiro"[16]. Essa proximidade entre a formação do engenheiro civil e a do arquiteto repercutia também na regulamentação do exercício da profissão. O decreto n. 23.569, de 11 de dezembro de 1933, atribuía aos referidos profissionais a capacidade de realizar os mesmos trabalhos e ajustava a arquitetura como especialização da engenharia[17].

Entre as disciplinas cursadas, Oswaldo identificou-se com as aulas sobre urbanismo do professor Luiz de Anhaia Mello. Com ampla visão da cidade e da gestão pública, fruto da breve experiência acumulada como prefeito de São Paulo entre os anos de 1930 e 1931, Anhaia Mello apresentava ideias que aguçavam os sentidos de Oswaldo.

13. Oswaldo se referia ao prof. Theodureto de Arruda Souto, titular da cadeira de química geral inorgânica e noções de química orgânica, que a partir de 1938 substituiu o prof. E. Ribeiro Costa (cf. Sylvia Ficher, *op. cit.*, p. 257).
14. Cf. Oswaldo Corrêa Gonçalves, *apud* Edison Gloeden e Eugênio Lara, *op. cit.*, p. 1.
15. Na carga horária dos dois anos iniciais, de grande concentração de atividades das ciências exatas, havia também espaço para disciplinas ligadas à formação do arquiteto, como desenho arquitetônico e esboço natural, no primeiro ano, e desenho de perspectiva no segundo (cf. Universidade de São Paulo/Escola Politécnica: Curso de Engenheiros Arquitetos, 1975).
16. Cf. Elaine Rodrigues de Oliveira, *A contribuição de Oswaldo Corrêa Gonçalves para a arquitetura moderna brasileira*, dissertação de mestrado, Escola de Engenharia de São Carlos/USP, São Carlos, 1999, p. 10.
17. *Idem, ibidem.*

▲▶
Material didático fornecido pela disciplina de urbanismo.

▲▶▶ | ▶ | ▶▶
Trabalhos escolares de Oswaldo, produzidos na Politécnica.

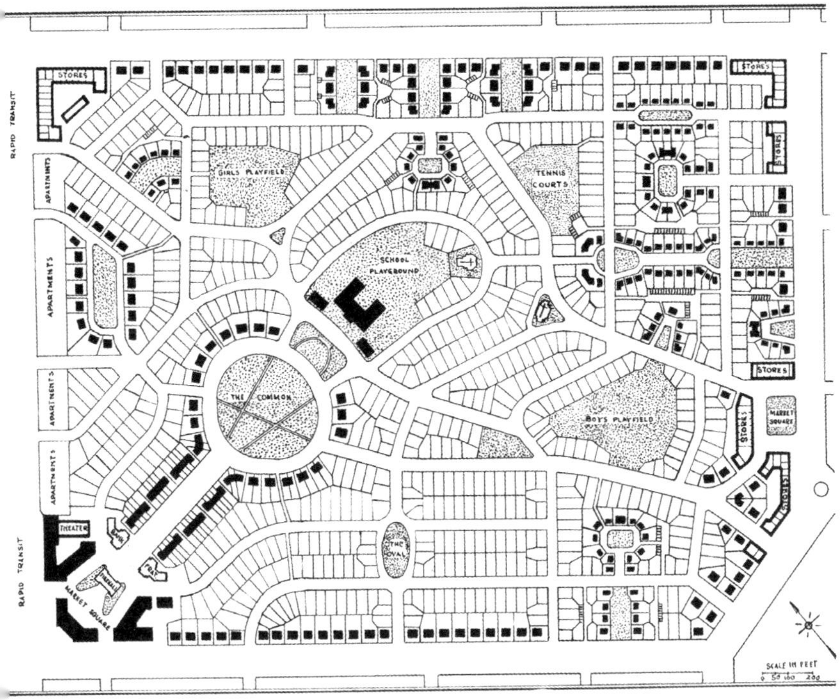
STORES
RAPID TRANSIT
APARTMENTS
GIRLS PLAYFIELD
SCHOOL PLAYGROUND
TENNIS COURTS
THE COMMON
BOY'S PLAYFIELD
MARKET SQUARE
THE OVAL
THEATER
SCALE IN FEET

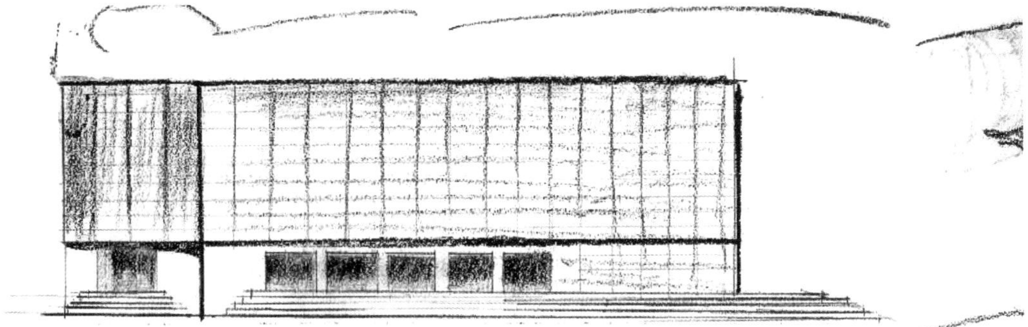

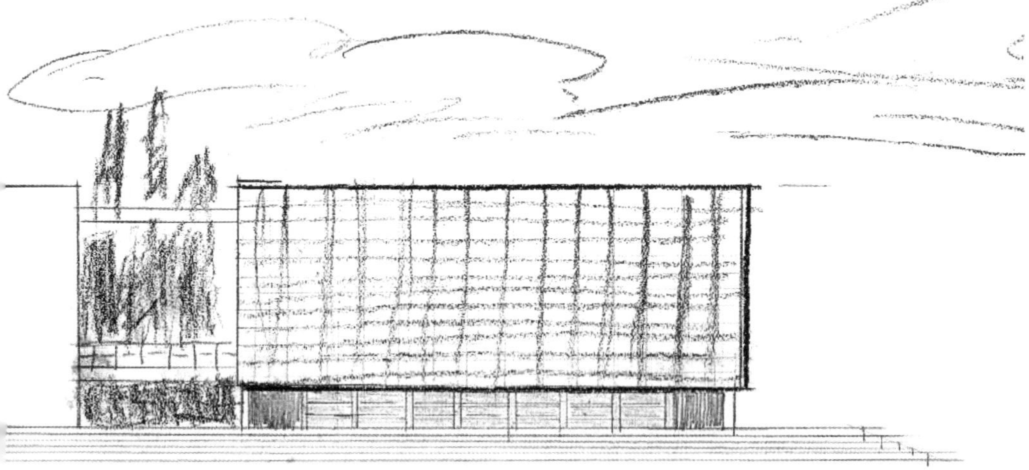

No quinto ano também tinha uma disciplina chamada urbanismo, dada pelo professor Luiz de Anhaia Mello, um engenheiro-arquiteto que tinha grande vivência do assunto da cidade e que falava muito dos problemas de transporte, habitação, ocupação territorial etc. Esses problemas me empolgaram de tal maneira que lhes dava grande atenção [...].

[...] essa vivência com o professor Anhaia Mello nos levou a um tal interesse pelos problemas da cidade que, depois de formado, a primeira coisa que fizemos, antes mesmo de fazer projeto, foi trabalho de jornalista, escrevendo uma vez por semana num jornal sobre urbanismo, transportes, ônibus, habitação etc.[18]

Responsável pelas aulas de composição geral e urbanismo[19], Anhaia Mello contava com o auxílio dos professores assistentes Zenon Lotufo e João Batista Vilanova Artigas. Posteriormente, Oswaldo teria grande relacionamento profissional com Artigas. Nesse período, Anhaia Mello se sobressaía pela intensa atividade política e teórica, sendo referência profissional e acadêmica para professores e alunos. Possuía amplo domínio da bibliografia internacional sobre urbanismo, escrevia artigos e livros a respeito do assunto e realizava conferências em que tratava dos problemas da cidade; discutia ainda as ações do governo e dos serviços de utilidade pública na área de urbanismo, assim como as atribuições do arquiteto nesse aspecto. Como prefeito de São Paulo, defendeu o controle do crescimento da capital e fiscalizou empresas concessionárias dos serviços públicos; implantou recuos mínimos entre as construções e coeficientes máximos de aproveitamento das áreas dos terrenos, para limitar o adensamento na ocupação do solo urbano[20].

A posição de Oswaldo diante dos problemas urbanísticos pode ser medida pela publicação do artigo "O transporte coletivo por ônibus"[21], quando cursava o quinto ano. Demonstrando preparo nas abordagens, o arquiteto versa acerca da melhor distribuição do transporte de massa nas cidades, aponta questões a enfrentar e indica perspectivas. Para Elaine de Oliveira, o artigo expressa o amadurecimento de Oswaldo para discutir e organizar ideias sobre problemas urbanos, ao mesmo

18. Cf. Oswaldo Corrêa Gonçalves, *apud* Edison Gloeden e Eugênio Lara, *op. cit.*, p. 2.
19. Luiz Inácio de Anhaia Mello era também responsável pelas cadeiras de composição I, II e III, que tratava de estudos e representações de projetos (cf. Sylvia Ficher, *op. cit.*, p. 264).
20. Cf. Sylvia Ficher, *op. cit.*, pp. 143-53.
21. Oswaldo Corrêa Gonçalves, "O transporte coletivo por ônibus", *Revista Politécnica*, São Paulo, n. 139, maio-dez. 1941, pp. 404-7.

tempo que lança mão das teorias de Anhaia, "advogando planos reguladores, leis de zoneamento e limitação do crescimento da cidade"[22]. Desse modo, utiliza-se da coleta de dados para analisar as teorias e tendências urbanísticas da época. Como solução, propõe a criação de terminais de ônibus em pontos afastados do centro urbano – algo inexistente em São Paulo na época. Na consolidação dos argumentos, apresenta o projeto-modelo de uma estação rodoviária com a flexibilidade necessária para uma proposta desse porte.

Enquanto as aulas de urbanismo tomavam Oswaldo de entusiasmo, os trabalhos da área de projeto, por sua vez, refletiam contradições de uma formação acadêmica anacrônica, que alinhava tradição e modernidade como questão estilística.

> Havia a disciplina de composições, por exemplo, que se dividia em: grandes composições (palácios), médias composições (casas) e pequenas composições (portões, entradas etc.)[23].

As novas orientações estéticas vinculadas ao pensamento de Le Corbusier, que na época influenciava os arquitetos cariocas, encontravam na Politécnica grande resistência. As cadeiras de formação técnica, habitualmente regidas por engenheiros, e as de orientação arquitetônica, nas mãos de engenheiros-arquitetos, seguiam, sem muita distinção, ministradas como em tempos passados. Na Poli, Oswaldo aprendeu a reproduzir edifícios em estilos concebidos à moda antiga, isto é, tomava-se conhecimento de uma arquitetura superada diante dos ideais modernos. As aulas do professor Felisberto Ranzini, por exemplo, arquiteto do antigo escritório de Ramos de Azevedo, conhecido pelos projetos neoclássicos e ecléticos, se resumiam a elaborar desenhos de composições de fachadas em diferentes estilos, com ênfase nas técnicas de representação em aquarela e *crayon*. Nessa linha de pensamento, Anhaia Mello, divergente dos ideais modernistas, também se contrapunha aos interesses pela arquitetura moderna manifestados pelos jovens Lotufo e Artigas.

Os trabalhos acadêmicos de Oswaldo, publicados pela *Revista Politécnica*, são a evidente representação da ortodoxia contida no ensino de arquitetura do período: projetos na grande maioria carregados de estilo, filiados ao ecletismo tardio,

22. Segundo Elaine de Oliveira, as teorias de Anhaia Mello despertaram em Oswaldo grande interesse por autores como Ebenezer Howard, Camillo Sitte e Le Corbusier (cf. Elaine Rodrigues de Oliveira, *op. cit.*, p. 17).
23. Cf. Oswaldo Corrêa Gonçalves, *apud* Edison Gloeden e Eugênio Lara, *op. cit.*, p. 2.

E' PROIBIDO FUMAR

restando alguns poucos estudos alinhados ao nascente racionalismo. Esse descompasso entre ensino anacrônico e a crescente afirmação da arquitetura moderna não estava distante das inquietações de Oswaldo. Sabia que o aprendizado da nova arquitetura seria uma atividade diletante.

> [...] foi um entusiasmo. A gente via as obras de Le Corbusier e as do Oscar Niemeyer. Eu sentia que a coisa tinha que ser despida daqueles "penduricalhos" todos que aquela arquitetura vinha tendo até então e que não tinha mais sentido, pois o sistema estrutural havia mudado[24].

A manifestação desse espírito novo já se fazia conhecida entre os arquitetos. A construção das principais obras modernistas de Gregori Warchavchik e a visita do arquiteto Le Corbusier a São Paulo já tinham uma década. A capital atravessava um surto de urbanização, e a renovação dos padrões arquitetônicos vigentes era pontualmente observada nas obras de pioneiros como Álvaro Vital Brasil, Flávio de Carvalho, Oswaldo Bratke, Henrique Mindlin, Vilanova Artigas, Rino Levi e Icaro de Castro Mello, entre outros. Em 1925 a imprensa divulgou os manifestos "Acerca da arquitetura moderna", de Warchavchik, e "A arquitetura e a estética das cidades", de Rino Levi; em 1932 a *Revista Politécnica* publicava o artigo "A arquitetura do futuro em face da sociedade capitalista", de Carlos da Silva Prado, com críticas às tendências da arquitetura pela óptica marxista. Tais iniciativas de introdução da arquitetura moderna levaram à sucessão de ações que lentamente permitiram a assimilação desse pensamento.

Em certa medida, os alunos da Politécnica não eram insensíveis ao interesse pelo moderno e pelas tendências de vanguarda, bem como pelo debate em torno das inovações estéticas[25]. A cisão entre os ideais da arquitetura moderna e os da tradição acadêmica, somada às discussões em curso a respeito das especificidades profissionais entre arquiteto e engenheiro, levaria na prática ao surgimento de curso específico para a formação dos arquitetos. Essa situação explica a abertura, em 1947, da Faculdade de Arquitetura da Universidade Mackenzie e, no ano seguinte, da Faculdade de Arquitetura e Urbanismo da Universidade de São Paulo[26].

Quanto ao cotidiano acadêmico, Oswaldo teve relação habitual com os demais alunos. Getúlio Vargas instaurara o Estado Novo, impondo então restrições às li-

▲◄
Oswaldo em 1946.

◄
Formatura da Escola Politécnica no Theatro Municipal de São Paulo, em 26 de dezembro de 1941. Oswaldo é o terceiro sentado da direita para a esquerda.

24. *Ibidem.*
25. Cf. Elaine Rodrigues de Oliveira, *op. cit.*
26 Cf. Sylvia Ficher, *op. cit.*, pp. 239-54.

berdades democráticas e coibindo manifestações populares e estudantis. Diante desse cerceamento, na Politécnica Oswaldo esteve distante da política em que posteriormente aprendeu a militar intensamente em sua atividade profissional.

A minha participação em entidades durante a escola foi só de apoio a colegas que pretendiam ser integrantes do grêmio estudantil que havia naquele tempo, e não mais do que isso[27].

Tempos depois revelou que os estudantes, desprovidos de vinculações ideológicas, estavam mais preocupados com as rivalidades entre escolas do que com a atuação política: "Não houve nesses anos, praticamente, um movimento estudantil que fosse digno de nota, que merecesse ser lembrado"[28]. Desse modo, sua participação extracurricular acompanhou o agendamento cultural da escola: sofreu brincadeiras triviais enquanto calouro, tomou parte nas atividades esportivas e competiu nas tradicionais disputas entre a Escola Paulista de Medicina e a Escola Politécnica (Pauli-Poli).

Naquela época não havia movimentos estudantis assim no sentido de reivindicações de determinadas ideologias ou de determinados ramos para serem seguidos pela arquitetura ou pelo ensino de arquitetura. Esses acontecimentos que ocorriam eram mais de brincadeiras de alunos com a escola. O trote existia também naquela época. O cidadão entrava e levava trote. Eu tive que cortar o cabelo, raspar a cabeça. Faziam-se brincadeiras, às vezes, bastante desagradáveis [...][29].

Em 1941, Oswaldo formou-se engenheiro-arquiteto carregando incertezas sobre os caminhos da arquitetura que o ensino lhe oferecera[30]. Por outro lado, entrava na vida profissional levando a convicção do alcance social do urbanismo que ele conhecera ainda menino com o saneamento de Santos e, tempos depois, nas participativas aulas de Luiz de Anhaia Mello e nos textos de Le Corbusier: "Fazer

27. Cf. Oswaldo Corrêa Gonçalves, *apud* Edison Gloeden e Eugênio Lara, *op. cit.*, p. 3.
28. *Ibidem*, p. 2.
29. *Idem, ibidem.*
30. Sobre a arquitetura moderna, tempos depois Oswaldo afirmaria: "Aprendi a fazer sozinho, depois da escola" (*idem, ibidem*).

urbanismo é procurar o maior bem para o maior número. Este é o seu lema. Expressão nitidamente democrática e socialista"[31], escreveria Oswaldo ao iniciar a série de artigos sobre urbanismo e arquitetura que seriam publicados no *Jornal de São Paulo* entre os anos de 1945 e 1948.

> Na realidade, meu interesse pelo urbanismo deu como consequência uma visão muito social dos problemas que envolviam a arquitetura, e passei a me preocupar com a solução dos problemas sociais em que a arquitetura podia dar contribuição: habitação, infraestrutura, transportes coletivos para o homem etc.[32]

Após um breve período no setor de aprovação de plantas da Divisão de Urbanismo da Prefeitura Municipal de São Paulo, seguido da convocação para o serviço militar durante a guerra, Oswaldo retornou em 1944 para a Politécnica, com o propósito de concluir disciplinas faltantes e obter o título de engenheiro civil. Dessa vez não era o único aluno da classe, como na primeira passagem pela escola. Na turma teve a companhia de Olavo Setúbal – futuro empresário de sucesso, que construiria um império industrial e financeiro e seria prefeito de São Paulo e ministro das Relações Exteriores – e de Ernest Robert Carvalho Mange – que viria a ser diretor-presidente da Empresa Municipal de Urbanização (Emurb), entre inúmeros outros cargos públicos que assumiu[33].

Foram dois anos de estudos intensos, com aulas diárias das 8 horas da manhã às 6 horas da tarde, o que impedia Oswaldo de exercer a atividade profissional de arquiteto[34]. Seu desempenho acadêmico, porém, ficou abaixo do esperado para quem havia se dedicado tanto. Ao que parece, o curso de engenharia civil não era de fato sua vocação. Nas disciplinas de ciências exatas, Oswaldo obteve avaliações próximas das que havia conseguido em sua primeira passagem pela Politécnica.

Embora habilitado a exercer engenharia civil, nunca se interessou profissionalmente pela atividade. O diploma pode ser visto como sinal de sua segunda opção profissional em caso de insucesso como arquiteto – uma fórmula alternativa a ser lançada diante das incertezas que o mercado de trabalho para

31. Cf. Oswaldo Corrêa Gonçalves, "Urbanismo I", *Jornal de São Paulo*, São Paulo, 23 dez. 1945.
32. Cf. Oswaldo Corrêa Gonçalves, *apud* Edison Gloeden e Eugênio Lara, *op. cit.*, p. 5.
33. Cf. Oswaldo Corrêa Gonçalves, *op. cit.*, p. 1.
34. *Ibidem*, p. 2.

a arquitetura moderna evocava. Embora desfrutasse de boa condição social, Oswaldo talvez buscasse independência financeira. Isso explica a oportunidade para atuar em múltiplas frentes de trabalho – tanto na arquitetura como na engenharia civil – e o negócio que na época montou em sociedade com seu tio, Eduardo Adelino Corrêa, no ramo de iluminação[35].

Nem a engenharia nem tampouco o comércio o seduziram. Decididamente, o destino de Oswaldo estava na prancheta de projetos e na solução dos problemas da cidade.

35. A Sociedade Iluminadora Brasileira Ltda. estava sediada na rua Marconi, n. 31, 4º andar, sala 402, em São Paulo, local onde funcionou o primeiro escritório de arquitetura de Oswaldo. A empresa trabalhava com lâmpadas fluorescentes – grande novidade na época –, adquiria material da General Electric e da Sylvania e dava sequência ao serviço com instalações para lojas e escritórios comerciais.

▸
Oswaldo em expediente na Prefeitura Municipal de São Paulo.

13

DIVULGAR

Gino Caldatto Barbosa

ARQUITETURA EM VERSO E PROSA

Entre as primeiras atividades profissionais de Oswaldo terá destaque seu trabalho como divulgador da arquitetura – sobretudo dos princípios do urbanismo –, por meio de artigos publicados no *Jornal de São Paulo*. Foi o colega Leo Ribeiro de Moraes, engenheiro-arquiteto diplomado na Escola Politécnica em 1939, quem o incentivou a transmitir ideias de modo coletivo. Ribeiro de Moraes tinha destacada atuação pública; ligado à política, fora candidato a vereador da cidade de São Paulo pelo Partido Comunista Brasileiro (PCB). Mantinha intensa atividade na mídia escrita, colaborava desde 1944 para a revista *Acrópole*, especializada em arquitetura, e de 1945 a 1949 escreveu as colunas "Crônica da Cidade" e "A Cidade" para os jornais paulistanos *Diário da Noite* e *Folha da Noite*, respectivamente[1]. Seus textos e a forma polêmica de abordagem dos problemas da cidade e dos preceitos do urbanismo moderno seriam, juntamente com o pensamento de Luiz Inácio de Anhaia Mello, referências importantes para o material que Oswaldo produziria para o *Jornal de São Paulo* durante um período de intensa atividade.

Entre os anos de 1945 e 1948, Oswaldo escreveu dezenas de artigos, publicados semanalmente. Em suas crônicas, abordava assuntos relativos a administração pública, cidade, transportes coletivos, habitação[2]. Ao leitor dizia que o urbanismo devia ter um caráter mais amplo, voltado para suprir as necessidades do homem, melhorar suas condições de trabalho, ampliar áreas de lazer, jardins, parques públicos, levantar moradias dignas, sobretudo para a população mais necessitada. Referia-se ao planejamento como meio de alcançar um ambiente social equilibrado para todos e de formar a cidadania. Fazia questionamentos acerca da importância do planejamento, sobre quem deveria ser beneficiado e sobre os mecanismos para o controle do crescimento territorial das cidades, empregando para isso ideais

1. Sylvia Ficher, *Os arquitetos da Poli*, São Paulo: Fapesp/Edusp, 2005, pp. 310-3.
2. "[...] fiz, no *Jornal de São Paulo,* de 23 de dezembro de 1945 a 23 de fevereiro de 1948, publicações semanais de artigos sobre urbanismo, ventilando os problemas da cidade que, com o correr do tempo, adquiriram maior importância, inclusive com relevo maior ao nome do problema tratado. A publicação era semanal. A direção do jornal cobrava religiosamente de mim a matéria, não deixando passar nenhum dia" (cf. Oswaldo Corrêa Gonçalves, depoimento manuscrito, São Paulo, 8 mar. 1985, p. 2.).

urbanísticos das *garden cities*. Enunciava ideais da circulação urbana e das unidades de vizinhança para atender à população no sentido humano e social. Valorizava a importância de investir na educação de base e na melhora dos transportes coletivos com a construção do metrô, assim como dos benefícios do zoneamento do espaço urbano[3].

Para Elaine de Oliveira[4], o mérito dessas publicações estava no fato de abordarem questões de relativa complexidade com uma linguagem acessível ao público em geral. Oswaldo propunha discutir urbanismo, por exemplo, em um jornal diário, não especializado, levando assuntos técnicos e políticos ao conhecimento do leitor comum.

O momento era profícuo para o debate de ideias. O ano de 1945 apontava novos horizontes democráticos para o Brasil, após a derrubada da ditadura getulista e as eleições constituintes e presidenciais. Na imprensa, a abertura de espaço para que arquitetos como Leo Ribeiro e Oswaldo se manifestassem sobre problemas da cidade, e também o modo panfletário com tendência de esquerda de algumas críticas, indicavam mudanças no cenário político do país. A ascensão ao poder do presidente Eurico Gaspar Dutra e a promulgação da Constituição em 1946 restabeleceram princípios democráticos à sociedade brasileira. Entre as novas medidas em vigor estavam a criação, pelo movimento sindical, da Confederação Geral dos Trabalhadores do Brasil e a retomada de eleições diretas para cargos dos poderes Executivo e Legislativo, ocorridas em janeiro de 1947. No ano seguinte, a conjuntura mudou substancialmente após a adesão do governo à política anticomunista propagada pelos Estados Unidos durante a Guerra Fria. A medida, com efeito, provocou um endurecimento contra os movimentos progressistas e as ideologias de esquerda. A ilegalidade do partido comunista, a cassação dos mandatos de políticos eleitos pelo PCB – como Luís Carlos Prestes, Jorge Amado e Carlos Marighela – e a violenta repressão contra os movimentos sindicais eram sinais evidentes da mudança de rumos na política do governo Dutra. Nesse contexto, o fechamento do *Jornal de São Paulo* tornou-se iminente, e Oswaldo deixou de escrever a coluna "Urbanismo".

3. Essas preocupações foram objeto dos artigos "Urbanismo I" (23 dez. 1945), "Urbanismo II" (30 dez. 1945), "Urbanismo IV" (13 jan. 1946), "Urbanismo VI" (27 jan. 1946), "Urbanismo VII" (10 fev. 1946), "Urbanismo VIII" (17 fev. 1946), "Urbanismo XI" (10 mar. 1946), "Urbanismo XII" (17 mar. 1946), publicados no *Jornal de São Paulo*.

4 Elaine Rodrigues de Oliveira, *A contribuição de Oswaldo Corrêa Gonçalves para a arquitetura moderna brasileira*, dissertação de mestrado, São Carlos, Eesc/USP, 1999.

▲▶
Artigo "Urbanismo VIII", publicado no *Jornal de São Paulo* em 17-2-1946.

▲▶▶
Programa *Arquitetos na TV*, em 14 de abril 1961. Oswaldo é o primeiro à direita.

▶
Almoço dos arquitetos do IAB/SP, em 9 de setembro de 1948. Oswaldo está na primeira fila, à direita, próximo à janela.

▶▶
Revista *Acrópole* n. 175, nov. 1952. Capa com projeto de Oswaldo.

URBANISMO

17/2/46

OSWALDO CORRÊA GONÇALVES
(Engenheiro Arquiteto)

VIII

TRANSPORTES COLETIVOS — O sistema de transportes coletivos aparece com o estudo do problema geral da circulação, que é u mproblema nacional como comunicações. Este comporta três partes:

transporte — de pessoas e mercadorias;

comunicação indireta — de ponto a ponto, com correios, telégrafos e telefones;

comunicação direta — simultaneamente às massas, com os jornais, periodicos, cinemas, radio, etc.

Cuidaremos aqui somente do sistema de transporte coletivo, que se inclui na primeira parte e pertence diretamente ao plano da cidade e é também de interesse palpitante e imediato para a população de S. Paulo. Constatamos com prazer que a imprensa vem ultimamente ventilando este assunto de urbanismo procurando esclarecer o publico sobre suas causas e efeitos e aventando medidas para a sua solução.

O transporte coletivo surge com o crescimento da cidade quando a sua periferia ultrapassa de 2 quilometros e porque não se faz mais de 2 quilometros a pé. Isto por sua vez acarreta novo crescimento à cidade, que vai exigir mais meios de transporte e assim sucessivamente. O tempo que se pode dispender na viagem para vir da periferia para o centro, da residencia para o trabalho e vice-versa, regula entre 30 e 40 minutos. Além desse valor já se considera longe e não é normal.

Inicialmente o bonde cuja velocidade comercial é de 12 quilometros por hora serve à cidade, até 6 quilometros do centro pois permite alcançá-lo no espaço de tempo de meia hora de percurso. Depois o onibus com a mesma velocidade comercial mas atingindo lugares que o bonde por seu carater de pouca mobilidade e preso aos trilhos não atinge, dá à cidade maior extensão e ela pode chegar a um milhão de habitantes. Finalmente quando a população já não é suficientemente movimentada pelo onibus e bonde e as ruas tornam-se estreitas para os conter inclusive aos pedestres, a aglomeração e o congestionamento à superficie, atingem o auge. Vem então o transito rapido metropolitano, que faz até 40 quilometros por hora de velocidade comercial, o que dá para uma população de 12 milhões de habitantes, afastando a periferia da cidade até 20 quilometros.

Se inicialmente este tipo de transporte vai desafogar o transito da superficie, vai principalmente concorrer para em seguida se obter um congestionamento ainda maior pois permitirá que dentro de 30 minutos estejam no centro pessoas vindas de 20 quilometros de distancia e assim aumentar sempre o numero dos que usam o mesmo centro urbano.

Sob o ponto de vista da técnica com os meios de transporte que se possui e com a distancia-tempo de 30 minutos, cidades como Londres e Nova York já atingiram o seu máximo. Para haver modificação nessa ordem de coisas, agora, ou se modifica a distancia-tempo o que não é improvavel porque hoje em dia diminui cada vez mais o numero de horas de trabalho diário ou então aparece um meio de transporte novo.

Façamos votos para que isto não aconteça. O resultado seria terrivelmente desastroso porque, entre nós por exemplo, com o milhão e meio ou pouco mais de habitantes que somos em S. Paulo, já o congestionamento é o que se vê, o que não seria se fossem 12 milhões?

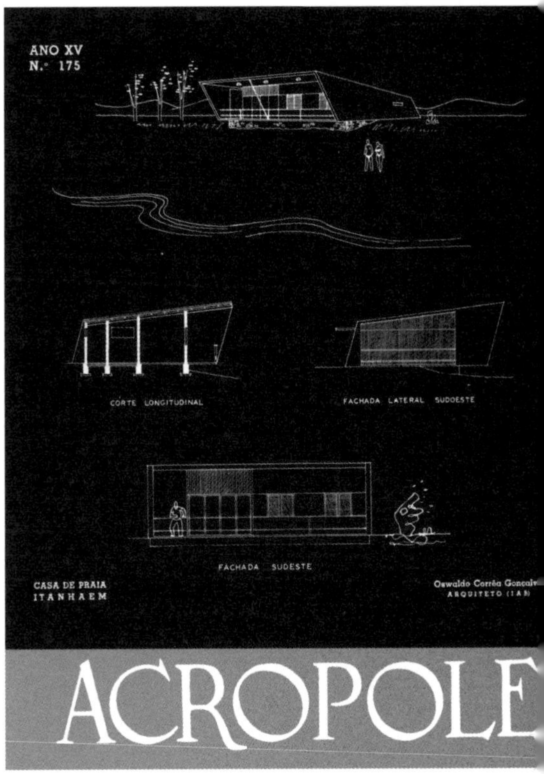

Eventualmente, Oswaldo recorria a revistas voltadas aos profissionais da área para expressar seu ponto de vista sobre assuntos de planejamento urbano e de arquitetura. Em 1948, na revista *Acrópole*, manifestou suas impressões sobre o arquiteto Oscar Niemeyer, que conhecera no Rio de Janeiro e o cativara pela simplicidade incomum diante da notoriedade internacional que carregava. O texto rasgava elogios ao arquiteto carioca, tratado como grande artista e uma figura humana encantadora. No ano seguinte publicou no mesmo periódico o texto "Plano e limitação da cidade", em que tratava com maior profundidade de problemas da cidade abordados em artigos anteriores. Para a revista *Habitat*, colaborou em duas oportunidades: em 1952, tratou de analisar os trabalhos recentes do amigo e arquiteto Sérgio Bernardes; tempos depois, em 1955, versou sobre "Os quatro princípios do urbanismo", em que lançou mão das orientações funcionalistas da "Carta de Atenas" como instrumento de leitura das condições urbanas locais.

Nesse período integrou o conselho diretivo da revista *AD Arquitetura e Decoração*, ao lado dos arquitetos Abelardo de Souza, Icaro de Castro Mello e, posteriormente, João Batista Vilanova Artigas e o crítico de arte Osório César. Em circulação no ano de 1953, a linha editorial da revista buscava mostrar-se mais atualizada em relação à concorrência por meio da divulgação da produção da arquitetura contemporânea. A nova postura se fazia notar na produção gráfica da capa, nos textos publicados e nos projetos selecionados. Se a notabilidade dos membros do conselho diretivo emprestava legitimidade necessária à revista, estes, por sua vez, usavam do veículo para a divulgação de seus trabalhos. Além de projetos de sua autoria estamparem periodicamente os números da revista, Oswaldo publicou artigo sobre "As quatro funções da cidade", reproduzido de palestra pronunciada no Rotary Clube da cidade de Jaú, interior do estado de São Paulo[5].

Empenhado na função de levar conhecimento à população, Oswaldo proferiu palestras e coordenou programas de televisão, sempre com ênfase na arquitetura e no urbanismo modernos. Peregrinou por diversos locais, na capital, no litoral e no interior do estado de São Paulo, discursando sobre as inquietações do crescimento das cidades, a valorização profissional etc. No fim da década de 1940 e início da de 1960, discursou sobre o "Plano de limitação do crescimento das cidades", "Arquitetura contemporânea", entre outros temas, nas localidades de Santos, Campinas, Jaú e Sorocaba.

5. Cf. Oswaldo Corrêa Gonçalves, "As quatro funções da cidade", palestra pronunciada no Rotary Clube de Jaú, *AD Arquitetura e Decoração*, n. 9, jan.-fev. 1955, p. 13.

Diante da demanda por suas apresentações, em 1955 procurou aperfeiçoamento na técnica da oratória em curso realizado pelo Instituto de Arquitetos do Brasil (IAB).

"ARQUITETOS NA TV"

Membro da comissão orientadora dos programas para mídia televisiva do IAB/SP, Oswaldo, junto com os colegas Fábio Penteado e Eduardo Kneese de Mello, participou da criação do programa *Arquitetos na TV*, produzido por Laureano Fernandes Júnior, na emissora de televisão Excelsior. O objetivo do programa era levar ao ar fatos e eventos ligados à arquitetura e à profissão, "numa demonstração do alto significado desse meio de divulgação". Considerando que a existência da televisão à época era vista como maravilha tecnológica, a atitude pioneira do programa assumia ares de modernidade. Com isso aproveitava-se a nova mídia para a divulgação da atividade dos arquitetos, de suas lutas e posicionamentos diante dos problemas sociais do país, em um contato mais direto com a coletividade:

> Foi uma iniciativa pioneira dos profissionais liberais arquitetos para contato vivo com o público, transmitindo as soluções que conhecemos para os problemas urbanos, bem como nossas mensagens culturais[6].

A arquitetura e o urbanismo modernos estavam em alta no país; a capital Brasília – com o plano concebido pelo arquiteto Lúcio Costa e os principais edifícios criados por Oscar Niemeyer –, recém-inaugurada, divulgava aos quatro cantos do mundo as visões do Brasil moderno e pujante.

O programa *Arquitetos na TV* tinha duração de trinta minutos semanais. Ao lado de entrevistas com arquitetos e da apresentação de cerimônias de divulgação de resultados de concursos, o público teve a oportunidade de assistir a Oswaldo discorrer sobre a arquitetura na Bienal, Luiz de Anhaia Mello tratar da importância da arquitetura, Paulo de Camargo e Almeida apresentar o novo plano para a Cidade Universitária, Eduardo Kneese de Mello discutir Brasília, Flávio Leo da Silveira revelar a arquitetura no exterior, Henrique Mindlin relatar sua viagem à Inglaterra e aos Estados Unidos, Marcelo Roberto debater os problemas das casas populares. Com

6. Oswaldo Corrêa Gonçalves, *op. cit.*, 1985, p. 7.

aparência de galã, Oswaldo era figura habitual diante das câmeras, como entrevistador e apresentador dos programas.

No Brasil, o quadro era de muita inquietação política. Personagens como Jânio Quadros, João Goulart, Juscelino Kubitschek, Leonel Brizola e Carlos Lacerda aumentavam a temperatura do cenário político nacional. Com a renúncia de Jânio, o populismo perdia espaço para grupos que subordinaram o país à dependência econômica dos Estados Unidos. A tumultuada posse do vice-presidente João Goulart, para ocupar o recém-inaugurado Palácio do Planalto, não seria atenuante de uma crise política e social que estaria por vir. Era o prenúncio de um triste desfecho.

Nesse contexto desfavorável, a série *Arquitetos na TV* resistiu poucos meses. O teor social dos debates – que giravam em torno de arquitetura e urbanismo e dos problemas da profissão – era estranho ao tipo de entretenimento proposto pela emissora. Intolerantes, os diretores do canal Excelsior, após três meses de veiculação, retiraram o programa do ar de modo inesperado: "Lamentavelmente, esse programa não durou mais de três ou quatro meses, pois a TV Excelsior mudou toda a programação, e nosso programa, sem mais, foi cancelado"[7].

SR. IAB

Desde o momento em que se formou engenheiro-arquiteto, Oswaldo encarou os interesses da profissão com austeridade incomum. Ainda recém-formado, atuou diretamente na criação do departamento de São Paulo do IAB, entidade à qual esteve ligado durante décadas. Organizou congressos de arquitetura e participou de eventos internacionais. Pertenceu ao Conselho Superior do IAB, alcançando o posto de vice-presidente; foi membro da Associação Brasileira de Escolas de Arquitetura, entre diversos outros cargos que assumiu.

Se nos tempos da Politécnica vivera um contexto de pouca motivação política, ao se tornar arquiteto Oswaldo passou a participar ativamente da luta pelos interesses da categoria, trajetória que se estendeu até o início da década de 1990.

Com os colegas Eduardo Kneese de Mello, Leo Ribeiro de Moraes, Vilanova Artigas e Icaro de Castro Mello, entre outros, empenhou-se na conquista da autonomia do ensino de arquitetura, na valorização da profissão e na difusão da arquite-

7. Oswaldo Corrêa Gonçalves, *op. cit.*, 1985, p. 7.

tura moderna. Essa mobilização teve na criação do IAB/SP a referência maior para a aglutinação profissional.

> [...] eu fui um dos que primeiro participaram em São Paulo da reunião que o IAB fez para criar o Departamento de São Paulo. Ele já existia no Rio, mas só foi criado em São Paulo em 1944. Nessa oportunidade eu fiz parte da diretoria. O presidente era Eduardo Kneese de Mello, e o secretário, João Vilanova Artigas. Eu era o segundo secretário ou tesoureiro. Fizemos uma luta muito grande para aglutinar os arquitetos em torno de nós. Alugamos uma área para a sede provisória [...]. Acabei sendo também presidente do instituto nas gestões de 1962/63, vésperas da revolução de 1964. Depois passei a pertencer ao Conselho Superior e acabei sendo vice-presidente do IAB no Conselho Nacional[8].

Considerando que até o momento as relações entre os arquitetos paulistas eram quase inexistentes, a instalação do instituto deu sustentação ao processo de discussão e mudanças que a profissão enfrentava na década de 1940. Em funcionamento desde 6 de novembro de 1943, o IAB/SP se consolidou como a entidade profissional representativa das reivindicações almejadas pela categoria, local de convergência de posicionamentos para todos os arquitetos engajados no ideário da arquitetura moderna.

Oswaldo era o mais jovem profissional do grupo de arquitetos liderados pelo experiente Eduardo Kneese de Mello que se reuniram em torno da criação da entidade. Ao que parece, o estímulo para a formação do IAB/SP veio do contato de Kneese de Mello com os arquitetos cariocas durante a participação no V Congresso Pan-Americano de Arquitetos em Montevidéu, em março de 1940. Desse intercâmbio, Kneese trouxe na bagagem convicções para o fortalecimento das instituições de classe no estado de São Paulo e o imediato redirecionamento da carreira rumo à arquitetura moderna[9].

Além de formas puras e racionais executadas com soluções técnicas de ponta, os arquitetos modernos tinham cada vez mais certeza do papel social a desempenhar no processo de transformação da sociedade. Aderir ao pensamento

8. Cf. Oswaldo Corrêa Gonçalves, *apud* Edison Gloeden e Eugênio Lara, entrevista com Oswaldo Corrêa Gonçalves", Santos, 21-11-1982, p. 3.
9. Criado no Rio de Janeiro em 1921 como Instituto Brasileiro de Arquitetura, a transformação do IAB em uma estrutura federativa ocorreu no início da década de 1940. Os primeiros departamentos estaduais do IAB começaram a funcionar em 1943, em Minas Gerais e São Paulo. Disponível em: http://www.iabsp.org.br/iabsefortalece.asp, acesso em: 10 jan. 2014.

▲
Crachá do I Congresso Brasileiro de Arquitetos.

▲▶
Vladimir Butozov, Lucjan Korngold, Oswaldo Corrêa Gonçalves, Fábio Penteado e Bogdan Nestorović em evento social do IAB/SP na residência de Rino Levi, em 10 de novembro de 1962.

▲▶▶
Oswaldo, então presidente do IAB/SP, visita o prefeito de São Paulo, Prestes Maia, em 27 de julho de 1962.

▲▶▶▶
Sede do IAB/SP.

▶
Oswaldo e amigos na inauguração da Boite Meninão, em São Paulo, em novembro de 1954.

▶▶
Reunião entre os arquitetos do IAB/SP e o candidato Adhemar de Barros, em 15 de fevereiro de 1963.

▼▶
Assembleia para eleição da primeira diretoria do IAB/SP, em 5 de outubro de 1944.

▼▶▶
Almoço no terraço do jornal *A Gazeta* por ocasião do concurso da nova sede do IAB/SP, com a presença de arquitetos do Rio de Janeiro, em novembro de 1946. Em pé, da esquerda para a direita: Otávio Lotufo, Alfredo Ernesto Becker, Leo Ribeiro de Moraes, Miguel Forte, Jacob Ruchti, Rino Levi, Icaro de Castro Mello, Aldo Ferreira, João Cacciola, Roberto Cerqueira César, Hélio Duarte, Carlos Cascaldi, Leopoldino Wilson Paganelli, Zenon Lotufo e Abelardo de Souza. Sentados, da esquerda para a direita: Francisco Beck, Oswaldo Corrêa Gonçalves, Eduardo Kneese de Mello, Oscar Niemeyer, Firmino Saldanha, Hélio Uchôa, Gregori Warchavchik, Fernando Saturnino de Brito, Francisco Esteves Kosuta, Ariosto Mila e Guilherme Malfatti.

▼▶▶▶
Reunião do Conselho Superior do IAB em Salvador, em 19 de setembro de 1966, durante a realização do VI Congresso Brasileiro de Arquitetos. Oswaldo, de óculos, é o quarto a partir da direita.

moderno supunha a incorporação desse ideal, para o qual seria necessário repensar o alcance social do espaço construído e suas interfaces urbanas. A atuação profissional junto às entidades de classe compreendia a tomada de consciência desse compromisso de alcance público, em defesa da causa urbana e de seus conteúdos arquitetônicos.

Em torno do IAB/SP formou-se um grupo coeso, com princípios e objetivos comuns, que compartilhava iniciativas para a renovação da arquitetura. Os vínculos sociais ligados à origem da arquitetura moderna na Europa filiavam os arquitetos identificados com esses princípios à militância política de esquerda. No grupo dos arquitetos do IAB/SP, desde o início

> dominava uma clara tendência de esquerda, sendo suas reuniões ocasião para levantar fundos para o Partido Comunista Brasileiro. Entidade considerada nos setores mais conservadores da classe (leia-se Instituto de Engenharia) como dominada pelos comunistas, o IAB/SP esteve sempre empenhado em lutas políticas de cunho democratizante e nacionalista[10].

Por sua vez, os profissionais filiados ao IAB/SP que não estivessem alinhados com os princípios políticos e arquitetônicos da entidade eram desprezados[11]. Em certa ocasião, Oswaldo Bratke, um dos fundadores do instituto, comentou as investidas dos modernos do IAB/SP contra os arquitetos presos à tradição arquitetônica:

> O IAB/SP estava ligado aos arquitetos modernos. Determinados arquitetos eram delicadamente afastados, uma vez que não eram reconhecidos por esse time como arquitetos de vanguarda. E o IAB era sem dúvida nenhuma para os de vanguarda[12].

Oswaldo colocava-se ao lado dos progressistas. Como recém-formado e interessado na arquitetura moderna, identificou-se com as causas do IAB/SP desde as reuniões

10. Sylvia Ficher, *op. cit.*, p. 248.
11. O grupo de arquitetos mobilizados para a criação do IAB/SP contou com a participação de Abelardo de Souza, Aldo Ferreira, Eduardo Kneese de Mello, Gregori Warchavchik, Hélio Duarte, Icaro de Castro Mello, João Batista Vilanova Artigas, Leo Ribeiro de Moraes, Oswaldo Bratke, Oswaldo Corrêa Gonçalves, Rino Levi, Roberto Cerqueira César e Zenon Lotufo, entre outros (cf. Sylvia Ficher, *op. cit.*).
12. *Apud* Sylvia Ficher, *op. cit.*, pp. 247-8.

preparatórias de consolidação do instituto. Entre os anos de 1943 e 1946, integrou a primeira diretoria, exercendo a função de tesoureiro. O grupo contava também com Vilanova Artigas (primeiro-secretário), Hélio Duarte (segundo-secretário), Aldo Ferreira (vice-presidente) e Eduardo Kneese de Mello (presidente). Minimizavam as limitações de ação devidas à reduzida equipe, alternando-se nas diligências para estruturar a entidade recém-criada, organizar eventos e promover discussões sobre o papel social do arquiteto e do ensino de arquitetura – questões que contaram com grande empenho de Oswaldo.

À diretoria empossada em cerimônia no auditório da Biblioteca Mário de Andrade, em São Paulo, coube a organização do I Congresso Brasileiro de Arquitetos. Realizado entre os dias 26 e 30 de janeiro de 1945 com os temas "A função social do arquiteto", "Ensino da arquitetura" e "Arquitetura e indústria", trazia amplo panorama do pensamento dos arquitetos e de suas reivindicações políticas e sociais[13], manifestados em palestras, debates e mostra de trabalhos. Aos olhos do IAB/SP, o evento era uma oportunidade estratégica para aglutinar o maior número de arquitetos paulistas em torno do recém-criado instituto.

A impossibilidade de concentrar em um único edifício as atividades previstas trouxe dinamismo ao encontro, uma vez que o evento podia ser acompanhado pelo público em diversos pontos da região central da capital – que, por se localizarem próximos uns dos outros, eram alcançados a pé. Intencionalmente, os edifícios postos a serviço do Congresso dos Arquitetos carregavam a modernidade como princípio. O predomínio da figuração racionalista dos locais destinados ao congresso, com exceção do Colégio Caetano de Campos, que cedeu o salão para algumas reuniões plenárias, fornecia os subsídios necessários para a afirmação dos ideais modernos do IAB/SP, isto é, apresentava-se como metáfora desse pensamento convergente. O evento concentrou-se no Hotel Excelsior, concebido por Rino Levi, na avenida Ipiranga. Para os debates utilizaram o auditório da Biblioteca Mário de Andrade, do arquiteto Jacques Pilon, situada na rua da Consolação. As confraternizações encontraram local ideal no espaço de funcionamento da primeira sede do instituto, no subsolo do moderno Edifício Esther, de Álvaro Vital Brazil, na praça da República. Integrado à Comissão Geral de Exposições, Oswaldo atuou na organização das mostras de trabalhos na Galeria Prestes Maia, de Elisário Bahiana, no viaduto do Chá, que meses antes havia recebido a mostra

13. João Batista Vilanova Artigas, *Caminhos da arquitetura*, São Paulo: Cosac Naify, 2004, pp. 190-1.

◄

Oswaldo recebe o Colar de Ouro do IAB de Miguel Pereira, presidente do instituto.

▼◄◄

Página do diário da excursão dos arquitetos paulistas a Minas Gerais.

▼

Oswaldo, ao centro, de braços cruzados, recepciona os membros da União Internacional dos Arquitetos (UIA) na chegada a São Paulo, em outubro de 1962.

Brazil Builds[14]. Também participou do grupo de trabalho que discutiu os temas "A função social do arquiteto" e o "Ensino de arquitetura".

A conjuntura política do país dominou boa parte dos debates, com manifestações pelo fim da ditadura e pela redemocratização do país. Ao mesmo tempo, levou-se ao conhecimento dos arquitetos a pauta de discussões do instituto. O evento alcançou grande repercussão entre os profissionais paulistas, em razão da proximidade de sua pauta com os debates sobre arquitetura moderna e do intercâmbio estabelecido com os profissionais do Rio de Janeiro – em uma conjuntura que mais tarde seria avaliada como um marco da renovação da arquitetura paulista[15].

Considerando a projeção nacional da arquitetura carioca, o pioneirismo e a tradição do seu instituto, a realização do I Congresso Brasileiro de Arquitetos em São Paulo, e não no Rio de Janeiro, pode ser vista como consequência da militância e da autovalorização que os arquitetos do IAB/SP desenvolveram na promoção e na renovação da arquitetura paulista[16].

Com efeito, o encontro deixou um legado de convicções e impulsionou definitivamente o instituto a sair do obscuro subterrâneo do Edifício Esther para revelar seus princípios à cidade com a construção da sede própria. O concurso para o projeto do edifício do IAB/SP, em 1948, foi restrito aos sócios da entidade. Do júri convidado para a seleção das propostas – Gregori Warchavchik, Saturnino de Brito, Oscar Niemeyer, Firmino Saldanha e Hélio Uchôa –, com exceção de Warchavchik,

14. Concebida por Philip Goodwin, por intermédio do Departamento de Arquitetura do Museu de Arte Moderna de Nova York, a exposição *Brazil Builds* compunha-se da seleção de exemplares de nossa arquitetura de 1652 a 1942, desde o legado histórico até a produção moderna. Organizada por painéis fotográficos com textos explicativos, maquetes do Ministério de Educação e Saúde, do Pavilhão Brasileiro na Feira Internacional de Nova York (1939) e da Residência Arnstein (projeto de B. Rudofsky), era acompanhada de audiovisual que, de modo pioneiro, associava a projeção de *slides* em cores com um texto gravado em fita. Após a exibição em Nova York, a exposição circulou entre 1943 e 1945 por várias cidades da América do Norte, tendo sido também apresentada em Londres. No Brasil, foi exposta inicialmente no Rio de Janeiro, seguindo para Belo Horizonte, São Paulo, Santos, Campinas, Curitiba, Florianópolis, Porto Alegre e Jundiaí. Algumas vezes era precedida de palestras – em São Paulo, o encargo teria ficado sob a responsabilidade do arquiteto Henrique Mindlin (cf. Hugo Segawa, *Arquiteturas no Brasil 1900/1990,* São Paulo: Edusp, 2002; e Philip Goodwin, *Brazil Builds*, Nova York: The Museum of Modern Art, 1943).
15. Cf. Maria Lucia Bressan Pinheiro, "Rumo ao moderno", em *Anais* do II Seminário do Docomomo Brasil, São Paulo, 1999, e Paula Gorenstein Dedecca, Sociabilidade, crítica e posição, dissertação de mestrado, FAU/USP, São Paulo, 2012.
16. Cf. Maria Lucia Bressan Pinheiro, *op. cit.*, p. 4.

todos vieram do Rio de Janeiro, numa demonstração do prestígio da arquitetura carioca e de sua influência sobre os arquitetos paulistas. Ao todo seriam indicados trabalhos de três equipes, que conjuntamente deveriam conceber uma proposta definitiva. O projeto de autoria de Rino Levi, Roberto de Cerqueira César, Abelardo de Souza, Zenon Lotufo, Jacob Ruchti, Hélio Duarte, Galiano Ciampaglia e Miguel Forte resultou em grande inovação para a época, e muitas de suas soluções construtivas serviram como repertório formal aos arquitetos paulistas.

Na função de tesoureiro, coube a Oswaldo a gestão financeira do instituto no período relativo à consolidação da sede própria do IAB/SP. Ele administrou a tesouraria até 1949, por três diretorias consecutivas. Controlou despesas, negociou pagamentos com fornecedores, quitou empréstimos etc. Com a cessão do ponto da primeira sede à boate Oásis, levantou-se quantia suficiente para a aquisição do terreno onde seria construído o instituto. Financiadas pela Caixa Econômica Federal, as obras foram concluídas em 1950.

A nova sede, na rua Bento Freitas, 306, trouxe projeção política e social aos arquitetos modernos. O subsolo ficou para o Clube dos Artistas, o conhecido "Clubinho"[17]. Os dois primeiros andares serviam ao IAB; os demais pavimentos, com salas comerciais, foram adquiridos sobretudo pelos arquitetos. Confiante no futuro da instituição e no legado do empreendimento, Oswaldo foi um dos dez arquitetos[18] a fixar endereço no edifício do IAB/SP. Contando com amplos e confortáveis espaços – salões para eventos, restaurante, auditório, salas de reunião –, o instituto se fortaleceu, adquiriu prestígio em relação aos órgãos dirigentes, aglutinou maior número de associados e consolidou posicionamentos diante das demandas da profissão.

Tão logo abriu as portas, o edifício se converteu no principal ponto de encontro da categoria, reduto de reuniões políticas, de sociabilidade e difusão cultural.

17. O Clube dos Artistas e Amigos da Arte, o conhecido "Clubinho", instalado no subsolo do IAB desde a década de 1950, realizava ativa programação cultural, com exposições, palestras e debates. À noite se tornava local de encontro dos boêmios, intelectuais e artistas da cidade. "Com seu ar boêmio e antiformalista, tornou-se ambiente predileto, para horas vadias, de conversa fiada e diversão" (cf. Paulo Mendes de Almeida, *De Anita ao museu,* São Paulo: Perspectiva, 1976, p. 198).
18. Os arquitetos que se instalaram na sede nova do IAB/SP foram: Alfredo Ernesto Becker (3º andar), Oswaldo Corrêa Gonçalves (3º andar), Ítalo Eugênio Mauro (4º andar), Ariosto Mila (5º andar), David Otoni (5º andar), Gastão Rachou Filho (5º andar), Heitor Ferreira de Souza (5º andar), João Cacciola (5º andar), João Vilanova Artigas (5º andar), Hélio Pasta (7º andar) (cf. Paula Gorestein Dedecca, *op. cit.*, pp. 403 ss.)

▲▶
Oswaldo, o primeiro à direita, na viagem dos arquitetos paulistas a Minas Gerais.

▶
Exposição de Frank Lloyd Wright, em setembro de 1959, no IAB/SP.

▶▶
Por iniciativa de Oswaldo, o artista Antônio Bandeira realizou mural no saguão do IAB/SP.

FRANK
LLOYD
WRIGHT

Junto ao debate pela valorização profissional e pela autonomia do ensino de arquitetura, a nova sede impulsionaria numerosos eventos sociais em que Oswaldo era figura sempre presente. Ele integrava viagens de interesse cultural a países da Europa promovidas pelo instituto. Esteve em diversos congressos internacionais. Participava semanalmente dos almoços do IAB/SP, desde a época em que eram realizados no restaurante do terraço do edifício do jornal *A Gazeta* ou no Hotel Excelsior. Frequentava exposições artísticas, jantares dançantes e convivia com a boêmia do Clube dos Artistas. Homem da noite, exímio dançarino, elegante, de boa aparência e integrado à sociedade paulistana, Oswaldo, com os eventos do IAB/SP, alcançou projeção social e profissional.

Concomitantemente à sua atuação profissional, a participação de Oswaldo nas iniciativas do IAB/SP continuou intensa. No biênio 1953-54 foi eleito membro do Conselho Diretor do IAB Nacional, sediado no Rio de Janeiro. Nesse período, continuou atuando no departamento paulista do instituto como primeiro-secretário na gestão de Rino Levi e novamente como membro da diretoria entre os anos de 1959 a 1961, quando a presidência era exercida por Icaro de Castro Mello. Na ocasião, participou das comissões de Habitação e Planejamento do instituto, além de auxiliar na criação do citado programa *Arquitetos na TV*.

No biênio de 1962-63, Oswaldo exerceu o cargo de presidente do instituto. A diretoria contava também com Fábio Penteado na vice-presidência, Brenno Cyrino Nogueira como primeiro-secretário, Jorge Wilheim como segundo-secretário, Carlos Millan como primeiro tesoureiro e Paulo Mendes da Rocha como segundo tesoureiro: "Ele foi muito combatido quando presidente do IAB [...] Oswaldo tinha uma vontade muito grande de fazer as coisas acontecerem, não visava autopromoção"[19].

Durante o mandato destacou-se pela atuação na implantação do projeto Reforma Urbana no Brasil. Com isso haveria a criação da Superintendência da Reforma Urbana em Brasília e dos conselhos nos vários estados. O projeto, que seria oficializado no mês de abril de 1964 pelo presidente da República, João Goulart, acabou malogrando em decorrência do golpe militar de 31 de março de 1964.

[...] nós entramos com tudo. Chegamos a ter uma ligação com um deputado que era arquiteto e com outros profissionais, todos interessados em que o presidente da República chegasse a determinar a reforma urbana [...] eu

19 Júlio Roberto Katinsky, *apud* Ruy Eduardo Debs Franco, entrevista com Júlio Roberto Katinsky, São Paulo, 6 jan. 2014.

estava bastante envolvido no assunto, e tal coisa iria ocorrer no dia 12/4; acontece que houve a revolução de 31 de março, e foi tudo suspenso[20].

Após a saída da presidência, Oswaldo manteve-se ativo no instituto, atuando em diversas frentes de representação[21]. Seu empenho alcançou maior projeção quando ele exerceu o cargo de vice-presidente do IAB nacional (1973-74). Sua última participação na entidade ocorreu no biênio de 1992-93, quando atuou como suplente do Conselho Superior.

Oswaldo, com seu espírito amável e sempre otimista, colaborou desde o primeiro momento na fundação do setor paulista do Instituto de Arquitetos do Brasil, mas acho que sua dedicação não foi reconhecida com a unanimidade que ele merecia. Durante a ditadura ele confidenciou-me, diante da projeção de outros colegas na classe, que esses mesmos, quando ele desistia de horas de trabalho profissional em favor da consolidação do então incipiente organismo, aconselhavam-lhe: "não perca tempo com essas bobagens"[22].

Pela atuação perseverante e a contribuição inestimável para a arquitetura brasileira e a prática profissional, Oswaldo recebeu em 1973 o Colar de Ouro, premiação máxima concedida pelo IAB. Na ocasião, expressou em discurso o significado político da intensa militância em prol do instituto:

Estamos até hoje convictos de que é através do IAB que o arquiteto brasileiro serve não só a sua classe, mas ao povo brasileiro e ainda aos arquitetos

20. Oswaldo Corrêa Gonçalves, *apud* Edison Gloeden e Eugênio Lara, entrevista com Oswaldo Corrêa Gonçalves, Santos, 21-11-1982, pp. 5-6.
21. Oswaldo esteve no Conselho Superior da entidade (1966-70), foi membro da Comissão de Planejamento e Habitação (1967-68) e ainda representou o IAB/SP no Conselho Técnico da Cooperativa Habitacional (Cohab) em São Paulo (1968); integrou a Comissão Permanente de Contratação de Serviços Especializados da Secretaria de Obras e Serviços do Estado de São Paulo (1969) e o Conselho Consultivo do Plano Diretor Físico de Santos (1970). Coordenou ainda o Grupo de Trabalho sobre os Problemas da Cidade do IAB/SP (1970-71). Entre os anos de 1970 e 1973 fez parte das diretorias presididas por Pedro Paulo de Mello Saraiva (1970-71) e Paulo Mendes da Rocha (1972-73).
22. Júlio Roberto Katinsky, "Um militante fiel da arquitetura – evocação", em: Instituto dos Arquitetos do Brasil – Departamento de São Paulo, *Boletim informativo,* n. 51, São Paulo, jul.-ago.-set. 2005, p. 8.

de todo o mundo e aos povos de seus países. A atividade de militante do IAB corresponde à profissão de fé que fizemos nos destinos de nossa classe e nossa pátria[23].

VIAGENS E CONGRESSOS

Na prática liberal da arquitetura, as diligências de aperfeiçoamento profissional eram constantes entre os arquitetos modernos – ou por iniciativa própria ou organizadas pela entidade de representação, no caso o IAB/SP. Para a geração de arquitetos formados na base conservadora da engenharia, o aprendizado da linguagem moderna seria uma prática diletante, assimilada na vivência profissional.

Com efeito, arquitetos paulistas lançaram mão da organização de eventos de confraternização, congressos, encontros, viagens de estudo, entre outras inúmeras atividades que favoreciam o intercâmbio de ideias e debates estéticos. Na prática, o estímulo à participação nos eventos culturais – motivada pela necessidade de conhecer a produção de outras regiões, sobretudo a produção moderna, de estabelecer intercâmbio profissional e de participar de exposições de arquitetura – era uma forma eficaz de promover o arquiteto paulista no cenário nacional e internacional[24].

Com esse propósito, Oswaldo organizou sua primeira viagem de estudos para o estado de Minas Gerais, a fim de conhecer as cidades históricas e, sobretudo, de ver os edifícios da urbanização da lagoa da Pampulha, em Belo Horizonte, do arquiteto Oscar Niemeyer. Entre os dias 14 e 23 de abril de 1946, durante o feriado da Semana Santa, percorreu, com os arquitetos do IAB/SP, as cidades de Sabará, Morro Velho, Congonhas do Campo, Ouro Branco, Ouro Preto, Mariana, São João del-Rei, Tiradentes e, por fim, a capital Belo Horizonte[25]. O itinerário permitiu aos arquitetos paulistas trilhar pela dialética da arquitetura moderna brasileira proposta por Lúcio Costa, estruturada na difusão simultânea da vanguarda europeia e da tradição local. A coexistência entre novo e antigo – modernidade e tradição –, havia tempos

23. Oswaldo Corrêa Gonçalves, "Discurso por ocasião do recebimento do Colar de Ouro do IAB", manuscrito, São Paulo, 10 jun. 1973.
24. Cf. Sylvia Ficher, *op. cit.*, p. 248.
25. Oswaldo realizou um diário da viagem a Minas Gerais com muitas fotografias e a descrição dos locais visitados (cf. Oswaldo Corrêa Gonçalves, *Excursão de arquitetos a Minas Gerais de abril de 1947 – diário de viagem*, 14 a 23 de abril de 1947).

vivenciada pelos arquitetos modernos cariocas, revelava-se aos olhares atentos do grupo a cada trecho percorrido, segundo o roteiro impresso no livro *Brazil Builds*, na oportunidade manipulado como guia de viagem a ser cumprido.

No regresso, o grupo se mostrou atraído pelo conteúdo moderno do itinerário, sobretudo pelas instigantes propostas de Niemeyer – o Grande Hotel Ouro Preto, a casa de Juscelino Kubitschek e os edifícios da Pampulha –, primeiras evidências de que a arquitetura moderna brasileira estaria se desprendendo da referência corbusiana:

> A propósito da Pampulha, reduto avançado da arquitetura contemporânea brasileira, devo dizer que em abril deste ano tomei parte numa excursão de arquitetos de São Paulo em visita às cidades de Minas, com o objetivo de conhecer de perto e melhor as antigas e maravilhosas obras da arquitetura brasileira colonial. Ficamos todos encantados com o que nos foi dado ver em Ouro Preto, Sabará, Congonhas do Campo, São João del-Rei e outros lugares históricos. Vimos as obras do Aleijadinho e, finalmente, visitamos a Pampulha, que é o Santo Amaro de Belo Horizonte. Pois bem, a opinião unânime dos arquitetos, integrantes da comitiva, foi a de que as obras executadas na Pampulha justificariam sozinhas a excursão. Lá nos foi dado apreciar os magníficos monumentos da arquitetura moderna que representam um passo à frente na nossa civilização, executados pelo arquiteto Oscar Niemeyer, sem dúvida um expoente da moderna arquitetura brasileira[26].

A consideração e o reconhecimento de Oswaldo para com a instigante produção de Niemeyer o converterão em grande entusiasta do arquiteto carioca. À época, quando o projeto da igreja da Pampulha sofria críticas vindas sobretudo do clero, que a mantinha fechada por reputar às linhas arquitetônicas ousadia impensável a templos católicos, Oswaldo foi uma voz ativa em sua defesa. Na reportagem publicada na edição dominical do *Jornal de São Paulo* de 8 de setembro de 1946, o arquiteto paulista intercedeu favoravelmente à criação de Niemeyer, que ele julgava ser "um novo marco, um caminho para a frente" da arquitetura:

> Muito bem lançada em um recanto quieto do lago e voltada para este encontra-se a tão falada, até há pouco não terminada e já famosa igreja. Resultado do

26. Oswaldo Corrêa Gonçalves, "Urbanismo IV", *Jornal de São Paulo*, 8 set. 1946.

▲
Edifício Sobre as Ondas, no Guarujá, litoral de São Paulo.

◄
Projetos de Oswaldo na *Exposição de Arquitetura Contemporânea*, realizada em Campinas, em junho de 1949.

trabalho profícuo, longo e demorado, o templo é sem favor algum novo marco no caminho para a frente, expressão nova e sublimação da arquitetura na obra do artista [...] A igreja da Pampulha é uma belíssima obra de arte de nossos dias, de que nos devemos orgulhar. Ela preenche sua função, tem todas as características para bem servir e é bela. É, portanto, boa arquitetura, reúne função e beleza[27].

A obra foi, portanto, alvo de posições reacionárias, de ideias preconcebidas que buscavam condenação prévia sem a merecida valorização das qualidades arquitetônicas. A militância de Oswaldo pela afirmação da arquitetura moderna não apenas o identificaria com o maneirismo arquitetônico da "Escola Carioca" como geraria uma aproximação com Niemeyer e o grupo do Rio de Janeiro.

Por conta da experiência adquirida na organização das exposições do I Congresso Brasileiro de Arquitetos, Oswaldo enveredou pelo universo da difusão da arquitetura. Participou de diversos eventos do gênero, seja como membro de comissão julgadora, seja como expositor, revelando ao público os últimos projetos realizados. Nesse período havia estreita relação entre a arquitetura e as artes plásticas, sobretudo na arte moderna. Admirados com a inclusão da obra de Portinari na nova sede do Ministério da Educação e Saúde no Rio de Janeiro e na igreja da Pampulha, os arquitetos lançavam mão da produção de artistas plásticos para complementar os projetos. Por sua vez, as exposições de arte abriam espaço para os arquitetos alinharem seus trabalhos com outras manifestações de vanguarda. A relação do IAB/SP com a arte moderna aproximava arquitetos como Oswaldo dos eventos artísticos. A entidade atuou diretamente na criação do Museu de Arte Moderna de São Paulo, em 1948, e na organização da I Bienal de Artes, em 1951. Esse vínculo de alguma forma distinguia os arquitetos de maneira positiva na sociedade e contribuía para agregar imagem de vanguarda à categoria profissional[28].

A convite do Conselho de Orientação Artística de São Paulo da Secretaria dos Negócios da Educação e Saúde Pública do Governo do Estado, Oswaldo integrou, nos anos de 1946, 1951, 1952, 1954 e 1958, a comissão de seleção e premiação da

27. A coerência formal e ideológica da Escola Carioca influenciou a produção arquitetônica de Oswaldo e permitiu aproximações com profissionais do Rio de Janeiro. Oswaldo compartilhou projetos com Eduardo Corona e Burle Marx. Na revista *Acrópole*, escreveu sobre as recentes obras do arquiteto Sérgio Bernardes, com quem cultivou estreita amizade. Henrique Mindlin incluiu projeto de Oswaldo em seu livro *Modern Architecture in Brazil*, Rio de Janeiro: Colibris, 1956.
28. Cf; Sylvia Ficher, *op. cit.*, p. 428.

seção de arquitetura do Salão Paulista de Belas-Artes e, por vezes, a comissão organizadora. Nesse evento tomou parte em anos subsequentes como arquiteto selecionado. Junto com Icaro de Castro Mello, apresentou projetos de estádios de futebol do Clube Atlético Mineiro, premiado em 1948 com a Grande Medalha de Prata, e, no ano seguinte, do Guarani Futebol Clube.

No Salão Paulista de Arte Moderna participou de exposições e atuou em 1957 como membro da comissão de seleção de trabalhos. Recebeu o prêmio Grande Medalha de Ouro pelo projeto do Centro de Instrução Naval do Rio de Janeiro, também realizado em parceria com Icaro de Castro Mello, em 1951.

A década de 1950 foi proveitosa a Oswaldo. O envolvimento com a classe artística, a participação em exposições, a filiação ao Clube dos Artistas e Amigos da Arte e a admissão no Conselho Cultural e Artístico do Museu de Arte Moderna de São Paulo, por exemplo, mostraram-se relevantes para o amadurecimento do interesse pela integração das artes em seus projetos.

> Dentro desse período [...] de vivência profissional, eu me lembro de uma época marcante, que é a década de 1950, em que penso ter sido um dos principais iniciadores, pelo menos, da integração de arquitetura, pintura e escultura. Por essa ocasião eu tive oportunidade de projetar vários prédios para uma entidade paulista de escolas e fazia questão de que fossem completados pelo trabalho do pintor e do escultor. Eu tenho certeza de que isso despertou um grande interesse principalmente dos pintores e escultores, que me demandavam muito a respeito do assunto e que também começavam a se aproximar de outros arquitetos que projetavam edifícios colocando os espaços para serem usados pelo pintor e o escultor[29].

Nas reuniões na sede do IAB/SP, ou nas *happy hours* do "Clubinho", Oswaldo se cercou de artistas plásticos ligados aos movimentos de vanguarda. Artistas e intelectuais de prestígio, como Menotti del Picchia, Lasar Segall, Camargo Guarnieri, Guilherme de Almeida, os irmãos Oscar e Arnaldo Pedroso D'Horta, Sérgio Buarque de Holanda, Luiz Martins, Paulo Emílio Salles Gomes, Di Cavalcanti, Marcelo Grassman, Clóvis Graciano, Aldemir Martins, Oswald de Andrade Filho e Mário Gruber eram frequentadores conhecidos desses eventos.

29. Oswaldo Corrêa Gonçalves, *apud* Edison Gloeden e Eugênio Lara, *op. cit.*, p. 4.

Excursão à Europa e aos Estados Unidos

Atendendo a um convite da Trienal de Milão para que o país se fizesse representar na exposição de arquitetura moderna, o Instituto dos Arquitetos do Brasil aproveitou a oportunidade e organizou ampla excursão a países da Europa e aos Estados Unidos. Em 13 de maio de 1947, Oswaldo e uma delegação de arquitetos e urbanistas de São Paulo e Rio de Janeiro partiram rumo à X Exposição Trienal de Milão, que naquela ocasião se reunia com o propósito de apresentar soluções para a reconstrução das cidades italianas e europeias devastadas pela última guerra. Colaborador do *Jornal de São Paulo*, Oswaldo enviaria regularmente aos leitores observações da viagem. No momento da partida deixou impressas muitas expectativas positivas:

> Creio que a presente viagem será uma lição de urbanismo, porquanto teremos oportunidade de verificar, através dos planos da cidade que conheceremos, como o velho continente está tratando a reconstrução daquilo que a guerra destruiu. Naturalmente observaremos as obras de arquitetura do passado para constatar o espírito criador que norteou sua criação, mas principalmente desejo observar o modo de pensar do povo dos países da Europa e dos Estados Unidos, seu sistema de vida, recreio e habitação. Quero ver e sentir de perto as soluções que adotaram para o transporte e outros problemas de urbanismo, e não há melhor maneira de fazê-lo senão participando ativamente da vida de cada cidade percorrida. A maioria das cidades possui um "plano de desenvolvimento", condição primordial para o bem-estar de suas populações, um mesmo plano de desenvolvimento de cuja falta São Paulo cada vez mais se ressente. Espero que voltemos mais credenciados para propugnar com maior vigor ainda do que já vimos tendo para que São Paulo tenha finalmente o seu plano de cidade, que dará solução a todos os seus problemas urbanos[30].

Na excursão, Oswaldo teve a companhia dos arquitetos paulistas Carlos Gomes Cardim, Dácio de Moraes, Eduardo Kneese de Mello, Francisco Beck, João Serpa Albuquerque, Oswaldo de Aguiar Pupo, Rino Levi, Rubens Carneiro Vianna e Wilson Maia Fina. Do Rio de Janeiro foram Álvaro Vital Brazil, Burle Marx e Jorge Ferreira. O grupo participou de exposições de arquitetura em Milão, Grenoble, Paris e visitou

30. Cf. Oswaldo Corrêa Gonçalves, *Diário de viagem à Europa em maio de 1947*, manuscrito.

ainda Portugal, Bélgica, Holanda e Inglaterra – e todos os movimentos foram registrados textualmente por Oswaldo no diário de viagem que empreendeu[31]. Na chegada a Portugal, relacionou-se com arquitetos locais e visitou pontos de interesse, com destaque para o recém-inaugurado Estádio Nacional de Lisboa. Na Trienal de Milão, Oswaldo apresentou o projeto do edifício Sobre as Ondas, no Guarujá. Ainda na Itália conheceu as regiões centrais e norte do país e admirou os edifícios históricos de Veneza, Florença e Roma. Em passagem pela Suíça, o grupo observou novas propostas de habitações coletivas. Ao circular pela França, visitou museus, monumentos, a exposição *Urbanismo e Habitação*, no Grand Palais, e o Pavilhão Suíço de Le Corbusier, ambos em Paris. No regresso, a comitiva passou pelos Estados Unidos para conhecer o urbanismo americano, em viagem que se estendeu por quase três meses. Na estada em Nova York, teve a grata surpresa de encontrar os arquitetos brasileiros Vilanova Artigas, Oscar Niemeyer e Henrique Mindlin:

> [...] sigo para o Museum of Modern Art, onde se fazem recepcionar os arquitetos brasileiros. Tive a grata surpresa de encontrar meus colegas brasileiros, agora aqui. Artigas e senhora, Oscar Niemeyer e senhora, H. Mindlin e senhora, além dos companheiros de caravana que estão hospedados em outros hotéis. Soube do Oscar que os trabalhos coletivos dos quais participava para o projeto da ONU já foram aprovados. Seu trabalho foi considerado o melhor e adotada a solução análoga. Oscar, em sua modéstia, insiste em dizer que o trabalho é coletivo [...] Convidei Oscar para jantar. Ele parte amanhã por trem e depois de navio. A gentileza de Roger Haller, arquiteto que trabalha com Harrison, orientador do projeto da ONU, nos fez conduzir em seu automóvel ao restaurante [...] Saímos depois para uma volta e visitamos, Oscar e eu, o apartamento do tio de Roger, situado em Park Avenue[32].

No entanto, as marcas da guerra, com a destruição das cidades e a desilusão da população do continente europeu, inquietaram o jovem Oswaldo, à época com 30

▲▶
Discurso de Walter Gropius na cerimônia de abertura do IV Congresso Brasileiro de Arquitetos, em São Paulo, em 1954. À esquerda de Gropius, Rino Levi, Leo Ribeiro de Moraes e Oswaldo Corrêa Gonçalves.

▲▶▶
Oswaldo Corrêa Gonçalves, Alvar Aalto, Leo Ribeiro de Moraes e Ariosto Mila, durante o IV Congresso Brasileiro de Arquitetos.

▶
Walter Gropius fala durante almoço no IAB/SP, por ocasião do IV Congresso Brasileiro de Arquitetos.

▶▶
Leo Ribeiro de Moraes (ao microfone), Jorge Moreira (à direita) e Oswaldo (na ponta da mesa), durante o IV Congresso Brasileiro de Arquitetos em São Paulo.

31. Oswaldo produziu um "Diário de viagem à Europa em maio de 1947", em que informa as atividades diárias – visitas a monumentos históricos, exposições, atividades sociais com arquitetos locais, almoços, vida noturna etc. – do grupo de arquitetos brasileiros desde a partida de São Paulo em 13 de maio de 1947 até o regresso em 5 de agosto, em viagem que durou dois meses e 22 dias (cf. Oswaldo Corrêa Gonçalves, *op. cit.*, maio 1947).
32. *Ibidem.*

COMISSÃO Nº 2.
ARQ. E INDÚSTRIA
EDIRCEU
VALENTIN
OLIVEIRA CASTRO
CALMON
DIAS DA SILVA
NERI
GRÊMIO FAM
COMISSÃO Nº 3
VITOR HUGO
LOBAUER
BELVCCI
OLIV. CASTRO
SEIXAS
LANDO
RUI GAMA
NERI
COMISSÃO Nº 4
ICARO
FLORISMUNDO
RINO LEVI
MACEDO
VITOR HUGO
ROGER WEGLER
WILSON MORAES

anos. Em artigo intitulado "Um futuro", um resignado Oswaldo renuncia ao lado arquiteto para recrudescer a vertente política, em um sombrio balanço da viagem:

> Regresso agora de uma viagem empreendida ao estrangeiro. Em companhia de outros arquitetos, visitei vários países da Europa e dos Estados Unidos [...] De um modo geral, verificou-se que a Europa, saindo recentemente de uma guerra que abalou seu território, ainda tem em seu corpo as marcas cruéis do conflito. Portugal, Itália, Suíça, França, Bélgica, Holanda e Inglaterra, todos eles sofreram maiores ou menores danos. Todos eles não puderam ainda apagar os sinais da última conflagração mundial. As tentativas de melhora das condições de vida se sucedem, em muitos casos sem resultados marcantes. Mas percebe-se que desta vez demorará muito para que esqueçam completamente a luta e dediquem-se com afinco ao trabalho da paz [...] Sem embargo dessa impressão, verifica-se um estado de ânimo nervoso em toda parte[33].

Tão logo retornou da longa viagem, Oswaldo recebeu convite para a Exposição Pan-Americana de Arquitetura e Urbanismo e Materiais de Construção, do VI Congresso Pan-Americano de Arquitetos, realizado no mês de outubro de 1947 em Lima, Peru. Tendo regressado de extenuante viagem, decidiu permanecer em São Paulo, mas a exposição encaminhou o projeto do edifício Sobre as Ondas, que obteve Medalha de Prata. Entre os premiados brasileiros, destacaram-se o projeto do Ministério da Educação e Saúde no Rio de Janeiro (Prêmio de Honra); o arquiteto Oscar Niemeyer, pela igreja da Pampulha (Medalha de Ouro); e Eduardo Kneese de Mello e Hélio Duarte, pelo projeto de conjunto residencial (Medalha de Prata).

Exposições

No correr da década de 1940, a produção dos arquitetos paulistas filiados ao ideário moderno havia se diversificado e ganhara expressão – reduzida, mas consistente. Tais obras estimularam o IAB/SP a organizar duas exposições específicas: uma radicada em São Paulo, de expressão internacional, e outra de caráter itinerante. A I Exposição Internacional de Arquitetura, em 1948, serviu como retomada de eventos culturais após o I Congresso Brasileiro de Arquitetos, realizado anos antes. Durante a mostra de

▲◄
Lucjan Korngold (à esquerda) e Oswaldo Corrêa Gonçalves (centro) em recepção aos arquitetos no Guarujá, durante o IV Congresso de Arquitetos, em 1954.

◄
Flávio da Silveira, João Batista Vilanova Artigas e Oswaldo Corrêa Gonçalves em Havana, em 6 de junho de 1963.

33. Oswaldo Corrêa Gonçalves, "Um futuro", *Jornal de São Paulo*, São Paulo, 4 set. 1947.

trabalhos, os arquitetos Carlos Alberto Gomes Cardim Filho e Marcelo Roberto reacendiam o debate em torno da modernidade nas conferências "Por que arquitetura moderna?" e "Arquitetura, urbanismo e o muro das lamentações", respectivamente[34]. Oswaldo participou do evento com alguns de seus projetos recentes, como o estádio do Guarani Futebol Clube, em Campinas, e a fábrica de calçados Sanches, em São Paulo. No ano seguinte, o IAB/SP promoveu a exposição sobre arquitetura contemporânea brasileira, com ênfase na produção paulista. A mostra era itinerante, e Oswaldo seguiu com ela pelas cidades de Campinas, Santos, São Vicente e Ribeirão Preto. O arquiteto se fazia presente acompanhando a montagem, expondo um conjunto de projetos variados – edifício Sobre as Ondas, estádios de futebol do Clube Atlético Mineiro e Guarani Futebol Clube, ginásio do Clube Atlético Santista, edifício Biquinha e fábrica Sanches – com palestras em que valorizava a arquitetura contemporânea brasileira. Para a imprensa da cidade de Campinas, Oswaldo se mostrava otimista diante da iniciativa e via o momento como oportunidade para a população inteirar-se da nova orientação estética da arquitetura e, por sua vez, poder conquistar seu reconhecimento:

> Não podia ser mais feliz a ideia e a ocasião mais atual para uma exposição de arquitetura [...] se apresenta como uma oportunidade para o povo campineiro conhecer de perto o que vem sendo a constante evolução da arquitetura brasileira [...] Essa arquitetura goza do mais alto conceito no mundo atual, sendo o Brasil considerado por isso mesmo como um dos expoentes no cenário artístico internacional, graças à sua arquitetura[35].

Em 1951, a diretoria do IAB/SP, almejando maior desenvolvimento das atividades culturais, nomeou Oswaldo para exercer a função de diretor das Exposições Externas[36]. Nesse mesmo ano, Oswaldo se envolveu com a I Bienal de Artes de São Paulo, mostra pioneira realizada no Parque Trianon. A Bienal tencionava transformar-se em evento permanente de intercâmbio artístico e cultural entre continentes; a arquitetura foi incluída nessa proposta por meio da criação da Exposição

34. Paula Gorenstein Dedecca, *op. cit.*, 2012, p. 43.
35. "Será realizada em Campinas uma Exposição de Arquitetura Contemporânea", *Correio Popular de Campinas*, 27 abr. 1949, p. 1.
36. Cf. Instituto dos Arquitetos do Brasil – Departamento de São Paulo, ofício OSL-02-5-3, de 29 maio 1951.

Internacional de Arquitetura, paralela à programação principal. A organização dessa exposição observava regulamentos próprios de seleção e premiação, cujo modelo se manteve até a 11ª edição, em 1971. A partir de 1973, a Bienal Internacional de Arquitetura se apresentaria como evento autônomo[37]. O prestígio do evento para os arquitetos encorajou a participação de Oswaldo, que incluiu na mostra os projetos de residências para Osmar Gonçalves, em Santos, e para o médico Michel Abu Jamra, em São Paulo, ambos com paisagismo de Burle Marx. O destaque ficou por conta da ampla exposição dos trabalhos de Le Corbusier. O evento mobilizou a categoria profissional e levou à participação entusiasta de quase 150 arquitetos, que se fizeram representar com quatrocentos projetos, aproximadamente. Contou ainda com sala especial dedicada aos pioneiros da arquitetura moderna no Brasil – Gregori Warchavchik, Flávio de Carvalho, Lúcio Costa e Atílio Corrêa Lima. O júri internacional premiou nomes consagrados da arquitetura brasileira por seus mais recentes trabalhos – os arquitetos Lúcio Costa, pelo Parque Guinle (categoria habitação coletiva), Henrique Mindlin, pela residência de Nogueira (categoria habitação individual), Rino Levi, pela Maternidade Universitária de São Paulo (melhor edifício de uso público), Álvaro Vital Brazil, pelo Banco da Lavoura de Minas Gerais (melhor edifício de uso público), Affonso Reidy, pelo conjunto Pedregulho (melhor habitação coletiva), e Oscar Niemeyer, pela fábrica Duchen. O engenheiro Joaquim Cardoso, calculista de inúmeras obras de Niemeyer, obteve o prêmio de melhor solução estrutural. Coube a Le Corbusier a premiação máxima da mostra, pelos projetos da capela de Ronchamp, da Unidade de Habitação de Marselha e do Museu do Conhecimento.

Oswaldo novamente se aproximaria dos eventos internacionais em 1952, ocasião em que participou do VIII Congresso Pan-Americano de Arquitetos, realizado no México. Junto com Eduadro Kneese de Mello, Lucjan Korngold, Rino Levi e Icaro de Castro Mello, compareceu ao evento na condição de delegado oficial do Brasil. O congresso exerceria grande influência no amadurecimento profissional de Oswaldo, que absorveria muito do contato com profissionais como Frank Lloyd Wright e Walter Gropius e também se mostraria um entusiasta da arquitetura moderna mexicana, produzida coletivamente e com forte integração das artes. A Cidade Universitária do México, local do evento, era uma obra concebida por cerca de 150 arquitetos – segundo Oswaldo, fato impensável no Brasil, marcado por uma realização excessivamente individual e personalista. A produção artística local integrada à arquitetura também despertou

37. Fernanda Fernandes, "Bienal 50 anos – exposições internacionais de arquitetura", em Agnaldo Farias (org.), *Bienal 50 anos*, São Paulo: Fundação Bienal, 2001, p. 264.

grande interesse do arquiteto. O artista Diego Rivera participou do congresso, o que decerto contribuiu para reforçar essa correlação entre as artes. Walter Gropius alertou que a atividade entre artista e arquiteto deveria ser conjunta, tratando como equívoco a solicitação de pintores somente depois de acabada a obra[38].

Foi marcante para ele o Prédio da Prefeitura Municipal da Cidade do México, com mural de Diego Rivera, que ocupa todo o grande *hall*, estendendo-se por todos os lados, inclusive embaixo da escada. Esse exemplo prático da possibilidade de interpenetração, de fusão dos limites entre arte e arquitetura, e não apenas a sobreposição de uma a outra, foi definitivo para o arquiteto[39].

Oswaldo demonstrou entusiasmo por tudo o que observou desde que chegou ao México. Admirou a integração do trabalho dos artistas muralistas com a arquitetura, além da atuação coletiva dos arquitetos na elaboração de projetos, elementos que serviram de estímulo à sua nova orientação profissional.

O congresso teve grande sucesso não só na parte de teses apreciadas, mas também na parte social. O local escolhido foi a Cidade Universitária recém-terminada – um exemplo da arquitetura moderna mexicana, com edifícios amplos e que usava todos os materiais da época. A participação dos pintores e escultores é a grande lição da moderna arquitetura mexicana. Carlos Laslo e mais 150 arquitetos projetaram os edifícios da Cidade Universitária. Como o sol é brilhante no México, o uso de cores é intenso na arquitetura e na pintura. Diego Rivera, Siqueiros e Orozco são os pintores mais solicitados[40].

O prazer com a estada no México fez com que Oswaldo deixasse de lado a habitual formalidade. Extrovertido, atraiu atenções ao protagonizar situações insólitas, por exemplo, quando – para o júbilo de dezenas de fotógrafos que registraram a cena – subitamente entregou sua gravata ao grande arquiteto norte-americano Frank Lloyd Wright, que a cobiçara momentos antes durante almoço de confraternização. Mostrou-se ainda destemido – ou, quem sabe, imprudente – ao en-

38. Maria Cecília França Lourenço, *Operários da modernidade*, São Paulo: Hucitec/Edusp, 1995, pp. 266-7.
39. Elaine Rodrigues de Oliveira, *op. cit.*, pp. 27-8.
40. Oswaldo Corrêa Gonçalves, *op. cit.*, 1985, p. 3.

frentar um touro na arena e, depois de seguidas investidas do animal, conseguir sobreviver "sem um arranhão sequer". Com 34 anos, Oswaldo era um personagem imprevisível.

Oswaldo continuou envolvido com os eventos da categoria. Sempre atuante, participou em 1948 do II Congresso Brasileiro de Arquitetos, em Porto Alegre, quando deu sequência às discussões do evento anterior, sobretudo no que dizia respeito a questões ligadas ao ensino profissional – tema em que se envolvera para a criação da FAU/USP. Em 1953, foi membro titular da delegação paulista do III Congresso, em Belo Horizonte; finalmente, em 1954, integrou a comissão organizadora do IV Congresso Brasileiro de Arquitetos, novamente sediado na capital paulista. O evento era parte do calendário comemorativo do IV Centenário de Fundação do Município de São Paulo e juntou-se à Exposição Internacional de Arquitetura da II Bienal de Artes, que ocorreria nas instalações do Parque Ibirapuera, inaugurado para as festividades da cidade.

Essa concentração de acontecimentos em torno da arquitetura moderna brasileira catalisou a diversidade de ideias trazidas por arquitetos de variadas procedências. Eles serviam como momentos de assimilação e aprofundamento do debate que delineava novos rumos para a arquitetura[41].

A construção do Parque Ibirapuera, concebido por uma equipe de arquitetos liderados por Oscar Niemeyer, tivera grande repercussão positiva na cidade, na mesma medida em que recebera pesadas críticas. Gastos excessivos, remanejamento de verbas de outras áreas e ocupação inadequada do espaço verde da cidade aqueciam o debate. Membro do Conselho Diretor da Sociedade dos Amigos da Cidade, Oswaldo defendia o empreendimento e valorizava a inclusão, no local, de espaços de exposição. Para ele era inconcebível condenar uma iniciativa tão abrangente no que se referia a possibilidades de utilização.

Organizada no Palácio dos Estados e no Palácio das Nações, no Parque Ibirapuera, a II Bienal tinha como destaque a exposição de projetos do arquiteto Walter Gropius, criador da escola Bauhaus, na Alemanha. Com abordagem retrospectiva, a mostra revelava ao público conjuntos habitacionais, planos urbanísticos, construções pré-fabricadas etc., culminando em amplo panorama das atividades do arquiteto, desde os primeiros projetos até os mais recentes. A Bienal atraiu nomes de peso no cenário da arquitetura internacional. Além de Gropius, estiveram presentes os arquitetos Alvar

41. Paula Gorenstein Dedecca, *op. cit.*, p. 144.

◄◄
O segundo a partir da esquerda é João Batista Vilanova Artigas; o terceiro, Flávio da Silveira. Oswaldo Corrêa Gonçalves é o quinto. Boate Tropicana, Havana, 3 de junho de 1963.

◄
Oswaldo em discurso de inauguração da I Bienal Internacional de Arquitetura, em São Paulo, em 1973.

▼◄
Noite de Arquitetura na VII Bienal, em novembro de 1963. Da esquerda para a direita: Eduardo Kneese de Mello, Gregori Warchavchik, Oswaldo Corrêa Gonçalves, Sérgio Bernardes, Flávio de Carvalho e Alberto Botti.

▼▼◄◄
Júri escolar na VII Bienal, em 14 de setembro de 1963.

▼▼◄
Presidente João Goulart, Oswaldo Corrêa Gonçalves e o governador Carvalho Pinto na inauguração da VI Bienal, em novembro de 1961.

▼▼▼◄◄◄
O presidente, dr. Francisco Morato de Oliveira, e os diretores de Engenharia do Instituto de Previdência do Estado, em visita ao Pavilhão de Arquitetura da VI Bienal, observam a apresentação dos projetos de Oswaldo Corrêa Gonçalves para unidades do Sesc/Senac.

▼▼▼◄◄
Oswaldo discursa na abertura da VIII Bienal, em 1965.

▼
Oswaldo no escritório de organização da I Bienal Internacional de Arquitetura, em junho de 1973.

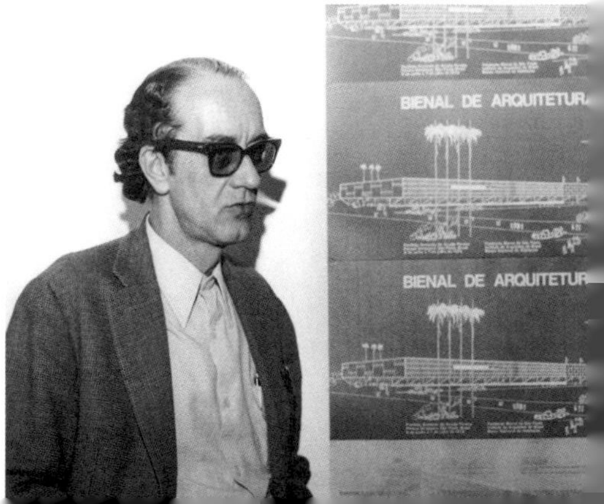

Aalto, José Luís Sert e Ernesto Nathan Rogers, convidados para o júri de premiação. Uma grande exposição de arquitetura organizada pelo Museu de Arte Moderna de Nova York (MoMA) revelou aos visitantes os trabalhos de Philip Johnson, Erich Mendelsohn, Alvar Aalto, Mies van der Rohe, Frank Lloyd Wright e Eero Saarinen.

O IV Congresso Brasileiro de Arquitetos realizado pelo IAB/SP seguiu paralelo à II Bienal. A comissão executiva do encontro, constituída por Leo Ribeiro de Moraes, Jorge Moreira, Eduardo Corona, Oswaldo Corrêa Gonçalves e Icaro de Castro Mello, entre outros, conseguiu reunir cerca de quatrocentos participantes para os debates de temas de interesse da categoria profissional. Às realizações da arquitetura e urbanismo no Brasil e à influência da cultura popular e das tradições brasileiras na produção da arquitetura somavam-se debates sobre soluções urbanísticas vinculadas à realidade nacional, o ensino de arquitetura, a participação de arquitetos e urbanistas na sociedade brasileira e o exercício da profissão. Seguiram-se conferências de Walter Gropius e Alvar Aalto e trabalhos das comissões e projeções fotográficas sobre arquitetura popular brasileira do período colonial.

Entre os temas trazidos a plenário, houve grande receptividade dos arquitetos a questões sociais, como a tese defendida por Oswaldo acerca de "Planejamento e controle estatal para produção de energia". De forma minuciosa, Oswaldo discorreu sobre a realidade nacional, apontando o descompasso entre compromisso social e interesse comercial das empresas de exploração do serviço de energia elétrica de capital privado. Alertou para a precariedade do sistema e a incapacidade de atender à demanda de grandes centros produtores do país, o que influiria no baixo crescimento do comércio e da indústria. Foi solidário às propostas do presidente da República de criação da Petrobras e de planejamento da Eletrobras. Falou ainda sobre a necessidade de o país receber mais investimentos para infraestrutura, a fim de equilibrar as demandas de produção e ofertar facilidades de acesso a transporte, energia e combustível. Por fim, propôs a tomada de consciência desse assunto pela população por meio de campanha liderada pelo IAB/SP com o propósito de criar um programa nacional de controle estatal dos bens de produção.

A atuação de Oswaldo colocando-se como interlocutor dos interesses coletivos no debate das questões nacionais ao lado dos demais participantes do IV Congresso demonstrava o comprometimento elevado com as causas sociais que os arquitetos haviam alcançado. Ao consolidar seu papel social, o arquiteto se alinhava com as demandas da população em busca de um país mais justo e menos desigual.

Aos trabalhos do congresso somaram-se eventos sociais que geraram certo desconforto entre alguns participantes. Houve uma excursão ao Guarujá para conhecer o Hotel Jequitimar, projeto do arquiteto Henrique Mindlin. Warchavchik recepcionou os congressistas com uma animada festa em sua residência, na rua Santa Cruz. Enfim, passeios, confraternizações, entre outras atividades paralelas, conferiam um sabor festivo ao congresso, e o número excessivo desses eventos tornou-se alvo de crítica dos estudantes, por entenderem que ficara sensivelmente prejudicado o tempo destinado a reuniões de estudo e debates, razão de ser do encontro[42].

Em 1963, Oswaldo esteve em Cuba com os colegas João Batista Vilanova Artigas e Flávio Leo da Silveira, para reuniões preparatórias da organização do VII Congresso da União Internacional dos Arquitetos (UIA), que se realizaria em Havana naquele ano. Com o tema "A arquitetura nos países em fase de desenvolvimento", o evento discutiria questões ligadas ao ensino de arquitetura e planejamento, "especialmente aqueles relacionados com o desenvolvimento dos diferentes países". Na ocasião, Oswaldo era presidente do IAB/SP, que assumiu a responsabilidade de organizar a participação brasileira no evento. A entidade paulista completava vinte anos de atividade, um período ao longo do qual organizara dois congressos de arquitetos e as exposições internacionais de arquitetura da Bienal de Artes de São Paulo, além de envolver-se nas discussões sobre o ensino profissional, entre inúmeras outras ações que lhe garantiam prestígio e força política diante dos demais departamentos regionais do instituto no país. Em Havana, Oswaldo se manifestara confiante no êxito do evento.

> [...] está encarregado o Departamento de São Paulo de organizar a participação brasileira no VII Congresso da UIA em Cuba [...] Consideramos muito importante o tema definido para o congresso, pois os arquitetos estão preocupados com o desenvolvimento da arquitetura no nosso país [...] Realizamos reuniões nos estados do Rio de Janeiro e do Rio Grande do Sul e fizemos ampla divulgação sobre o congresso [...] Tivemos uma grande impressão dos preparativos que fazem nossos companheiros de Cuba para a realização desse evento e por isso estamos confiantes de que será um grande êxito[43].

42. Cf. "O IV Congresso Brasileiro de Arquitetos lançou as bases de uma autocrítica da arquitetura brasileira", *Jornal Diário de Notícias*, *Suplemento Literário*, São Paulo, 7 fev. 1954, p. 5.
43. Tradução livre, feita pelo autor, de um texto em espanhol (Cf. jornal *Revolución*, Havana, 6 jun. 1963).

Além das reuniões preparatórias, o grupo se dirigiu à praia de Girón[44] para observar detalhes do local onde se promoveria a construção de monumento comemorativo da invasão malograda à baía dos Porcos, segundo o concurso de projetos que seria realizado durante o evento. Em nome do IAB, os brasileiros ali depositaram flores com a seguinte dedicatória: "Aos heróis da praia de Girón, defensores da libertação latino-americana. Sincera homenagem dos arquitetos do Brasil". No mais, seguiram o roteiro turístico protocolar: visitaram a cidade, assistiram ao discurso de Fidel Castro e à noite divertiram-se na boate Tropicana.

Ao se aproximar a data do evento, Oswaldo decidiu não viajar a Cuba. O envolvimento nos debates sobre a reforma urbana e na organização da Exposição de Arquitetura da VI Bienal, a ser realizada no mesmo ano do Congresso, talvez o tenha motivado a declinar sua participação.

Para Oswaldo, o fortalecimento da categoria passava tanto pelo diálogo e pela união entre arquitetos como pela valorização de seu papel social. Por isso, seguiu à frente dos eventos de arquitetura, participando de congressos profissionais pelo Brasil e no exterior, lutando pela qualificação do ensino de arquitetura e pela defesa das atribuições do arquiteto[45].

Em junho de 2002, foi a vez de Oswaldo deixar o trabalho de lado para ser homenageado pelo IAB/SP com uma mostra retrospectiva de seus sessenta anos de atividade profissional. A exposição foi organizada por professores e alunos da Faus e contou com o apoio do Serviço Nacional do Comércio (Senac).

Bienal de Arquitetura

A experiência bem-sucedida à frente da organização da mostra de trabalhos no I Congresso Brasileiro de Arquitetos, e depois como diretor de exposições do IAB/SP, entre outras funções acumuladas na trajetória profissional, direcionou Oswaldo para questões ligadas à promoção da arquitetura.

A partir da década de 1960, participou continuamente das bienais na condição de organizador das seções de arquitetura da mostra e, posteriormente, como idealizador da I Bienal Internacional de Arquitetura, aberta em 1973.

44. Em 1961, na praia de Girón, exilados cubanos anticastristas foram malsucedidos em sua tentativa de invadir a ilha de Cuba, no episódio que ficou conhecido como a invasão da baía dos Porcos.
45. Participou, em 1963, do Seminário de Habitação e Reforma Urbana promovido pelo IAB e pelo Instituto de Pensões e Assistência aos Servidores do Estado (Ipase).

Ciccillo Matarazzo[46], em 1961, indicou Oswaldo para organizar a Exposição de Arquitetura da Bienal de Artes. O arquiteto acabara de assumir a presidência do IAB/SP, instituição responsável pela organização do evento desde a primeira edição, em 1951. O cargo diretivo no instituto e a experiência com eventos do gênero o credenciaram para a função de membro da comissão de honra da VI Bienal.

Ciccillo almejava algo expressivo; além da exposição de artes plásticas, o evento contava com a III Bienal de Teatro, a Exposição Internacional de Arquitetura, o concurso para as escolas de arquitetura e a Bienal do Livro e das Artes Gráficas, entre inúmeras outras atividades.

Apesar de a produção arquitetônica também se valer de ciências exatas como a engenharia, para Oswaldo a presença da arquitetura em um evento como a Bienal não era dissonante ao meio artístico, "formando um todo harmonioso com a pintura e a escultura e evidenciando com suas conceituações espaciais o desenvolvimento dessas últimas artes". Considerava o tempo de espera entre bienais insuficiente para reunir uma produção marcante dos arquitetos brasileiros. Acreditava na ampliação da Exposição de Arquitetura Internacional e na criação do Concurso de Escolas de Arquitetura como fórmulas alternativas para suprir certos descompassos na participação de representantes nacionais. Tal medida valorizou as entidades de classe dos países participantes, dando-lhes a incumbência da seleção prévia dos trabalhos.

> [...] quando passamos a participar da direção do Museu de Arte Moderna no ano passado, nos batemos pela inclusão, nesta Bienal, da Exposição Internacional de Arquitetura e do Concurso de Escolas de Arquitetura. A grande receptividade e o interesse despertado em todo o mundo por esses dois certames nos dão razão[47].

O engajamento político e social dos arquitetos também sobressaiu na mostra de Arquitetura. O destaque recaiu sobre o projeto de Brasília de Lúcio Costa, com ênfase para os edifícios de Oscar Niemeyer. A capital do país estava na ordem do dia; havia sido inaugurada no ano anterior, de modo que o interesse em conhecer detalhes

46. Francisco Matarazzo Sobrinho, o conhecido Ciccillo Matarazzo, foi importante industrial e mecenas de São Paulo. Na área cultural, destacou-se como idealizador do Museu de Arte Moderna de São Paulo (MAM) e da Bienal de Artes de São Paulo.
47. Oswaldo Corrêa Gonçalves, "Arquitetura", em *VI Bienal de São Paulo: catálogo geral*, São Paulo: MAM, 1961, p. 395.

do projeto era enorme. O arquiteto Affonso Eduardo Reidy, autor de propostas para habitação social, apresentou um amplo panorama de trabalhos, como os conjuntos habitacionais do Pedregulho e da Gávea, ambos no Rio de Janeiro. No âmbito das participações internacionais foi inscrito o último projeto dos arquitetos Elissa e Alvar Aalto, a Maison Carré. A arquitetura de Cuba recebeu sala espacial, mostrando a vida social do país por meio de projetos de edifícios para serviços públicos. Também ganharam espaço os países do Leste Europeu, com destaque para a exposição sobre a reconstrução da cidade de Varsóvia, na Polônia.

A grande premiação do evento coube ao projeto do ginásio do Clube Atlético Paulistano, de Paulo Mendes da Rocha e João de Genaro. Jorge Machado Moreira também foi laureado por residência concebida no Rio de Janeiro. O projeto para o Teatro Municipal de Santos, de Oswaldo Corrêa Gonçalves, Júlio Katinsky e Abrahão Sanovicz, recebeu Menção Honrosa no evento da Bienal de Teatro, que destinou o primeiro prêmio para o Teatro Nacional de Brasília, de Oscar Niemeyer.

O êxito da Bienal fez Ciccillo reconduzir Oswaldo à coordenação das exposições de arquitetura sucessivamente. Até em situações adversas Oswaldo ganharia sua confiança para organizações consecutivas da mostra.

> Ele era encarregado da seção de arquitetura da Bienal de Artes, posto que, pela proximidade com Ciccillo Matarazzo, muitos outros empomadados arquitetos desejavam. Mas Oswaldo trabalhava com afinco, sem verba, sem fanfarras nem violões, e tocava a seção com a garra com que atacava qualquer empreendimento, fosse grande ou pequeno. Os tais arquitetos conseguiram afastar Oswaldo da direção da Bienal alguns anos depois de 1961, com o resultado de que a seção quase desapareceu. Quando Ciccillo inventou de fazer a Bienal de Arquitetura, foi ao Oswaldo que o velho comandante apelou, e foi aquele êxito, em parte porque conseguimos usar a Bienal para abrir um modesto furo no ambiente opressivo imposto pela ditadura militar[48].

No período de dez anos após o evento, Oswaldo dinamizou as exposições, ampliou a participação das faculdades de arquitetura do exterior e estabeleceu diálogo com importantes museus internacionais, como o Museu de Arte Moderna (MoMA) de Nova York, que permitiu atualizar a discussão sobre a modernidade e o impacto para o

48. Júlio Roberto Katinsky, *op. cit.*, p. 8.

futuro das cidades. Na edição de 1963, a arquitetura paulista ganhou destaque com as salas especiais dos arquitetos Oswaldo Bratke, Vilanova Artigas e Carlos Millan. Ao mesmo tempo, realizou-se a Noite de Arquitetura, que reuniu diversas gerações de arquitetos, como os pioneiros Flávio de Carvalho e Gregori Warchavchik, que se juntaram a Eduardo Kneese de Mello, Sérgio Bernardes, Alberto Botti e Oswaldo, em um momento memorável para aquela edição. No evento subsequente, em 1965, os Estados Unidos marcaram presença com a grande mostra sobre arquitetura visionária. A dimensão utópica dos trabalhos dos arquitetos Kiyonori Kikutake, Buckminster Fuller, Le Corbusier, El Lissitzky, entre outros, podia ser vista como um manifesto crítico à realidade brasileira, na época sob regime militar. Nesse contexto, a IX Bienal, sucedida em 1967, abriu ao público apenas com os trabalhos do Concurso Nacional das Faculdades de Arquitetura que apresentaram alternativas para habitação social.

A "Escola de Arquitetura" foi o tema do Concurso Internacional de Estudantes de Arquitetura, proposto para a Bienal seguinte, em 1969, assunto que se mostrava bastante oportuno a Oswaldo, nessa época envolvido com a criação da Faus. O arquiteto Vilanova Artigas foi o principal destaque da Bienal, com o projeto da Faculdade de Arquitetura e Urbanismo da Universidade de São Paulo – trabalho que lhe valeu o Grande Prêmio Internacional. No concurso para os estudantes, a Faculdade de Artes e Arquitetura da Universidade Federal do Ceará sagrou-se vencedora.

No correr das bienais, a mostra de arquitetura cresceu e se consolidou perante a categoria profissional e atraiu grande público. A décima edição, em 1969, trazia resultados bastante favoráveis, com a inscrição de 119 trabalhos – 65 de arquitetos brasileiros e 54 do exterior. A exposição de arquitetura assumia grandes proporções, disputava o interesse público com as artes plásticas e tornava necessária a organização de eventos exclusivos para cada um dos segmentos. Nessa mostra, Oswaldo coordenou o Concurso Latino-Americano de Escolas de Arquitetura, que apresentou trabalhos relacionados ao tema "Projeto para a solução de problemas da paisagem que o homem organiza na área industrial". Organizou ainda seminários e a Sala Especial do Banco Nacional de Habitação (BNH).

Ao término da Bienal de 1971, Oswaldo se articulou para consolidar a I Bienal Internacional de Arquitetura de São Paulo (BIA). Estava confiante na proposta que acreditava ser o destino natural da mostra de arquitetura. Para o evento seria pensado algo grandioso que justificasse a autonomia alcançada, numa escala que pudesse ocupar os 20 mil m² dos três andares do Pavilhão das Indústrias, atual Pavilhão Ciccillo Matarazzo.

Nós, como outros arquitetos que acompanhávamos as realizações das bienais de artes plásticas, inclusive com seção de arquitetura, achávamos que já tínhamos amadurecido a ideia de uma grande bienal só de arquitetura, em São Paulo, berço de onze bienais de artes plásticas até então. Os arquitetos comoveram a Fundação Bienal na pessoa do Ciccillo Matarazzo, seu presidente, o BNH, na pessoa de seu presidente, Rubens Vaz da Costa, e o Instituto dos Arquitetos do Brasil, do qual éramos vice-presidente, na pessoa do seu presidente Miguel Alves Pereira. Para sua realização, foram dados todos os passos necessários no seu devido tempo[49].

O apoio material viria do Banco Nacional de Habitação (BNH). Oswaldo tinha proximidade com a empresa pública; em 1968 projetou o Conjunto Habitacional de Santos, primeiro investimento no país, e incentivou sua participação nas últimas bienais de arte. Para o banco, um evento como esse seria a oportunidade de eliminar a desconfiança dos arquitetos quanto à sua atuação[50]. O IAB via com desagrado essa presença quase de caráter dominante num evento tão grandioso. Para o instituto, havia dissonâncias entre seu posicionamento sobre a questão da habitação social e a atuação do BNH. Oswaldo criticou a baixa produtividade social e a deterioração urbana decorrente do modelo habitacional de baixa qualidade veiculado. Efetivamente, ele tinha consciência do significado e dos percalços para concretizar um grande evento de arquitetura moderna em plena ditadura militar. Para ele, a criação da I Bienal Internacional de Arquitetura era uma demonstração de prestígio da categoria profissional em um período marcado pela forte repressão política no país. Desse modo, obter do BNH recursos para a montagem da exposição era, apesar das críticas, medida indispensável.

[...] Oswaldo, com muita coragem e determinação, que sempre foram qualidades suas, pensou grande desde o início [...] o Brasil vivia a fase mais difícil da ditadura, e a opressão crescia a cada dia. Muitos arquitetos, assim como outros profissionais, estavam sendo perseguidos. Alguns foram presos e torturados. Era um momento negro da nossa história, e falar em exposição de arquitetura era ao mesmo tempo de difícil aceitação pelos arquitetos e extremamente importante para valorizar a classe, a profissão, os pensamentos de

49. Oswaldo Corrêa Gonçalves, *op. cit.*, 1985, p. 11.
50. Elaine Rodrigues de Oliveira, *op. cit.*, p. 33.

vanguarda, a luta democrática da sociedade civil e tudo o mais que os arquitetos defendiam. Eles estavam céticos, oprimidos, perseguidos, e o clima não era de exposições. No entanto, o Oswaldo insistia na montagem da Bienal, entendendo que, com a mostra do potencial de produção dos profissionais arquitetos do Brasil e do mundo todo, e também das escolas de arquitetura, se poderia dar um passo além, resgatar a confiança na classe e contribuir para a abertura democrática. O sucesso da Bienal demonstrou mais tarde que o Oswaldo estava certo[51].

O conselho diretor da I BIA era formado por profissionais experientes; tinha Oswaldo na presidência e Eduardo Kneese de Mello como representante do IAB. O arquiteto Júlio Katinsky era secretário-geral, e Paulo Mendes da Rocha elaborou o projeto de montagem da exposição. A composição do conselho era definida por Mário Pinheiro, do BNH, e pelo jovem arquiteto Walter Maffei. Em um depoimento de 2014, Júlio Katinsky se reportou sobre o início dos trabalhos:

Oswaldo era uma pessoa de postura política progressista, de centro-esquerda. Na realização da I Bienal Internacional de Arquitetura, em 1973, uma época de repressão violenta, ele foi procurar justamente o Artigas [...] que entre as diversas colaborações ajustou o tema da Bienal inicialmente definido por mim e pelo Abrahão Sanovicz – "O ambiente que o homem constrói" para "O ambiente que o homem organiza", e isso foi bom porque, dada a amplitude do título, acreditávamos que as futuras bienais estariam vinculadas a esse tema.

Com o título "O ambiente que o homem organiza", a Bienal reuniu trabalhos de Escolas de Arquitetura, com participação de dezoito cursos estrangeiros e doze nacionais, incluindo a Faus de Oswaldo; Exposição Internacional de Projetos, com cerca de duzentos trabalhos; Exposição de Grandes Obras Públicas; e as Salas Especiais de Vilanova Artigas, Lúcio Costa, Joaquim Cardoso e Burle Marx. Nos eventos paralelos ocorreu o seminário "O homem, o ambiente e a poluição", promovido pela Organização Mundial de Saúde e pela Faculdade de Saúde Pública, o simpósio sobre o currículo mínimo das escolas de arquitetura e uma mostra cinematográfica,

51. Walter Maffei, "Oswaldo Corrêa Gonçalves e a Bienal de Arquitetura de 1973", depoimento, São Paulo, fev. 1989, pp. 1-2.

▲▶
Oswaldo Corrêa Gonçalves e Ciccillo Matarazzo recebem o Colar de Ouro do IAB, em 14 de setembro de 1973.

▶
Oswaldo Corrêa Gonçalves e Oscar Niemeyer. São Paulo, 1995.

entre diversas outras conferências. Para Oswaldo, a amplitude do tema permitiria a participação de inúmeros segmentos da sociedade com suas realizações. Objetivou a análise crítica do trabalho coletivo e individual dos profissionais que atuam na transformação do meio ambiente em benefício do homem.

Na competição acadêmica, couberam às faculdades de arquitetura da Suíça, Rio de Janeiro e Brasília as premiações mais importantes. O evento principal não teve vencedores; na seleção de oito trabalhos, o júri concluiu por não determinar classificação. Ausência de maior compromisso social dos trabalhos apresentados, distanciamento do tema da exposição, a representação de empreendimentos para as elites foram algumas das críticas encabeçadas pela comissão julgadora.

Na leitura de Oswaldo, os membros do júri internacional não foram complacentes com os arquitetos brasileiros, tampouco com o evento em si. O pioneirismo da mostra, segundo Oswaldo, isentava-a dos problemas levantados, e em seu entendimento os jurados ficaram apegados ao tema de modo literal.

> [...] o desenho das cidades, das casas e das coisas é arquitetura, e tudo o que cerca o homem na natureza faz seu ambiente, que ele organiza melhor ou pior[52].

Apesar das críticas, a exposição foi um grande êxito. Ocupou todos os espaços do pavilhão e atraiu mais interesse do público que a Bienal de Artes, superando as expectativas iniciais da organização do evento. No correr da bienal, Oswaldo e Ciccillo receberam o Colar de Ouro, premiação máxima oferecida pelo IAB nacional, pela destacada atuação na valorização e em defesa da arquitetura e das artes.

> A emoção do Oswaldo quando lhe foi comunicada a homenagem, durante um almoço no IAB de São Paulo, fala mais do que tudo que se possa dizer sobre suas lutas, suas realizações. Era o reconhecimento de sua vida. Ele agradeceu com lágrimas nos olhos[53].

52. "A palavra do presidente do Conselho Diretor da Bienal de Arquitetura, *C&J Arquitetura*, n. 314, São Paulo, 1974, pp. 26-30.
53 "Uma condecoração para Oswaldo Corrêa e Ciccillo Matarazzo", *Arquiteto*, São Paulo, ano I, n. 10, p. 19, 1973.

Seis anos depois, Oswaldo recebeu outra importante homenagem concedida pelo governo do estado de São Paulo, a Medalha de Ouro Mário de Andrade, pelos serviços prestados no campo da arquitetura.

O sucesso da I BIA, estranhamente, não impediu que a mostra só voltasse a ocorrer vinte anos mais tarde: apenas em 1993 foi realizada a segunda edição. Encontrar os reais motivos dessa interrupção não é tarefa simples e envolve interesses diversos. A divergência do IAB com a direção da Bienal, o contexto político desfavorável, a morte de Ciccillo Matarazzo em 1977, o possível desgaste político de Oswaldo diante das pesadas críticas ao evento, acompanhado dos problemas de saúde, são algumas das causas da ausência da BIA por longo tempo. Nesse período a arquitetura se renovou, questionou princípios imaculados pelos arquitetos modernos, atualizou as discussões sobre urbanismo e meio ambiente com novas formas de sociabilidade dos habitantes e de formação de uma cultura urbana.

A retomada do evento reconduziu Oswaldo ao cargo de presidente da Bienal de Arquitetura. Efetivamente, ele almejava dar continuidade à mostra de vinte anos antes, revelar a nova etapa da arquitetura contemporânea marcada por diversas tendências e avaliar a produção brasileira no cenário internacional. O tema proposto, "Arquitetura, meio ambiente e desenvolvimento", direcionava a exposição para intervenções urbanas relacionadas à manutenção da qualidade de vida. Eram esperados trabalhos importantes, como o City Changes, da Inglaterra – renovação do centro de Londres produzida pelos arquitetos Norman Foster, James Stirling e Richard Rogers, entre outros. Da Espanha viria o projeto da Vila Olímpica de Oriol Bohigas. A França seria representada com os trabalhos de Paul Chemetov, Jean Nouvel e Christian de Portzamparc. Outros arquitetos de expressão internacional, como Richard Meier, Peter Eisenman, Tadao Ando, Louis Kahn, Renzo Piano, Álvaro Siza e Fernando Távora, deveriam ter suas obras apresentadas na II BIA. Na categoria Projetos Urbanísticos teriam destaque empreendimentos construídos pela iniciativa privada, a exemplo do West Lakes de Adelaide, na Austrália, e da Riviera de São Lourenço, projeto de Oswaldo Corrêa Gonçalves e Benno Perelmutter, em Bertioga, litoral norte de São Paulo.

A II BIA tinha estrutura similar à da edição anterior, isto é, haveria exposição de arquitetos e de escolas de arquitetura, salas especiais, palestras, filmes etc. Oscar Niemeyer, o grande homenageado nessa retomada da Bienal de Arquitetura, receberia uma ampla sala especial para a exposição de suas obras e seria elevado a presidente de honra do evento.

A poucos meses da abertura surgiram divergências e impasses entre Bienal e IAB que levaram à ruptura da sequência dos trabalhos de Oswaldo. A ameaça de cancelamento da mostra, alardeada pelo instituto, impôs sua renúncia à função que desempenhara desde 1961. Com novas lideranças, a BIA indicou o arquiteto Fábio Penteado como presidente e alterou o tema do evento. Por fim, a indicação do nome de Oswaldo como patrono da mostra não evitou, para este, o sentimento de dissabor em relação às duas instituições às quais tanto se dedicara. À época com 76 anos, abdicou definitivamente da atividade profissional e entregou-se à atuação acadêmica na Faus, escola que criou e o manteve motivado até os últimos dias de vida.

As vicissitudes enfrentadas em décadas de militância profissional não preponderavam quando Oswaldo falava do futuro. Em 2002, por ocasião de uma homenagem do IAB-SP aos seus sessenta anos de profissão, deixou uma mensagem otimista para os jovens:

> Confiem e lutem! Aprendam com os que já fizeram, mas inovem, caminhando para a frente, pensando sempre na possibilidade de uma sociedade mais justa e tranquila[54].

Oswaldo faleceu em São Paulo, no dia 28 de agosto de 2005, domingo.

54. Instituto dos Arquitetos do Brasil – Departamento de São Paulo, *Boletim Informativo*, n. 28, jul/ago. 2002, São Paulo, p. 2.

▸
Oswaldo em seu apartamento em São Paulo, em 1992.

TEMPO DE PROJETAR

E. MURRAY
OSWALDO CO
A R Q U

PROJETAR

Gino Caldatto Barbosa

O repertório de projetos de Oswaldo manifesta períodos específicos de atuação mediante demandas de toda natureza. Se no início os trabalhos deram ênfase ao edifício, tempos depois alcançariam a escala da cidade. Desse modo, os projetos para residências, escolas, postos de abastecimento, entre outros, ficaram circunscritos em grande número entre as décadas de 1950 e 1970; desse momento em diante, Oswaldo privilegiou a área do urbanismo.

A julgar pelo período em que se formou engenheiro-arquiteto na Escola Politécnica da Universidade de São Paulo, em 1941, quando a grande maioria dos profissionais mantinha fidelidade aos estilos, todos os projetos elaborados, desde o início, manifestaram a efetiva busca pela modernidade, ensejada ainda nas pranchetas da Politécnica.

Diletante, Oswaldo aprendeu sozinho a doutrina da arquitetura moderna[1], motivado pelos trabalhos de Le Corbusier e pela admiração que alentava por Oscar Niemeyer, tratado como um "poeta das formas" – expressão nascida do contato com as inovações produzidas nas obras da Pampulha, em Belo Horizonte, que revelaram ao jovem Oswaldo um repertório inédito e admirável, continuamente assimilado em seus projetos.

A integração das artes plásticas com a arquitetura, invariavelmente identificada em suas obras no período entre as décadas de 1950 e 1960, foi uma dessas influências que o vinculavam às soluções de Niemeyer. Tais manifestações se revelam nas paredes das residências de Abu Jamra e João Hafers, contendo trabalho do artista Clóvis Graciano; no painel em cerâmica de Marcelo Grassman para o edifício Sesc/Senac de Marília; na pintura de Irênio Maia para o teto da marquise do posto de abastecimento Texaco, em Santos, entre inúmeros outros exemplos.

Oswaldo sempre seguiu a orientação de Oscar Niemeyer de colocar obras de arte em suas obras. Penso mesmo que foi o único arquiteto que decorou postos de gasolina convidando um pintor para fazê-lo[2].

◄
Edifício Haroldo Murray, em Santos. Projeto em equipe com Osmar Antônio Tosi.

1. "[...] foi um entusiasmo. A gente via as obras de Le Corbusier e do Oscar Niemeyer. Eu sentia que a coisa tinha que ser despida daqueles 'penduricalhos' todos que aquela arquitetura vinha tendo até então e que não tinham mais sentido, pois o sistema estrutural mudou" (cf. Oswaldo Corrêa Gonçalves, *apud* Edison Gloeden e Eugênio Lara, entrevista com o professor arquiteto Oswaldo Corrêa Gonçalves, Santos, 21 nov. 1982, p. 2).
2. Júlio Roberto Katinsky, "Um militante fiel da arquitetura – evocação", em Instituto dos Arquitetos do Brasil – Departamento de São Paulo, *Boletim informativo,* São Paulo, jul.-ago.-set. 2005, n. 51, p. 9.

Na maioria das vezes, Oswaldo buscou realizar em equipe os seus trabalhos, compartilhando-os com outros arquitetos – sobretudo os projetos de médio e grande porte, mais complexos. Esse posicionamento tão próximo ao sentido da arquitetura moderna se estruturou pelo contato com Oscar Niemeyer e pela participação em congressos internacionais. Oswaldo passou a compreender que o trabalho coletivo do projeto arquitetônico se sobrepunha à individualidade do arquiteto[3].

Foi por meio de Oswaldo que Júlio Katinsky, Abrahão Sanovicz, Osmar Tosi, José Arduin Filho, José Claudio Paneque, Marciel Peinado, entre outros jovens arquitetos, tiveram as primeiras oportunidades na carreira. A eles somam-se Adolpho Rubio Morales, Araken Martinho, Benno Perelmutter, Eduardo Corona, Heitor Ferreira de Souza, Icaro de Castro Mello, Jayme Fonseca Rodrigues, José Wagner Ferreira, Mário Reginato, Paulo Buccolo Ballario, Paulo Mendes da Rocha, Ricardo Sievers, Rubens Carneiro Vianna, Ubyrajara Gilioli, arquitetos experientes que em diferentes momentos se vincularam a Oswaldo, compartilhando conhecimentos e influências no aprimoramento do trabalho.

Em face da postura solidária, Júlio Katinsky o definiu como um profissional abnegado, que não almejava fama nem vaidades. No desempenho das funções, Oswaldo buscava alcançar a excelência do projeto, movido sobretudo pela "vontade grande de fazer as coisas, não pelo interesse em se promover, mas por ver as coisas acontecerem"[4].

Essa prática quase intransigente de reunir colegas de profissão em torno de projetos específicos, discutindo e organizando ideias, tomando decisões conjuntas, regenerava-se a cada novo encargo. Gati observa no pragmatismo de Oswaldo a afirmação de uma relação de trabalho específica, do gênero pré-empresarial, que de certo modo o situava à frente de seu tempo[5].

É patente observar como as parcerias no trabalho com outros profissionais resultaram na diversidade das produções arquitetônicas.

Trabalhos reunidos em sessenta anos de atividade apresentam relativa unidade e algum descompasso diante do roteiro linear do currículo de grandes arquitetos,

3. No VIII Congresso Pan-Americano no México, em 1952, surpreendeu-se com a atuação conjunta dos arquitetos daquele país no projeto para a universidade da capital (cf. Oswaldo Corrêa Gonçalves, depoimento manuscrito, São Paulo, 29 nov. 1985).
4. Ruy Eduardo Debs Franco, entrevista com Júlio Roberto Katinsky, São Paulo, 6 jan. 2013.
5. Catharine Gatti, "Oswaldo Corrêa Gonçalves: construindo a profissão", *AU – Arquitetura e Urbanismo*, São Paulo, abr.-maio 1995, n. 59, p. 83.

por exemplo. O conjunto da obra revela contornos assimétricos, com alguns maneirismos do arquiteto; porém salta aos olhos a pluralidade de soluções dos trabalhos decorrente das parcerias, "como um leque de projetos de mesma raiz, mas de florações diversas"[6].

A condição atual de alguns dos edifícios remanescentes, dentre o acervo produzido, é crítica. Assinalado por destruição, descaracterização e abandono, perspectiva comum às pioneiras manifestações da arquitetura moderna, o destino dessas obras comoveu Oswaldo, levando-o a lutar em sua defesa.

A preservação da arquitetura moderna vinda pela iniciativa de um de seus realizadores pode à primeira impressão se mostrar paradoxal. De fato, sob o viés conceitual, é contraditório pensar na preservação de uma arquitetura concebida com o objetivo de se perenizar. Contudo, o distanciamento do tempo em que transcorreram as primeiras manifestações do movimento modernista resultou no esmaecimento de seus preceitos fundadores.

> As revisões de que foi objeto aquele movimento e as críticas e questionamentos que sofreu contribuíram para um afastamento gradativo do envolvimento direto na defesa de seus postulados iniciais, dando lugar, de um lado, a uma avaliação menos apaixonada, e, de outro, ao reconhecimento de seus méritos. Os exemplares mais representativos, antes paradigmas polarizadores das discussões de seus contemporâneos, passaram a ser vistos mais como referências históricas de uma trajetória do que como modelos operativos. Um paradoxo se estabelece quando a arquitetura do eterno presente passa a ser objeto da história[7].

Trabalhos de Oswaldo representativos da arquitetura moderna – postos de abastecimento, residências de João Hafers no Guarujá e Osmar Gonçalves em Santos, esta última divulgada internacionalmente por Henrique Mindlin no livro *Modern Architecture in Brazil*, de 1956 – foram demolidos. Possivelmente o Estádio Brinco de Ouro da Princesa, do Guarani Futebol Clube, será posto abaixo para a construção

6. *Ibidem*, p. 82.
7. Elyane A. Vianna de Lima, *A preservação da arquitetura moderna na Baixada Santista*, especialização em Teoria e Prática da Preservação e Restauro do Patrimônio Arquitetônico e Urbanístico, Santos: Universidade Católica de Santos, 2005, p. 9.

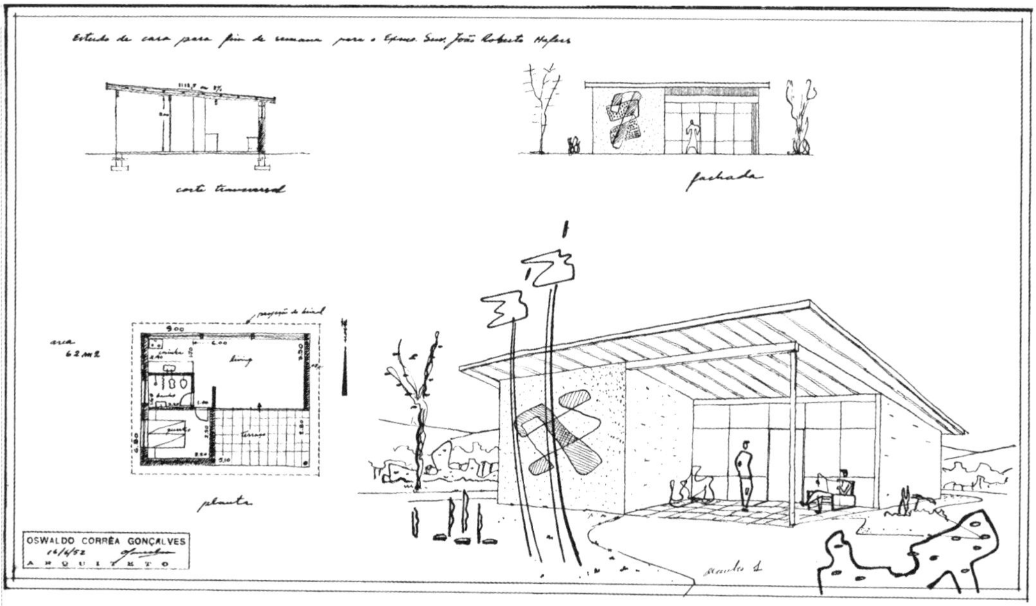
Estudo de casa para fim de semana para o Exmo. Snr. João Roberto Hafers
corte transversal
fachada
planta
OSWALDO CORRÊA GONÇALVES
16/6/52
ARQUITETO

de uma arena multiúso. O edifício do Sesc/Senac de Santos sofreu profunda reforma, incorrendo na plena descaracterização do projeto inicial.

Sensibilizado diante do roteiro de desaparecimento iminente, nos últimos momentos de vida Oswaldo manifestou interesse pela preservação das obras que realizou. Em vida pôde se orgulhar do tombamento do edifício do Sesc/Senac de Marília. Hoje, o reconhecimento de suas obras como patrimônio cultural ampliou-se ao ginásio do Clube Atlético Santista, em Santos, e ao edifício Sobre as Ondas, no Guarujá.

ARQUITETURA RESIDENCIAL

Gino Caldatto Barbosa

Da ampla produção arquitetônica de Oswaldo Corrêa Gonçalves, os projetos residenciais – unifamiliares e multifamiliares – se notabilizam não apenas pela qualidade das propostas concebidas, mas também pelo diversificado tratamento dispensado pelo arquiteto a um tema recorrente e não menos significativo para a arquitetura do século XX.

Inicialmente concebida para atender a um programa de necessidades domésticas, ao longo do tempo a arquitetura residencial passou a expressar o espírito de seus habitantes. Reformas, adaptações e nova decoração são exemplos comuns das mutações que transcendem no universo doméstico o mero significado geométrico para incorporar valores humanos.

Nesses termos, a moradia apresenta-se como um rico e inesgotável objeto de estudo antropológico para a análise das relações do homem desde a pré-história até os dias atuais. Ainda hoje, revela-se como suporte físico primordial dos arquitetos para a defesa de suas teses arquitetônicas. Na França, no século XVIII, o abade Marc-Antoine Laugier[1] atribuiu significativa importância à moradia primitiva como gênese da arquitetura clássica. Nas primeiras décadas do século XX, Le Corbusier realizou os projetos residenciais de Villa Savoy e da Casa Dominó, empregando o espaço doméstico como universo de afirmação de suas ideias sobre a relação entre arquitetura e tecnologia – a "casa é a máquina de morar", ele dizia.

No final da década de 1920, no Brasil, o arquiteto Lúcio Costa também usou a residência do homem comum como referência cultural de suas teses, ao relacionar

▲◀
Casa de João Lima de Pádua, em Belo Horizonte, em fotografia de Oswaldo feita na viagem a Minas Gerais em 1946.

◀
Estudo para casa de praia de João Roberto Hafers, no Guarujá, em 16 de junho de 1952.

1. John Summerson, *A linguagem clássica da arquitetura*, São Paulo: Martins Fontes, 1982.

as raízes da modernidade corbusiana ao caráter vernacular da casa colonial – conceitos que influenciaram a geração pioneira de jovens arquitetos comprometidos com a ruptura do academismo no país e criaram as bases da autonomia estética da arquitetura brasileira diante da vanguarda internacional.

Seja pela afirmação de modelo residencial universal, inerente ao espírito da arquitetura moderna, seja pela introdução de soluções arquitetônicas específicas, como a casa de praia, os projetos residenciais que Oswaldo realizou tiveram como premissa a experimentação do repertório formal da jovem arquitetura moderna brasileira. Na organização do trabalho, atuou segundo a dimensão do problema a enfrentar: em projetos de edifícios de apartamentos, na maioria dos casos Oswaldo lançou mão da atividade em equipe; já em residências unifamiliares, dada a menor complexidade, não recorreu a esse expediente.

Propagando otimismo e espírito progressista, suas decisões projetuais junto aos demais colegas engajados no espírito novo transformariam a paisagem urbana das cidades brasileiras no período pós-guerra.

Residências unifamiliares

A cobertura em impluvium

Nas primeiras décadas de atuação, Oswaldo criou residências unifamiliares tendo como referência projetos feitos por Oscar Niemeyer. A influência recaiu nas moradias que o arquiteto de Brasília concebeu desde 1935 até a década de 1950 – período apontado por Marcos Almeida (2005) como a fase inicial da carreira profissional de Niemeyer, ainda próxima da sintaxe arquitetônica de Le Corbusier[2]. Na maioria dos casos eram projetos comumente filiados à solução de cobertura em *impluvium*, contraída da casa Errázuriz, que Le Corbusier projetou em 1930 no Chile. Disseminada no Brasil por Niemeyer, a proposta construtiva dessa cobertura com planos inclinados convergentes para a calha central, também dispensada ao Pampulha Iate Clube, em Belo Horizonte, permitia nova perspectiva para a tipologia das residências

2. As residências que Niemeyer projetou tendo a cobertura da casa Errázuriz, de Le Corbusier, como referência foram: casa Oswald de Andrade, em Petrópolis (1939); casa M. Passos (1939), casa Charles Ofaire e casa Leonel Miranda (1952), todas no Rio de Janeiro; casa João Lima de Pádua (1943) e a segunda versão da casa Juscelino Kubitschek, ambas em Belo Horizonte (1943) (cf. Marcos Leite Almeida, *As casas de Oscar Niemeyer – 1935-1955*, dissertação de mestrado, Faculdade de Arquitetura/UFRGS, Porto Alegre, 2005).

modernas. A forma da cobertura em *impluvium* parece resultar da interpretação formal oposta dos telhados de duas águas, comum na arquitetura tradicional, organizados segundo planos inclinados vertendo para lados opostos a partir da cumeeira. Esses vínculos – entre tradição e modernidade – serviram de base para a afirmação e a valorização da arquitetura moderna brasileira no cenário internacional, segundo os preceitos do arquiteto Lúcio Costa.

Desse recorte destacam-se as residências que Niemeyer projetou para João Lima de Pádua e Juscelino Kubitschek, assim como o edifício-sede do Pampulha Iate Clube, todos em Belo Horizonte e visitados por Oswaldo quando participou da excursão com os arquitetos do IAB/SP em abril de 1946 às cidades mineiras – edifícios tomados como referência para o conjunto de soluções que seriam instauradas em diversas combinações confiadas a Oswaldo nas residências que projetou. Painel cerâmico com obras artísticas aplicadas sobre um plano da fachada, janelas rasgadas para ventilação no alto das paredes, marquise para abrigar o acesso, quebra-sol vertical e cobertura em *impluvium* são referências construtivas emprestadas de Niemeyer e ajustadas às habitações unifamiliares que Oswaldo elaborou entre as décadas de 1940 e 1950.

Os projetos para as moradias de Plínio Fagundes em Avaré (1944), interior do estado de São Paulo, do médico Michel Abu Jamra (1950), na capital, e de Osmar Gonçalves (1951), em Santos, são exemplos evidentes do percurso seguido por Oswaldo e tantos outros arquitetos à época, que se deixaram influenciar pelas tipologias residenciais de coberturas oblíquas.

Oswaldo condicionava a inflexão nos dois planos da cobertura à relação forma/função, isto é, agrupava os componentes do programa de necessidades sob cada uma das formas da casa segundo suas afinidades. Sob a cobertura de menor inclinação da residência de Plínio Fagundes, por exemplo, foram reunidos dormitórios e espaços de estar e comer; no outro setor se agruparam os serviços – terraço, copa, cozinha etc. – distribuição semelhante à observada no projeto de Niemeyer para a moradia de João Lima de Pádua.

Na casa de Michel Abu Jamra, essa relação sofreu ajustes em função da topografia acidentada do lote. A área social e a de serviços estão justapostas ao volume apoiado sobre pilotis, à frente do terreno. Esse núcleo com dois pavimentos teve os equipamentos distribuídos em cada piso. A parte superior foi reservada a salas de estar e jantar, escritório, copa, cozinha e sanitário; abaixo, no bloco fechado revestido com o painel executado com pastilha vitrificada pelo artista Clóvis Graciano, o dormitório de empregada e a lavanderia. O volume posterior assentado sobre a parte elevada do terreno ficou destinado ao setor íntimo da casa, constituído por três dormitórios e dois sanitários.

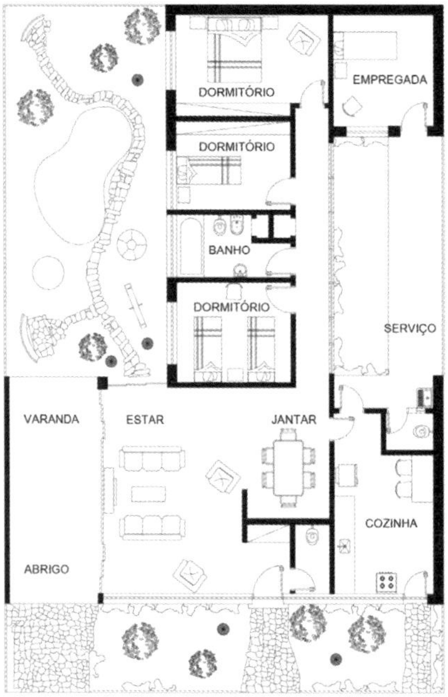

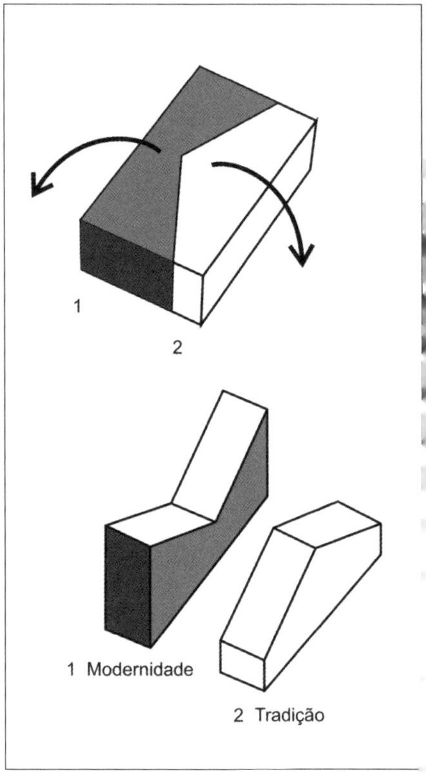

TÉRREO

▲
Esquema gráfico da representação volumétrica das arquiteturas moderna e tradicional segundo a configuração da cobertura.

▲◄
Residência de Plínio Fagundes em Avaré, São Paulo: maquete; planta.

◄
Residência de Osmar Gonçalves, em Santos (demolida): vista frontal; planta; sala de estar com decoração de Irênio Maia.

►
Residência de Michel Abu Jamra, em São Paulo: plantas; vistas frontal e lateral; sala de estar.

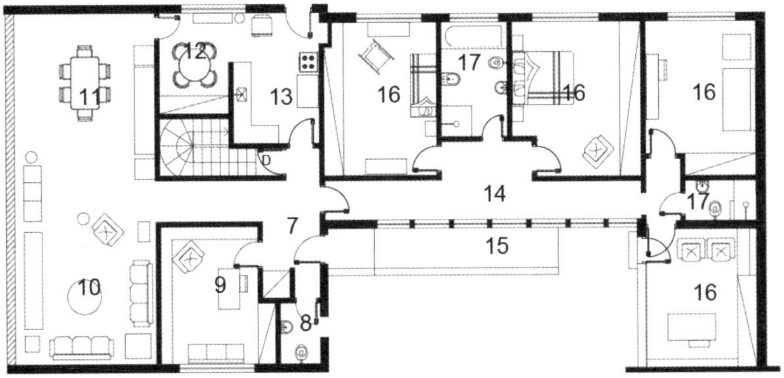

PLANTA ANDAR SUPERIOR

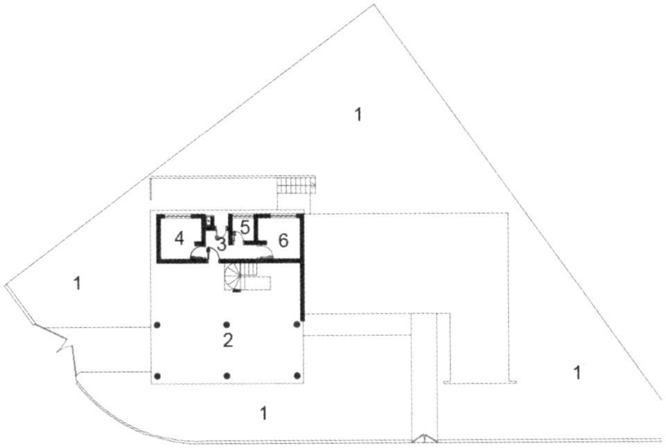

PLANTA ANDAR INFERIOR

Peculiar na configuração da paisagem urbana do entorno, a casa de Michel Abu Jamra despertava atenção. Era uma das construções iniciais da estruturação do bairro do Sumaré, em São Paulo, e sobretudo ostentava a linguagem moderna que conferia expressivo destaque à vizinhança. A forma racionalista do edifício apoiada sobre pilotis, o quebra-sol vertical azul em toda a extensão da fachada, o mural artístico de Graciano e o paisagismo de Roberto Burle Marx, posteriormente incorporado, compunham o receituário da residência moderna que serviria como referência para futuros profissionais.

Na residência de Osmar Gonçalves, em Santos, produzida no ano seguinte, Oswaldo criou uma solução para a relação forma/função contraída a partir da cobertura, que diferia da observada nos projetos anteriores. A planta em formato de "U" permitiu o zoneamento específico das funções da casa; a ampla sala, com espaço de estar e jantar, foi convertida em área de ligação para os dormitórios e sanitários, de um lado, e o núcleo de serviços – copa, cozinha, lavanderia e dormitório de empregada –, na face oposta. Desse modo, a inflexão da cobertura recaiu sobre a área social e de serviços e condicionou o volume maior para os núcleos sala/copa/cozinha, enquanto o menor foi destinado aos ambientes de lavanderia/dormitório de empregada. Reservado, o setor íntimo da residência ganhou autonomia formal da cobertura restante da casa; os três dormitórios ficaram no lado oposto ao núcleo de serviços, agrupados sob o mesmo teto em *impluvium*. O projeto ainda contou com a participação do paisagista Roberto Burle Marx na qualificação das áreas verdes.

A residência durou pouco mais de três décadas. Situava-se na rua Machado de Assis, no bairro do Boqueirão, em Santos, lugar de vocação residencial que naqueles anos acolhia uma demanda da construção civil alimentada pelo surto desenvolvimentista do país. A mesma renovação urbana que materializou essa residência tornou-se agente de sua destruição, anos mais tarde.

A presença de espaços integrados entre a sala de estar e as áreas externas – terraços, jardins, quintal – foi solução recorrente nas residências unifamiliares que Oswaldo projetou. Além dessa condição e da resultante forma/função mimetizadas da configuração da cobertura, Oswaldo abusou de elementos construtivos que notabilizaram a arquitetura moderna brasileira do período. Janelas em fita, quebra-sol vertical, elementos vazados em cerâmica, pilotis e a inclusão de obras artísticas não eram tidos apenas como repertório pragmático e afirmativo da construção da nova arquitetura. Para Oswaldo e sua geração de arquitetos, dominar os pressupostos do pensamento moderno significava estar além do

▶
Esquema gráfico da representação volumétrica das residências unifamiliares de Oswaldo Corrêa Gonçalves comparado com referências de Le Corbusier e Oscar Niemeyer.
▲▶
Casa Errázuriz (Chile, 1930) – Le Corbusier;
▲▶▶
Casa de João Lima de Pádua (Belo Horizonte, 1943) Oscar Niemeyer;
▶
Casa de Osmar Gonçalves (1951);
▼▶
Casa de Michel Abu Jamra (1950);
▼▶▶
Casa de Plínio Fagundes (1944).

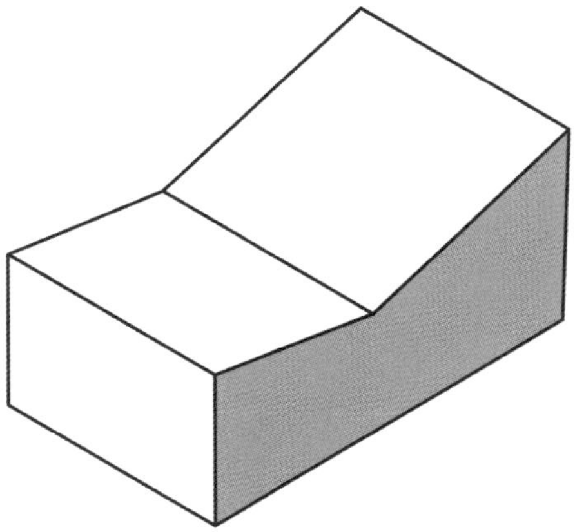

Casa Errázuriz - Chile 1930
Le Corbusier

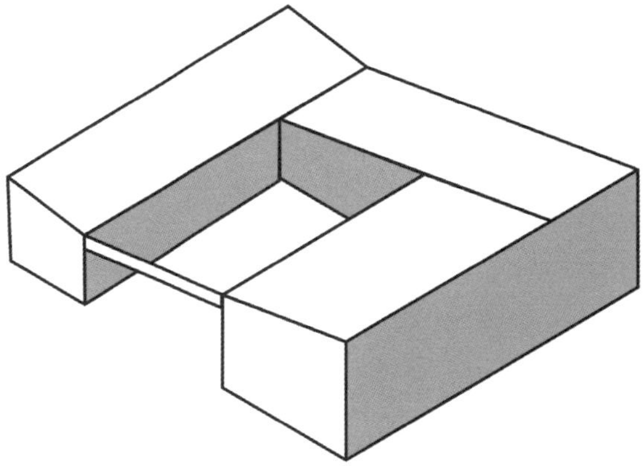

Casa João de Pádua Lima /BH - 1943
O. Niemeyer

Casa de Osmar Gonçalves - 1951

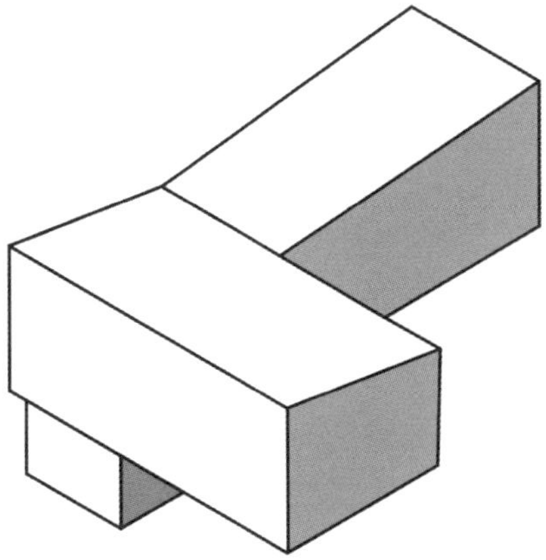

Casa de Michel Abu Jamra - 1950

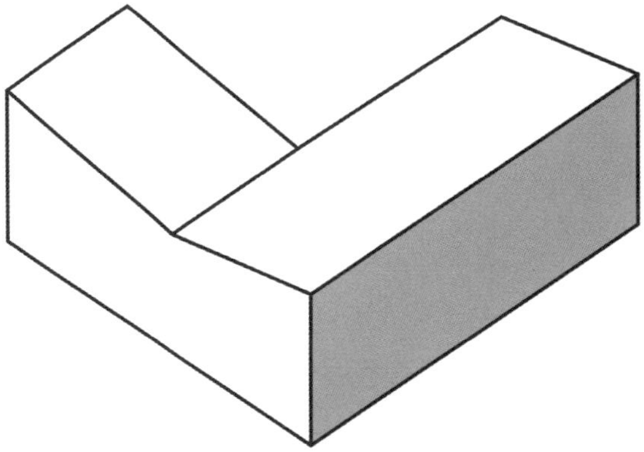

Casa de Plínio Fagundes - 1944

corolário desses ideais e imbuir-se no engajamento por transformações sociais. Esse período de intensa criatividade de Oswaldo pode ser medido pelo interesse do autor Henrique Mindlin em publicar o projeto da casa de Osmar Gonçalves no célebre livro *Modern Architecture of Brazil*, de 1956, editado no Rio de Janeiro, em Amsterdã e em Nova York, obra que melhor difundiu a produção da arquitetura moderna brasileira depois do livro *Brazil Builds*, de 1943[3].

Casas de praia

Variação sobre o mesmo tema pode ser atribuída às casas de praia que Oswaldo concebeu na década de 1950. Projetos para Gilberto Sampaio Moreira e Danilo Marchioli, ambos no Guarujá, para Edgar Barroso de Amaral, em Itanhaém, e para João Roberto Hafers, no Guarujá e em São Vicente, dão sequência de algum modo às investigações entre forma e função como assertiva da tipologia de habitação unifamiliar produzida.

A residência para Danilo Marchioli (1956), na praia de Pernambuco, Guarujá, talvez fosse sua última manifestação para um projeto residencial em que privilegiou a cobertura vertendo para a calha central. Especificamente, propõe a laje suavemente recurvada com caimento para o centro, similar à solução adotada por Niemeyer para a casa de Prudente de Moraes (1943) e para o Fluminense Yacht Club (1945), ambos no Rio de Janeiro, e para a residência de Edmundo Canavelas (1953), em Petrópolis[4]. A organização espacial se aproxima da observada na casa de João Lima de Pádua, em Belo Horizonte, que Oswaldo conhecera em 1946. Condicionada pela pequena testada do lote, a planta fora disposta na profundidade do terreno. À frente ficava a área social – salas de estar e jantar –, integrada ao pátio e à garagem contígua. No corpo lateral alinhava-se o núcleo de serviços – cozinha, lavanderia, quarto de empregada. Ao fundo, ligado à sala por um corredor envidraçado, estava o setor íntimo – quartos e sanitários.

Ao projetar a casa na praia de Guaiuba, no Guarujá, para João Roberto Hafers (1952), Oswaldo se viu desafiado a conceber um abrigo de pequenas dimensões. Homem da praia, Hafers buscava a praticidade e o despojamento de uma verdadeira cabana. Com Osmar Gonçalves, fora um dos pioneiros do surfe no país; então, passaria mais tempo no mar do que em terra, e a casa seria quase um local para comer e dormir.

3. Hugo Segawa, *Arquiteturas no Brasil: 1900-1990*, São Paulo: Edusp, 2002, p. 107.
4. Marcos Leite Almeida, *op. cit.*, 2005.

▲▶
Casa de praia de Danilo Marchioli, no Guarujá: perspectiva artística; planta e fachadas.

▶
Casa de praia de João Roberto Hafers, no Guarujá: planta e corte transversal.

▶▶
Casa de praia de Edgar Barroso do Amaral, em Itanhaém.

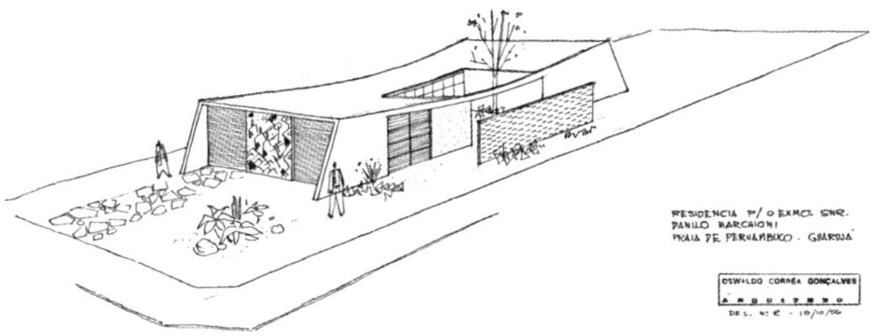
RESIDENCIA P/ O EXMO. SNR.
DANILO MARCHIONI
PRAIA DE PERNAMBUCO - GUARUJÁ
OSWALDO CORRÊA GONÇALVES
ARQUITETO
DES. Nº E - 10/10/56

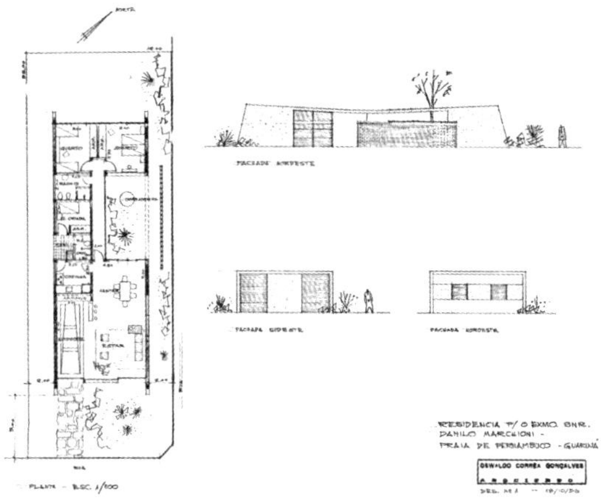
PLANTA - ESC. 1/100
RESIDENCIA P/ O EXMO. SNR.
DANILO MARCHIONI -
PRAIA DE PERNAMBUCO - GUARUJÁ
OSWALDO CORRÊA GONÇALVES
ARQUITETO

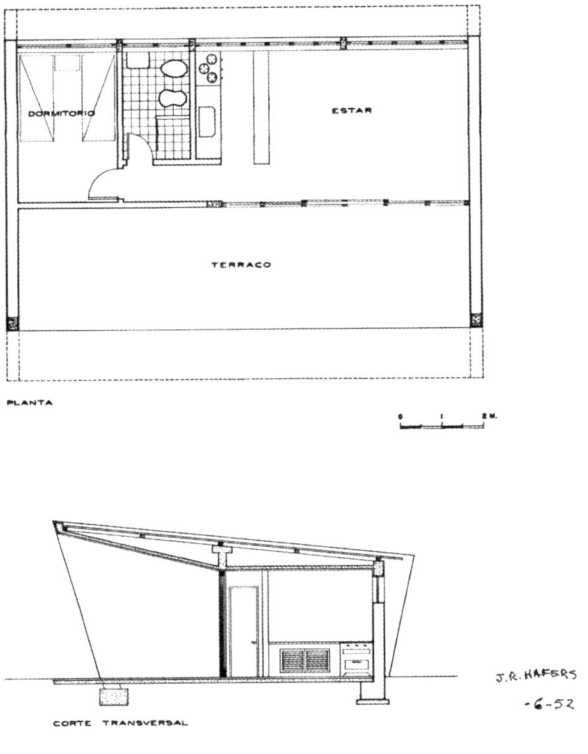
DORMITORIO
ESTAR
TERRACO
PLANTA
0
1
2M.
CORTE TRANSVERSAL
J.R. HAFERS
-6-52

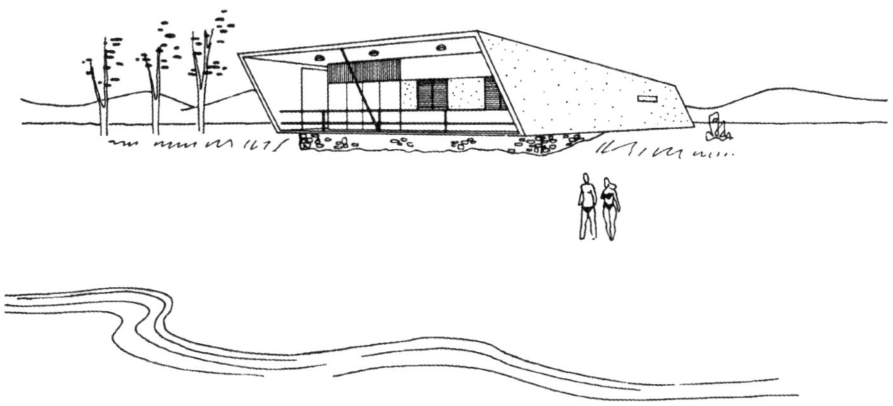

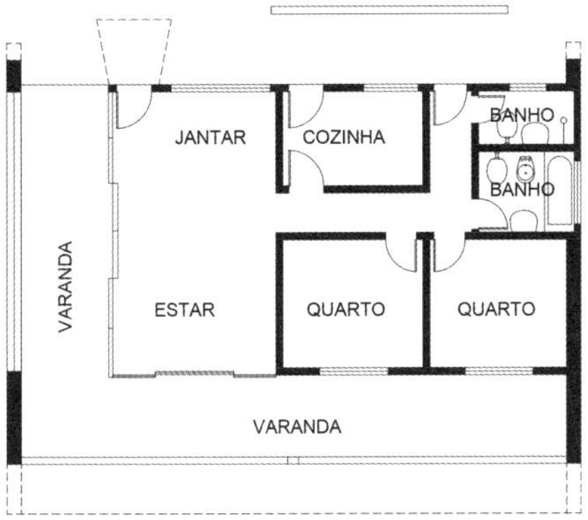

PLANTA PAVILHÃO DE PRAIA

▲
Casa de praia de Edgar Barroso do Amaral, em Itanhaém: planta.

▲◀
Casa de praia de João Roberto Hafers, no Guarujá. Mural de Clóvis Graciano.

◀
Casa de praia de João Roberto Hafers, no Guarujá: vista lateral.

A cobertura foi elemento determinante na definição do partido projetual. Oswaldo abdicou das soluções de telhados em *impluvium,* comumente adotados para as residências, simplificou a cobertura habitualmente construída com duas águas para apenas uma e concentrou o programa de necessidades circunstancial que definira para a casa de praia. Simples e original, a solução da cobertura se vinculou às duas empenas laterais em concreto assentadas sobre o chão, cujo efeito de pórtico contribuiu para a sensação de abrigo que o arquiteto buscou sintetizar. A inclinação das faces laterais do edifício aproxima Oswaldo das experimentações que Niemeyer produzia em 1951 em projetos como a escola e o hotel da cidade de Diamantina, em Minas Gerais.

À guisa de habitação mínima, concebeu um pequeno edifício no sentido transversal ao lote, semelhante a um pavilhão, em que privilegiava a interação entre espaço exterior e interior, isto é, entre a sala com terraço e o jardim. Para enfrentar o clima quente e úmido da região da Baixada Santista, o espaço de vivência – estar e comer – recebeu amplas portas com venezianas que se abriam para o terraço protegido pelo prolongamento da cobertura, onde havia uma grande pintura do artista Clóvis Graciano. Além de sala e cozinha integradas em um único espaço, o programa concluía com um pequeno dormitório conjugado ao sanitário.

Seguindo solução similar à do projeto feito para Hafers, foi elaborada a casa de praia de Edgar Barroso do Amaral (1953) em Itanhaém, litoral sul de São Paulo. O partido reproduzia a solução inspirada no pórtico – com empenas laterais apoiadas no solo, cobertura em uma água vertendo para os fundos e acentuado balanço definindo o alpendre frontal. A planta compacta demonstra a predileção do arquiteto pelas soluções do gênero como afirmação de um modelo de residência despojada, voltada ao lazer. Dividida em duas partes, a distribuição do programa definiu dois núcleos específicos do universo doméstico – a área de vivência isolada do espaço íntimo e de serviços. A atenção maior foi reservada às salas de estar e jantar, integradas às varandas frontal e lateral. Agrupados no espaço oposto ficavam cozinha, dois dormitórios e sanitários – o menor com acesso externo para os banhistas. Projeto simples e elegante, que infelizmente não se concretizou.

Dois anos depois, Oswaldo, fez mais um projeto para o terreno da casa do Guarujá, de um pavilhão (1955) para os filhos de Hafers. Evocando simplicidade, utilizou materiais sem acabamento, como tijolos aparentes na parede e no piso, junto a madeira natural nos pilares e esquadrias. Ao flertar com o organicismo de Frank Lloyd Wright, Oswaldo atentava mais para a economia do custo da obra que para os princípios estéticos preconizados pelo arquiteto americano, a quem respeitava, mas cujas soluções arquitetônicas não o entusiasmavam[5]. Sob a cobertura de uma água, organizou uma planta compacta de 34 m² de área construída, contendo terraço para estar e comer, dois quartos com beliche e sanitário. Janelas corridas no alto das paredes e portas com venezianas permitiam iluminação e ventilação natural. As empenas laterais revestidas com madeira, resultantes do espaço entre o telhado inclinado e o forro plano, conferiram à cobertura do pequeno pavilhão expressão plástica original.

Embora não viabilizados, os novos estudos que Oswaldo empreendeu para João Hafers investir em outra residência em São Vicente (1956) confirmam o interesse do arquiteto no desenvolvimento de uma tipologia própria para a casa de praia. Nas propostas, o espaço doméstico foi partilhado em dois pavilhões isolados, conectando-se por acesso externo o núcleo social e o de serviços (salas, copa, cozinha, lavanderia) e o setor íntimo (quartos e sanitários). O princípio adotado para as casas de praia com espaços de vivência integrados com o exterior foi mantido.

Oswaldo ainda projetou na praia do Guaiuba, no Guarujá, a residência para Gilberto Sampaio Moreira (1956). Na proposta, deu sequência a algumas soluções investigadas anteriormente, como as relacionadas à cobertura e ao modelo pavilhão para a arquitetura praiana. Transgrediu os dois planos convergentes da cobertura em *impluvium* para introduzir nova solução, com as inclinações para o mesmo lado, porém em desnível uma da outra, induzindo à configuração de ondas. Oswaldo havia adotado essa mesma solução de cobertura para projetos distintos: a sede social e esportiva do Clube de Regatas Santista (1953) e o Posto de Serviço Esso (1956). Sob a cobertura de madeira de aspecto incomum, que se apoiava na estrutura independente limitada a quatro pilares com formato triangular, ajustou os equipamentos da casa no sentido longitudinal. De um lado ficaram agrupados os setores de vivência – salas de estar e jantar e cozinha –, compreendendo amplas portas de madeira pivotantes com venezianas para permitir constante ventilação. Dispostos na face oposta, os dormitórios, alinhados junto aos sanitários, possuíam acesso independente para o exterior. Desse modo, o edifício estabelecia mediações entre espaços externos e internos.

Com a residência para Gilberto Sampaio Moreira, Oswaldo mostrava desenvoltura com o tema da casa de praia; atentava para as influências climáticas sobre o edifício, introduzia novos métodos e materiais de construção, racionalizava os processos construtivos e investigava formas arraigadas de simbolismos. Infelizmente, o arquiteto não deu sequência a outros trabalhos do gênero, que ficaram circunscritos a esse período.

5. Cf. Edison Gloeden e Eugênio Lara, entrevista com o professor arquiteto Oswaldo Corrêa Gonçalves", Santos, 21 nov. 1982, p. 4.

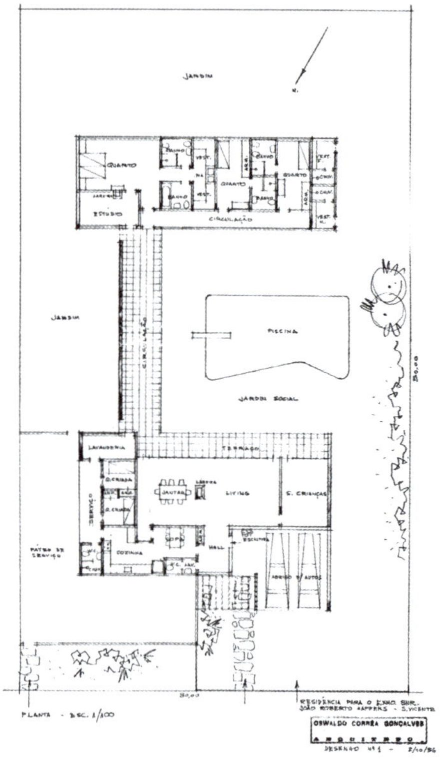

▲
Residência de João Roberto Haffers, em São Vicente: planta.

▲▶
Pavilhão de praia de João Roberto Hafers, no Guarujá: planta; exterior e vista da varanda.

▶
Casa de praia de Gilberto Sampaio Moreira, no Guarujá: planta; aspecto do exterior com destaque para o movimento da cobertura.

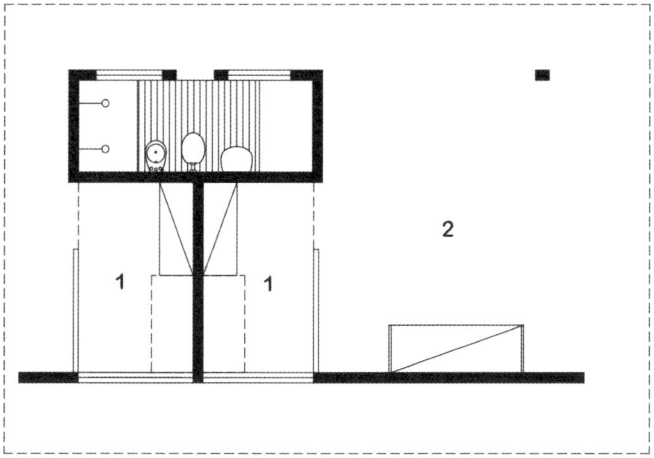

1 QUARTO BELICHE
2 TERRAÇO

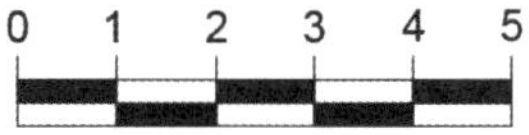

LEGENDA

1 ESTAR
2 COZINHA
3 COPA
4 DORMITÓRIO
5 EMPREGADA
6 CIRCULAÇÃO
7 BANHO
8 CHUVEIROS
9 W.C.
10 HALL

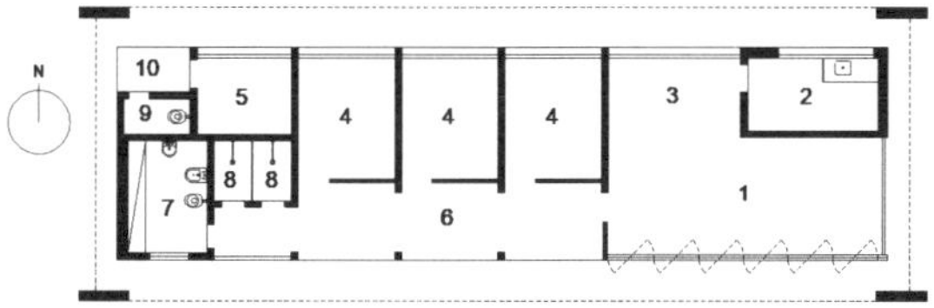

PLANTA

Outras referências

Duas interessantes referências arquitetônicas podem ser apontadas nos projetos que Oswaldo realizou para as residências de Anselmo Duarte (1953) e Cedric Baskerville (1956), nas cidades de São Paulo e Campos do Jordão, respectivamente. Distante dos trabalhos com casas de praia, para as duas residências Oswaldo propôs a organização do programa de necessidades em um volume prismático retangular. Nos dois projetos, adotou a cobertura de uma água, solução recorrente nas casas de praia que projetou.

Embora não edificada, a residência para o ator e diretor de filmes Anselmo Duarte, no bairro do Morumbi, em São Paulo, suscita interesse em razão da expressiva solução estrutural em pórtico, com pilares e vigas de concreto armado à vista, envolvendo o volume de planta retangular. Desde os apoios piramidais definidos para a casa de praia de Gilberto Sampaio Moreira, o arquiteto abdicava definitivamente dos pilotis filiados ao ideário de Le Corbusier, adotado para a moradia de Abu Jamra, e partia para outras soluções formais. Tal solução remete aos projetos de escolas que Oswaldo desenvolvia na ocasião e, posteriormente, seguiria nos futuros trabalhos para constituir as sedes do Sesc/Senac. A inclinação do terreno influiu na organização do programa de necessidades em dois pavimentos, solução pouco usual nos projetos residenciais conduzidos por Oswaldo. Desse modo, valeu-se dos diversos níveis de altura para a distribuição das funções. O térreo reunia a zona social (composta de escritório, salas de estar e jantar, ambiente de jogos e o terraço construído em desnível) e a de serviços (cozinha, lavanderia e dormitório de empregada). O pavimento superior destinava-se a três dormitórios.

A retomada das empenas paralelas ao corpo do edifício é observada na casa de Campos do Jordão. No projeto, as paredes laterais revestidas com granito apresentam-se como elementos construtivos que ajustam e condicionam a volumetria da "caixa arquitetônica". Como na maioria dos projetos residenciais de Oswaldo, a organização espacial foi resolvida em um único nível, contrapondo a declividade do terreno, o que o levou à criação de patamares no jardim para atividades de lazer. De modo similar ao observado nas casas de praia, a disposição longitudinal do edifício foi orientada para a franja do terreno, privilegiando desse modo as aberturas dos setores íntimo e social para a vista dominante do lugar. Oswaldo integrou a parte social (sala de estar e jantar) ao terraço e ao quintal, junto ao núcleo de serviços compacto (copa, cozinha, lavanderia, quarto de empregada). A articulação com o setor íntimo foi isolada por uma porta para resguardar os quatro dormitórios e os dois sanitários dos demais equipamentos da casa.

Residências unifamiliares foram em grande número produzidas por Oswaldo na

▲▶
Residência de Cedric Baskerville, em Campos do Jordão: perspectiva artística; plantas.

▶
Residência de Anselmo Duarte, em São Paulo: perspectiva artística; plantas.

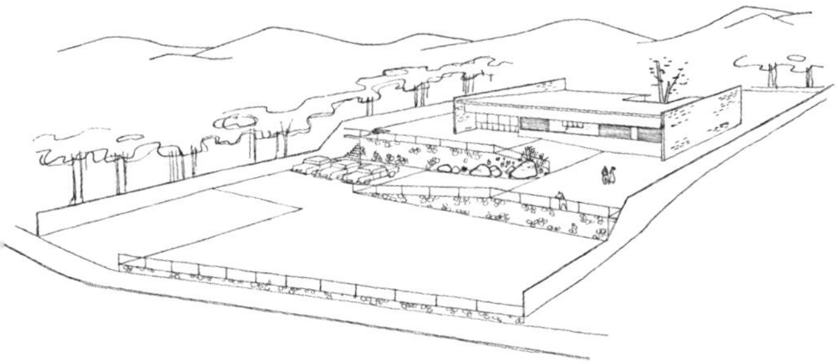

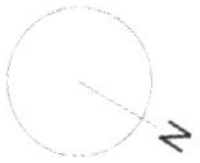

LEGENDA

1 TERRAÇO
2 SALA DE ESTAR
3 SALA JANTAR
4 COPA - COZINHA
5 QUARTO CRIADA
6 WC. CRIADA
7 QUARTOS
8 BANHO
9 ARMÁRIOS
10 CIRCULAÇÃO

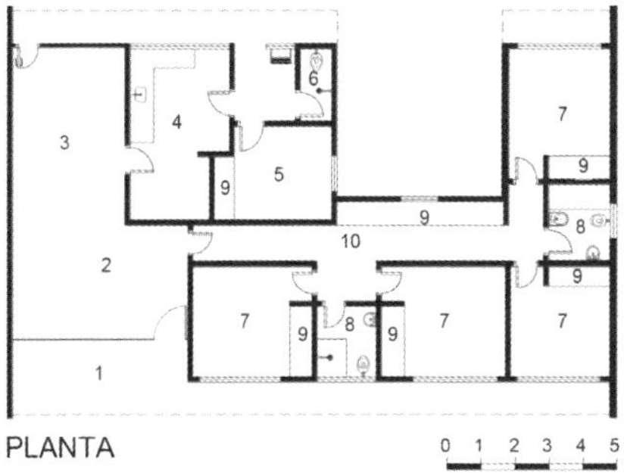

PLANTA

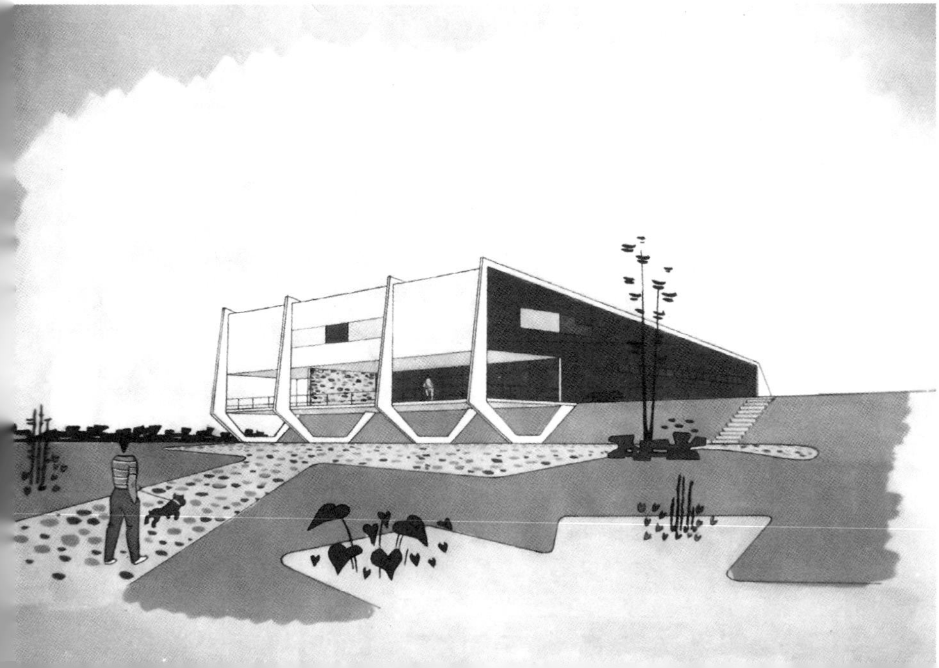

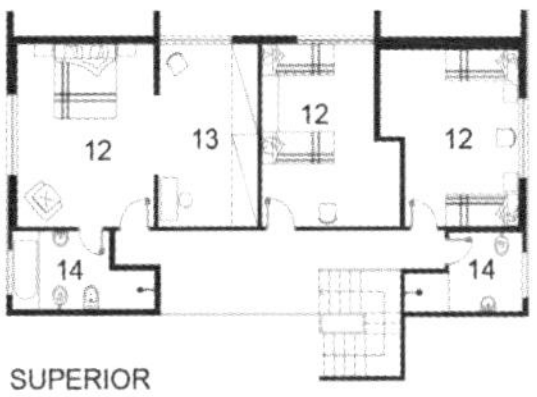

SUPERIOR

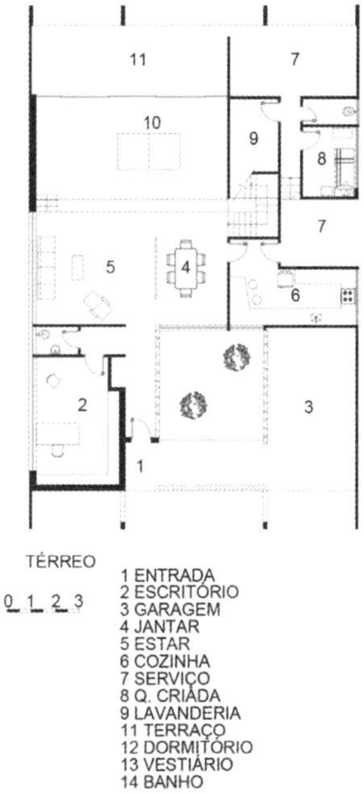

TÉRREO

1 ENTRADA
2 ESCRITÓRIO
3 GARAGEM
4 JANTAR
5 ESTAR
6 COZINHA
7 SERVIÇO
8 Q. CRIADA
9 LAVANDERIA
11 TERRAÇO
12 DORMITÓRIO
13 VESTIÁRIO
14 BANHO

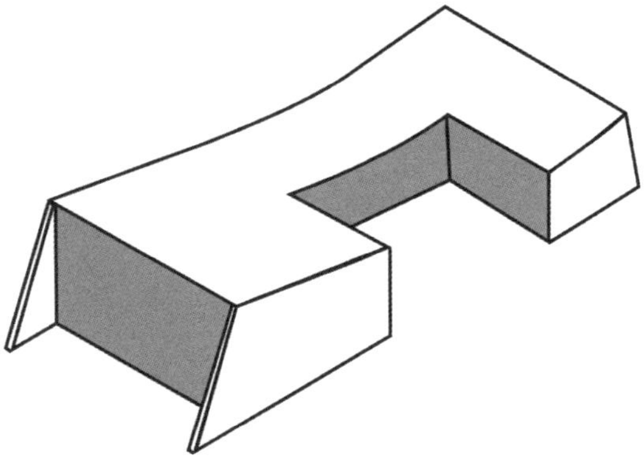

Residência de Praia de Danilo Marchioli - 1956

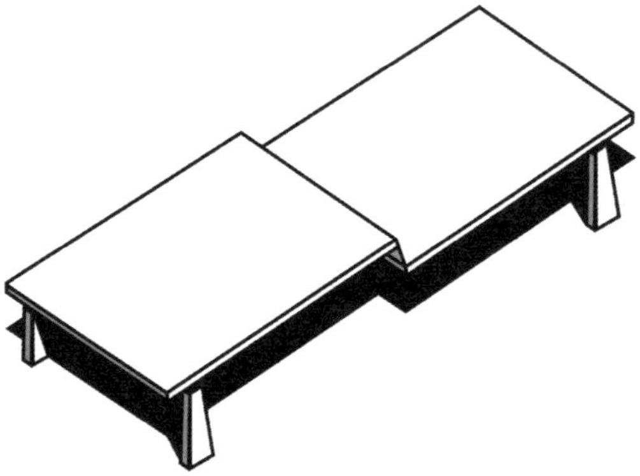

Pavilhão de Praia Gilberto Moreira -1956

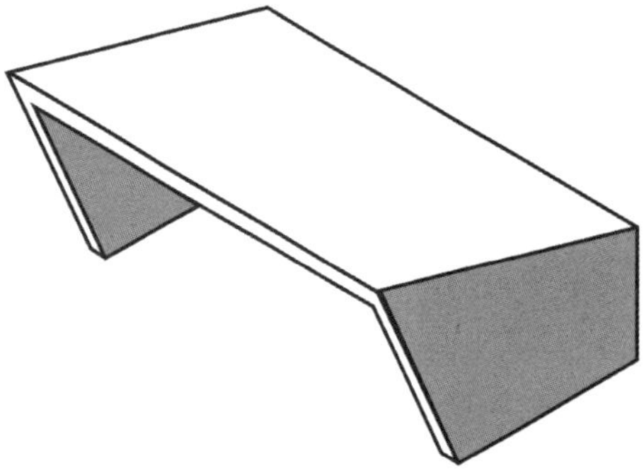

Casa de Praia João Haffers - 1952

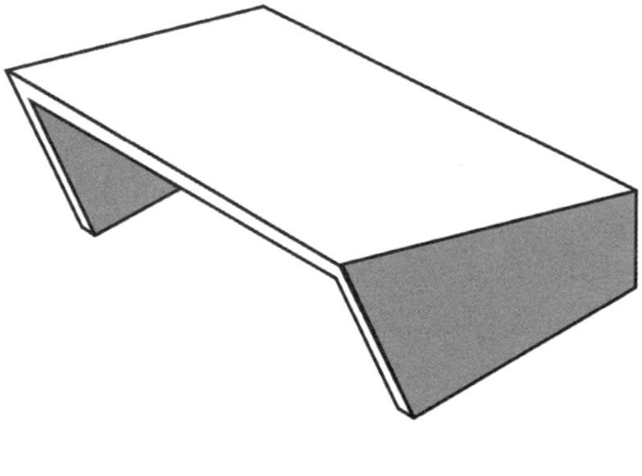

Casa Edgar Barroso de Amaral - 1953

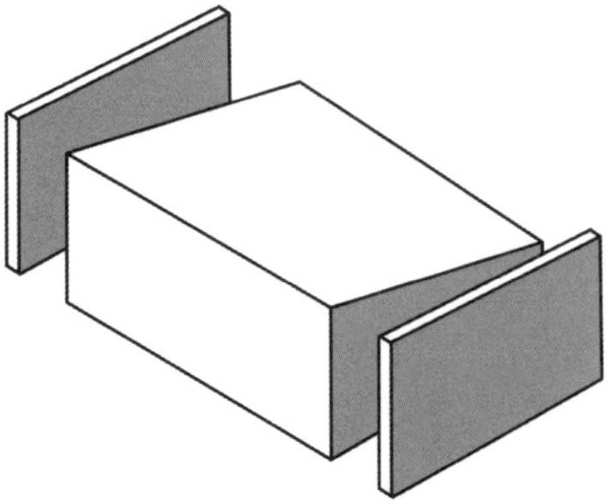

Casa Cedric Baskerville - 1956

década de 1950, período de consolidação de sua atividade de arquitetura, em que agrupou uma série de novas demandas de trabalho. Havia transferido o antigo escritório da rua Marconi, na região central de São Paulo, para uma ampla sala do 3º andar do edifício recém-inaugurado do IAB/SP, e diversificara seus trabalhos com projetos institucionais para unidades escolares e para o Sesc/Senac.

Os projetos para residências unifamiliares reduziram-se substancialmente nas décadas seguintes, na mesma proporção em que Oswaldo direcionava sua atuação para projetos de maior porte. Seu último trabalho do tipo foi em 1970, para uma residência em Guarulhos não construída.

Edifícios multifamiliares

Dos edifícios residenciais multifamiliares criados entre os anos de 1940 e 1970, destacam-se os projetos dos edifícios Sobre as Ondas, no Guarujá, Taiuva, Clipper Sea e Brasília, em Santos, e do edifício de apartamentos para o Instituto de Aposentadoria e Pensões dos Bancários (IAPB), em Ribeirão Preto, interior do estado de São Paulo.

Foi com o edifício Sobre as Ondas (1945), no Guarujá, que o arquiteto debutou na atividade profissional com uma obra executada. Oswaldo era recém-formado e ainda cursava engenharia civil na Escola Politécnica, e até aquele momento sua atuação se limitara a alguns estudos para residências. A responsabilidade do trabalho o vinculou a Jayme Campello Fonseca Rodrigues, experiente arquiteto que mantinha escritório próximo ao seu, na rua Marconi. Conceber um edifício de apartamentos segundo os pressupostos da arquitetura moderna seria estimulante para ambos e, ao mesmo tempo, inovador em sua carreira: Oswaldo havia ensaiado trabalhos no gênero sem muito destaque. Jayme se notabilizara no mercado com projetos em estilo *art déco*.

O edifício foi construído fora de um lote tradicional, no promontório da praia das Pitangueiras, local bucólico de forte apelo visual, numa encosta rochosa junto à areia e, evidentemente, sobre as ondas. Sobressaía na paisagem como uma espécie de monumento à modernidade, quase desconhecida na região da Baixada Santista. O projeto destacava o jovem Oswaldo no grupo de arquitetos reunidos em torno do IAB/SP, considerando que à época eram raros os profissionais de São Paulo com uma obra moderna de grande porte no currículo.

Monumental para os padrões de construção da época, o edifício de apartamentos de onze andares, além de térreo e mezanino, podia ser avistado de qualquer lugar, condição pitoresca que o converteu de imediato no principal cartão-postal da cidade. O edifício Sobre as Ondas evocava linhas compositivas renovadoras de um

▲◄◄
Residência de praia de Danilo Marchioli (1956).

▲◄
Pavilhão de praia de Gilberto Moreira (1956).

◄
Casa de praia de João Haffers (1952).

▼◄◄
Casa de Edgar Barroso de Amaral (1953).

▼◄
Casa de Cedric Baskerville (1956).

modernismo incomum à cidade. Volumetria curva e vertical apoiada sobre pilotis, contrapondo-se à horizontal marquise de bordas sinuosas avançada sobre o mar, conferia-lhe destaque na modesta paisagem semiurbanizada do entorno. O programa de necessidades acolhia três tipos distintos de apartamentos (unidades de um, dois e três dormitórios), salão de jogos, restaurante e *playground*. Terraços de verão envidraçados, em projeção sobre as águas e com acesso direto à praia, adicionavam um elemento inovador à vida moderna que se pretendia difundir.

Para evitar um corredor longitudinal, a planta do edifício ficou dividida em três setores com acessos verticais independentes. Cada núcleo de escada e elevadores dava acesso a um grupo de apartamentos específicos – nas extremidades se concentravam duas unidades com três e dois dormitórios e, ao centro, quatro apartamentos de um dormitório apenas. Na cobertura optou-se por adotar caixa-d'água horizontal, evitando-se desse modo que as protuberâncias indesejadas dos reservatórios verticais sobressaíssem na volumetria equilibrada do edifício.

A dedicação e os cuidados dispensados ao projeto trouxeram reconhecimento aos autores, com a premiação da Medalha de Prata no Congresso Pan-Americano de Lima, no Peru, em 1947. A importância e o significado adquiridos ao longo do tempo determinaram sua preservação como bem cultural do estado de São Paulo pelo Conselho de Defesa do Patrimônio Histórico, Arqueológico, Artístico e Turístico (Condephaat) – valorização há tempos manifestada pelos moradores, que, irredutíveis às reformas que assolam prejudicialmente antigos edifícios da região, o mantêm conservado segundo a formulação inicial de Jayme e Oswaldo.

O falecimento de Jayme Fonseca Rodrigues no início das obras do edifício Sobre as Ondas obrigou o jovem Oswaldo a dar sequência à construção, o que desenvolveu no arquiteto maior vivência com os elementos da arquitetura moderna brasileira presentes ali, no canteiro de obras – estrutura, forma, sistemas construtivos e novos materiais –, o que posteriormente seria aplicado em diversos trabalhos. A continuidade desse repertório é observada nos projetos para os edifícios Taiuva (em equipe com Roberto Milet), Brasília e Clipper Sea, em Santos, e para o IAPB (com Rubens Carneiro Vianna e Ricardo Sievers), em Ribeirão Preto.

Sem a relação entre espaço construído e meio natural inerente à obra do Sobre as Ondas, os demais edifícios inserem-se em lotes urbanos com relações específicas no entorno. Nessa época, Oswaldo, em sociedade com o arquiteto Icaro de Castro Mello, projetou o condomínio Biquinha (1948), junto à encosta do morro dos Barbosas, em frente ao mar, na baía de São Vicente – local com forte apelo paisagístico. Embora a volumetria vertical, a elevada altura obtida por seus doze

▸
Edifício Sobre as Ondas, no Guarujá: planta impressa em material de divulgação; maquete de Zanini Caldas; bar do edifício; detalhe do edifício.

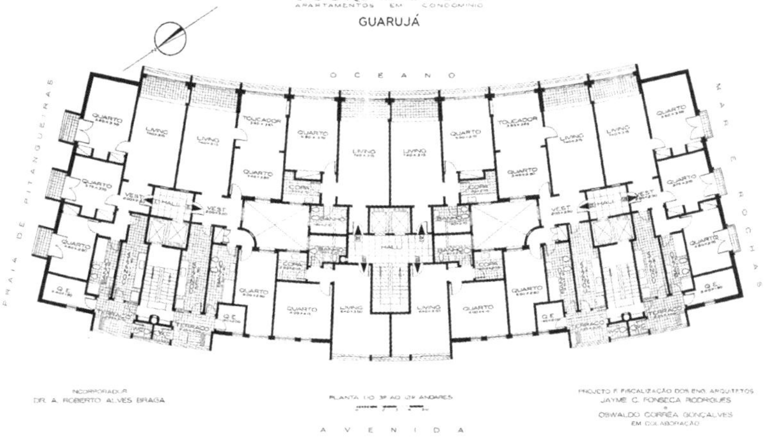
"SÔBRE as ONDAS"
APARTAMENTOS EM CONDOMINIO
GUARUJÁ
OCEANO
PRAIA DE PITANGUEIRAS
MAR E ROCHAS
QUARTO
LIVING
TOUCADOR
VEST
HALL
COPA
BANHO
COZINHA
Q.E.
TERRAÇO
AVENIDA
INCORPORADOR
DR. A. ROBERTO ALVES BRAGA
PLANTA DO 3º AO 17º ANDARES
PROJETO E FISCALIZAÇÃO DOS ENG. ARQUITETOS
JAYME C. FONSECA RODRIGUES
e
OSWALDO CORRÊA GONÇALVES
EM COLABORAÇÃO

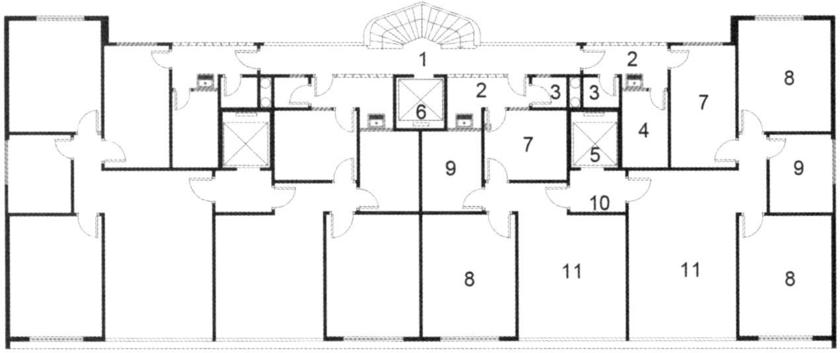

PAVIMENTO TIPO

LEGENDA

1 PASSAGEM (SERVIÇO)
2 SERVIÇO
3 SANITÁRIO
4 ROUPEIRO
5 ELEVADOR SOCIAL
6 ELEVADOR SERVIÇO
7 COZINHA
8 QUARTO
9 BANHO
10 HALL
11 ESTAR

pavimentos e a fachada modular se aproximassem das do projeto do Guarujá, as limitações do terreno e do programa de necessidades impediram um resultado similar ao do edifício Sobre as Ondas.

Construídos em lotes no meio dos quarteirões, os edifícios de apartamentos que Oswaldo projetou em Santos tiveram como premissa básica investigações sobre a volumetria – organização das aberturas, caixilhos e estruturas, sobretudo nos apoios de transição. Exceção à regra coube ao edifício de Ribeirão Preto; implantado em terreno de esquina, junto à praça da Matriz, tinha uma condição visual vantajosa perante os demais.

Os projetos para o Taiuva (1955) e o Brasília (1956) são exemplos da influência de Oscar Niemeyer sobre o trabalho de Oswaldo durante a década de 1950. Produzidos no mesmo período em que o arquiteto carioca abusava das soluções arquitetônicas apoiadas sobre pilares configurados em "V"[6], Oswaldo experimentou solução análoga nos projetos desses edifícios, obtendo porém resultados distintos.

A definição dos pilares em "V" no edifício Taiuva, alinhados com a fachada principal, assumiu relativa monumentalidade diante do pé-direito duplo condicionado pelos pavimentos térreo e intermediário, destinados ao comércio. Na organização da planta-tipo, Oswaldo condicionou a circulação vertical e a horizontal para a face posterior do edifício, permitindo que os apartamentos se voltassem para a rua. Quatro unidades – com um e dois dormitórios – dispostas em cada um dos doze pavimentos foram organizadas de modo que o setor social e íntimo (sala e dormitórios) estivesse orientado para a face leste, e as funções de serviços (cozinha, área, lavanderia e sanitário) na parte oposta, isto é, no setor oeste.

Pilares de configuração "V" também estão presentes na versão inicial do projeto para o edifício Brasília. Desobstrução do térreo, permeabilidade facilitada da circulação e efetiva indução do solo urbano como superfície de fluxo pleno, correspondentes à vocação de origem do piloti, encontraram no projeto inicial do edifício Brasília resposta projetual compatível aos postulados modernos no que tange

◂
Edifício Taiuva, em Santos: primeira proposta; planta do pavimento-tipo; estrutura com forte apelo plástico; pilares em "V" enclausurados por caixilhos.

6. Durante a década de 1950, Niemeyer empregou habitualmente pilares com formato em "V" em projetos como o Conjunto JK (1951), em Belo Horizonte; Paço Municipal de São Paulo (1953), edifícios Copan (primeira versão, em 1951) e Califórnia (1951), além do Palácio da Agricultura, no Ibirapuera (1951), todos em São Paulo; Hospital da Lagoa (1951) e sede da Fundação Getulio Vargas (1955), ambos no Rio de Janeiro; Hotel do Tijuco (1951), em Diamantina; edifício de apartamentos (1954) em Berlim, Alemanha (cf. Rodrigo Queiroz, *Forma moderna e cidade*, 2014, disponível em http://www.vitruvius.com.br/revistas/read/arquitextos/13.151/4632, acesso em: 12 jan. 2014).

à mediação lote/cidade e público/privado. A solução em três blocos ocupando a profundidade do terreno, ao elevar-se sobre apoios em formato "V", não permitia enclausurar o edifício e assegurava continuidade ao chão, da trama urbana para o lote. Infelizmente, na execução a proposta inicial sofreu mudanças, impondo o abandono dos apoios inicialmente previstos, substituídos por elegantes pilotis.

O emprego desses pilares de transição da estrutura superior do edifício justificava-se, em princípio, pela continuidade espacial do pavimento térreo e pela valorização de balanços longitudinais. No projeto para o Taiuva esses atributos foram irrelevantes, em razão da presença de um núcleo comercial no térreo. Solicitado pelo programa, o fechamento externo desse espaço com caixilhos de ferro e vidro impediu a manifestação dos princípios de permeabilidade de circulação inicialmente adotados no edifício Brasília.

Anos depois, os apoios inclinados foram redefinidos por Oswaldo para o Edifício dos Bancários – IAPB (1957), em Ribeirão Preto. Para esse caso adotou-se formato em trapézio, cujo resultado conferiu ao projeto grande expressão plástica. Com elevada altura, os pilares ofereciam resposta harmoniosa à sustentação do volume prismático do edifício de catorze pavimentos. Permitiam ainda que as funções de comércio e da área social (sede do Sindicato dos Bancários e residência do zelador) ficassem organizadas em um bloco isolado da volumetria vertical, proporcionando bela e inesperada solução ao conjunto. A circulação vertical, a exemplo do que Oswaldo havia indicado para o Taiuva, posicionava-se na parte posterior do edifício. Essa disposição nos pavimentos-tipo resultou em um amplo espaço de acesso às unidades. Organizado segundo um eixo longitudinal, o andar-tipo continha quatro apartamentos com variações de dois e três dormitórios, estando o setor de serviços (cozinha, quarto de criada, terraço de serviço) voltado para o núcleo central.

O Edifício dos Bancários foi certamente a última manifestação do arquiteto para uso de apoios inclinados nos projetos. Seu abandono definitivo ocorreu no fim da década de 1950, quando a arquitetura moderna brasileira, após breve período de admiração internacional, passou a sofrer pesadas críticas decorrentes do excessivo formalismo, sobretudo das soluções de pilares em "V" desenhados por Niemeyer. Para Max Bill, as formas eram puramente decorativas, sem objetividade e propósitos, demasiadamente barrocas[7]. A crítica a esses pilares ditos decorativos não ficou indiferente às obras de Oswaldo. Niemeyer, mesmo resignado, anos depois faria um

7.. Max Bill, *apud* Hugo Segawa, *op. cit.*, pp. 108-9.

▲▶
Edifício Brasília: vista do edifício; primeira proposta; pilotis.

▶
Edifício dos Bancários, em Ribeirão Preto: planta do pavimento-tipo; vista do edifício; pilares.

▼▶
Apoios dos edifícios projetados por Oswaldo Corrêa Gonçalves.

▼▶▶
Edifício Clipper Sea: planta; vista externa.

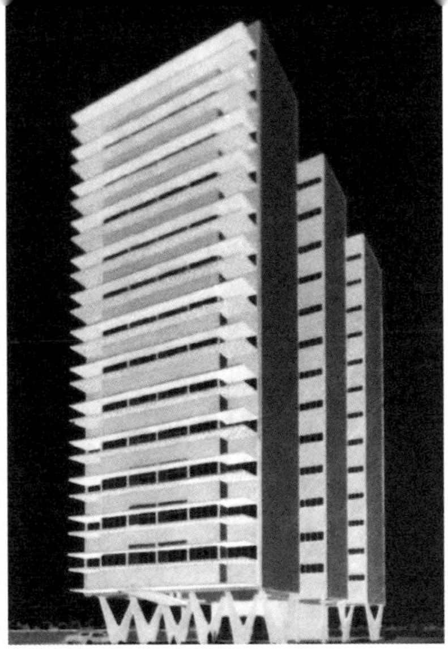

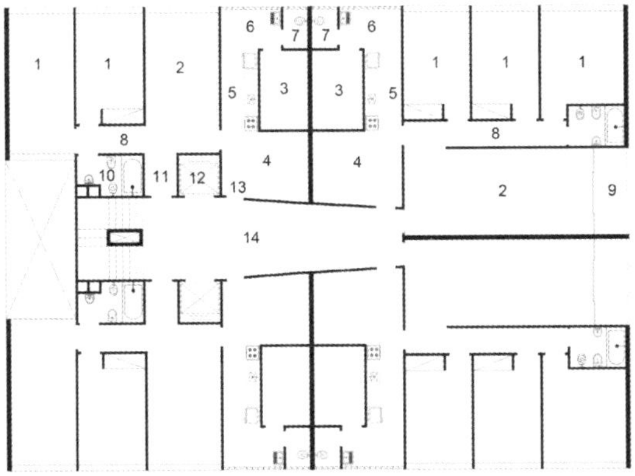

PAVIMENTO TIPO

0 1 2 3 4 5

LEGENDA

1 DORMITÓRIO
2 SALA
3 Q. EMPREGADA
4 COPA
5 COZINHA
6 ÁREA SERVIÇO
7 W.C.
8 CIRCULAÇÃO
9 VARANDA
10 BANHO
11 HALL
12 ELEVADOR
13 SERVIÇO
14 CIRCULAÇÃO

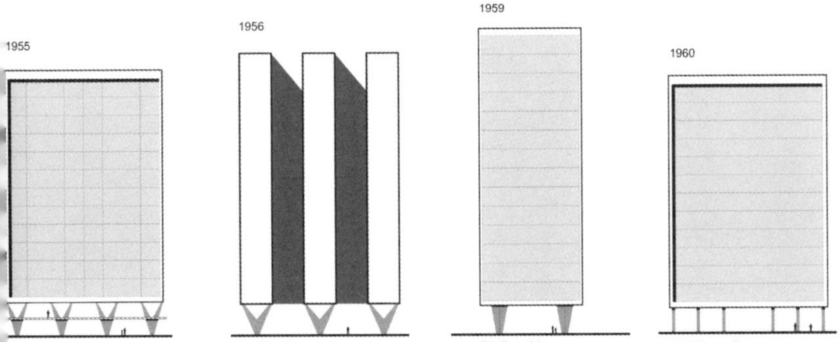

Ed. Taiúva

Ed. Brasília

Ed. Bancários

Ed. Clipper Sea

PLANTA PAVIMENTO TIPO

mea-culpa do trabalho reconhecido por ele como produção descuidada, de excessiva originalidade, e contraditório diante da realidade social do país[8].

O projeto do condomínio Clipper Sea (1961), posterior a esses questionamentos, é sintomático para Oswaldo como realinhamento de sua carreira diante dos possíveis descaminhos da arquitetura brasileira nos anos de 1950, quando se alimentou fortemente do repertório "niemeyeriano". No Clipper Sea retomaria a solução ortodoxa de pilotis verticais para a sustentação do edifício. Apoiado na solução destinada ao edifício Brasília, organizou a planta em três blocos alinhados na profundidade do lote. A disposição do núcleo de circulação vertical (elevadores e escada) para o corpo central do conjunto conferia maior abertura do terreno para a cidade. O edifício foi concebido para apartamentos com um dormitório, compreendendo oito unidades no andar-tipo. Os três blocos eram interligados por eixo de circulação centralizado.

Habitação social

A questão habitacional como símbolo da modernidade arquitetônica e urbanística interessou a Oswaldo desde o período em que colaborava no *Jornal de São Paulo*. Ele abraçou ideais ligados ao Congresso Internacional de Arquitetura Moderna (Ciam) sobre a habitação racional e propôs teses como o subsídio do Estado para fazer conjuntos residenciais e, nos casos extremos, fomentar a locação social como alternativa para que setores mais desprovidos da população tivessem acesso a moradia[9].

Na década de 1950 o Brasil estava longe de superar o déficit habitacional; todavia, na era Vargas, o modelo de financiamento pensado para construir habitações populares em larga escala valeu-se das carteiras prediais dos vários Institutos de Aposentadoria e Pensões – os chamados IAPs. Os recursos capitalizados com arrecadação compulsória do sistema previdenciário não apenas viabilizavam investimentos para habitação social como atenuavam a responsabilidade do poder público em assumir exclusivamente esses encargos.

Graças aos recursos subvencionados pelos IAPs, Oswaldo – em parceria com Araken Martinho, Heitor Ferreira de Souza, Mário Reginato e Ubyrajara Gilioli – realizou seu primeiro projeto habitacional de porte urbanístico para o Serviço Social do Comércio (Sesc), em Suzano, região metropolitana de São Paulo. Vencedor do

8. Hugo Segawa, *op. cit.*, p. 143.
9. *Idem, ibidem.*

▲▶
Sesc – Comunidade Brasílio Machado Neto, em Suzano: maquete do núcleo urbano; vista geral do núcleo urbano; maquete de habitações unifamiliares; planta de habitações unifamiliares; escola primária.

▶
Ipesp – Conjunto Residencial Francisco Morato de Oliveira, em São Paulo: implantação; perspectiva; térreo; andar-tipo (1º ao 3º) – habitação multifamiliar.

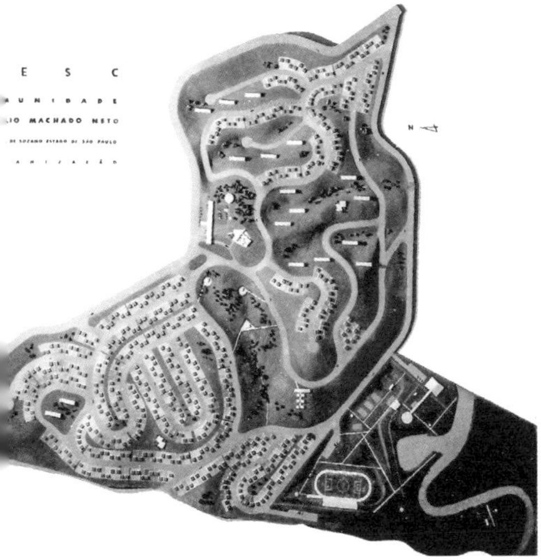

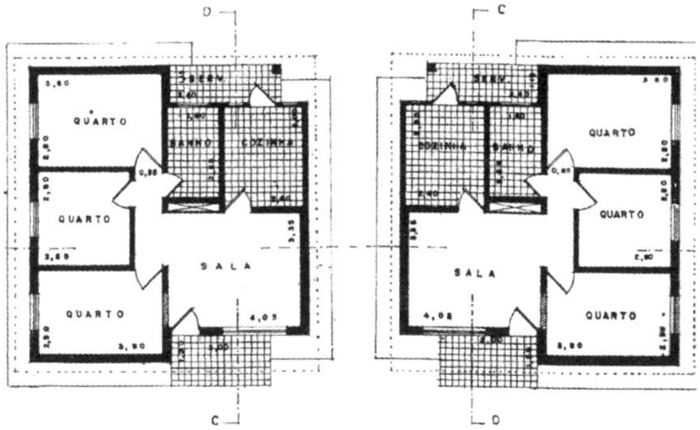

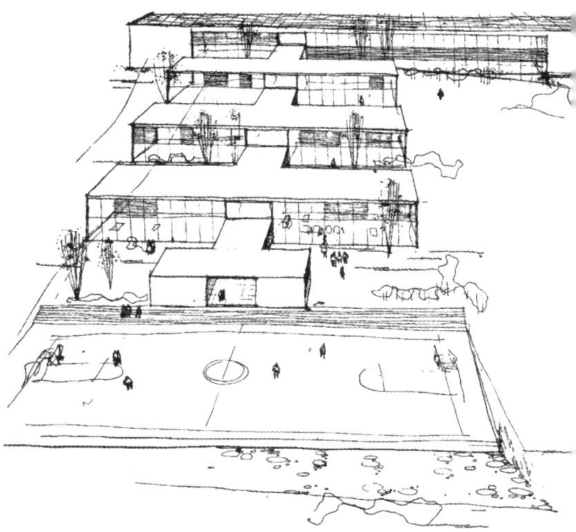

Perspectiva

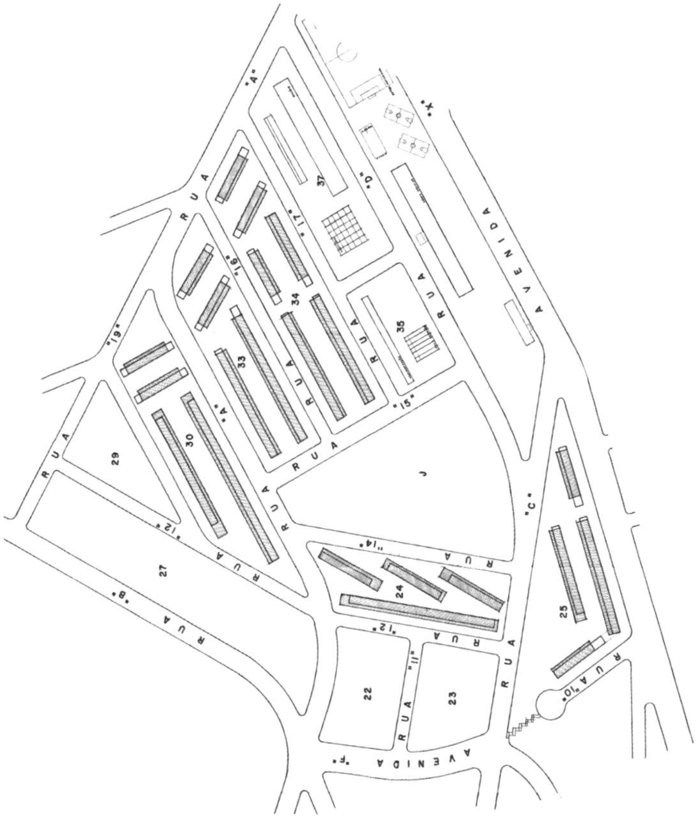

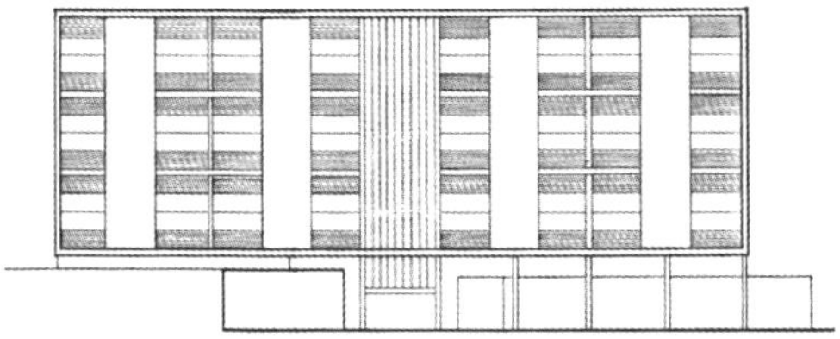

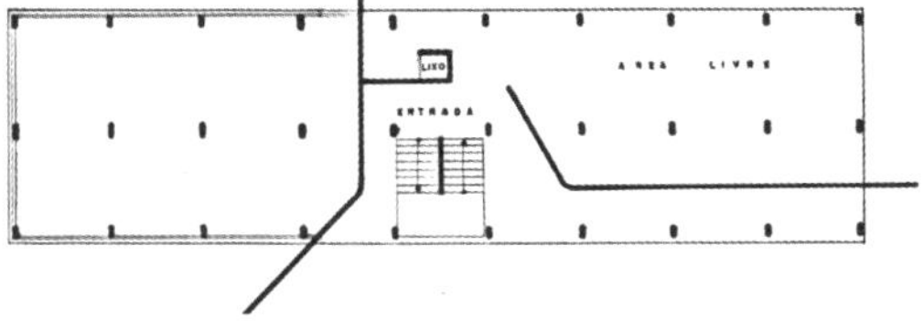

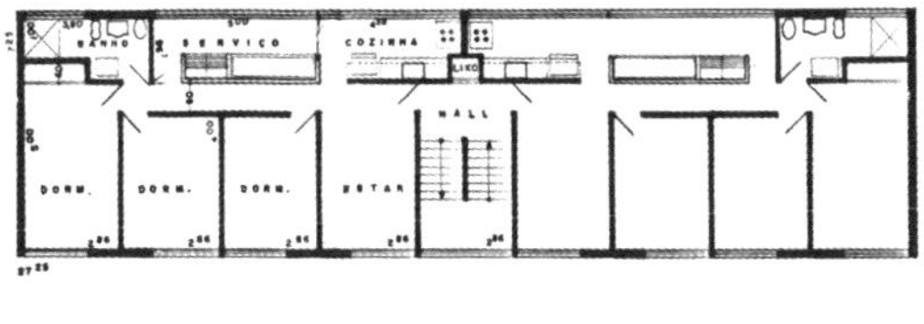

concurso promovido pela instituição em 1958, o projeto previa a construção de um núcleo residencial com 749 unidades habitacionais para acolher uma população de 3.750 habitantes. Com financiamento do Instituto de Aposentadoria e Pensões dos Comerciários (IAPC), a Comunidade Brasílio Machado Neto foi assentada em terreno irregular, com topografia acidentada de 874.638 m² de área. O Sesc tinha a responsabilidade pela urbanização, enquanto o IAPC assumia a gestão das obras civis. Essa condição topográfica influenciou o traçado peculiar do sistema viário, que assimilava certa figuração das cidades-jardins preconizadas pelo urbanista britânico Ebenezer Howard. Mais tarde Oswaldo retomaria esse repertório no projeto urbanístico para a Riviera de São Lourenço, em Bertioga, na Baixada Santista.

O conjunto urbanístico continha soluções habitacionais diversas – unidades térreas geminadas ou isoladas no lote e blocos de apartamentos. Inseparáveis das moradias, as unidades de vizinhança previstas, dotadas de equipamentos e serviços, seguiam o modelo preconizado em 1929 por Clarence Arthur Perry no plano elaborado pelo urbanista norte-americano para a cidade de Nova York. Estavam configuradas com equipamentos de lazer, serviços e consumo para suprir as necessidades diárias dos moradores. Espaços públicos, parques e a praça com o centro comunal, que compreendia igreja, centro social e esportivo, cinema, mercados, lojas, restaurante, ambulatório, escolas e estação rodoviária, ordenavam a seu modo a vida comunitária dos habitantes.

A implantação das unidades habitacionais ficou condicionada à topografia dos terrenos. O setor mais acidentado coube aos edifícios de apartamentos em blocos longitudinais; as áreas relativamente planas foram reservadas às residências unifamiliares. O conjunto habitacional era composto de dezessete edifícios com dois pavimentos; havia quatro unidades no andar-tipo, 580 moradias isoladas em lotes de 360 m² e 33 residências geminadas. As unidades unifamiliares foram objeto de controvérsias entre os arquitetos e o instituto, em disputa por soluções econômicas que rompessem a monotonia da paisagem construída. Por fim introduziram projetos funcionais, de formas arquitetônicas com forte componente vernáculo, que incorporavam elementos simbólicos tradicionais (quintais) para permitir fácil assimilação pelos ocupantes. Os espaços valorizavam a racionalidade das circulações entre sala, cozinha e sanitário e três dormitórios que compõem o programa de necessidades.

O forte caráter social do projeto levou Oswaldo a seguir os preceitos de Clarence Perry e determinar para cada setor habitacional a construção de uma escola infantil, que compreenderia sala, pátio de recreação, administração e sanitários. Do plano inicial de execução das habitações para os comerciários, apenas metade foi realizado. Problemas institucionais se apresentaram sucessivamente, impedindo a plena conclusão das unidades previstas. Mesmo incompleto, Oswaldo considerava o plano de urbanização da Comunidade Brasílio Machado Neto uma experiência importante, que o amadureceu para as questões de planejamento e urbanismo.

> Foi a primeira urbanização de vulto que se projetou com a participação de vários colegas, compreendendo principalmente habitações multifamiliares e apartamentos de dois pavimentos [...] O conjunto parque procurou a melhor arrumação no terreno, colocando o centro esportivo junto ao rio Tietê e o centro comercial na parte mais alta. Foi projetado todo o zoneamento, bem como o sistema viário, e implantadas cerca de quatrocentas casas. No conjunto afastado da cidade montou-se equipamento para tratamento de água com prédio próprio [...][10].

Um projeto urbano da dimensão da Comunidade Brasílio Machado Neto, ainda que implantado parcialmente, pressupunha um território idealizado onde se retomava o uso público da área urbana. Sobre os grandes conjuntos de moradias desenvolvidos pelos sistemas previdenciários, Segawa afirma que são importantes na ordenação do território, ao mesmo tempo que preconizavam "o fim da exploração intensiva do solo mediante a disciplina dos espaços segundo uma lógica em que a ordenação fundiária se subordinava ao bem-estar coletivo, e não aos interesses dos proprietários"[11].

No mesmo período, precisamente em 1959, Oswaldo realizou um projeto para o Instituto de Previdência do Estado de São Paulo (Ipesp) no bairro do Tucuruvi, em São Paulo. Tratava-se do Conjunto Residencial Francisco Morato de Oliveira, para seiscentas famílias acomodadas em 75 edifícios de quatro pavimentos cada um. O projeto também previa, na unidade de vizinhança, um centro educacional composto de parque infantil, grupo escolar, ginásio, instalação esportiva, auditório e administração. Desse modo, o conjunto residencial integrado ao centro educacional não apenas evidenciava os preceitos urbanísticos formulados por Perry como se aproximava do discurso coletivo veiculado pela "Carta de Atenas"[12].

10. Oswaldo Corrêa Gonçalves, depoimento manuscrito, São Paulo, 8 mar. 1985, p. 3.
11. Hugo Segawa, *op. cit.*, pp. 119-20.
12. A "Carta de Atenas" foi produzida no IV Ciam e redigida pelo arquiteto Le Corbusier no ano de 1933. Composto de códigos de princípios gerais, o documento previa a extinção do traçado das cidades baseado em ruas e quadras e propunha a implantação do zoneamento seletivo e a divisão de áreas de acordo com quatro funções: habitar, trabalhar, circular e recrear, definindo-se assim os princípios da cidade funcional (cf. Le Corbusier, "Carta de Atenas", 2014, disponível em http://portal.iphan.gov.br/portal/baixaFcdAnexo.do?id=233, acesso em: 5 fev. 2014).

Os edifícios eram elegantes, carregavam a sobriedade da linguagem racionalista, apoiavam-se em pilotis que convertiam o térreo em área comum, mediadora entre o espaço público e o privado. O andar-tipo do edifício básico era composto de duas unidades residenciais que se comunicavam por circulação vertical comum. A extensão variável dos blocos residenciais repercutia diretamente na planta mediante a junção paritária dos apartamentos. A organização dos espaços da unidade era simples e racional, com as funções distribuídas segundo o eixo longitudinal da circulação. Desse modo, os ambientes de estar (uma sala) e dormir (três dormitórios) agrupavam-se de um lado, e as áreas molhadas (cozinha, área de serviço e sanitário) se alinhavam em um núcleo específico.

A qualidade da proposta não sensibilizou os agentes financiadores para sua viabilização plena. Lamentavelmente, do conjunto residencial proposto, foi executado somente o Grupo Escolar Francisco Morato de Oliveira, atualmente em atividade.

Oswaldo adquiriu nova experiência em trabalhar com habitação social em grande escala em 1968, quando venceu, em parceria com os arquitetos Paulo Buccolo Ballario e José Wagner Ferreira, o concurso organizado pelo Instituto de Orientação às Cooperativas (Inocoop) para elaborar 2,8 mil unidades no bairro de Aparecida, próximo à Ponta da Praia, em Santos. O empreendimento assume importância no contexto por ser o primeiro investimento do Banco Nacional de Habitação (BNH) na Baixada Santista, empresa pública voltada ao financiamento e à produção de empreendimentos imobiliários que se tornaria a principal instituição federal de desenvolvimento urbano da história brasileira.

O conjunto habitacional era um dos maiores empreendimentos do gênero realizados no país[13]. Atenderia a cerca de 10 mil moradores e teria 150 mil m² de área

13 Entre os maiores conjuntos habitacionais produzidos no país nas décadas de 1940 a 1960, destacam-se: Conjunto Residencial da Penha, no Rio de Janeiro (1940), projeto do escritório Arqs. M. M. Roberto, com 1.248 unidades; Conjunto Residencial da Várzea do Carmo, em São Paulo (1942), projeto parcialmente executado de Alberto de Mello Flores, Atílio Corrêa Lima, Hélio Uchôa e José Theódulo da Silva, com 4.038 unidades; Conjunto Residencial do Realengo, no Rio de Janeiro (década de 1940), projeto de Carlos Frederico Ferreira, Waldir Leal e Mário H. G. Torres, com 2.344 unidades; Conjunto Residencial Vila Guiomar, em Santo André (1949), projeto de Carlos Frederico Ferreira, com 1.411 unidades; Conjunto Residencial Passo d'Areia, em Porto Alegre (1946), projeto de Marcos Kruter e Edmundo Gardolinski, com 2.500 unidades; edifício Japuá, em São Paulo (1949), projeto de Eduardo Kneese de Mello, com 2.344 unidades; Conjunto Residencial do Pedregulho, no Rio de Janeiro (1947), projeto de Affonso Eduardo Reidy, com 328 unidades; Conjunto Residencial Marquês de São Vicente (Gávea), no Rio de Janeiro (1952), projeto de Affonso Eduardo Reidy, com 748 unidades (cf. Hugo Segawa, *op. cit.*).

▸

Conjunto Habitacional da Ponta da Praia, em Santos: implantação proposta pelos arquitetos; conclusão da primeira etapa; proposta do BNH; plantas do pavimento-tipo – primeiro projeto; vista geral do empreendimento; perspectiva artística; projeto definitivo com caixa de escada incorporada à volumetria do edifício.

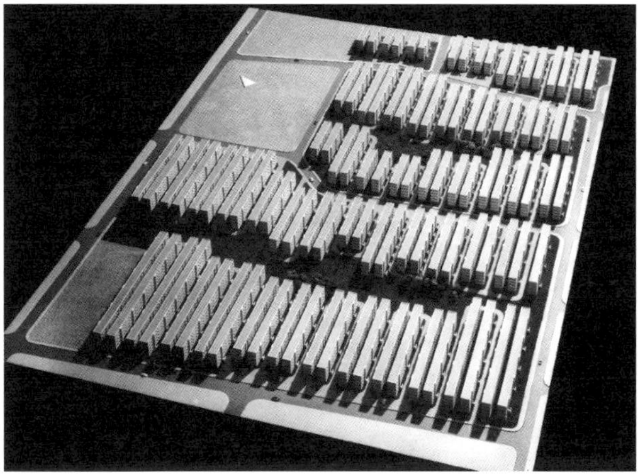

Ministério do Interior - BNH - INOCOOP

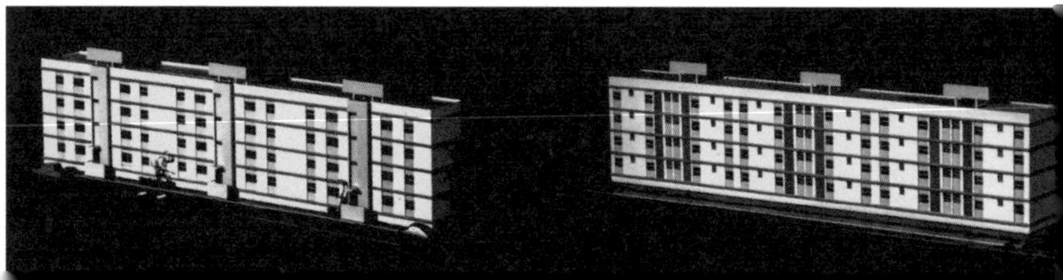

construída no amplo terreno de 81.424 m^2, com ótima localização, próximo à praia, em região da cidade que sofria intenso processo de urbanização.

De topografia plana e irregular, os aspectos físicos do terreno favoreceram a disposição longitudinal dos edifícios e promoveram aos conjuntos dimensões variadas. Quanto à autonomia das unidades de vizinhança dos projetos anteriores, apenas o edifício escolar seria incluído no conjunto habitacional de Santos. A localização com inserção urbana favorável dispunha, no entorno, de provisões e serviços necessários ao comércio e à diversão dos habitantes – ao contrário da falta de infraestrutura das áreas periféricas comumente destinadas à construção dos grandes conjuntos habitacionais.

Os edifícios carregavam configurações simples e racionais, agrupados em dois blocos paralelos de quatro pavimentos. Os volumes prismáticos orientados no sentido norte-sul induziram os arquitetos a voltar sobretudo as áreas de serviço para as faces internas dos edifícios, de modo que se configurasse um espaço de servidão comum. O lado oposto, com maior distância entre os edifícios, ficou definido para a área social – sala e quartos.

As unidades habitacionais eram constituídas de quatro tipos com dimensões específicas: 224 apartamentos de 33 m^2 com um dormitório; 1.224 apartamentos de 45 m^2 com dois dormitórios; 688 apartamentos de 60 m^2 com três dormitórios; e 464 apartamentos de 70 m^2 com três dormitórios e quarto de empregada.

As propostas de Oswaldo e equipe, por mais originais que se revelassem, dificilmente seriam implantadas na plenitude. O Brasil vivia sob ditadura militar; viabilizar projetos de amplo alcance coletivo, como inicialmente a equipe havia pensado – edifícios suspensos em meio ao espaço arborizado de uso comunitário de estar, de convívio e lazer –, era uma conquista quase impossível. Desse modo, a realização da obra gerou modificações em pontos importantes do projeto, mas prejudiciais à concepção original. A imposição do BNH para dispor apartamentos no térreo impediu a inclusão dos pilotis, adotados com frequência por Oswaldo para liberar e qualificar as áreas de convívio. O espaço coletivo de vivência previsto com áreas verdes e amplas calçadas não resistiu à demanda pela circulação de veículos. Os recuos, previstos em conformidade com as recomendações do lote racional definido no III Ciam, em 1930, na prática tiveram sua dimensão reduzida quase à metade, para que o empreendedor ampliasse o número de edifícios inicialmente calculado. Os elementos construtivos originalmente configurados com sensível composição entre caixilhos e revestimentos, nos alçados dos edifícios, sucumbiram na execução.

Se o descompasso entre o projeto ideal e as imposições reais desviou o empreendimento dos conceitos iniciais propostos, os habitantes lançaram-se como agentes da descaracterização do conjunto. Ao que tudo indica, os moradores preferiram um padrão distinto do criado pelos arquitetos, com olhar mais conservador e voltado para o espaço privado. Paulatinamente foram responsáveis pelo fechamento da área entre os blocos, transformada em quintal pelos moradores residentes no térreo, e pela substituição de esquadrias e revestimentos.

As restrições e o desvirtuamento das propostas, no entanto, não comprometeram os conceitos gerais que administraram a elaboração do projeto. Essa opinião é compartilhada por Elaine Rodrigues, que observou a influência do partido projetual no conjunto de conceitos sobre habitação e urbanismo sobre os quais Oswaldo discorreu nos inúmeros artigos publicados.

> [...] o projeto conserva as diretrizes assumidas pelo arquiteto em seus textos teóricos, como a preocupação com a salubridade, através de uma implantação que prioriza a ventilação e a iluminação, a presença de área verde para a recreação e área reservada para escolas e outros equipamentos comunitários. Mantém também as diretrizes básicas da arquitetura moderna racionalista, como a estrutura independente, a modulação e a possibilidade de pré-fabricação. Também na concepção urbanística, usa a classificação e a separação das vias de circulação, com as vias exclusivas de pedestres e vias de automóveis[14].

Oswaldo ainda realizou outros projetos habitacionais de menor densidade, como o conjunto em Barra Bonita (1966), no interior do estado de São Paulo, para 1.800 unidades, e o conjunto habitacional em Guaratinguetá (1977), em equipe com Benno Perelmutter e José Arduin Filho.

POSTOS DE ABASTECIMENTO

Ruy Eduardo Debs Franco

Para entendermos como se deu a onda de projetos de postos de gasolina no Brasil do final dos anos 1950 – alguns confiados então ao criativo arquiteto Oswaldo Corrêa Gonçalves –, temos que perceber o que vinha acontecendo anos antes, nos Estados Unidos da América, nação onde surgiu aquilo que para os estadunidenses ficou conhecido como um estilo de vida.

14. Elaine Rodrigues de Oliveira, *A contribuição de Oswaldo Corrêa Gonçalves para a arquitetura moderna brasileira,* dissertação de mestrado, Escola de Engenharia de São Carlos/USP, São Carlos, 1999, p. 155.

As grandes marcas da época e até anteriores a ela, tais como Gulf, Exxon, Shell, Texaco, Phillips 66, Sunoco etc., com o passar dos anos e o incremento da indústria automobilística nacional daquele país, perceberam que havia uma competição entre si, e, portanto, disputar os clientes era o objetivo. Assim, a teoria do marketing promocional foi implantada em algumas delas – por exemplo, na Texaco –, levando à padronização do atendimento, incluído aí a de sua arquitetura. Se por um lado isso trazia algumas vantagens, por outro tolhia a criatividade de seus arquitetos, que simplesmente atenderiam a um programa preestabelecido pelos departamentos de promoção das empresas.

Sobretudo o bom atendimento, que passava, entre outras coisas, pela formação de uma mão de obra especializada em receber bem e orientar os motoristas – ou seja, os atendentes de postos, ou simplesmente frentistas –, seria uma das peças-chave naquele processo.

Essa época culminou com o progresso da sociedade norte-americana, em que os cidadãos daquele país realmente enriqueceram e passaram a colocar o segundo veículo na garagem de casa. Associado a isso, nascia o rito de viajar pelo país com o conforto e a segurança que as estradas e os enormes Cadillacs lhes proporcionavam, além, é claro, da possibilidade de se hospedarem em motéis, que no Brasil são estabelecimentos de curta permanência para prática do sexo.

Então, postos que antes nada mais eram do que bombas isoladas nas calçadas das cidades passaram a ser referência pelos produtos e serviços oferecidos, assim como pelo atendimento prestado por seus prestimosos frentistas, que a essa altura davam consultoria de mecânica e ainda informavam com absoluta precisão o rumo a tomar, apoiados em mapas ofertados gratuitamente aos motoristas, muitas vezes perdidos na imensidão dos Estados Unidos.

A partir de então, aqueles postos improvisados com bombas, às vezes até quatro, instaladas na frente das residências de maneira bizarra, ficaram algumas milhas para trás, pois eles passaram a oferecer bem mais que combustível aos motoristas: vendiam-se serviços, comestíveis, muita gentileza, informação e apoio.

O modelo estadunidense de postos de gasolina iria se confundir com a história do automóvel nos Estados Unidos, e esta, por sua vez, se confundiria com a história contemporânea daquela nação, que integrou o automóvel ao seu estilo de vida, e muitas vezes o tornou seu fetiche.

Se pelo lado dos Estados Unidos temos uma farta bibliografia sobre a matéria, aqui pouco ou nada se sabe sobre o tema; nenhum livro, dissertação de mestrado ou mesmo um arrazoado a respeito. Fica a sugestão para uma pesquisa que está por ser

◄
Perspectiva de Oswaldo Corrêa Gonçalves para o Posto Gulf do Vale do Anhangabaú, em São Paulo.

feita por arquitetos ou pesquisadores que tenham interesse nesse vastíssimo assunto.

Para se ter uma ideia da dificuldade de encontrar lugar para abastecer, "no início do século XX, duro não era achar petróleo, mas um posto de gasolina. [...] A gasolina era um subproduto do refino do petróleo para a produção de querosene. E o querosene vinha sendo usado para a iluminação de ruas e residências desde 1860".

Naquela época, a cada 100 barris de petróleo extraíam-se 60 de querosene. Parte da "sobra" do processo de refino resultava em 11 barris de gasolina, que, na maioria dos casos, era simplesmente jogada fora, por falta de utilidade: era apenas um solvente de qualidade inferior. Foram os carros do século XX que deram à gasolina uma utilidade prática. No Brasil já havia importadores de derivados de petróleo desde 1870, quando a iluminação das vias públicas do Rio de Janeiro incrementou o uso do querosene. Os proprietários dos primeiros automóveis compravam a gasolina em tambores de 200 litros nos armazéns de secos e molhados – que vendiam de tudo. Depois, transferiam a gasolina para recipientes menores e abasteciam o carro usando um funil. O conceito do "posto de gasolina" só surgiria em 1907, quando foi inaugurado o primeiro deles, da Automobile Gasoline Company, na cidade de St. Louis, Estados Unidos, um galpão de zinco com duas mangueiras instaladas no alto de pedestais, para que a gasolina descesse por gravidade.

Os postos só chegariam ao Brasil em 1915, com a Texaco, quando a quantidade de automóveis em circulação permitia sua sobrevivência econômica. Antes disso estavam por aqui, distribuindo gasolina e combustíveis, a Esso (que chegou em 1912) e a Shell (desde 1913).

As coberturas propostas para os postos de gasolina de Oswaldo eram belas e arrojadas, bastante inusitadas. Suas formas únicas mexiam com a imaginação. Os postos de gasolina estavam em moda no Brasil nos idos dos anos 1950.

Segundo depoimento de Jon Andoni Vergareche Maitrejean:

Oswaldo não fez uma arquitetura de vanguarda; era uma arquitetura moderna dentro dos cânones da época, como a minha. Não é uma arquitetura que se destaca, é uma arquitetura correta feita em uma fase da vida dele. Oswaldo tem uma coisa marcante na arquitetura dele, que são os postos de gasolina dando continuação ao posto do Anhangabaú, forma redonda etc., em que ele já está entrando no elemento urbano, no equipamento urbano. Aquela era uma proposta evidentemente moderna. Naquele tempo, a Shell fazia postos de gasolina no estilo colonial americano, realizados por um amigo meu formado no Mackenzie, o Dicran. Então, de repente, uma empresa

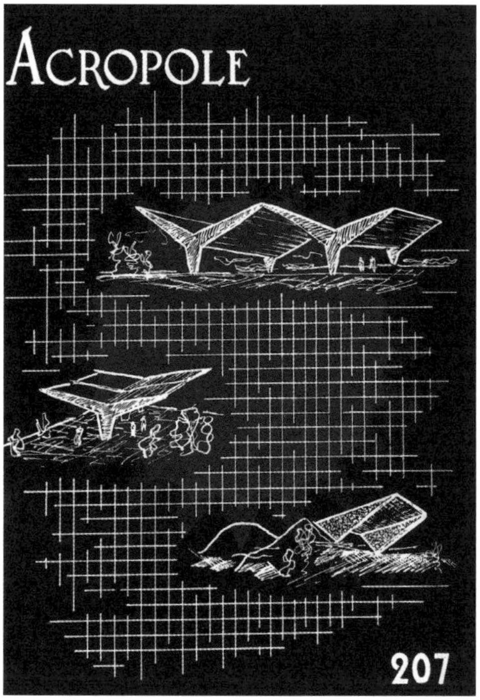

▲
Capa da revista *Acrópole* n. 207, de 1956, com croquis das coberturas de Oswaldo para os postos de gasolina em Santos.

▲▶
Obras do Posto Gulf no Vale do Anhangabaú – revista *Acrópole* n. 180, abr. 1953, p. 446.

▲▶▶
Posto Gulf no Vale do Anhangabaú, em São Paulo, 1953.

▶
Fotos feitas por Oswaldo Corrêa Gonçalves do revestimento com painéis cimentícios, uma novidade para a época. Posto Gulf no Vale do Anhnagabaú, 1952.

MAURO MOURA

LAZZARO

(Texaco) começa a contratar arquitetos para fazer postos de gasolina, o que já é uma novidade, ou seja, você ter a coragem de dar isso para um arquiteto. E deram para quem? Para o Oswaldo!
Ao mesmo tempo, o Niemeyer, quando fez o Clube dos 500, fez o posto de gasolina lá na via Dutra, dentro do Clube dos 500, em Guaratinguetá, onde ele usou os pilares diferentes. É um homem de coragem, que faz aquilo e faz uma arquitetura... Ele não fez uma arquitetura colonial, era uma proposta brasileira; porém, com o tempo, essas coisas perdem o seu valor, mas no momento em que são feitas têm um valor extraordinário, porque esse julgamento da história não é um julgamento de momento, o valor é outro[1].

De fato, a opinião de Maitrejean sobre a proposta de Gonçalves para os postos era de que, ao mesmo tempo que ele valorizava a arquitetura nacional em detrimento de outra importada, em momento algum deixava de lado o valor do produto a ser exposto, bem como o resultado formal.

Oswaldo projetou nove postos de gasolina naquele início dos anos 1950, nas cidades de Santos e São Paulo, e em alguns deles contou com a colaboração dos também arquitetos Icaro de Castro Mello, Eduardo Corona e Osmar Tosi – que de estagiário passou a atuar, recém-formado, lado a lado com Oswaldo. Corona daria sua contribuição em um pequeno estudo que não chegou a ser construído.

Em depoimento ao autor, Tosi considera-se o braço direito de Oswaldo no período em que esteve no escritório dele, de 1954 a 1958. Colaborou nos projetos dos postos Texaco da rua Brás Cubas com a rua Bittencourt e no Gulf da avenida Saldanha da Gama com a avenida Rei Alberto I, ambos em Santos e já demolidos. No lugar deles outros padrões de postos foram levantados, porém sem qualquer relação com os projetados por Oswaldo.

O projeto mais emblemático de Oswaldo foi o posto da Gulf no Vale do Anhangabaú, construído em 1952 e também demolido. Nas palavras de Oswaldo,

aproveitando uma pequena área em esquina, estudou-se um posto de gasolina com acesso pelas duas vias. Para maior aproveitamento do espaço, projetou-se o andar térreo com sanitário e caixa, e o andar superior para loja e exposição de materiais[2].

1. Ruy Eduardo Debs Franco, entrevista com o professor arquiteto Jon Maitrejean, São Paulo, 17 abr. 2013.
2. Cf. Posto Gulf, Arquivo Oswaldo Corrêa Gonçalves, 1952.

▲▶
Posto Gulf na avenida Almirante Saldanha da Gama, na Ponta da Praia, em Santos, 1956.
▶
Perspectiva do Posto Gulf.
▶▶
"Oswaldão" à frente de sua obra em Santos, 1956.

GULF
GULF

Tratava-se de dois elementos em forma de cilindro, com raios diferentes e excêntricos. O cilindro superior, um elemento envidraçado para o lado de dentro, era protegido dos raios solares pela cobertura de concreto biapoiada, que também isolava da insolação as bombas na pista. A grande altura da cobertura, cuja intenção era receber veículos de grande porte – aliás, algo comum em qualquer posto –, não causava desproporcionalidade ao conjunto, uma vez que era ao mesmo tempo a laje do pavimento superior, onde se localizava a caixa-d'água de grandes proporções, escondida pela generosa platibanda.

Apesar de modesto, o edifício tinha uma arquitetura primorosa.

O posto de bandeira Gulf no bairro da Ponta da Praia, em Santos, inaugurou um estilo arquitetônico diferenciado para os postos de abastecimento que Oswaldo iria propor dali em diante em sua cidade natal.

O posto tinha localização estratégica, em um terreno bem em frente ao *ferryboat* (serviço de travessia de veículos e pedestres Santos-Guarujá, criado por volta de 1918 pela iniciativa privada, a Companhia Guarujá). As "asas", que lembravam as aves marinhas da região, funcionariam como um marco para o serviço de travessia.

Projetado nos primeiros anos de 1950 e finalizado em 1956, foi demolido ainda nos anos 1990 para dar lugar a outro empreendimento híbrido de bandeira Ypiranga, ainda existente no local, mas sem qualquer semelhança com o anterior.

Durante anos, o projeto de Oswaldo engrandeceu a arquitetura daquele charmoso bairro de Santos, o último a ser urbanizado na cidade.

O terreno antes vazio – como tantos outros na região – foi valorizado pelo projeto do arquiteto, e os croquis ganharam destaque na capa da revista *Acrópole* número 207, de janeiro de 1956.

A estrutura de concreto da cobertura em duplo "V", contrastando com o edifício monolítico ao fundo, durante muito tempo lembrou a alguns a figura de duas gaivotas em voo.

Uma vez consagradas as empenas inclinadas que Oswaldo adotara para o Posto Gulf na Ponta da Praia, o novo desafio agora seria o Posto Texaco, localizado no centro da cidade de Santos, na esquina das ruas Bittencourt e Brás Cubas.

O programa previa um edifício baixo, de proporções agradáveis; duas cabines de lubrificação, uma de lavagem, dependências para escritório e exposição das mercadorias, sanitários, vestiário e a pista para quatro bombas de abastecimento. A cobertura das bombas ficava à frente do edifício de serviços, ligando-se a este por uma pequena marquise que parecia emoldurada por ele. A lateral voltada para a rua Bittencourt era envidraçada de cima a baixo, dando ampla visão aos produtos expostos. Entretanto, como era fachada norte, nos dias de verão o sol inclemente castigava esse ambiente, destinado em programa para ser o escritório e depois transformado em loja. Segundo Oswaldo, "as janelas na parte baixa permitem facilmente aos clientes do posto apreciarem as mercadorias à venda"[3].

O diferencial ficaria por conta de dois painéis de autoria de Irênio Maia (cenógrafo e muralista capixaba), pintados diretamente sob as lajes em "V". Quem passava pelas ruas era imediatamente atraído por aquelas maravilhosas imagens, que rivalizavam com a marca da distribuidora. Oswaldo parecia então não estar preocupado com o marketing da empresa, mas tão somente em dar ao transeunte um momento de contemplação.

Como vários arquitetos de seu tempo, ele recorreu ao "muralismo" como recurso arquitetônico em muitos edifícios que projetou e construiu. Nesse período, Irênio Maia estava muito próximo de Oswaldo e recebeu do arquiteto atenção especial, criando e executando vários murais para seus projetos.

Não se sabe ao certo, porém, por que o Posto Gulf da Ponta da Praia não foi contemplado com a mesma proposta. Provavelmente, isso está relacionado com a presença de uma obra de arte competindo com a logomarca da distribuidora.

O que sobrou hoje do bonito edifício do Posto Marilu, em Santos, não lembra em nada o projetado por Oswaldo. Localizado em local estratégico na entrada da cidade, na esquina da avenida dos Bandeirantes com a avenida Nossa Senhora de Fátima, esse posto da Shell foi referência para quem chegava a Santos pela via Anchieta a qualquer hora do dia ou da noite.

O projeto mostrado na página 137 previa uma edificação retangular modesta, sem a área expandida ao lado para atender veículos de maior porte. Essa expansão, ao que tudo indica, veio mais tarde, provavelmente em decorrência de uma mudança no programa original.

O edifício que foi construído e hoje está em ruínas tem em planta o formato de um grande leque acoplado com uma marquise à frente, que também já não existe. Infelizmente, a pesquisa não conseguiu localizar o projeto original.

Visto de lado, o desenho das empenas laterais remete-nos a um par de asas-delta pousadas de forma serena no terreno e envolvendo a edificação propriamente dita. Além de darem sustentação à marquise que se projeta sobre a pista onde estão as bombas, os grandes pilares que sustentam a cobertura estão inseridos nas empenas.

3. Cf. "Posto de gasolina", *Acrópole*, n. 180, São Paulo, 1953, p. 447.

TEXACO

TEXACO

TEXACO
4
OSWALDO CORRÊA GONÇA

TEXACO

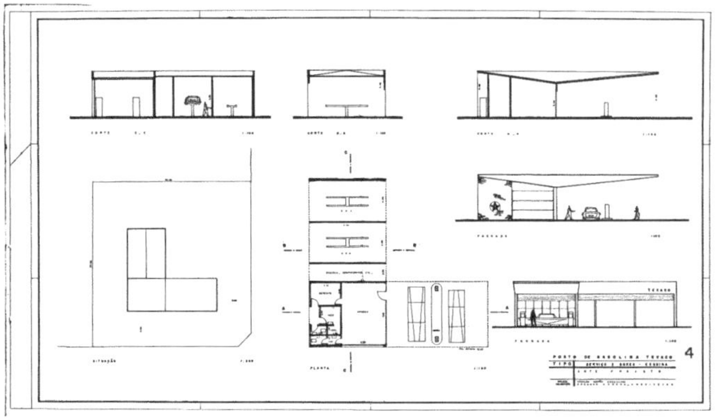
4

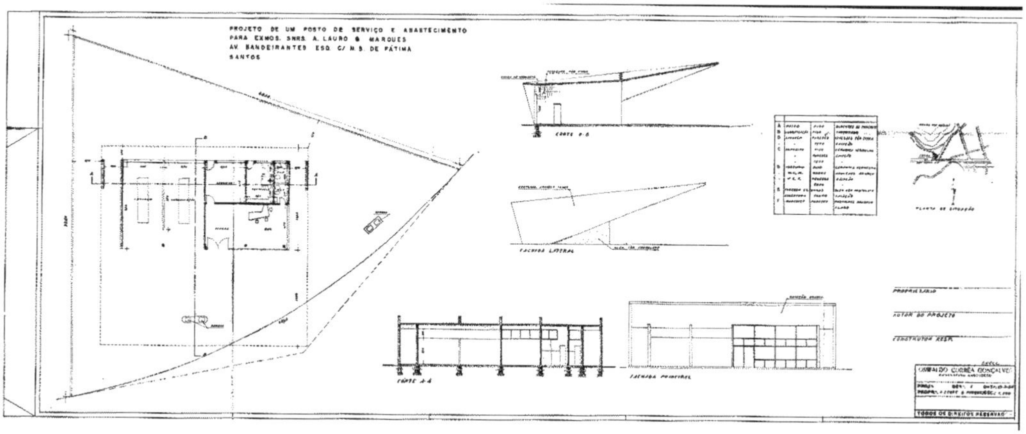

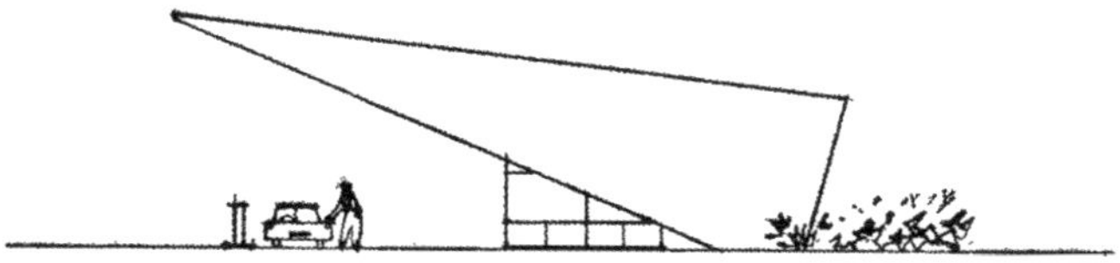

FACHADA LATERAL

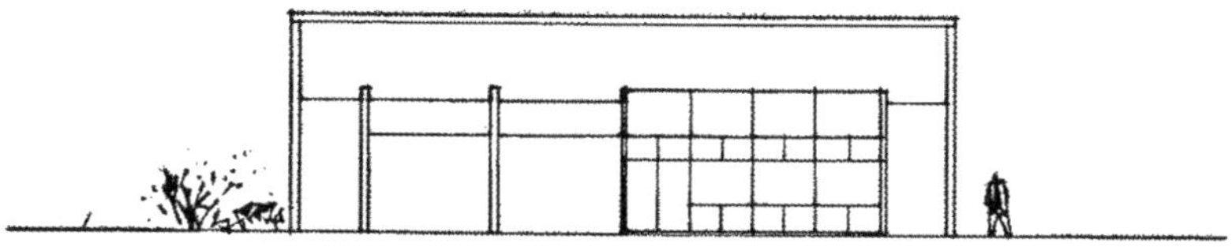

FACHADA PRINCIPAL

▶
Posto Marilu no bairro Saboó, em Santos: desenhos originais, 1956/1957.

◀
Posto Texaco no centro de Santos, por volta de 1957: ao fundo, o edifício do Fórum em construção; perspectiva do projeto básico. Desenho original. Década de 1950; lateral voltada para o norte. A exposição do produto venceu a exposição excessiva ao sol; belíssimo painel de Irênio Maia na cobertura projetada por Oswaldo; ilha de bombas, com a colaboração de Eduardo Corona. Década de 1950. Desenho original; serviço – dois boxes para a esquina. Desenho original.

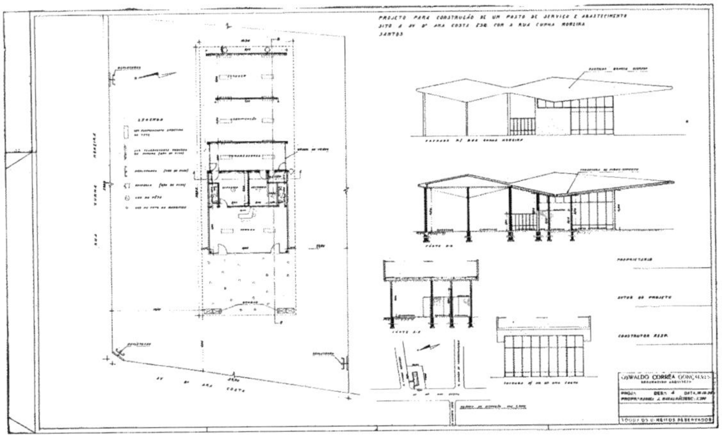
OSWALDO CORRÊA GONÇALVES
TODOS OS DIREITOS RESERVADOS

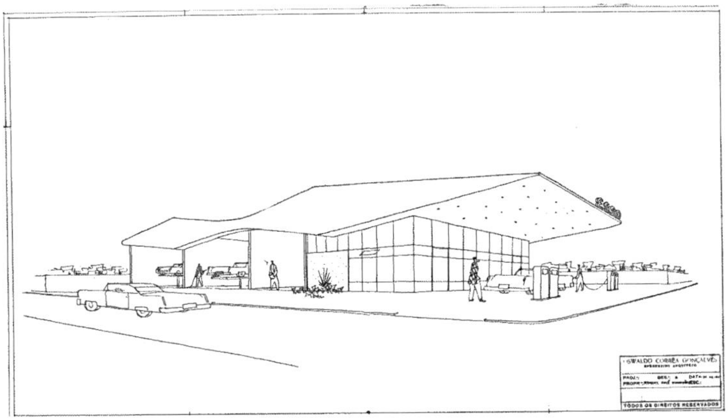
OSWALDO CORRÊA GONÇALVES
TODOS OS DIREITOS RESERVADOS

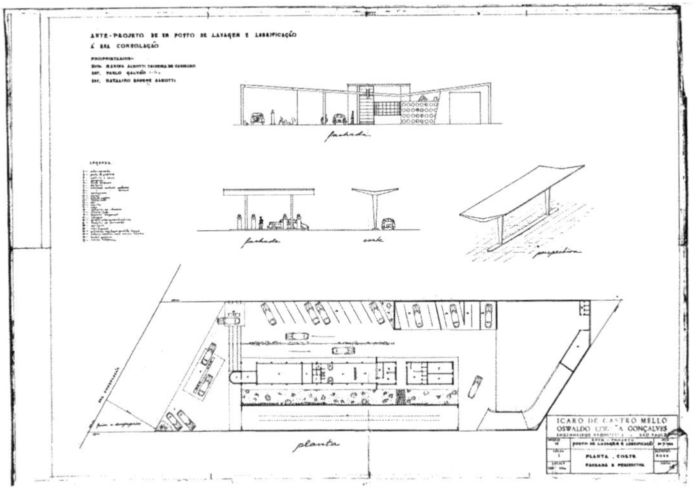
ANTE-PROJETO DE UM POSTO DE LAVAGEM E LUBRIFICAÇÃO
fachada
fachada
corte
perspectiva
planta
ICARO DE CASTRO MELLO
OSWALDO CORRÊA GONÇALVES

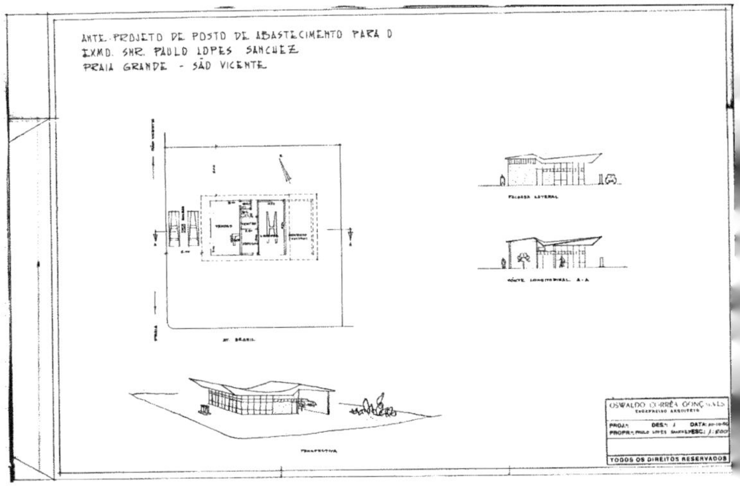
ANTE-PROJETO DE POSTO DE ABASTECIMENTO PARA O
EXMO. SNR. PAULO LOPES SANCHEZ
PRAIA GRANDE - SÃO VICENTE
OSWALDO CORRÊA GONÇALVES
TODOS OS DIREITOS RESERVADOS

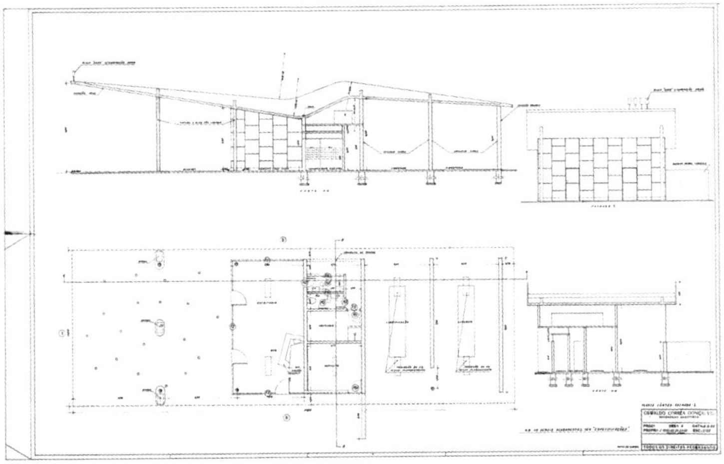
OSWALDO CORRÊA GONÇALVES
TODOS OS DIREITOS RESERVADOS

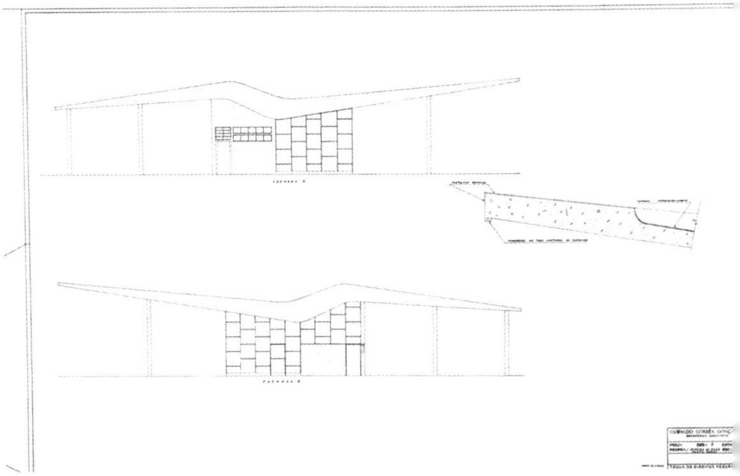
OSWALDO CORRÊA GONÇALVES

Novamente, a grande altura da marquise confere grandiosidade ao conjunto e se prepara para receber veículos de maior altura.

Interessante é a combinação de cores descrita no projeto para as empenas e a edificação que as separa proposta por Oswaldo. O revestimento é de pastilhas nas cores chocolate, amarelo-claro e cinza.

O programa é composto de um bar na área de vendas, lavagem, lubrificação, depósito, vestiário, banheiros masculino e feminino e a pista com quatro bombas, protegidas pela marquise.

ARQUITETURA ESCOLAR

Ruy Eduardo Debs Franco

O Convênio Escolar

O crescimento populacional da cidade de São Paulo, motivado pelo êxodo rural e pela expansão industrial do município, elevou o número de habitantes de 580 mil, em 1920, para cerca de 1,3 milhão em 1940. Em consequência, a verticalização do centro e o espraiamento urbano na direção das indústrias que se instalavam às margens das ferrovias e, depois, das rodovias trouxeram um déficit ainda maior à oferta de escolas para atender a população infantil – uma população que passou a ocupar os tentáculos da cidade que estava carente de carteiras escolares. O transporte em direção às periferias era deficitário. As linhas de bonde, transporte preferido nos anos 1940, sequer se aproximavam dali, e os ônibus não davam conta do transporte da emergente população. Aos poucos, porém, conforme atendia às populações periféricas, o transporte por ônibus foi atuando como agente involuntário de expansão urbana e descentralização da cidade. O fato inegável era que, uma vez fixada, aquela população necessitava de equipamentos urbanos nos novos bairros que iam se formando, e a escola era um deles, tanto por necessidade quanto por direito.

Com a intenção de resolver essa premente questão, foi criado em 1943 o 1º Convênio Escolar entre o município, responsável pela construção dos edifícios, e o estado, responsável pela administração do ensino.

Esse Convênio Escolar, como foi chamado, se beneficiaria do Decreto-lei Federal n. 4.958, de 14 de novembro de 1942, que criou o Fundo Nacional de Ensino Primário, determinando que 15% da arrecadação dos impostos fossem

▲◄◄
Posto Esso na esquina da avenida Ana Costa com a rua Cunha Moreira, em Santos. Desenho original.

▲◄
Posto Esso visto da rua Cunha Moreira, em 1956. Desenho original.

◄◄
Posto de lavagem e lubrificação na rua da Consolação, em São Paulo. Anteprojeto para clientes particulares sem bandeira, em parceria com Icaro de Castro Mello. Desenho original.

◄
Posto em Praia Grande (ainda pertencendo a São Vicente) para um cliente particular, em 1956. Desenho original.

▼◄
Posto Esso na esquina da rua Nossa Senhora de Fátima com a rua Dois, no bairro Saboó, em Santos, em 1956. Desenhos originais.

aplicados no ensino primário. Essa porcentagem foi ampliada para 20% pela Constituição de 1946[1].

Já o Decreto Municipal n. 1.145 de 1950, assinado pelo prefeito Milton Improta em 30 de maio de 1950[2], dava amplos poderes à comissão criada, tanto para a escolha dos terrenos como para a fiscalização das obras e a elaboração dos projetos, como também determinava que ela colaborasse ativamente com o Departamento de Cadastro e o Departamento Jurídico, fornecendo-lhes todos os elementos necessários às expropriações (segundo matéria do jornal *O Estado de S. Paulo* de 31 de maio de 1950). Entretanto, a comissão executiva do Convênio Escolar só pôde começar a atuar em fins de 1948, portanto seis anos depois do Decreto-lei n. 4.958, de 1942, no qual foi instituído o Fundo Nacional de Ensino Primário[3].

A comissão tinha como presidente o engenheiro José Amadei e, como coordenador da subcomissão de planejamento, o arquiteto Hélio de Queiroz Duarte.

Duarte era admirador e seguidor das doutrinas pedagógicas de Anísio Teixeira, educador com quem teve a oportunidade de trabalhar na Bahia ainda na década de 1940.

Muito já se disse desse grande brasileiro, falecido de maneira trágica em 1971, mas nunca é demais quando se trata de Anísio Spínola Teixeira, um personagem peculiar.

Anísio queria a escola pública para todo o povo brasileiro. Uma de suas frases expressa seu pensamento social e democrático, assim como o que a escola representava para ele: "Só existirá democracia no Brasil no dia em que se montar no país a máquina que prepara as democracias. Essa máquina é a da escola pública"[4].

Como o pai de Anísio desejava que o filho seguisse a carreira política, convenceu-o a estudar direito no Rio de Janeiro. Anísio formou-se advogado em janeiro de 1922. De volta à Bahia, foi convidado pelo governador Góis Calmon para ser o inspetor-geral de ensino do estado, cargo equivalente hoje ao de secretário de Educação. Foi com esse convite que a educação entrou em sua vida para nunca mais sair.

Por esse tempo lhe chegou às mãos um livro do educador belga Omer Buyse, *Méthodes américaines d'éducation générale et technique* (Métodos americanos de edu-

1. Cf. E. A. Sandeville Jr., *A arquitetura dos teatros distritais da Prefeitura Municipal de São Paulo*, São Paulo: Museu do Teatro Municipal, 1985, pp. 41-52.
2 Ivanir Reis Neves Abreu, *Convênio escolar: utopia construída*, dissertação de mestrado em Arquitetura e Urbanismo, Faculdade de Arquitetura e Urbanismo da Universidade de São Paulo, São Paulo, 2007, p. 69.
3 *Ibidem*, p. 69.
4. Cf. Anísio Teixeira, *Educação para a democracia*, Rio de Janeiro: José Olympio, 1936, p. 58.

cação geral e técnica)[5], basicamente um relato do que Buyse viu nas escolas dos Estados Unidos, sobretudo trabalhos manuais e corporais associados a um ensino formal.

O impacto da leitura desse trabalho foi tão forte na vida de Anísio, que ele mandou traduzir o texto e distribuí-lo entre o professorado do ensino primário da Bahia.

Anísio ainda sofria grande influência da Igreja Católica, que naquele tempo ainda dominava em grande parte o ensino no Brasil. A leitura de Buyse, porém, provocou nele o começo de um processo de ruptura. Logo em seguida, em uma viagem aos Estados Unidos, rompeu definitivamente com os conceitos católicos de educação.

Lá, Anísio conheceu as teorias do filósofo e pedagogo John Dewey, cuja influência o fez abandonar os pensamentos de Omer Buyse e o estimulou a traduzir para o português algumas obras do estadunidense: *A criança e o programa escolar*, *Interesse e esforço* e *Experiência e educação*.

Em 1927, custeado pelo governo da Bahia, viajou de volta aos Estados Unidos para conhecer suas escolas e conhecer ainda melhor o trabalho e a filosofia de Dewey na educação. Foi nessa viagem que "descobriu" a América, voltando extremamente impressionado com o que viu.

Na América do Norte, Anísio presenciou um novo panorama para as escolas, principalmente na questão dos espaços físicos. Até aquele momento, no Brasil, não se projetavam prédios para atender a um programa escolar; muitas vezes projetavam-se edifícios de arquitetura austera, geralmente em estilo eclético, em planta simétrica e com salas abafadas e pouco iluminadas. Não havia qualquer relação entre o aprender e a arquitetura; não existia interação do espaço com o aprendizado. A criança não tinha o direito de se relacionar com o edifício e lá dentro ser feliz. Para Anísio, a escola deveria ser um ambiente em que o estudante se sentisse livre e, sobretudo, feliz!

Essa viagem, então, foi fundamental para que ele fortalecesse os conceitos que tinha da educação e efetivamente do espaço escolar como fator associativo ao aprendizado. No pensamento de John Dewey, Anísio encontrou a plenitude e o pragmatismo que dali em diante moldariam sua formação pedagógica e influenciariam pessoas ligadas à educação em todas as áreas.

Em 1928, Anísio retornou aos Estados Unidos para fazer mestrado na Universidade de Colúmbia, em Nova York. Nesse período conheceu Gilberto Freyre, e ambos viriam a ser alunos de Dewey.

5. Paris: H. Dunod & E. Pinat, 1908.

A Revolução de 1930 colocou Getúlio Vargas no poder, influenciando a vida de todos os brasileiros, e não foi diferente com Anísio, que recebeu um convite para fazer a reforma da educação pública no Rio de Janeiro.

Em 1932 foi divulgado o "Manifesto dos Pioneiros da Educação Nova", escrito por Fernando de Azevedo – professor e sociólogo – e assinado por Anísio e outros. O manifesto defendia uma escola laica, pública e obrigatória, que toda a sociedade pudesse frequentar, por não supor o ensino de qualquer religião. Educadores católicos passaram então a disputar com esse grupo de pioneiros o poder de definir os rumos da educação no país. Anísio estava envolvido nessa disputa, obviamente, e assumiria posições importantes – ele se encontrava à frente do Instituto de Educação, uma instituição pública na capital da República.

Com o final da Segunda Guerra Mundial e a vitória das forças democráticas, teve lugar no Brasil a grande crise do Estado Novo, o que acarretou a renúncia de Vargas e devolveu ao país o regime democrático.

Em 1947, depois de um exílio de mais de sete anos, Otávio Mangabeira foi eleito governador baiano e convidou Anísio a assumir a Secretaria de Educação e Saúde do Estado da Bahia. Os quatro anos seguintes foram os mais ricos de sua vida; Anísio conseguiu fazer uma escola pública, laica, gratuita e universal de qualidade, igual a uma escola para ricos.

Assim nasceu o Centro Educacional Carneiro Ribeiro – conhecido como Escola Parque –, inaugurado em Salvador em 21 de setembro de 1950. Esse centro trazia em seu bojo a revolucionária proposta de educação em tempo integral, voltada para pessoas carentes. Foi então que Hélio Duarte se aproximou de Anísio e com ele se afinou para trazer ao convênio paulista a combinação da arquitetura moderna com a pedagogia de Anísio.

Segundo Arthur da Távola, deputado federal e senador pelo Rio de Janeiro, Anísio defendia o que para ele era importante: uma educação que privilegiasse a interpretação do mundo e o fazer! Anísio costumava dizer: "Não entendo por que todas as profissões que são com a mão são mal pagas, e todas as profissões que não usam a mão são bem pagas, quando as mãos são as responsáveis pelo fazer!"

Ele entendia a educação como algo que deveria ocorrer em espaços generosos: o teatro, a biblioteca, a área de convivência; todos deveriam ser generosos, e as árvores, frondosas. O médico José Carlos Ribeiro de Souza, formado naquela instituição, afirmou que "Anísio Teixeira era uma pessoa que fez com que um filho de uma servente da escola, um filho de um motorista, chegasse à situação de médico sem precisar passar por cursos de complementação educacional".

A Escola Parque havia sido projetada por Anísio com o intuito de atender aos propósitos educacionais preconizados por ele e, sobretudo, embasados nos postulados de Dewey. Ela ficou conhecida internacionalmente depois que a Unesco a filmou para ser reproduzida em outros países subdesenvolvidos. O Estado de Israel teve uma ligação enorme com Anísio Teixeira, posto que alguns *kibutzim* foram inspirados no modelo da instituição.

A contribuição de Anísio Teixeira para a educação brasileira se espalhou em todas as direções, chegando a São Paulo no 2º Convênio Escolar, sob a batuta de Hélio Duarte. Iniciava-se um período muito profícuo de grandes iniciativas e de muito sucesso, com o intuito de transformar o modelo vigente até então, quando ele começou a adotar as ideias de Dewey, sendo fato que

> Os pressupostos teóricos de Anísio Teixeira acerca da escola que desejava ver implantada no Brasil advêm das premissas elaboradas por John Dewey. Entretanto, apesar de a relação entre esses dois educadores já ter sido bastante evidenciada por meio de artigos, pesquisas e teses de doutorado, cabe ainda discutir que tipo de influência Dewey exerceu sobre Anísio, fazendo com que este último inclusive se apropriasse de algumas de suas ideias, sem, no entanto, as ter tornado simples plágios[6].

O Convênio Escolar, iniciado ainda dentro do governo Vargas, foi desenvolvido em três etapas:

- **1º Convênio Escolar**, de 1943-1948, cuja produção foi bem pequena;
- **2º Convênio Escolar**, de 1949 a 1953, com a participação de José Amadei, Hélio de Queiroz Duarte e sua equipe;
- **3º Convênio Escolar**, de 1954 a 1959, sem a participação de Duarte e Amadei.

Entre os três períodos, o que mais se destaca é o segundo, tanto pela quantidade de escolas construídas, 52, quanto pela qualidade da produção arquitetônica.

A principal atribuição do Convênio Escolar era resolver em cinco anos o problema de vagas em escolas públicas de ensino fundamental no município de São

6. Miriam Waidenfeld Chaves, "A afinidade eletiva entre Anísio Teixeira e John Dewey", *Revista Brasileira de Educação*, n. 11, maio-jun.-jul.-ago. 1999, pp. 86-99.

Paulo. De tão necessário, ele acabou sendo adotado no estado de São Paulo pelo governador Adhemar de Barros, cujo secretário da Educação era José Carlos de Ataliba Nogueira.

Organizado em 1949, inicialmente como um programa para suprir a deficiência de escolas públicas de ensino básico no município de São Paulo, (a partir de um levantamento do número de alunos sem escola na cidade e atendendo ao objetivo inicial de equipar a cidade para as comemorações do IV Centenário de sua fundação), o Convênio Escolar evoluiu para objetivos mais complexos ao passar a conceber a educação como "um processo de reconstrução e reorganização de experiência", nas palavras de Anísio Teixeira, o grande educador baiano que influenciou de forma decisiva a produção do arquiteto Hélio de Queiroz Duarte, coordenador da comissão de planejamento do Convênio Escolar.

Hélio Duarte formou-se em arquitetura no Rio de Janeiro e estava ligado às concepções do ecletismo até conhecer Le Corbusier, quando este esteve no Rio de Janeiro, em 1936, à época do projeto do MEC, e ministrou uma série de conferências na cidade. O arquiteto ficou profundamente impressionado pelo pensamento de Le Corbusier e passou a interessar-se pela arquitetura moderna. Também interessado nas questões educacionais, passou a estudar o assunto, o que o levou a ser convidado por Anísio Teixeira para participar da experiência educacional pioneira que este implantou, parcialmente, na Bahia, com a construção da Escola Parque.

Hélio Duarte influiu diretamente nos caminhos do convênio, não só por adotar a arquitetura moderna nos edifícios projetados, mas por pesquisar junto a educadores e pedagogos locais, procurando conhecer qual a escola que se desejava e qual o tipo de educação pretendido.

Dessa pesquisa e dos estudos do arquiteto resultou um programa mais ambicioso do que a proposta inicial do convênio, evoluindo para a proposta de uma rede de equipamentos voltados para a educação, lazer, cultura e saúde, para crianças entre 5 e 17 anos. Esse conjunto de equipamentos serviria também para a difusão da informação junto aos moradores do bairro onde estivessem instalados; uma "fonte de energia educacional", segundo Hélio Duarte, pela oferta de espaços para reuniões de pais de alunos, de cursos para adultos e de espaços culturais (os auditórios como local para manifestações culturais do bairro).

A escola primária (1ª a 4ª série) é, nessa rede, o ponto nodal. Foram previstos, projetados e construídos, além das escolas primárias, recantos infantis, parques infantis (que é um conjunto de equipamentos para crianças menores), ginásios (5ª a 8ª série), escolas rurais, escolas ao ar livre, escolas para deficientes, bibliotecas infantis, escolas profissionalizantes (que não eram construídas pela prefeitura, mas recebiam projeto arquitetônico e auxílio financeiro para a construção)[7].

Hélio Duarte era coordenador da comissão de planejamento do Convênio Escolar, e, assim, deveria selecionar a equipe que o ajudaria a traduzir em arquitetura moderna o novo conceito escolar primário, que consistia em:

* escolas nunca muito grandes: maior número de unidades, de tamanhos médios ou pequenos, visando à maior proximidade dos locais de moradia dos alunos;
* ocupar o mínimo do terreno: deixar o maior percentual possível de áreas livres, daí a existência de pavimentos superiores, sempre que o terreno não tivesse grandes dimensões;
* implantação voltada para o espaço público, integrando o edifício à cidade;
* integração do espaço edificado da escola às áreas livres circundantes do terreno;
* ocupar o terreno aproveitando os desníveis ("se sobrepor ao terreno e não se apor ao terreno");
* edifício voltado para a criança, dimensionado para a criança. O módulo é a criança, "não só no domínio da medida escalar, mas dentro da órbita da psicologia infantil" (Hélio Duarte);
* eliminação dos corredores e adoção de salas quadradas ou de dimensões próximas a isso;
* construção econômica: diminuir o custo da construção pelo uso de técnicas e materiais econômicos e detalhes simples;
* utilização de elementos construtivos produzidos em série;
* conforto térmico e ambiental (iluminação bilateral, orientação com relação ao sol, ventilação cruzada)[8].

7. Mirthes Baffi e Equipe DPH, "Convênio Escolar", pp. 5-7, disponível em: http://docomomo.org.br/wp-content/uploads/2016/01/Mirthes_baffi.pdf, acesso em: 23 jan. 2019.
8. *Ibidem*, pp. 6-7.

A doação de terrenos para as construções escolares partiu algumas vezes de políticos interessados na sobrevivência da entidade – e também em angariar votos. Deputados paulistas doavam seus terrenos, "fossem deles ou não, e geralmente eram péssimos!", segundo Eduardo Corona em entrevista a Mário Caldeira em agosto de 2000. Dessa forma, a comissão tinha que ter habilidade, também, para lidar com esse tipo de "conveniência"[9].

Como seguidor do princípio corbusiano, segundo o qual a arquitetura é ordem, Hélio acreditava na separação por zonas da edificação escolar. Assim, a organização dos edifícios se daria da seguinte maneira:

1) Zona de administração e assistência à saúde: salas de professores, administrativas, médico, dentista e assistência social.
2) Zona de ensino: salas de aula com sanitários acoplados ou não, museu e biblioteca, salas para atividades especiais (como desenho e trabalhos manuais). Sobre o museu, o arquiteto defendia a ideia de um museu tátil, interativo, um espaço de intervenção onde as crianças seriam as responsáveis pela realização de desenhos, murais renováveis de tempo em tempo. Esse equipamento deveria sempre estar na entrada ou em lugar de passagem dos alunos.
3) Zona de recreação: área coberta, ligada aos espaços externos, com palco, arena e equipada com vestiários (camarins), incluindo também a área de alimentação e os serviços correlatos, como cozinha e sala de nutricionista, que estariam a ela ligados[10].

Por questões de custo, os galpões deveriam ser projetados com coberturas de telha de fibrocimento. No entanto, para a equipe, essa adoção pareceu extremamente pobre, e Duarte orientou os arquitetos a fazer arcos em concreto recobertos de telha de amianto.

Em face das condições em que os projetos deveriam ser feitos e executados, e também à transposição nada fácil do projeto para a obra, as escolas acabaram sendo feitas com sistemas construtivos bastante usuais e de custo mais baixo.

9 Mário Henrique de Castro Caldeira; Maria Ruth Amaral de Sampaio. *Arquitetura para educação: escolas públicas na cidade de São Paulo (1934-1962)*. 2006. Universidade de São Paulo, São Paulo, 2006. Disponível em: <http://www.teses.usp.br/teses/disponiveis/16/16131/tde-26012012-114510/pt-br.php>. Acesso em: jun. 2021.

10. *Ibidem*, p. 7.

> A exceção fica a cargo da cobertura do galpão de recreação, feita com arcos de concreto armado pré-moldados, cobertos com telhas de fibrocimento, o que se pode considerar como uma verdadeira conquista tecnológica em uma construção que deveria primar pela simplicidade, aliada a um custo baixo e ao uso de materiais de baixa qualidade. Os arcos eram comprados pelas construtoras de empresas especializadas em sua execução. O uso de um sistema pré-moldado em uma escola de baixo custo parece ter sido conquista de Hélio Duarte e de sua influência [...] A principal questão levantada acerca do galpão era que ele era projetado para ser totalmente aberto, sem vedações laterais, exceto onde se localizava o palco. Essa situação gerava algumas limitações no seu uso, em função das baixas temperaturas no inverno da época[11].

Hélio acreditava que as escolas deveriam ser os polos dos bairros e servir

> como fonte de energia educacional, como ponto de reunião social, como sede das sociedades de "amigos de bairro", como ponto focal de convergência dos interesses que mais de perto dizem com a vida laboriosa de suas populações[12].

No período do Convênio Escolar, havia na prefeitura de São Paulo um quadro de profissionais altamente gabaritados que serviu de celeiro para Duarte.

Os arquitetos contratados pela PMSP eram comissionados e, assim, seriam alocados diretamente no convênio. Projetariam, então, com total liberdade e atenderiam ao programa das futuras escolas, dentro do padrão da arquitetura moderna, os ensinamentos pedagógicos de Anísio absorvidos por Hélio Duarte, unindo a arquitetura à pedagogia, ou seja, a contribuição do discurso moderno para com o modelo pedagógico pretendido.

Entre tantos arquitetos paulistas já comissionados, outros viriam atraídos pela oferta de trabalho – além do entusiasmo de participar de uma proposta inusitada. O coro seria engrossado pelos cariocas Eduardo Corona, Roberto José Goulart Tibau, além de Hélio de Queiroz Duarte, baiano de nascimento e "carioca" de formação, para coordenar o grupo recém-formado.

11. Mário Henrique de Castro Caldeira,Maria Ruth Amaral de Sampaio, *op. cit.*, p. 77.
12. Ivanir Reis Neves Abreu, *Convênio escolar*, dissertação de mestrado em Arquitetura e Urbanismo, Faculdade de Arquitetura e Urbanismo da Universidade de São Paulo, São Paulo, 2007.

Corona veio a São Paulo em 1949, a convite de Abelardo de Souza, diretor da escola, que esteve no Rio com a missão de buscar um professor para lecionar na Faculdade de Arquitetura e Urbanismo da Universidade de São Paulo como assistente de Anhaia Mello, que lecionava Teoria da Arquitetura. Em 1943, Corona tinha um escritório de desenho no Rio de Janeiro com alguns outros colegas, todos ainda estudantes, que produziam para Oscar Niemeyer, Reidy e Jorge Moreira, entre outros.

Com o término do curso no Rio, seu envolvimento no Instituto de Arquitetos do Brasil, seção Rio de Janeiro (IAB/RJ), e a aproximação com Niemeyer fizeram com que ele se dedicasse quase integralmente à produção do grande arquiteto. Porém, naquele momento, Oscar estava quase sem projetos, e Corona decidiu partir para São Paulo, aceitando a oferta de aulas na FAU.

A amizade entre ele e Abelardo de Souza fez com que Corona começasse a frequentar seu escritório. Assim, nessas visitas conheceu Hélio Duarte, que era sócio de Souza, e tornaram-se amigos também. Hélio então o convidou a participar do Convênio Escolar, e foi prontamente atendido.

> À CE [comissão executiva do 2° Convênio Escolar] cabia planejar tudo o que fosse necessário para atender ao plano estipulado pelo convênio: determinar os locais nos quais seriam construídas as escolas, agilizar o processo de elaboração dos projetos e da construção e satisfazer os prazos. Os arquitetos e engenheiros da comissão procuravam materializar, em um desenho nitidamente influenciado pela expressiva arquitetura moderna produzida no Rio de Janeiro, as preocupações de Hélio Duarte, influenciado por Anísio Teixeira, buscando criar espaços que estivessem intimamente relacionados a novas formas de educação. Uma outra preocupação era a de criar escolas que agregassem um valor social que fosse além da sua função inicial – educar crianças – e tivessem um intenso relacionamento com a comunidade próxima, tornando-se uma espécie de centros sociais de reunião da população. Para tanto foram planejados junto às escolas teatros, bibliotecas e outros equipamentos de uso comunitário[13].

Oswaldo Corrêa Gonçalves, que naquele momento estava envolvido com alguns projetos escolares no então recém-criado sistema Sesc/Senac, também integrou o grupo de arquitetos do Convênio Escolar.

13. Mário Henrique de Castro Caldeira, *op. cit.*, p. 60.

[...] em 1942 Oswaldo entrou para a Prefeitura de São Paulo, trabalhando inicialmente na Seção de Aprovação de Plantas; e aproveitando a condição de funcionário municipal, retornou à Politécnica e concluiu o curso de engenheiro civil em 1945[14].

Oswaldo, um arquiteto ativo e atento, havia escrito para o *Jornal de São Paulo* em fevereiro de 1946, em sua coluna semanal, um artigo em que questionava o fato de não haver escolas suficientes nem para a metade da população paulistana de alunos. Por esse tempo, Oswaldo e Hélio Duarte já podiam ser vistos na mesma foto em almoços no *roof* da Gazeta, por conta do Concurso IAB/SP, em novembro de 1946; no Hotel Excelsior, em dezembro, celebrando juntamente com os colegas a criação da FAU/USP, e depois, em agosto de 1948, na homenagem a Anhaia Mello, pelo mesmo motivo. Além de importantes por si mesmas, essas ocasiões fortaleciam o grupo de profissionais que estava se formando e consolidavam as amizades.

O artigo de Oswaldo, entre tantos outros, somado à sua atuação na PMSP, credenciou-o junto ao amigo Hélio Duarte, que o convidou para participar da turma do 2º Convênio Escolar.

A chegada de Oswaldo, que se destacou como o arquiteto mais produtivo do grupo, aconteceu logo após a entrada de Eduardo Corona.

Roberto Mange, outro membro da equipe de Duarte, também se envolveu em projetos dos Sesc/Senac/Senai/Sesi/Sest, realizando, entre outros, a escola de Aprendizado Industrial do Senai, na cidade de Santos, ainda nos anos 1950 e demolida em 2013. Durante o curso de engenharia, concluído na Escola Politécnica em 1944, Oswaldo teve como colega de turma Ernest Robert Carvalho Mange, um dos principais aliados de Hélio Duarte na concepção dos edifícios para o Convênio Escolar.

Segundo se pôde apurar, Hélio Duarte também recebeu algumas encomendas de projetos daquela instituição, bem como outros arquitetos que atuaram nos projetos do Convênio Escolar. Assim, não é difícil concluir que eles já se conheciam por suas produções individuais, antes de formarem a equipe.

Foi Duarte o responsável pelo estabelecimento das principais premissas que os partidos arquitetônicos realizados pela CE deveriam adotar, participando também do planejamento da rede escolar [...].

14. Sylvia Ficher, *Os arquitetos da Poli*, São Paulo: Fapesp/Edusp, 2005.

A comissão executiva do Convênio Escolar, durante a sua existência, não construiu somente edifícios especificamente voltados para serem escolas, mas também uma série de equipamentos que, indiretamente ou não, estavam voltados para a educação. Foram feitas bibliotecas, teatros, parques infantis, dispensários médicos e outros edifícios com usos distintos[15].

A equipe de Hélio de Queiroz Duarte era formada pelos arquitetos Eduardo Corona, Roberto Goulart Tibau, Ernest Robert de Carvalho Mange e Oswaldo Corrêa Gonçalves e recebeu a missão de projetar cinquenta escolas em cinco anos, obedecendo à meta do 2º Convênio Escolar e – por que não dizer? – plagiando o *slogan* do governo JK, "cinquenta anos em cinco". Naquele período de grande efervescência de projetos, Corona descreveu o ambiente de trabalho como sendo de grande colaboração entre os colegas projetistas e engenheiros, que discutiam e conversavam sob o amparo de Hélio Duarte, que inovava os programas com sua indiscutível experiência – adquirida no recente trabalho desenvolvido ao lado de Anísio Teixeira, planejando escolas públicas destinadas a crianças carentes. Duarte soube como ninguém associar os conceitos pedagógicos aos partidos arquitetônicos do Convênio Escolar. Trabalhavam todos juntos em um grande salão: "Oswaldo Gonçalves aqui, o Tibau ali, outro ali, a gente estava toda hora passando e conversando. Um vendo o projeto do outro [...] mas tudo era feito assim, tudo junto, num salão só![16].

Os projetos arquitetônicos desenvolvidos por Oswaldo Corrêa Gonçalves durante o período em que esteve no Convênio Escolar foram quase todos construídos:

Grupo Escolar Romeu de Morais (Vila Ipojuca/Lapa, dezembro de 1949)

Tido como o primeiro projeto escolar de Oswaldo, tanto para o Convênio Escolar quanto para seu currículo profissional. Trata-se de três volumes articulados em distribuição radial com espaço aberto no centro, localizados na rua Toneleiros, 407, em São Paulo. O problema dessa solução foi que a circulação ficou comprometida pelo fato de o bloco administrativo e o de recreio estarem muito distantes do bloco das salas de aula. Apresenta ainda um problema de funcionalidade no recreio coberto, pois a cozinha e os sanitários dividem o mesmo *hall* de distribuição.

Os blocos volumétricos da administração e das salas de aula são retangulares, e ambos em dois pavimentos. Já o galpão de recreio é estruturado em arcos de con-

15. Mário Henrique de Castro Caldeira, *op. cit.*, p. 58.
16. *Ibidem*, p. 165.

creto e coberto com telhas de fibrocimento. A separação funcional do primeiro bloco se dá pelo andar térreo definido em projeto para a administração propriamente dita, composto de sala de diretoria, de professores e secretaria. No andar superior está o serviço de assistência médico-odontológica. O edifício tem duas entradas, uma pela administração e outra pelo recreio.

Grupo Escolar Almirante Visconde de Inhaúma (Mandaqui, fevereiro de 1950)

O conjunto é composto de dois blocos de dois pavimentos cada, porém em níveis diferentes, formando um "T". As mesmas soluções dos edifícios anteriores se repetem no pavilhão determinado para as salas de aulas, com exceção dos sanitários, que aqui ficam junto ao recreio. A solução inusitada leva o setor administrativo para o segundo pavimento, liberando o térreo para o recreio coberto. Esse partido de térreo livre para o recreio será recorrente nos projetos futuros de Oswaldo. O terreno esconso deu ao arquiteto a oportunidade de ocupar o vão restante do nivelamento pelo ponto mais alto, com o apartamento para o zelador localizado sob o bloco das salas de aulas.

Grupo Escolar Pedro Taques (Guaianases, março de 1950)

Nesse projeto para a rua Comandante Carlos Ruhl, 56, em São Paulo, o arquiteto partiu da declividade do terreno para definir o partido e assim compor dois blocos unidos por um terceiro. Como em quase todas as soluções, o bloco de salas de aulas foi definido em dois pavimentos, com as circulações horizontal e vertical independentes. O outro volume maior, em nível intermediário aos demais, compartilha do conjunto pela área do recreio de um lado e tendo a administração de outro. Ainda teve acoplado a si o apartamento do zelador, que em outros casos ficava fora da área coberta pelo edifício. O programa restante – biblioteca, museu, almoxarifado e área de serventes, bem como a circulação em rampa – será o bloco de ligação entre os dois principais. A circulação de ligação tem como vedos laterais *brise-soleils*, e a entrada é pelo bloco de sala de aulas.

Grupo Escolar Carlos Escobar (Tatuapé, abril de 1950)

Neste projeto, Oswaldo optou por um grande bloco único também em dois pavimentos, em que a parte administrativa se localiza no térreo e as salas de aula, em número de onze, estão no pavimento superior, acessado por duas caixas de escadas que se destacam do corpo principal do edifício. Localizado na rua Adelino de Almeida Castilho, 178, também na cidade de São Paulo, possui um set modular de pilares que resulta em um grande pilotis naquele setor da edificação que em parte do prédio e formará o recreio coberto. A solução resulta em grande aproveitamento do terreno para "jardins, mas não permite a criação dos 'recantos' dos 'ambientes' interligados aos espaços dos alunos, que favorecem a arquitetura acolhedora proposta pelo convênio"[17].

Grupo Escolar Canuto do Val (Barra Funda, julho de 1950)

Para esse projeto, situado à avenida Doutor Abraão Ribeiro, 526, o partido evolui para três volumes setoriais articulados em linha pelo eixo de circulação, fazendo surgir entre os blocos espaços livres que foram ocupados com jardins internos protegidos. O bloco de salas de aulas, único em dois pavimentos, apresenta jardins em ambos os lados – solução adotada em todo o conjunto, dando sensação de continuidade tanto interna como externamente. A proporção e a composição dos volumes conferem ao grupo uma linha clara e limpa.

Quanto à circulação – tanto a vertical como a horizontal –, não repetirá o problema constatado no primeiro edifício escolar projetado pelo arquiteto. Aqui, Oswaldo disporá esse sistema no centro da edificação. Outro problema anteriormente encontrado, o de funcionalidade no galpão, será solucionado aqui com o rearranjo dos serviços, com ganhos funcionais. A cozinha disposta em extremidade oposta ao palco e aos sanitários será a solução adotada, como já o foi em outras escolas. A entrada e a saída são únicas, passando obrigatoriamente pelo museu. A partir desse projeto,

Corrêa abandona a tipologia padronizada e passa a explorar outras soluções. Mesmo mantendo o programa distribuído nos três setores funcionais específicos, os partidos já não fazem a correspondência formal explícita em três volumes independentes interligados por circulações internas. Essas zonas são agora distribuídas dentro de um, dois ou três blocos que se articulam de maneiras diferentes, nem sempre através de uma circulação específica, às vezes usando zonas funcionais (ou parte delas) também como articulação. Aparecem também os pilotis funcionando como pátio coberto, com economia de volumes[18].

▲▶
Grupo Escolar Visconde de Inhaúma, plantas do conjunto.

▲▶▶
Grupo Escolar Pedro Taques, plantas do conjunto.

▶
Grupo Escolar Carlos Escobar, plantas do conjunto.

▶▶
Grupo Escolar Canuto do Val, plantas do conjunto

17. Elaine Rodrigues de Oliveira, *A contribuição de Oswaldo Corrêa Gonçalves para a arquitetura moderna brasileira*, dissertação de mestrado, Escola de Engenharia de São Carlos/USP, São Carlos: 1999, p. 58.
18. *Ibidem,* p. 54.

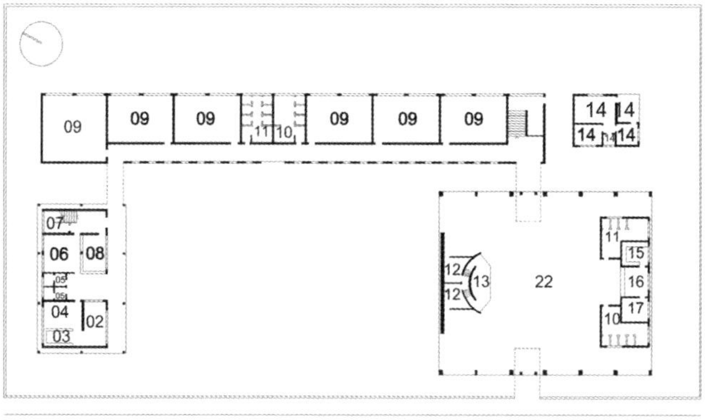

PRIMEIRO PAVIMENTO

IMPLANTAÇÃO/TÉRREO

01. HALL-MUSEU
02. SECRETARIA
03. ARQUIVO
04. DIRETORIA
05. SANITÁRIO
06. SALA DOS PROFESSORES
07. DEPÓSITO
08. BIBLIOTECA
09. SALA DE AULA
10. SANITÁRIO MASCULINO
11. SANITÁRIO FEMININO
12. VESTIÁRIO
13. PALCO
14. ZELADORIA
15. COZINHA
16. DISTRIBUIÇÃO
17. NUTRIÇÃO
18. DENTISTA
19. ASSISTENTE SOCIAL
20. SALA DE ESPERA
21. MÉDICO
22. RECREIO COBERTO

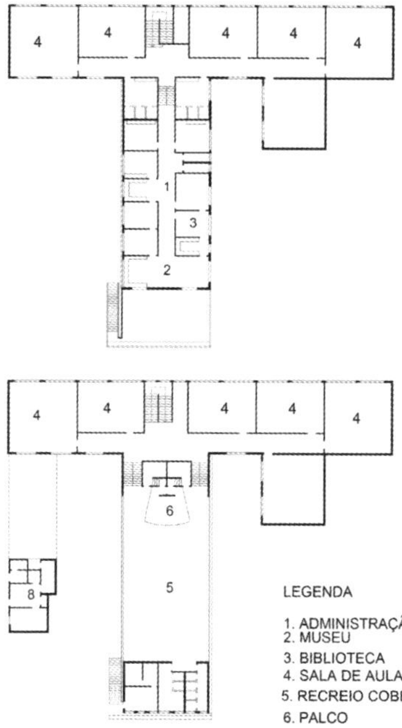

LEGENDA

1. ADMINISTRAÇÃO
2. MUSEU
3. BIBLIOTECA
4. SALA DE AULA
5. RECREIO COBERTO
6. PALCO
7. COZINHA
8. ZELADOR

Plantas do conjunto.

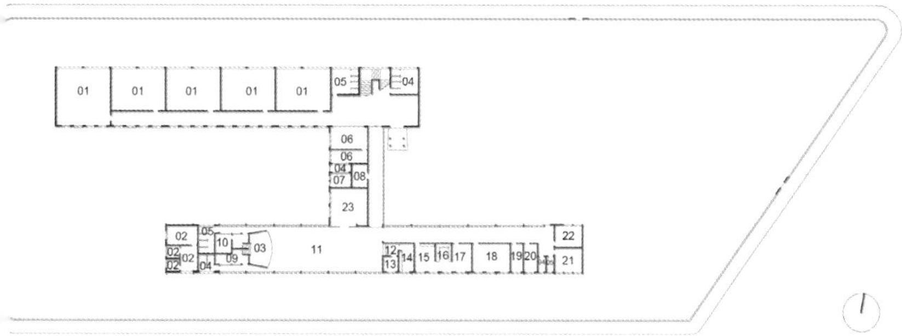

IMPLANTAÇÃO/TÉRREO

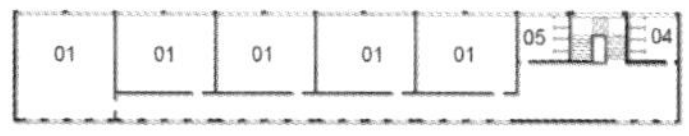

PRIMEIRO PAVIMENTO

LEGENDA

01. SALA DE AULA
02. ZELADORIA
03. PALCO
04. SANITÁRIO MASCULINO
05. SANITÁRIO FEMININO
06. BIBLIOTECA
07. SERVENTES
08. ALMOXARIFADO
09. VESTIÁRIO MASCULINO
10. VESTIÁRIO FEMININO
11. RECREIO COBERTO
12. DISTRIBUIÇÃO
13. NUTRICIONISTA
14. COZINHA
15. SECRETARIA
16. ARQUIVO
17. DIRETORIA
18. SALA DOS PROFESSORES
19. MATERIAL ESCOLAR
20. ASSISTÊNCIA SOCIAL
21. DENTISTA
22. MÉDICO
23. HALL-MUSEU

Plantas do conjunto.

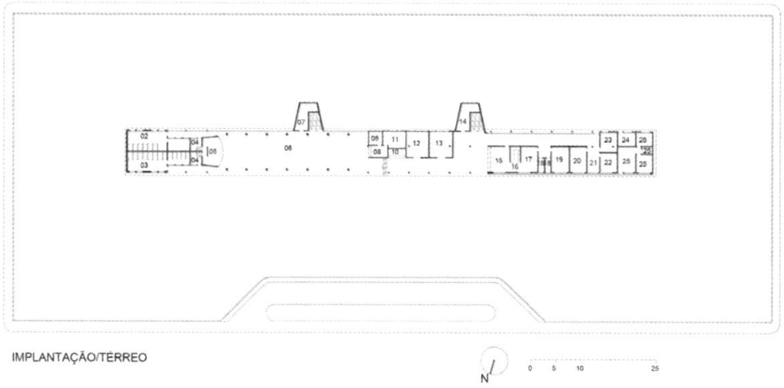

IMPLANTAÇÃO/TÉRREO

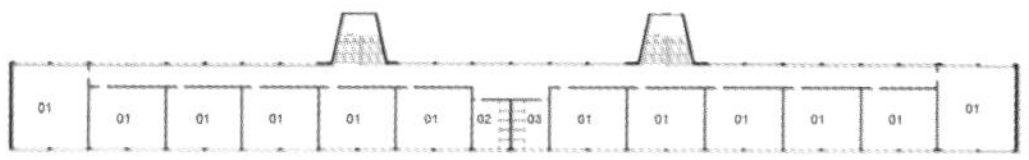

PRIMEIRO PAVIMENTO

01 SALA DE AULA
02 SANITÁRIO MASCULINO
03 SANITÁRIO FEMININO
04 VESTIÁRIO
05 PALCO
06 RECREIO COBERTO
07 MATERIAL ESCOLAR
08 DISTRIBUIÇÃO
09 NUTRIÇÃO
10 GUARDADOS
11 COZINHA
12 HALL MUSEU
13 BIBLIOTECA
14 COORDENADOR
15 SECRETARIA
16 ARQUIVO
17 DIRETORIA
18 SANITÁRIO
19 SALA DOS PROF.
20 MÉDICO
21 SALA DE ESPERA
22 ASSISTENTE SOCIAL
23 DENTISTA
24 SERVENTES
25 ZELADORIA

Grupo Escolar República do Paraguay (Vila Prudente, outubro de 1951)

Trata-se do último projeto de Oswaldo para o 2º Convênio Escolar. É um bloco em duas lâminas paralelas em dois pavimentos, onde os serviços ficam no térreo e as salas de aulas no pavimento superior. A grande declividade do terreno, localizado na rua Carlos Muller, 21, na cidade de São Paulo, novamente dá o tom do partido adotado. As salas de aula, com "janelões" com peitoril de oitenta centímetros, chegam até o teto, aumentando a sensação de amplitude dos ambientes. O uso do cobogó com elementos vazados cerâmicos em formato sextavado entre os pilares em nível e em outro entre paredes confere transparência e leveza aos edifícios. A união entre as lâminas se dá por uma circulação coberta que se liga ao ginásio, neste caso acoplado ao edifício.

Com objetivo cumprido, sob a batuta de Hélio de Queiroz Duarte, 52 escolas foram projetadas e entregues pela equipe ao município e ao estado.

> A consciência da questão estratégica da educação pública na coordenação dos projetos, implementada por Hélio Duarte ao lado de uma equipe afinada com os mesmos ideais de fazer arquitetura a partir de sua função social, conferiu unidade conceitual à vasta produção do 2º Convênio Escolar[19].

Porém, durante o 2º Convênio Escolar, precisamente em 1954, a cidade de São Paulo comemoraria seus 400 anos de fundação. Obras de grande importância foram então planejadas pela PMSP, e uma enorme quantia de dinheiro se fez necessária para o desenvolvimento dos trabalhos.

Como o Convênio Escolar vinha desempenhando muito bem seu papel, e o dinheiro em caixa era vultoso, o prefeito decidiu dar outro destino a essa verba, aplicando-a em parte das obras do IV Centenário, sobretudo na obra do Planetário, coincidentemente projeto de Eduardo Corona.

Como se sabe, essas obras foram realizadas principalmente no Parque Ibirapuera, que recebeu a grande feira dos estados, ponto alto das comemorações.

Diante de tudo isso – e ainda tendo que aceitar opiniões externas nos projetos de algumas escolas, de cunho mais político que técnico – e do desempenho duvidoso da Comissão de Planejamento, que baixara a qualidade na execução dos projetos, Duarte ficou profundamente decepcionado e pediu seu desligamento do cargo de coordenador do 2º Convênio Escolar, ainda em 1952. No entanto, a equipe por ele montada não se desmobilizou totalmente.

19. Ivanir Reis Neves Abreu, *op. cit.*, p. 299.

O grupo levou adiante os princípios e conceitos de arquitetura abraçados por Hélio Duarte até pelo menos o início dos anos 1970, e projetou uma grande quantidade de edifícios cujos números ainda não conseguimos estabelecer[20].

Oswaldo e Corona também se afastaram. Este em 1952, por motivos ideológicos, e aquele por conta de novas propostas que começaram a surgir ainda no âmbito escolar, mas agora em outra instituição, o Sesc/Senac.

Antes de integrar a equipe do Convênio Escolar, o arquiteto Oswaldo Corrêa Gonçalves já havia passado por grandes experiências no plano da arquitetura moderna, tanto na área de projetos quanto como participante ativo no IAB/SP, lutando pela regulamentação da profissão de arquiteto no Brasil. Já era, portanto, um profissional maduro e pronto para assumir os desafios que se apresentavam.

Em 1946, acabara de projetar o magnífico edifício Sobre as Ondas, na cidade de Guarujá, em parceria com o também eminente arquiteto Jayme Fonseca Rodrigues, falecido aos 41 anos, antes de a obra ser concluída. A "excepcional e belíssima obra moderna, pioneira no estado de São Paulo, recebeu medalha de prata no 6º Congresso Pan-Americano de Arquitetos, em Lima, e diploma na 8ª Trienal de Milão, ambos eventos de 1947"[21].

Grupo Escolar Francisco Morato (Tucuruvi, 1959)

Fora do período do Convênio Escolar, Oswaldo projetou esse belíssimo edifício escolar, que previa uma implantação condizente com a grandiosidade do conjunto habitacional do Instituto de Previdência do Estado de São Paulo (Ipesp). E Oswaldo não fez por menos. Ele havia chegado ao Ipesp por notório saber, uma vez que era esse o caminho pelo qual os arquitetos eram apresentados e indicados ao superintendente do instituto, na época o dr. Francisco Morato de Oliveira. Dessa maneira, Morato, que tinha o Departamento de Engenharia ligado à sua superintendência, designava o arquiteto para um determinado projeto. São desse período também (1959) o Grupo Escolar Pae Cará, na cidade de Guarujá, rebatizado posteriormente como Escola Estadual Prof. Walter Scheppis, e o Grupo Escolar Valinhos, exposto no próximo tópico.

20. Mirthes Baffi *et al.*, "Convênio Escolaro", *op. cit.*, p. 9.
21. Sylvia Ficher, *op. cit.*, p. 325.

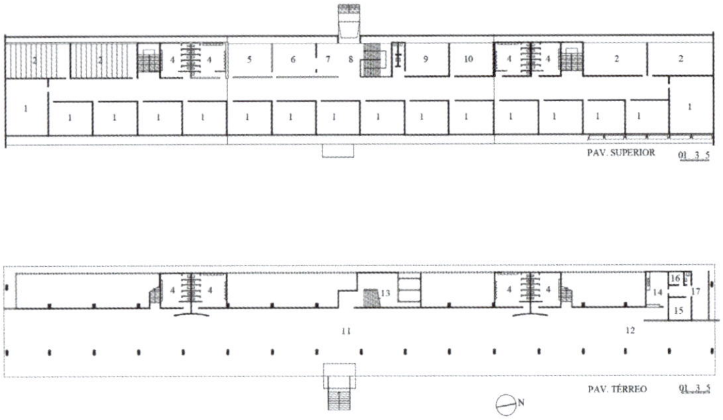

Plantas dos pavimentos do Grupo Escolar Francisco Morato.

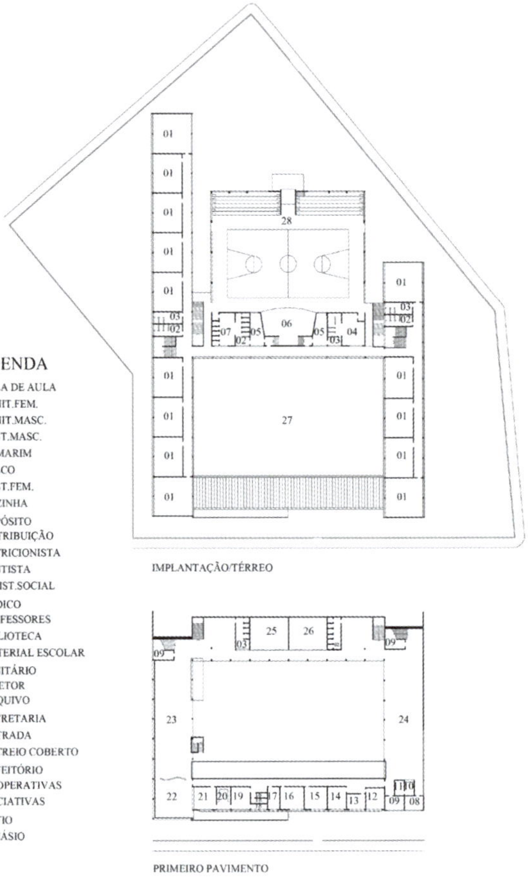

▲

Grupo Escolar República do Paraguay, plantas do conjunto.

▲◀

Perspectiva do Grupo Escolar Francisco Morato.

◀

Vista frontal e plantas dos pavimentos do Grupo Escolar Francisco Morato.

▲▶

Oswaldo em visita à obra do Grupo Escolar Francisco Morato de Oliveira ainda em fase inicial.

▶▶▶

Aspecto de abandono relatado pelo jornalista Isaac Jardanovski.

▶▶

Painel em alto-relevo, de Irênio Maia.

▶ e ▼▶

Finalmente, a obra entregue aos moradores do conjunto habitacional.

O Grupo Escolar Francisco Morato é um dos poucos prédios públicos em que Gonçalves não contou com a participação de um colega. Trata-se de um projeto inusitado, dado o seu tamanho, em que a beleza da forma também não foi esquecida. Um exemplar moderno por excelência!

Com 132 metros de comprimento e duas juntas de dilatação, foi certamente o mais extenso grupo escolar do país construído no período.

Sua área de 2,4 mil m^2, distribuída em bloco único e linear, permitiu um programa ambicioso, com vinte salas de aula, sala para diretor, auxiliar de diretor, secretaria, amplo recreio coberto, refeitório etc. O desnível natural existente no terreno permitiu a solução parcial em pilotis e muros de arrimo, o que resultou em uma fachada de pavimento único e em outra com dois pavimentos.

O partido adotado por Oswaldo foi o de um corredor central em cuja iluminação zenital foram usadas placas de fibra transparentes na cobertura e placas de plástico no forro; a ventilação do corredor central é cruzada com as aberturas das salas de aulas.

A proteção das fachadas é por *brise-soleil*; para o sol da tarde foram previstas peças celulares de concreto fixas, e para o da manhã, *brise-soleil* com placas reguláveis.

A obra ficou abandonada durante um longo tempo e chegou a entrar em estado de deterioração, mas a retomada do processo permitiu que ficasse pronta e fosse entregue à comunidade do conjunto habitacional do Tucuruvi.

O assunto mereceu matéria do jornalista Isaac Jardanovski:

> O grupo escolar comunica hoje uma impressão de desalento que está em completo desacordo com o valor intrínseco do projeto. O mato cresce livre onde fora projetado um jardim, a erosão compromete os planos inclinados, a falta de conservação é notória. Trata-se, entretanto, de projeto ambicioso, bem-cuidado, integrado num complexo educacional que previa uma série de outras edificações, não executadas. A decisão de construir no local um centro educacional partiu das necessidades impostas pelo próprio conjunto residencial do Ipesp, no Tucuruvi, compreendendo 75 edifícios cada um, abrigando quatro pavimentos, em 1960, fiado ao arquiteto Oswaldo Corrêa Gonçalves, que previu, em seu trabalho, além do grupo escolar, um ginásio, um parque infantil, instalações esportivas, auditório e administração. Para implantação do centro educacional foi reservado um conjunto de quatro quadras nas imediações do núcleo residencial, nas quais foi lançado o grupo, dentro do planejamento global efetuado. Desse

plano somente foi executado e está em funcionamento o grupo escolar, seiscentas famílias ao todo. O Grupo Escolar tem algumas particularidades que valem menção[22].

No texto a seguir, Oswaldo apresenta o projeto do Grupo Escolar Francisco Morato de Oliveira, no Tucuruvi, em São Paulo.

Trata-se de terreno bem alongado e estreito, onde nossa proposição de um Centro Educacional incluiu a presença de Grupo Escolar para 640 alunos.
O partido eleito apresenta a edificação em dois níveis: superior, com a presença na fachada leste de 16 salas de aula, a direção, secretaria e serviços complementares. O térreo, com recreio coberto alongado, escadas de acesso, cozinha, refeições e zelador. No superior, amplo corredor central, com luz zenital natural diurna e artificial noturna em toda a sua extensão, faz o acesso às salas de aula.
Beiral inclinado protege do sol nascente as salas de aulas, e elementos vazados protegem o lado poente do edifício.
Painéis de placas de cimento trabalhadas por Irênio Maia nos bebedouros do térreo fazem presente a participação de arte plástica. O recreio coberto é aberto de três lados, tornando mais livre o seu uso, a participação da paisagem mais intensa e o espaço maior.[23]

Ginásio e Escola Normal Maria Auxiliadora (Barretos, São Paulo), com a colaboração do arquiteto Rubens Carneiro Vianna (projeto não executado)

Em 1953, a congregação das Filhas de Maria Auxiliadora (FMA), também conhecida como "irmãs salesianas", de cunho evangelizador e com vocação para trabalhar em prol da juventude, estava em fase de expansão das atividades pelo Brasil e buscou em Oswaldo Corrêa Gonçalves o profissional que definiria o complexo programa para o Ginásio e Escola Normal Maria Auxiliadora. A nova escola, além de cumprir sua função social e pedagógica, seria destinada a abrigar moças daquela e de outras regiões brasileiras, estabelecidas em regime externo e semi-interno. Dessa forma, o programa seria composto de áreas destinadas ao ensino e à moradia não só das noviças estudantes, como também das irmãs.

22. Isaac Jardanovski, *Folha de S.Paulo,* 1965.
23. Oswaldo Corrêa Gonçalves, "Grupos do Convênio Escolar do Município de São Paulo", *Acrópole*, São Paulo, jan. 1950, n. 141.

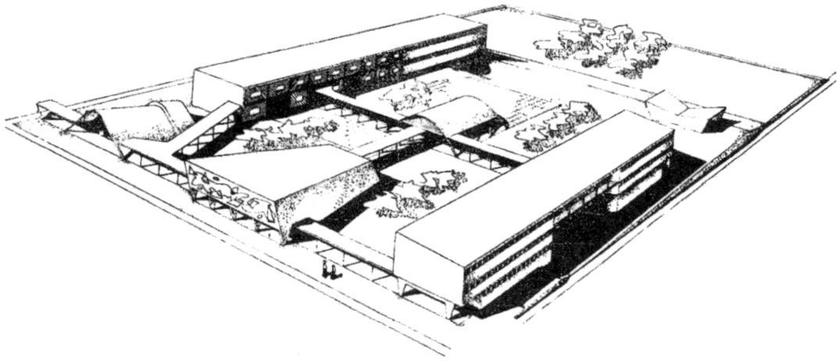

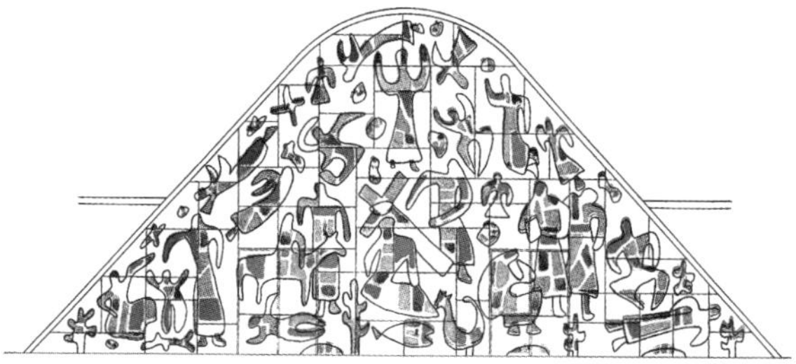

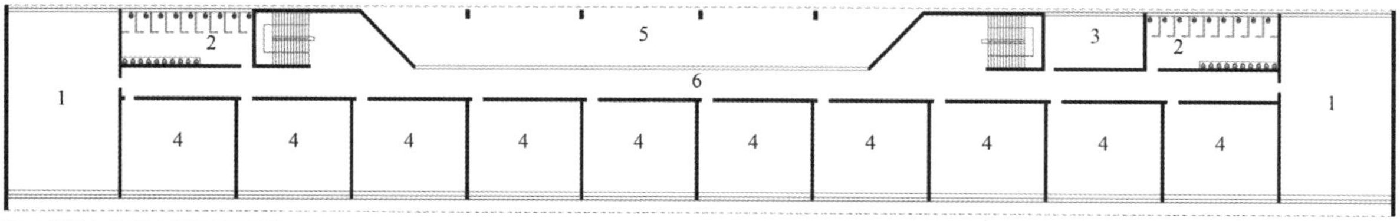

PLANTA 1º PAVIMENTO

LEGENDA
1 LABORATÓRIO
2 SANITÁRIO
3 MATERIAL ESTUDO PRIMÁRIO
4 AULAS
5 MARQUISE
6 CIRCULAÇÃO

Para a implantação e a distribuição funcional e pedagógica dos edifícios do conjunto, Oswaldo se pautou nitidamente nas premissas adotadas por ele nos programas do Convênio Escolar, como também se deixou influenciar pela arquitetura de Oscar Niemeyer, principalmente pela "fase de contrastes" – em que Niemeyer mesclava curvas e retas em seus projetos, como na Casa do Baile, na Pampulha, em Belo Horizonte. Além de cumprir a função social da Congregação, as freiras se beneficiariam de um programa próprio de habitação, bem como de serviços religiosos: clausura, isolamento etc.

Dessa forma, Oswaldo optou por setorizar o conjunto, espalhando os edifícios ortogonalmente ao terreno, mas servindo-se de uma marquise muito leve que integrou o conjunto, ora apoiando-se em pilotis, ora em pilares em "V" ou desaparecendo sob os edifícios. Entre os prédios, caminhos orgânicos e sinuosos, o que confirmaria ainda mais o partido arquitetônico desejado. Seriam, portanto, cinco edifícios independentes e de baixa altura; residência, capela e teatro (voltados para o exterior do lote), ginásio esportivo e o ginásio de aulas propriamente dito. Horta e pomar fechariam o programa, finalizando com um simpático edifício em forma de asa de borboleta, tanto em planta como em fachada, destinado ao pré-primário.

Tratava-se de projetar um colégio para religiosas e com regime de alunas internas, semi-internas e externas, a ser construído na zona de expansão natural da cidade de Barretos, no bairro denominado Vila Alina, de topografia em meia encosta, voltada para a face norte.
O projeto é disposto em blocos arquitetônicos que, de acordo com seus destinos, são: residência, sulas, capela, teatro e ginásio.
O partido adotado para essa solução justifica-se pelos seguintes fatores predominantes:
a) melhor, mais homogênea e racional insolação, iluminação e ventilação das diversas seções;
b) unidade de uso;
c) circulação fácil, saudável e alegre pelos parques, jardins e locais de recreio, de modo a manter as alunas sempre junto dos elementos sol e vegetação, evitando os arredores internos, sempre escuros e pouco higiênicos, que dariam ao internato aspecto triste de isolamento;
d) proporcionar às alunas internas e às irmãs professoras a impressão agradável e alegre de vida escolar.
Pela disposição do projeto, as alunas internas têm o seu dormitório no bloco resi-

Ginásio e Escola Normal Maria Auxiliadora, em Barretos

▲◀
Perspectiva da fachada.

◀◀
Perspectiva do conjunto.

◀
Painel de Antônio Bandeira para a fachada da capela. Mais uma evidente referência ao projeto da Pampulha.

▼◀
Planta do primeiro pavimento.

dencial, de onde passam para a escola, no bloco de aulas, fazendo o percurso que separa um de outro através de espaços livres e sob a proteção de marquises.
O mesmo processo de circulação se repete para o exercício das demais atividades escolares, quais sejam: o uso da capela, do teatro, do ginásio etc.
Devido ao clima local, quente durante todo o ano, procurou-se sempre utilizar o sistema de ventilação cruzada como solução adequada.
Todo o conjunto mantém uma unidade plástica em suas linhas arquitetônicas. Na fachada da rua principal, essa unidade se acentua graças à marquise que une a capela, o teatro e o bloco de aulas[24].

O sistema de pórticos aqui adotado para o edifício do bloco de aulas também seria usado em projetos para o Sesc/Senac de Bauru e o de Ribeirão Preto, por conta do tratamento dado aos pilares conhecidos como "pés de palito". O tipo de circulação adotado pela dupla seria o já consagrado nos projetos escolares anteriores e futuros, sem qualquer novidade, qual seja, de espaços generosos e com farta circulação vertical.

Para o bloco residencial, a adoção de um partido diferenciado ou nada usual distanciou-o dos edifícios escolares, não somente quanto ao programa, mas também em relação ao modo como a questão foi desenvolvida.

Primeiramente, as grandes circulações externas aos cômodos, que por sua vez são interligados entre si através de passagens obrigatórias dentro deles, ou seja, para alcançar um quarto ou refeitório, é necessário passar por dentro de outros. A arquitetura aqui é usada como meio de controle e fiscalização, à maneira das alcovas coloniais, negando a privacidade do usuário mesmo nas dependências mais íntimas. Outras necessidades de programa pouco usuais são a clausura, quarto-cela individual, as salas de estudos e os banheiros coletivos. Notar a inexistência de salas de "estar" ou de lazer.
Mais uma vez o arquiteto cuida do conforto térmico voltando para leste todas as dependências de uso prolongado e mantendo os corredores de circulação a oeste vedados apenas por paredes de elementos vazados com janelas inseridas[25].

24. Oswaldo Corrêa Gonçalves e Rubens Carneiro Vianna, "Ginásio e Escola Normal Maria Auxiliadora", *Acrópole*, maio 1953, n. 181, p. 496.
25. Elaine Rodrigues de Oliveira, *A contribuição de Oswaldo Corrêa Gonçalves para a arquitetura moderna brasileira*, dissertação de mestrado, Escola de Engenharia de São Carlos, São Carlos, 1999, p. 64.

O projeto do Ginásio e Escola Normal Maria Auxiliadora para as irmãs salesianas e destinado à formação de meninas adolescentes na cidade de Barretos, embora não tenha sido construído – por razão não encontrada nesta pesquisa –, não pode ficar esquecido, uma vez que se trata de um exercício primoroso de Oswaldo Corrêa Gonçalves e de seu colaborador, o também arquiteto Rubens Carneiro Vianna. De clara apropriação modernista e com grande influência de Niemeyer, com referências claras ao projeto da Pampulha, teria enriquecido muito o patrimônio arquitetônico moderno de Barretos e nacional.

Grupo Escolar Pae Cará, atual E. E. Prof. Walter Scheppis (Guarujá, São Paulo, 1961)

Com essa escola municipal, também concebida dentro do Page, Oswaldo voltava para a "Pérola do Atlântico" – na verdade, cidade de onde nunca saiu – para atender ao extenso programa do grupo escolar no então bairro do Itapema (hoje distrito de Vicente de Carvalho), subdistrito Pae Cará – cujo nome serviu de inspiração para batizar o prédio que, mais tarde, homenageou o emérito professor Walter Scheppis, profissional de carreira que se qualificou em diversos cursos organizados pelo Departamento de Educação e entidades afins.

O programa, com aproximadamente 2.270 m^2, está definido em um único edifício em dois pavimentos, com as salas de aula (dezesseis) no pavimento superior – um sistema que ele já vinha adotando desde o Convênio Escolar. Trata-se de uma arquitetura moderna, com uma solução simples, mas muito bem resolvida pelo arquiteto.

Não tão requintado como os edifícios escolares de sua produção recente, este foi marcado pela ausência de painéis e murais que tão bem ornaram os projetos da rede Sesc/Senac. Porém, a solução programática e de partido foi mantida, com o cuidado de se fazer uma boa orientação além da proteção zenital, aqui não com os *brises*, mas com o imenso beiral que avança sobre as fachadas norte e sul, protegendo assim os grandes caixilhos das salas de aula no segundo pavimento, local de longa permanência dos alunos e professores.

As empenas laterais que guarnecem o bloco nas extremidades leste e oeste, em forma de pentágono irregular, remetem ao desenho do edifício de Valinhos, bem como ao projeto do Tucuruvi, homogeneizando a característica arquitetônica desses projetos que Oswaldo criara para seus edifícios escolares. Neste caso, os pórticos se fazem presentes no térreo, mas desaparecem no superior, onde a estrutura fica diluída na planta, solidarizando-se com a modulação e o ritmo das salas de aula.

O térreo, reservado à administração e à recreação, está compactado em setores claramente distinguíveis em dois blocos, separados pelo recreio coberto ao centro. A fachada sul, onde o visitante é recepcionado pela infalível marquise em balanço – outra característica dos projetos de Oswaldo que será usada mesmo em projetos de prédios altos –, encontra do lado esquerdo o bloco com palco, sanitários e cozinha. No lado oposto estão administração, biblioteca, sala de professores, diretoria, sala de dentista, assistência à pré-escola (com entrada individualizada), sala para médico e para material didático, entre outras. As escadas de acesso ao pavimento superior localizam-se no centro do conjunto, uma delas de uso exclusivo do pessoal didático-administrativo.

Por fim, um muro de elementos vazados, que "sangra" para as fachadas leste e oeste, dá privacidade ao bloco, interrompido somente na região da marquise, que serve de marco de entrada do prédio.

Grupo Escolar de Valinhos (Valinhos, São Paulo, 1961), com a colaboração do arquiteto Osmar Antônio Tosi

Ainda dentro do Page e com o apoio do Ipesp – sob a gestão de Francisco Morato –, Oswaldo e o arquiteto Osmar Antônio Tosi desenvolveram estudos para o então Grupo Escolar de Valinhos, localizado na rua São Paulo. O belíssimo edifício, que na época levou o nome do prefeito José Spadaccia, teve sua imponente arquitetura preservada e está em pleno funcionamento, agora como Escola Estadual Professor José Leme do Prado.

O modelo arquitetônico adotado pela dupla rivaliza na forma com o projeto do Pae Cará, de 1959, na cidade de Guarujá. Os mesmos oitões ali usados, em forma de um pentágono irregular, aqui vão conter e ocultar o ritmado *set* de pórticos, que, sangrando da fachada, darão um ar estético diferenciado ao conjunto, ao mesmo tempo em que suportarão a cobertura em concreto. Será estabelecido, assim, um necessário e enorme beiral, que vai funcionar como *brise-soleil*, protegendo as fachadas leste e oeste, ambas ocupadas por salas de aula.

O estudo eleito terá um programa bem extenso, porém agora contido em 1.474,20 m², desenvolvido para dez salas de aulas – para um número aproximado de seiscentos alunos –, e mais duas salas para pré-primário, localizadas no andar inferior, sem interferir no restante do planejado. O edifício foi projetado em bloco único e assentado sobre o platô de um terreno com declividade para a rua 12 de Outubro (hoje rua Arthur Fernandes). No pavimento térreo, pátio, palco com camarins, dentista e toda a parte administrativa. A influência do Convênio Escolar se faz notar no partido

▲▶
Edifício do Pae Cará, em Itapema, Guarujá, em 1964.

▲▶▶
A marquise em balanço marca a entrada da escola, interrompendo o muro de elementos vazados. Foto de 1964.

▶
Atual Escola Estadual Prof. Walter Scheppis em fase de construção, no início dos anos 1960.

▶▶
E. E. Prof. Walter Scheppis nos anos 1970. Foto da fachada norte.

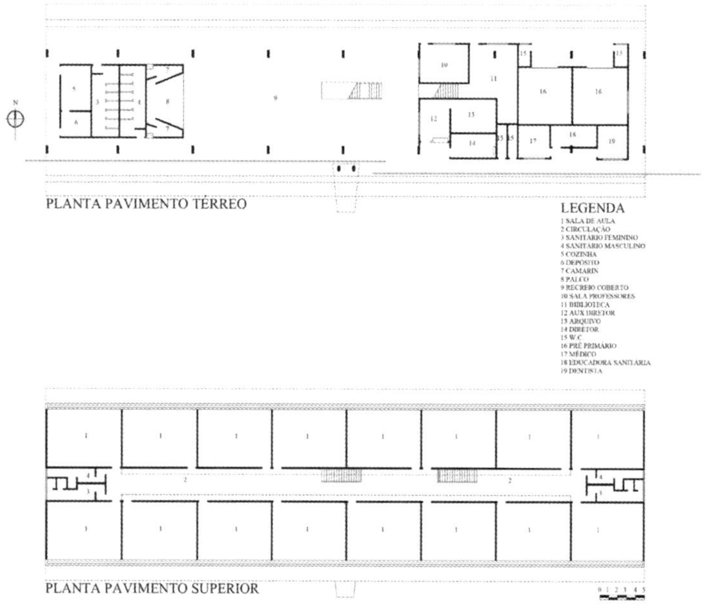

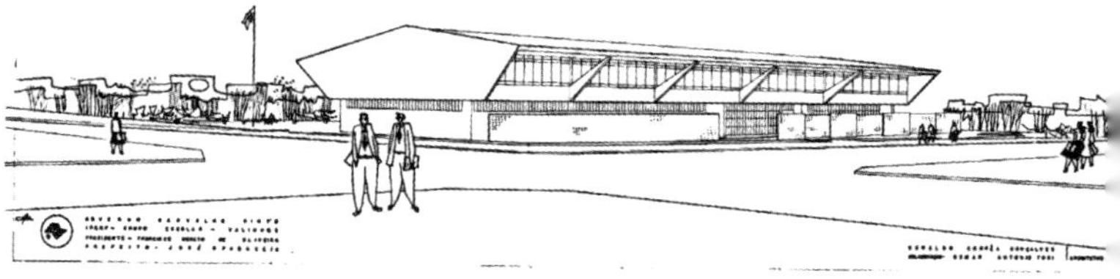

Plantas dos pavimentos do Grupo Escolar Pae Cará.

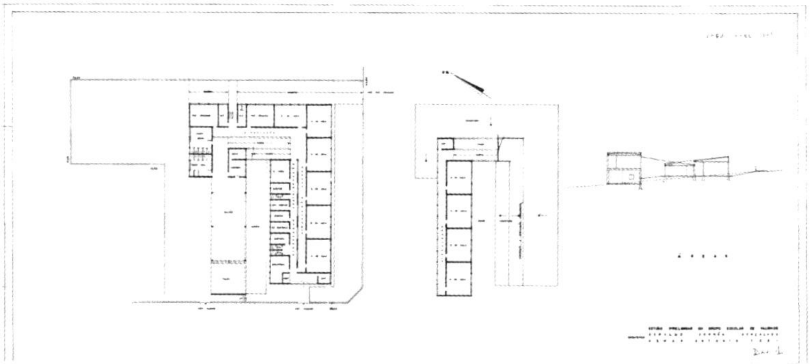

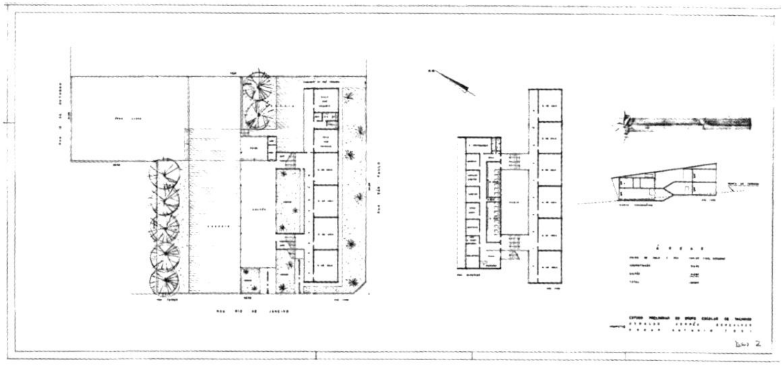

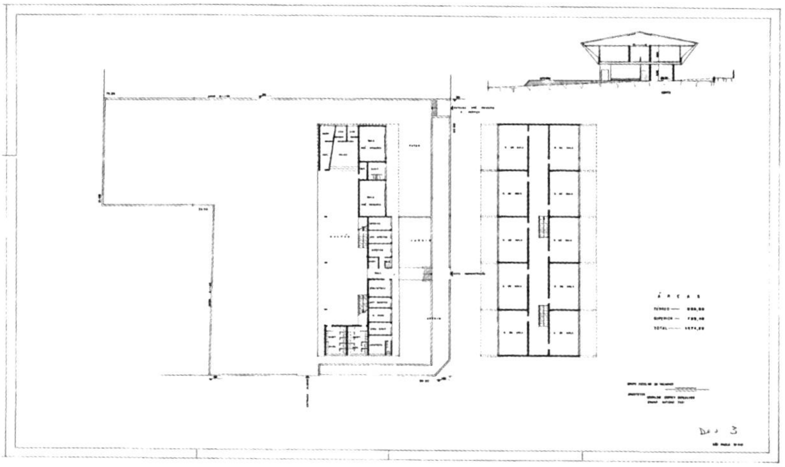

do projeto, que tem a clara intenção de aprimorar a formação cultural dos alunos. Uma grande área reservada para expansão futura foi destinada em projeto, e seu aproveitamento se deu na forma de uma quadra incorporada mais tarde ao conjunto.

Com relação aos estudos não aproveitados, destaca-se o primeiro deles, em que há rampas internas de acesso, isto é, uma clara influência das rampas largamente usadas por Artigas em seus projetos domiciliares que em breve seriam repetidas na FAU/USP, na cidade de São Paulo (projeto desenvolvido por Artigas e também incluído no Page, no ano de 1961, e inaugurado em 1969).

ARQUITETURA INSTITUCIONAL

Ruy Eduardo Debs Franco

Paço Municipal do Guarujá

Durante sua primeira gestão como prefeito do Guarujá, em 1960-1963, Jayme Daige obteve por unanimidade, na Câmara Municipal, autorização para permutar um terreno situado no Jardim Tejereba (adquirido através da transcrição n. 13.435, da 3ª Circunscrição Imobiliária), por outro terreno, de 5 mil m², de propriedade do Banco do Estado de São Paulo (Banespa), a fim de construir o futuro Paço Municipal. O projeto, financiado pelo Plano de Ação do Governo do Estado (Page) na gestão Carvalho Pinto, teve parecer favorável dado pela Comissão de Justiça e Redação. A matéria foi publicada no jornal *A Estância de Guarujá* (sem data).

De acordo com a matéria, a prefeitura angariaria uma área cinco vezes maior que a atual, de mil m². No entanto, e por razões desconhecidas, a permuta não foi realizada. Por conta disso, o partido arquitetônico foi revisto, ficando mais enxuto. Uma vez desfeita a troca dos terrenos entre a Prefeitura Municipal de Guarujá (PMG) e o Banespa, o paço municipal voltaria para a região do Jardim Tejereba, na rua Mário Ribeiro, onde hoje está.

O terreno do Banespa, não muito longe dali, na avenida Leomil, entre as ruas Santos e Brasil, no bairro das Pitangueiras, voltaria para as mãos da instituição financeira e mais tarde seria desmembrado e negociado com o mercado imobiliário. Hoje há um conjunto de edifícios de apartamentos no local.

O edifício do Paço Municipal, construído assim em um lote menor, mostra a versatilidade do projeto inicial, que com seu programa de qualidade variada pôde receber um uso correlato sem maiores danos às premissas originais. Em terreno de

▲◄
Plantas dos pavimentos do Grupo Escolar Pae Cará; perspectiva artística.

◄
Primeiro estudo preliminar em planta para o Grupo Escolar de Valinhos, com 1.670 m².

◄◄
Segundo estudo preliminar, com 1.666,30 m².

▼◄
Estudo aprovado para 1.474,20 m² e finalmente construído.

20 x 50 metros, seria construído um prédio administrativo, o Paço Municipal, enquanto recursos maiores não permitissem a desapropriação de uma grande área para o centro cívico da cidade, com paço municipal, biblioteca etc.

O edifício foi desocupado em 2008 e não serve mais à prefeitura do Guarujá, nem tampouco à Câmara Municipal, que há muito se mudou dali. Hoje está ocupado pelo Fórum cível e criminal de Guarujá.

Para este projeto, Oswaldo contou com a ajuda do colega arquiteto e planejador urbano regional Heitor Ferreira de Souza; juntos elaboraram o Plano Diretor Físico do Município de Santos, em 1968. Com influências do pensamento modernista, o plano continha elementos de um plano de circulação, lei de uso e ocupação do solo, lei de parcelamento do solo e código de posturas.

As publicações em revistas especializadas sobre o prédio seguiram-se na ocasião da execução do projeto.

Para um edifício administrativo municipal, onde os espaços se modificam amiúde, era justo evitar ao máximo a presença de pilares. Optou-se por pilares externos com vigas protendidas, deixando livres os espaços internos. Os vãos foram modulados, permitindo-se a colocação das divisões com maior facilidade e economia. Tornaram-se desnecessárias as paredes de alvenaria, que só são usadas nos sanitários até determinada altura. Todos os peitoris e fachadas são de concreto aparente, típico do brutalismo. Também não foram aplicadas ferragens nem guarnições nas esquadrias. Utilizou-se vidro temperado, que corre em folhas pelos sulcos de madeira do peitoril. Nas fachadas laterais leste e oeste, uma extensa placa perfurada horizontal diminui a incidência dos raios solares, fazendo a função de cobogó. Toda a tubulação é aparente nas paredes, e somente os conduítes são embutidos nas lajes.

O cuidado na concretagem com uso de formas em posições predeterminadas permitiu bom aspecto para o concreto aparente. O material divisório interno de madeira folheada, junto ao concreto, deu ao conjunto um aspecto sóbrio e simples, condizente com sua destinação.

Ripas de madeira do cimbramento, colocadas irregularmente com saliências várias nas paredes de entrada do prédio, resultaram num painel/mural de concreto aparente de rico efeito plástico.

O prédio compreende quatro pavimentos: subsolo, semienterrado; térreo, com entrada e guichês para uso do público; 1º andar, com gabinete do prefeito e departamentos; e 2º andar (4º pavimento) para a Câmara Municipal. A área total é de aproximadamente 2,5 mil m^2.

►
Paço Municipal do Guarujá (com a colaboração do arquiteto Heitor Ferreira de Souza).

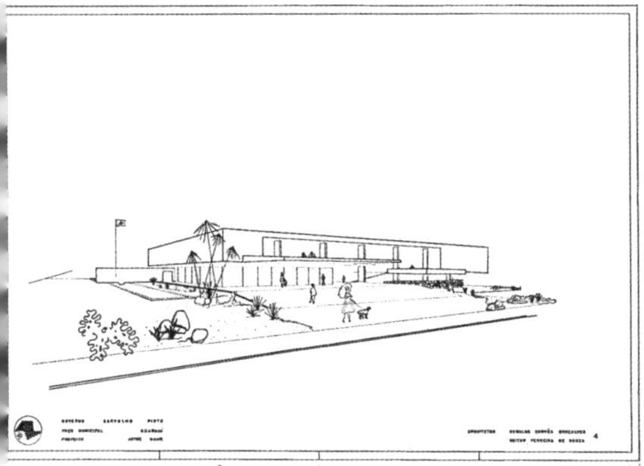

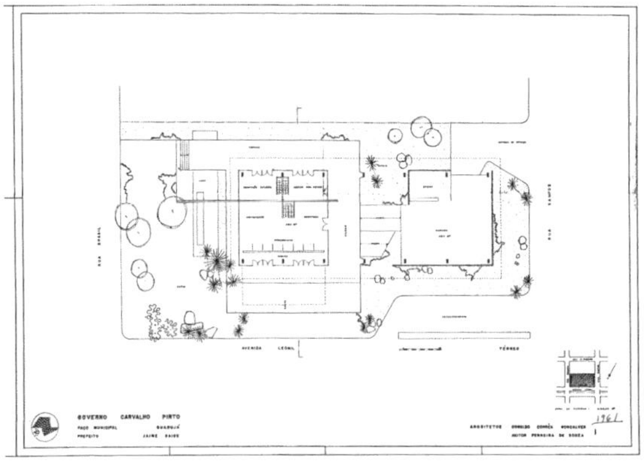
GOVERNO CARVALHO PINTO
TÉRREO
1961

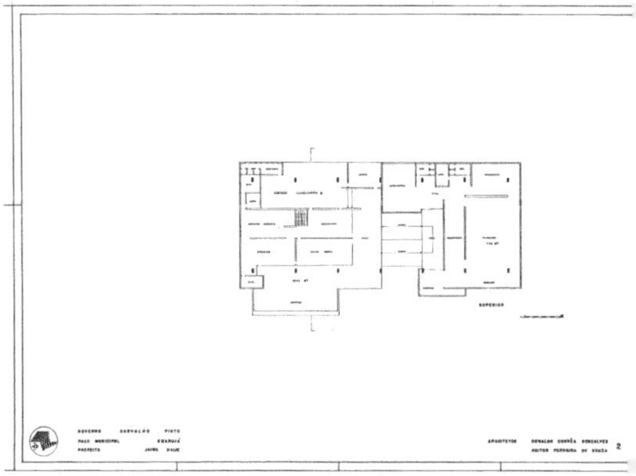

Com esse edifício, Oswaldo retoma sua relação com a cidade de Guarujá, onde projetou e construiu prédios importantes, além de participar da proposta do Plano Diretor do Município.

Dever-se-ia estimar que a Prefeitura de Guarujá e seu Legislativo se interessassem pela construção de um Paço Municipal que constituísse, como o projeto para Campinas, uma palavra de arquitetura nova, desde que a pequena cidade balneária do litoral paulista possui numerosas construções que primam pelo excelente teor de sua arquitetura.
Naturalmente, há sempre, ao lado de soluções defensáveis e que valem como exemplificação, aquelas que constituem projetos extravagantes, determinados pela vontade de apresentar trabalhos excessivamente originais.
Entretanto, o interesse que formulamos com a publicação deste projeto dos arquitetos Oswaldo Corrêa Gonçalves e Heitor Ferreira de Souza é daqueles que valeriam como bom esforço no sentido de uma arquitetura apta a proporcionar, ao edifício público, além das necessárias instalações inerentes ao funcionamento dum executivo e dum legislativo, um caráter cívico, que no caso do Paço Municipal deve ser inconfundível no conjunto da cidade. Salvo o caso de Campinas já mencionado (os projetos para o Paço de São Paulo parecem não dever sair das boas intenções, que são muitas), esta é a vez de uma Prefeitura e de uma Câmara decidirem por um projeto moderno e eficiente.
É claro que houve em Brasília um exemplo alentador, quando se visou a uma arquitetura que se inserisse dentro da última tentativa do século, no sentido de dar ao edifício público uma definitiva marca renovadora – mas exigiríamos que o exemplo de Brasília só servisse como princípio, pois uma das máximas preocupações da arquitetura racional é o atendimento à noção de economia, ligada à eficiência, e o poder público tem como principal obrigação demonstrar sempre que os dinheiros do erário tiveram aplicação judiciosa. No mais, a responsabilidade da arquitetura edilícia deve caber aos arquitetos, como sempre reclamamos, e não se compreende que ainda agora a engenharia das repartições municipais continue com a preferência para preencher as necessidades dos projetos, fato que tem dado origem a edifícios realmente lamentáveis. Se a contribuição dos arquitetos que estudaram o presente projeto servir para uma orientação, ao menos já teremos conseguido alguma coisa com a divulgação deste projeto.

▲◀
Perspectiva do edifício projetado para o Paço Municipal do Guarujá; plantas do conjunto na avenida Leomil, não construído. Imagens digitalizadas a partir dos desenhos originais.

◀
À esquerda, a então modesta Câmara dos Vereadores do Guarujá. À direita, aspectos da circulação lateral aberta.

▼◀◀
Gabinete do prefeito.

▼◀
Maquete do paço.

O projeto do Paço Municipal do Guarujá é uma excelente solução para uma pequena cidade que se encontra em forma de desenvolvimento.
No estudo do projeto, os arquitetos adotaram o partido do monobloco como solução para o funcionamento para os poderes Legislativo e Executivo, o que foi determinado pela primeira condicionante de economia.
Entretanto, o monobloco não impediu que a orientação imprescindível dos dois poderes fosse plenamente assegurada pela disposição em alas e em níveis distintos do corpo do edifício, sem que ainda uma excessiva grandiosidade colocasse fora da escala urbana este paço para o Guarujá.
Houve sobretudo uma preocupação de se completar o conjunto com o aspecto cívico inerente a um edifício de tal natureza, e parece-nos que os autores do desenho lograram uma solução que deve ser considerada[1].

Segundo o editor que fez essa crítica ao projeto, o texto soa como um clamor e, ao mesmo tempo, um protesto.

Finalmente, vale lembrar que esse projeto da Prefeitura de Guarujá assemelha-se a outro de cunho público, o Fórum de Duartina (descrito a seguir), uma vez que ambos pertencem ao mesmo período e têm programas comparáveis.

Fórum de Duartina

Ruy Eduardo Debs Franco com Maria Tereza Regina Leme de Barros Cordido

O ex-governador de São Paulo prof. Carlos Alberto Alves de Carvalho Pinto pode ter passado despercebido pela maioria dos brasileiros, mas não pela classe dos arquitetos paulistas.

Como mandatário maior do Estado (1959-1963), Carvalho Pinto foi o pioneiro em planejamento financeiro de vários setores da administração estadual. Criou o plano de ação batizado de Page (Plano de Ação do Governo do Estado) – que possui correspondência com a visão "nacional-desenvolvimentista" do Plano de Metas do presidente Juscelino Kubistchek, que incluiu a construção de Brasília. Com o Page, Carvalho Pinto iniciou obras e projetos de várias usinas hidrelétricas pelo interior, garantindo o abastecimento de muitas regiões atrasadas do estado com pendor progressista nas áreas industriais e comerciais.

1. Oswaldo Corrêa Gonçalves e Heitor Ferreira de Souza, "Paço Municipal do Guarujá", *Habitat*, São Paulo, mar.-abr. 1960, n. 59.

O PAGE constitui-se em um momento singular de uma administração pública, articulando e impulsionando a modernização do Estado.

O ex-deputado Plínio de Arruda Sampaio era filiado, na época, assim como Carvalho Pinto, ao Partido Democrata Cristão (PDC). Como chefe da Casa Civil, foi o coordenador do Grupo de Planejamento (GP) que orientava os diversos setores administrativos, concebendo uma descentralização das ações do executivo. O PAGE realizou projetos de escolas, fóruns, casas de lavoura, delegacias, postos de saúde e serviços básicos de infraestrutura urbana, tais como água e esgoto, energia elétrica, em diversos municípios, além de serviços de infraestrutura regional: ferrovias, rodovias, pontes etc. No campo da infraestrutura energética o PAGE propiciou o início da construção da usina hidrelétrica de Urubupungá, a realização das obras nas usinas de Limoeiro, Euclides da Cunha, Barra Bonita, Jurumirim, Bariri, Graminha e Xavantes e organizou um sistema de fundos para pesquisa com a criação da Fundação de Amparo à Pesquisa (FAP) e, segundo a mensagem encaminhada à Assembleia Legislativa em 1962, o Fundusp, que dinamizou a construção de diversos edifícios da Cidade Universitária, dentre os quais se destacam a Reitoria da Universidade, sede central entregue em 1961, e o início da construção da Faculdade de Arquitetura e Urbanismo[2].

> O prédio da Faculdade de Arquitetura e Urbanismo já foi iniciado e deverá estar pronto no início de 1963. Em suas novas instalações, a faculdade poderá desenvolver seu curso com maior eficiência pelo sistema de "*atelier*", atendendo à diretriz da formação de profissionais por meio do ensino objetivo[3].

Foi um tempo profícuo de grandes produções da arquitetura paulista voltada ao edifício e às obras públicas antes administradas somente pelo extinto Departamento de Obras Públicas (DOP). Seu antecessor, Jânio Quadros, foi quem começou de fato a fazer esses edifícios pelo interior, percebendo a deficiência da máquina estadual. Porém, Carvalho Pinto organizaria definitivamente essa prática.

Não longe desse processo estava Oswaldo Corrêa Gonçalves, que em 1961, em parceria com o também arquiteto Osmar Tosi, projetou o Fórum de Duartina, cidade do centro-oeste paulista.

2. Maria Tereza Regina Leme de Barros Cordido, *Arquitetura forense do estado de São Paulo*, dissertação de mestrado, Escola de Engenharia de São Carlos/USP, São Carlos, 2007.
3. Governo Carvalho Pinto, *op. cit.*, p. 59.

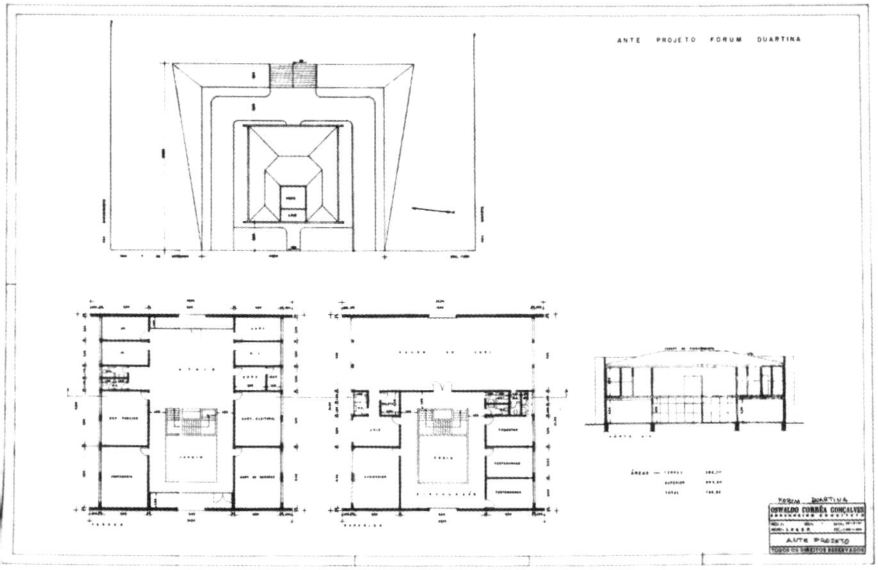

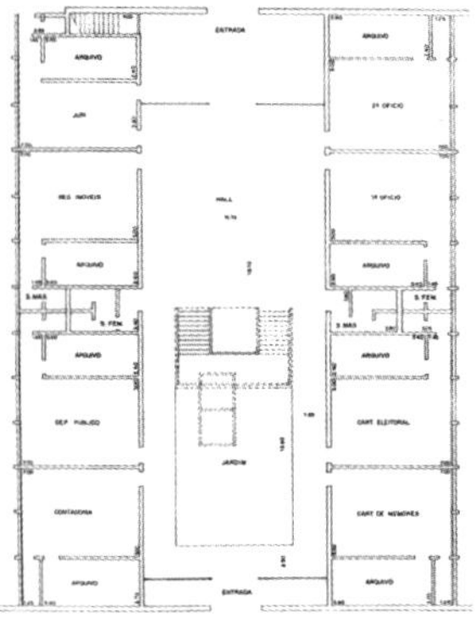

PAV TERREO

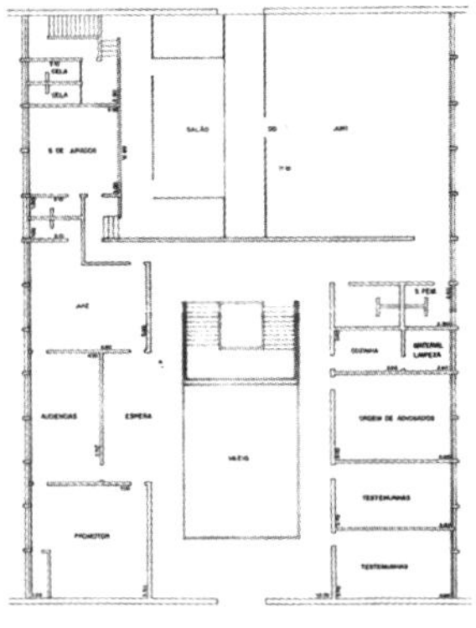

PAV SUPERIOR

O Page e os arquitetos envolvidos na produção de obras públicas representaram para a arquitetura dos fóruns de Justiça um período de uma importante ruptura na concepção dos seus edifícios: a inversão da hierarquia tradicional para os fóruns de Justiça.

Os fóruns de Justiça adotavam tradicionalmente, a partir do período republicano, uma concepção de natureza eclética com referências neoclássicas na sua ornamentação e composição formal. Nas composições das fachadas, faziam uso de colunatas, pórticos, referências mitológicas, como cariátides e a deusa Têmis, considerada símbolo da justiça etc. Na sua distribuição interna, organizavam-se de forma simétrica, tendo no seu centro o suntuoso átrio de distribuição de acessos, os "Passos Perdidos", que geralmente era ladeado por colunas acentuando o acesso ao majestoso Salão do Júri[4].

Os arquitetos modernos, em sua maioria, romperam com essa concepção eclética e passaram a produzir edifícios menos presos a esses conceitos. Assumiram uma postura mais descomprometida com as arcaicas imagens que a justiça de maneira geral impõe aos homens – imagens de cunho autoritário e hierárquico, que para a arquitetura moderna passaram a ter importância secundária.

Assim, o edifício da dupla Oswaldo e Tosi também se destacou, pois acompanhou a tendência de outros edifícios do gênero, também projetados por arquitetos engajados no partido informal daquele momento. As fachadas não tinham o apelo de figuras mitológicas e, portanto, eram despojadas de elementos alegóricos, e foram revestidas de elementos cerâmicos em cor amarela e de fácil manutenção.

Para a arquitetura, o Page corroborou na "Difusão da Arquitetura Moderna" no estado de São Paulo, na medida em que promoveu uma grande produção de obras públicas pelo estado, contratando diversos arquitetos alinhados com as questões da arquitetura moderna[5].
O edifício em questão lembra o da Prefeitura Municipal de Guarujá [...]. Seus usos e funções estão muito próximos. Como exemplos dessa época podemos relacionar ainda os edifícios executados para os fóruns de: Araras, de

▲◀Fórum de Duartina (com a colaboração do arquiteto Osmar Tosi).

◀◀
Plantas para o Fórum de Duartina em anteprojeto, de 1961. Desenho original.

◀
Plantas do Fórum de Duartina. Projeto de reforma datado de 1995.

4. *Ibidem.*
5. Maria Tereza Regina Leme de Barros Cordido, *Arquitetura moderna,* tese de doutorado, Instituto de Arquitetura e Urbanismo/USP, São Carlos, 2012, p. 65.

Fábio Penteado (1959); Avaré, de Paulo Mendes da Rocha (1962); Itapira, de Joaquim Guedes (1958); Orlândia, de Jorge Wilheim (1961); Promissão, de Vilanova Artigas (o projeto, em 1959, e a construção, em 1969); São José dos Campos, de Paulo Sérgio Souza Silva (1965); Rio Claro, de Carlos Gomes Cardim e Luciano Gomes Cardim (1963); Porto Feliz, de Alberto Botti e Marc Rubin (1963); e Socorro, de David Libeskind (1961)[6].

[...] o processo de contratação do Fórum de Duartina onde consta a ordem de serviço de contratação do arquiteto Oswaldo Correia Gonçalves, de n. 60, em 15/04/1961. O processo, que teve início em 1961 e foi finalizado em 1963, diz respeito à obra do Fórum de 1ª Instância Sílvio Marques Júnior, no terreno localizado no centro de Duartina, na rua 7 de setembro, n. 486[7].

6. *Ibidem*, p. 131.
7. Fábio Penteado, *Ensaio de arquitetura*, São Paulo: Empresa das Artes, 1998, p. 56.

SESC/SENAC

Ruy Eduardo Debs Franco

O Serviço Nacional de Aprendizagem Comercial (Senac) foi criado por iniciativa do empresariado do comércio nos termos do Decreto-lei n. 8.621, de 10 de janeiro de 1946, com o objetivo principal de dar treinamento aos menores aprendizes pelo metódico modelo de aprendizagem no próprio local de trabalho ou em salas de aula e em edifícios adaptados para esse fim.

Eram cursos técnicos especializados que visavam preparar jovens que aspiravam a uma vaga no emergente comércio paulista. Em 1947, o Senac São Paulo já contava sete unidades – quatro na capital e três no interior: Santos, Campinas e Ribeirão Preto, então as maiores cidades e, portanto, de grande importância para os propósitos da entidade recém-criada.

O Serviço Social do Comércio (Sesc), irmão mais novo do Senac e com objetivo semelhante – dar apoio ao trabalhador do comércio, fosse ele profissional ou aspirante –, nasceria no dia 13 de setembro daquele mesmo ano de 1946, sob força do Decreto-lei n. 9.853.

Representantes do comércio reunidos em Petrópolis deram início àquela que seria a entidade classista mais forte de que até então se tinha tido notícia no Brasil, oferecendo "a promoção do bem-estar social e a melhora do padrão de vida dos comerciários e suas famílias"[1].

As duas instituições nasceram, conviveram e cresceram juntas, dividindo suas instalações, mas nunca suas gestões, por afinidade e conveniência.

O credenciamento de Oswaldo Corrêa Gonçalves pelo Sesc/Senac para desenvolver projetos demandados por essas instituições deveu-se principalmente a sua atuação na PMS-SP, em 1942, "inicialmente na Seção de Aprovação de Plantas"[2].

Oswaldo agregara ainda conhecimento suficiente no Convênio Escolar e, além disso, mantinha uma profunda amizade com o então presidente da Federação do Comércio, o engenheiro Luiz Roberto de Carvalho Vidigal, que chegou a ser padrinho de seu casamento com Neide Fabbri Moura. Na qualidade de presidente da Federação do Comércio, Vidigal podia apontar ou indicar profissionais para a realização de grandes projetos, que seriam ou não aprovados pelos membros do Conselho Regional nas reuniões mensais.

1. Sesc/Senac, "Arquitetura para o lazer e a educação", folheto, c. 1996.
2. Cf. Sylvia Ficher, *Os arquitetos da Poli*, São Paulo: Fapesp/Edusp, 2005.

SESC

Sesc/Senac Santos

No ano de 1947, mais precisamente em 1º de abril, foi inaugurado o Sesc/Senac na cidade de Santos, que vivia um clima de satisfação, assim como todo o mundo, por conta do fim da Segunda Guerra Mundial, como também pelo embalo progressista de uma economia liberal que pairava no ar e pelo que representava o já consolidado porto de Santos, administrado naquele período pela Companhia Docas de Santos.

Em 1947, o café era a mercadoria mais comercializada no mundo, e o Brasil batia recordes de produção, que chegava sobretudo do interior paulista por ferrovias e desaguava diretamente nos velhos armazéns do porto, para depois ser ensacada e embarcada nos porões dos navios. O movimento de cargas e navios no porto de Santos era bastante intenso nesse período, quando foi considerado um dos mais movimentados do mundo.

O fim do Estado Novo, em 1945, trouxera ao poder o marechal Eurico Gaspar Dutra, que governaria o Brasil até 1951. Ele ficou famoso por ter proibido o jogo no país, mas também porque deu seguimento a algumas propostas progressistas de seu antecessor, Getúlio Vargas, entre elas a inauguração da Companhia Siderúrgica Nacional (CSN), que passou a operar efetivamente em 1946. Seu contraditório governo promulgou a Carta Constitucional em 18 de setembro de 1946, de caráter liberal e democrático, mas cassou a legislatura de deputados comunistas, por não admitir o registro de partidos políticos contrários ao regime representativo.

É nesse quadro político-trabalhista que o Senac, recém-criado em 1946, se instala na cidade portuária de Santos, primeiramente em prédio alugado, na rua 7 de setembro, 45, no prédio da Escola Santo Inácio, com a denominação Escola Senac Gabriel Dias da Silva.

O regime simbiótico entre as duas instituições de ensino (o Sesc alugou o prédio e o sublocava para o Senac) caracterizou o início das atividades da instituição no Brasil. Na história do estabelecimento, o caráter provisório de suas instalações seria inicialmente uma constante, sobretudo no processo de escolha dos cursos e para os propósitos do então binômio Sesc/Senac. Dessa forma, outros endereços seriam procurados antes da criação definitiva da política de espaço apropriado e previamente dimensionado.

Assim, em 1949, a Escola Senac Gabriel Dias da Silva mudou-se como um organismo vivo para o endereço da praça Narciso de Andrade, s/n, na Vila Mathias: ocupando parte do edifício do Grupo Escolar Cesário Bastos, ali desde 1916, e funcionando à noite dava a chance da criação de cursos especializados para adultos que trabalhavam no comércio.

A peregrinação do Sesc/Senac Santos terminaria em março de 1950, quando a instituição passou a ocupar o endereço da avenida Conselheiro Nébias, 309, "em cujo imóvel funcionou o Ginásio Luso-Brasileiro".

Em 1951, atento ao crescente mercado cafeeiro na cidade, o Senac passou a oferecer "o curso de auxiliar de comércio cafeeiro aos comerciários adultos", como prova de que o porto e a cidade giravam em torno dessa importante mercadoria, geradora de empregos e mão de obra especializada. Inicialmente as aulas eram ministradas naquele imóvel, antes residencial; o ginásio existente no fundo, que passaria por reformas – finalizadas em 1955 –, traria "instalações para teatro (palco), cinema e espaços para [...] modalidades esportivas", proporcionando ao trabalhador e seus familiares a convivência social através do esporte e do lazer.

Chegou o ano de 1958, e o decano Senac, já consolidado em suas funções e atividades educativas na cidade, partiu para a efetivação de um espaço próprio e definitivo. O casarão em que funcionava o Ginásio Luso-Brasileiro – coincidentemente, frequentado por Oswaldo durante os cursos primário e ginasial – abrigará as dependências do Senac muito antes de receber o projeto definitivo.

O arquiteto Oswaldo Corrêa Gonçalves, convocado para fazer o projeto por ser considerado "um arquiteto modernista e com ideias arrojadas para a época, arquitetou um edifício que, ao mesmo tempo, abrigava a área do Sesc e do Senac. Nada de monumental ou transcendental, mas aquilo que o dia a dia podia exigir do cidadão comum. Então a obra se caracteriza por atender a população local comerciária"[1].

Com a demolição do casarão da avenida Conselheiro Nébias, restou o ginásio. "Durante a construção do novo edifício, os cursos foram ministrados nele, que foi adaptado para essa finalidade"[2].

O partido arquitetônico adotado por Gonçalves foi o de dois blocos com três pavimentos cada, que ocupariam o terreno de 3.281,63 m² com uma área construída de 2.543,30 m², transversalmente "unidos" de maneira inusitada por uma empena de concreto que funcionava como fachada única e revestida de pastilhas brancas. Sesc e Senac conviveriam ali por longo tempo, uma vez que até então não se viam em outro modelo que não o da convivência plena.

Foi pensado um corredor central entre os edifícios, para lhes garantir a iluminação e a ventilação naturais necessárias às fachadas norte e sul. Ambos os blocos se valeram de soluções recorrentes utilizadas anteriormente no

▸
Imagens gerais das fachadas do conjunto, entre 1959 e 1963. Imagem inferior direita, vista do fundo do lote, com o edifício do Sesc pronto, mas sem o edifício do Senac, em construção ao lado direito.

1. Roberto Ronchezel, entrevista com Oswaldo Corrêa Gonçalves, *Senac e Você*, jul. 2001.
2. *Ibidem*.

Convênio Escolar, em clara referência às soluções básicas daquele programa, aqui consagrado.

No Senac, a administração e o recreio ficaram no térreo, e as salas de aulas, nos planos superiores. No Sesc, de novo a repetição das salas em corredor, sem quaisquer inovações. No entanto, apesar da requerida distribuição racional, houve excelente solução de fluxo e boa articulação entre as diversas áreas do conjunto.

O gabarito dos edifícios erguidos em área estritamente residencial respeitou o gabarito dos casarões existentes na avenida, que na ocasião já estavam em estado de abandono e de progressiva descaracterização, mas apareciam como pano de fundo e em alto contraste com a paisagem de então, moderna e eclética. O ginásio, mantido depois do recreio coberto, restou como memória do antigo casarão e serviu muito bem aos propósitos do Sesc, garantindo o atendimento esportivo e de lazer para os associados.

De fato, para o arquiteto essa era a maneira pela qual o sistema deveria funcionar, e assim ele o projetou. Sem embargo, o modelo proposto para o momento pelas entidades era então aquele, o que era, de toda forma, incontestável. Dos dois blocos, o do Sesc foi terminado primeiro; o do Senac, que estivera provisoriamente no ginásio, aguardaria o término das obras em fins de 1958.

Assim, o velho ginásio remanescente do tempo do casarão somou-se ao conjunto ali implantado, que permaneceria assim até a reforma completa proposta em 1988, por conta da separação entre Sesc e Senac – que passaram a ser independentes por conta de evolução pela qual cada uma das entidades vinha passando, tornando inevitável o afastamento físico. No fim dos anos 1990, o conjunto passou por uma reforma que levou à completa descaracterização do projeto original do arquiteto, inclusive com a total eliminação do velho ginásio, hoje transformado em auditório. Dali em diante, Sesc e Senac teriam endereços diferentes em Santos. Esse processo não se restringiu à cidade de Santos, e tampouco as unidades santistas foram as precursoras, uma vez que ambas as instituições vinham percebendo a necessidade da separação (amigável) por conta da evolução de cada uma.

Como resultado, o Sesc mudou de endereço, passando a ocupar um grande lote no bairro de Aparecida, onde anteriormente havia campos de futebol de várzea.

Aconteceu então a inauguração da imponente unidade Sesc Aparecida, cujo projeto coube ao escritório de arquitetura Botti & Rubin, que o entregou ao público em 1986.

▲▶
Imagem da maquete do conjunto Sesc/Senac. À esquerda da fachada, projeto de escultura da artista Zaida Saldanha, que não chegou a ser executado por conta de desacordo com o proprietário. Ao fundo, o ginásio que foi reformado e incorporado ao conjunto.

▶
Escola Senac, em Santos, por volta de 1950. Imóvel alugado na avenida Conselheiro Nébias e posteriormente demolido para receber o projeto de Oswaldo Gonçalves.

▼▶
Plantas do conjunto.

▼▶▶
Fachada principal do conjunto em 1959, pronto para o uso das entidades.

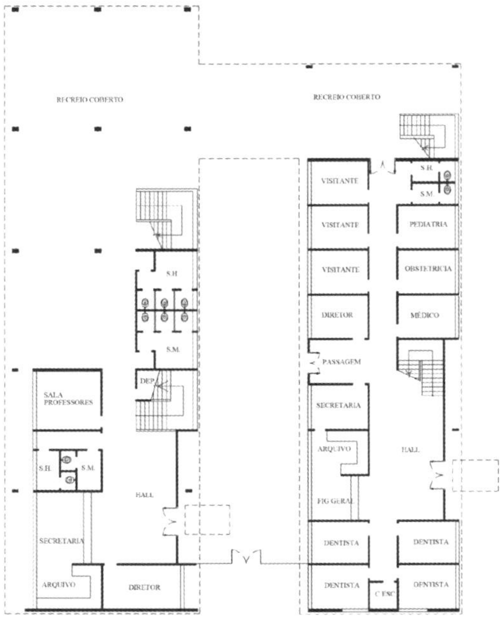

AV. CONSELHEIRO NÉBIAS

PAV. TÉRREO

Plantas do conjunto.

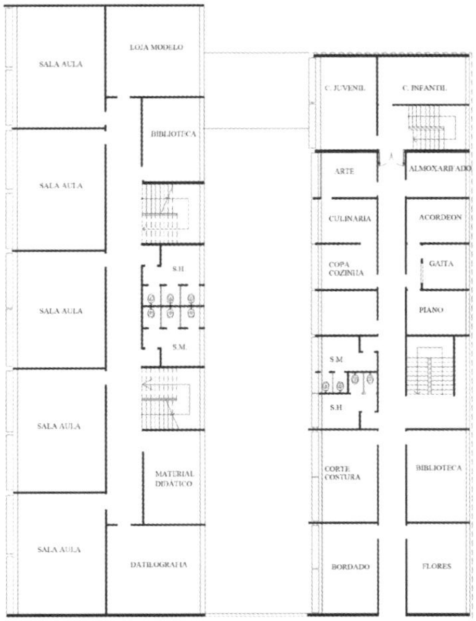

AV. CONSELHEIRO NÉBIAS

PAV. SUPERIOR

Plantas do conjunto.

O novo conjunto do Sesc, em estilo arquitetônico brutalista, que mostraria sempre o lado cru do edifício, com enormes empenas de concreto, atendeu de maneira plena ao programa então estabelecido pela entidade, sediando o centro cultural e desportivo do Sesc. "Um conjunto que promete ser muito imponente e garantir lazer, não só para o pessoal de Aparecida, mas de toda Santos[3]."

A escolha daquele terreno, bem como a implantação do Conjunto Habitacional Martins Fontes, marcou o fim do futebol varzeano de Santos, que ali se estabelecera por anos, revelando vários craques ao futebol profissional santista.

Sesc/Senac Marília[4]

No ano de 1952, o Senac São Paulo adquiriu, em conjunto com o Sesc, um terreno do Marília Tênis Clube para o projeto e consequente construção de sua unidade Sesc/Senac no município de Marília.

Essa construção, que foi iniciada em 1956 e realizada pela empresa Barbieri & Cia., vencedora da concorrência, foi inaugurada dois anos depois, em 12 de abril de 1958.

Oswaldo Corrêa Gonçalves foi, mais uma vez, o profissional indicado para o projeto dessa unidade (com a colaboração dos arquitetos Rubens Gouvêa Carneiro Vianna e Ricardo Morton Sievers), cujo terreno em declive ditou o partido arquitetônico do projeto.

As instituições ocupariam entradas e edifícios independentes, em razão da destinação de cada uma delas. Uma praça interna permitiria o agrupamento das salas de aula em seu entorno, caracterizando a tipologia da edificação. O auditório seria o elemento de ligação entre os prédios, e, externamente, o vigamento e as empenas cegas comporiam a fachada. O grande painel de ladrilho hidráulico de Marcelo Grassmann foi desenvolvido juntamente com o projeto, integrando-se ao conjunto.

Anos mais tarde, em 1971, com o objetivo de dotar a escola de locais para competições desportivas, além de reuniões sociais e solenidades cívicas, o prédio passou por reformas importantes que o adaptaram para esses novos usos. Em consolidação dessa proposta, foi necessária a elaboração de projeto de construção de um ginásio coberto, além da conclusão da compra das instalações, ocupadas pelo Sesc São Paulo.

Três anos depois, em 1974, aconteceu o início do projeto de adaptação da parte do imóvel adquirida pelo Sesc para ampliação das dependências. Em 1985, novas

◂
Aspectos gerais da edificação em pleno funcionamento. À direita, a sala para aulas de costura.

3. Cf. Leda Mondin, "Aparecida, bairro de três mundos distintos", *A Tribuna*, Santos, 2 set. 1982.
4. Com a colaboração dos arquitetos Rubens Gouvêa Carneiro Vianna e Ricardo Morton Sievers.

Acima à esquerda, foto aérea de Marília em 1958; em destaque, o edifício do Senac em fase de conclusão. Em seguida, vistas do prédio concluído e maquete (fig. 8).

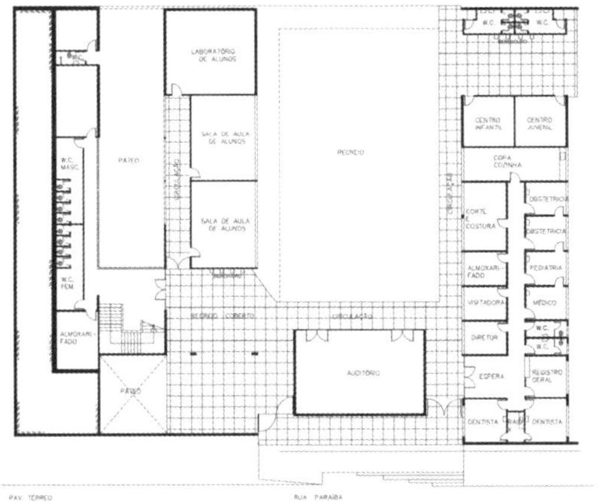

Imagens da época da inauguração do complexo Senac em Marília, em 1958. No alto, à esquerda, Oswaldo Corrêa (ao centro, de óculos) em foto com duas pessoas não identificadas; prédio recém--terminado; fachada principal; plantas do conjunto.

adaptações no espaço físico para a implantação da Rede de Datilografia e da programação de informática foram necessárias. Em meados de 1994, um projeto de restauro, desta vez com a intenção de garantir a manutenção das características iniciais dos autores do projeto, além de reforma e ampliação da unidade, foi realizado pelo arquiteto Pedro Capurro. O escopo dos trabalhos pedia o acréscimo de um edifício anexo, mais uma quadra poliesportiva coberta, a ser executado posteriormente. Entre outras alterações, houve a mudança da entrada principal dessa unidade, que passou a ser pela rua Paraíba. Outrora o acesso era feito pela avenida Nelson Spielmann.

Em 30 de maio de 1995, dá-se pelo Conselho de Defesa do Patrimônio Histórico, Arqueológico, Artístico e Turístico do Estado de São Paulo (Condephaat) o tombamento do prédio do Senac de Marília. Segundo Ofício GP n. 3.116/04, assinado pelo presidente do Condephaat, José Roberto F. Melhem, a Resolução SC-47, de 14 de setembro de 2004, que dispõe sobre o tombamento da Escola Senac de Marília, define o ato do tombamento do conjunto edificado da escola como bem cultural de interesse histórico, arquitetônico e artístico. No documento consta que o mural de pastilhas e os painéis de ladrilhos hidráulicos, assim como os caixilhos das salas de aula, cuja bandeira é constituída de chapa perfurada de alumínio, tanto pela aplicação correta como pela originalidade de seu emprego, são alguns dos motivos do tombamento que envolve o edifício principal, incluindo todos os apliques e detalhes originais, internos e externos, assim como os jardins, pátios e anexos. O documento finalmente destaca: "Trata-se de um marco histórico de extrema importância, pela representatividade simbólica do edifício no contexto da Alta Paulista"; e afirma que a resolução se justifica, apontando a obra como um exemplo à educação e ao trabalho comercial, sendo assim expressão da modernidade nesta região do estado.

Em outro trecho, Oswaldo Corrêa Gonçalves foi reconhecido como um dos artistas que tão bem soube expressar, nesse trabalho, modelar a interpretação brasileira e, particularmente, paulista do ideário do chamado Movimento da Arquitetura Moderna, e define que as intenções do arquiteto seguiram os princípios do funcionalismo e racionalismo, então idealizados pelo arquiteto franco-suíço Le Corbusier, a partir dos anos 1920. O projeto, que possui características modernas, faz uso de grandes vãos de janelas. O destaque desse projeto vai para o átrio central, circundado por uma marquise composta de *brises* horizontais de alumínio, que filtram a entrada de luz natural, além de proteger o acesso ao edifício anexo das intempéries[5].

5. Texto baseado em informações fornecidas pela Gerência de Comunicação e Relações Institucionais do Senac em 2014.

Sesc/Senac Bauru[6]

Bauru está localizada em uma região de clima quente com inverno seco. Segundo o Censo de 1950, a zona urbana do município contava pouco mais de 65 mil habitantes. Desses, 25 mil eram pessoas economicamente ativas e 12 mil estavam na zona rural. Os restantes 28 mil tinham atividade não remunerada ou não eram economicamente ativos.

Os trabalhadores das indústrias de transformação eram 4,5 mil, e os prestadores de serviço, 4,7 mil. Os transportes, a comunicação e a armazenagem, por conta das ferrovias que já haviam chegado, reuniam 5,2 mil pessoas. Com isso, Bauru vinha ocupando o 11º lugar no estado como município mais populoso.

Em 1954, o valor da produção industrial foi bem expressivo, por conta de seus 182 estabelecimentos, que empregavam 4 mil pessoas.

A distribuição dos estabelecimentos industriais em cada ramo de atividade era a seguinte, segundo o IBGE de então: produtos alimentares, 40; mobiliário, 25; calçados e artefatos de tecidos, 22; madeira, 14; transformação de minerais não metálicos, 13; química e farmacêutica, 11; editorial, 9; construção civil, 8; metalúrgicas, 6; bebidas, 5; de outros ramos, 29.

Baseado também nesses indicadores, o Sesc/Senac não teve dúvidas em convocar Oswaldo para mais um empreendimento, descrito aqui em suas palavras:

> O edifício deve atender a duas entidades de finalidades distintas, ainda que de mesma direção. Procurou-se tirar partido de um só bloco para aumentar o espaço verde. Porém, o desenvolvimento do bloco é feito de forma a não haver interferência nos usos e acessos diferenciais de cada entidade. Sesc – com programa de assistência social – situa-se no pavimento térreo, com instalações adequadas a esse tipo de atividade. Senac – com programa de ensino comercial – situa-se no pavimento superior, com salas de aula adequadas ao ensino. De acordo com a legislação brasileira, as salas são de 48 m², para 40 alunos no máximo, com índice, portanto de 1,2 m² por aluno. Salas de aula orientadas para nordeste, face ideal no estado de São Paulo. Graças ao terreno com frente para três ruas, os acessos se fazem independentes e por lados contrários para o Sesc e Senac. Mantém-se assim menor

6. Com a colaboração do arquiteto Osmar Tosi.

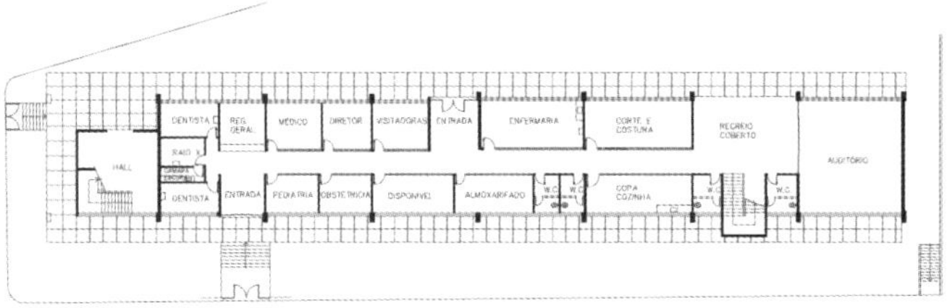

PAVIMENTO TÉRREO

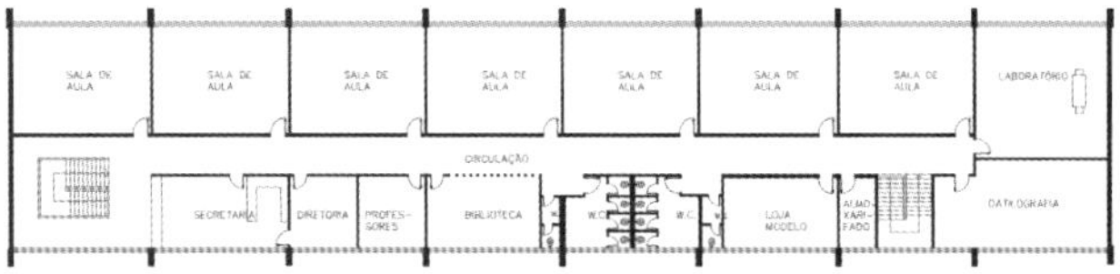

PAVIMENTO SUPERIOR

▲▲
Sesc Bauru, fachada.

▲
Prédio alugado pelo Sesc/Senac em Bauru, em 1958, antes da construção do edifício próprio.

▲◄◄◄
Obra em andamento, 1958.

▲◄◄
Edifício em 9 de agosto de 1958, data de sua inauguração.

▲◄
A partir da esquerda: funcionário do Sesc, arquiteto Osmar Tosi (colaborador neste projeto) e Oswaldo Corrêa Gonçalves, em 9 de agosto de 1958, durante a solenidade de inauguração.

◄◄◄
Sesc/Senac Bauru: fachada; plantas.

◄◄
Vista da sala dos professores.

◄
Painel de Irênio Maia.

ocupação do terreno e plasticamente consegue-se melhor conjunto e economia de construção[7].

Em termos de partido, esse projeto vai rivalizar com o de Ribeirão Preto, pois têm a mesma concepção estrutural: conjunto de pórticos de concreto aparente repetido com modulação irregular. Os pórticos "soltando a planta" vão definir a estrutura da cobertura com vigas invertidas.

A racionalização estrutural otimiza os esforços, uma vez que os pilotis que se formam liberam a transição "em vãos próximos àqueles que apresentam esforços mínimos e variação de seções transversais no mesmo sentido das variações dos esforços"[8].

No térreo, os pilares se estreitam e lembram móveis "pés de palito" – ao estilo de Morris Lapidus –, conferindo maior leveza ao conjunto.

Os pórticos liberam as paredes de vedação, dependendo do tipo de uso e do conforto térmico desejado. Algumas vezes os vãos livres, que formam pátios cobertos, desaparecem para atender ao programa, mas nem por isso a luz deixa de entrar pelas aberturas próximas à laje de piso do pavimento superior. Na entrada, o visitante é recebido por um belo painel de Irênio Maia (a cena se reporta ao Reino Unido de Portugal, Brasil e Algarves, apresentando d. João VI e José Bonifácio).

Esse painel foi eliminado em 1978, quando da execução do projeto de reforma[9].

O conjunto tem 1.468 m^2 de área construída, em um terreno com 3.048 m^2. A obra teve o acompanhamento do arquiteto e colaborador neste projeto de Osmar Tosi. Ele fora incumbido de ir semanalmente a Bauru para dar suporte aos executores da obra e assim garantir a sua boa execução. A viagem acontecia em um monomotor, na companhia do piloto.

Sesc/Senac Ribeirão Preto

Em 1950, Ribeirão Preto apresentava crescimento vertiginoso. Foi quando o recenseamento apontou que a cidade estava

7. *Acrópole*, nº 253, São Paulo, nov. 1959.
8. Elaine Rodrigues de Oliveira, *A contribuição de Oswaldo Corrêa Gonçalves para a arquitetura moderna brasileira*, dissertação de mestrado, Escola de Engenharia de São Carlos/USP, São Carlos, 1999, p. 75.
9. Cf. Artemis Rodrigues Fontana Ferraz, *Arquitetura moderna das escolas "S" paulistas 1952-1968*, tese de doutorado, Faculdade de Arquitetura e Urbanismo/USP, São Paulo, 2008, p. 372.

em 6º lugar na relação dos municípios mais populosos do Estado de São Paulo, sendo apenas suplantado por São Paulo, Santos, Campinas, Santo André e Sorocaba. De acordo com o censo de 1950, estavam presentes 92.160 pessoas (45.578 homens e 46.582 mulheres), sendo 61.214 na área urbana, 4.120 na zona suburbana e 26.826 ou 29% na zona rural[10].

A população da cidade dividiu-se em vários setores produtivos, mas o destaque ficou por conta da produção de café, cujo destino era o porto de Santos. Na ocasião, havia 11 milhões de pés de café, número considerado grande quando comparado com o de outras praças produtoras. Porém, a produção de gado, antiga vocação da região, não ficou esquecida, mas foi mantida em segundo plano.

As indústrias que por ali se instalaram deslocaram e pulverizaram a mão de obra local, atraindo também pessoas para o município. Vale destacar

as indústrias têxteis, indústrias de bebidas e indústrias de produtos alimentares. Entre a classe "indústria de bebidas", destaca-se o subgrupo "fabricação de cerveja e outras bebidas maltadas".
Assim, Ribeirão Preto estava entre as cidades paulistas mais importantes quanto ao valor da produção [...] A sede municipal possuía 240 estabelecimentos industriais com mais de cinco pessoas. Os ramais ferroviários, de vital importância para o deslocamento da produção, estavam divididos entre: Companhia Mogiana de Estradas de Ferro, Estrada de Ferro São Paulo-Minas e Companhia Paulista de Estradas de Ferro[11].

Naquele período, e desde 1939, também se destacou o aeroporto, que não passava de "um campo de pouso", mas era servido por duas empresas; as extintas Vasp e o Consórcio Real Aerovias.

Ribeirão Preto ocupou, no ano de 1954, o 3º lugar na relação dos aeroportos mais movimentados em São Paulo, no que diz respeito ao número de pousos, o 7º em movimento de passageiros e o 9º em transporte de carga[12].

10. *Enciclopédia dos Municípios Brasileiros, op. cit.*.
11. *Ibidem.*
12. *Ibidem*, p. 35.

▲▶
Primeiro prédio, ainda alugado, onde funcionou o Senac Ribeirão Preto. 1948.

▲▶▶
Sesc/Senac Ribeirão Preto.

▶
Piscina.

▼▶
Painel de Irênio Maia com o tema comércio na praça.

▼▶▶
Linhas retas e de grande elegância contrastavam com a então pacata Ribeirão Preto. 1954.

▼▼▶
Fachada principal da unidade Sesc/Senac de Ribeirão Preto.

SINDICATO DOS
EMPREGADOS COMERCIO

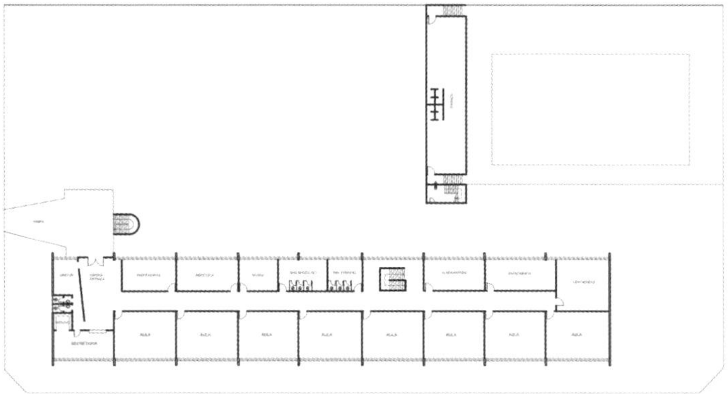

PAVIMENTO SUPERIOR

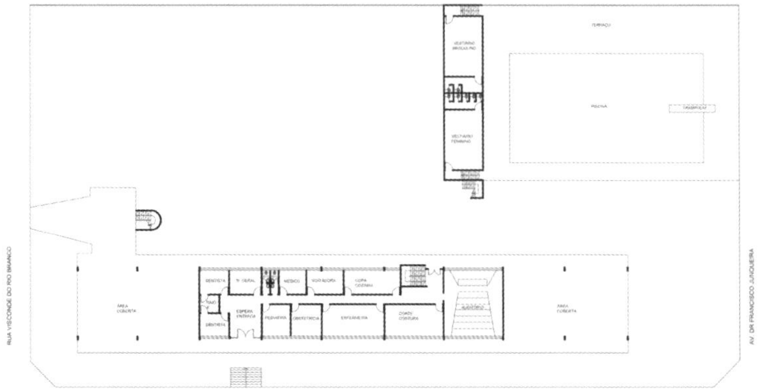

PAVIMENTO TÉRREO

Hoje, o Aeroporto Leite Lopes recebe aeronaves de grande porte, operando inclusive voos internacionais.

Na época do projeto do Sesc/Senac, Ribeirão Preto tinha a invejável posição de cidade com a menor taxa de analfabetismo.

Os resultados do Censo de 1950 revelam a situação de Ribeirão Preto quanto ao nível de instrução geral. Das 80.184 pessoas maiores de 5 anos, 56.123 ou 69% eram alfabetizadas[13].

O número era surpreendente para o Brasil de JK, que tinha mais de 40% de analfabetos.

Justifica-se assim o incomum número de escolas de nível superior existentes no município desde então: Faculdade de Medicina da Universidade de São Paulo; Faculdade de Farmácia e Odontologia; Faculdade de Ciências Econômicas; Escola de Enfermagem da Universidade de São Paulo, entre outras.

As instituições classistas Sesc/Senac, portanto, não estavam equivocadas quando elegeram Ribeirão Preto para sediar suas escolas e o centro de atividades esportivas.

Na ocasião, Oswaldo Corrêa Gonçalves era o arquiteto oficial das entidades e foi indicado para assumir mais essa responsabilidade. E, novamente, pautou-se nos ensinamentos de Hélio Duarte para empreender o projeto.

Conforme já citado, dada a proximidade dos projetos, esse será quase um espelho do projeto bauruense, com a modulação estrutural em pórticos de concreto aparente em vãos regulares – mas neste caso será contemplado com uma piscina.

O terreno de 4.651,22 m², localizado no centro da cidade e mais generoso, levou a uma implantação longitudinal à rua Tibiriçá, ocupando 1.816,20 m² de área construída.

Recentemente, a fachada ganhou elementos de acabamento diferentes do que estava proposto no projeto de Gonçalves, conferindo ao edifício um caráter de *retrofit* – termo empregado para designar o processo de "modernização" de algum equipamento já considerado ultrapassado ou fora de norma.

Hoje o programa da entidade foi ampliado, de modo que o terreno está com ocupação máxima e atende exclusivamente ao Sesc. O Senac encontra-se em prédio próprio, em outro endereço.

▲◄◄
Imagens das obras, em 12 de outubro de 1955.

◄◄ e ▲◄
Imagens da obra em andamento (fevereiro de 1956) e próximo da conclusão (junho do mesmo ano).

◄
Plantas do conjunto.

13. *Ibidem*, p. 35.

Senac São José do Rio Preto[14]

A área do município era gigantesca, mas foi sofrendo subtrações por conta das emancipações ocorridas nos arrabaldes, e assim se formaram pequenos povoados, depois transformados em cidades.

A chegada dos trilhos da Estrada de Ferro Araraquara, em 1912, marca o início da "Era Áurea", no desenvolvimento do então Rio Preto, transformando-o num empório comercial da região, em virtude de sua situação de ponta de linha férrea. Há um surto de progresso geral não só na cidade e no município como nas vizinhanças, e muitos distritos começam a pleitear sua emancipação: em 1917, destaca-se Vila Adolfo, que se torna o município de Catanduva. Já em 1926, Mirassol, Monte Aprazível, Uchoa, Nova Granada, Potirendaba e Tanabi constituíram-se municípios, resumindo muito a extensão territorial do município de Rio Preto[15].

Hoje, 109 municípios formam a mesorregião de São José do Rio Preto, a maior do estado de São Paulo.

De acordo com o censo de 1950, já existia na cidade uma unidade do Senac, que naquele tempo ocupava um imóvel alugado e, por conseguinte, adaptado à função de ensino do aprendizado comercial. Assim, nesse município, Sesc e Senac nasceram separados.

Para se ter uma ideia da pujança de São José do Rio Preto, o índice de alfabetização era de 63% em 1950, período em que se projetaria e se construiria o novo Sesc/Senac – novamente a cargo do arquiteto Oswaldo Corrêa Gonçalves.

O edifício foi projetado para um terreno de 2.603,35 m² e construído em duas etapas. O ginásio pertence à segunda etapa, dividida entre Oswaldo e os arquitetos Paulo Buccolo Ballario e José Wagner Leite Ferreira. No total, foram 1.610,77m² de área construída.

Terreno correspondente a uma quadra, porém de tamanho restrito, com programa incluindo quadra de bola ao cesto, indicou o aproveitamento adotado. Bloco em três pavimentos, com salas de aula nos dois superiores e administração e recreio coberto no térreo. As salas de aula sensivelmente norte são protegidas

14. Com a colaboração dos arquitetos Osmar Tosi e Adolpho Rubio Morales.
15. Yolando de Castilhos, em: IBGE, *Enciclopédia dos Municípios Brasileiros*, Rio de Janeiro: IBGE, jan. 1958, vol. 30, p. 189.

por quebra-sóis horizontais, móveis, de alumínio. O recreio coberto e o descoberto são protegidos, aquele pelo andar de cima e este na parte da tarde pela sombra do prédio. Considerando a escola aberta e da cidade, evitou-se murar o seu perímetro, deixando-se apenas indicado o alinhamento com pequena grade circundante onde o terreno era mais alto. A presença da pintura se constata no ladrilho hidráulico decorado por Oswaldo Andrade Filho e no mural de Irênio Maia[16].

Em bloco único e em três pavimentos, o edifício foi marcado pela horizontalidade. As salas de aula ficaram nos pavimentos superiores. À área de administração e ao recreio coberto foi reservado o pavimento térreo. Os quebra-sóis ou *brise-soleils* projetados para a fachada norte, bem como a marquise inclinada, a exemplo do que aconteceu também em alguns outros, foram usados aqui como solução arquitetônica, definindo a ortogonalidade e acentuando a horizontalidade do partido adotado pelo arquiteto. Mais tarde foi projetado um ginásio coberto, com arquibancadas em substituição às quadras descobertas existentes no fundo do lote, cujo projeto teve a participação dos arquitetos Paulo Buccolo Ballario e José Wagner Leite Ferreira.

O terreno em declive propiciou uma bela implantação, tirando partido da esquina e do formato em "V" do lote.

Após várias adaptações e reformas à revelia do arquiteto, o prédio hoje está irreconhecível.

Senac Araraquara (projeto não executado)[17]

Araraquara ficou conhecida no século passado como uma cidade limpa, pelo fato de ter sido a segunda do estado a adotar ônibus elétrico como transporte coletivo, quando foi criada, em 1959, pela iniciativa privada, a Cia. Tróleibus Araraquara, extinta em 2000.

Dotada de um comércio pujante e relevante em várias áreas, como evidencia a visita de Jean-Paul Sartre ao município nos anos 1960, para uma conferência na Faculdade de Filosofia, Ciências e Letras – o que gerou uma publicação bilíngue intitulada *Sartre no Brasil: a conferência de Araraquara*[18] –, a cidade já vinha chamando a atenção do Senac, que se estabeleceu no município em 1949.

16. Cf. *Habitat*, 1972, p. 88.
17. Com a colaboração do arquiteto Eduardo Corona.
18. Cf. Jean-Paul Sartre, *Sartre no Brasil*, Rio de Janeiro: Paz & Terra/Editora Unesp, 1986.

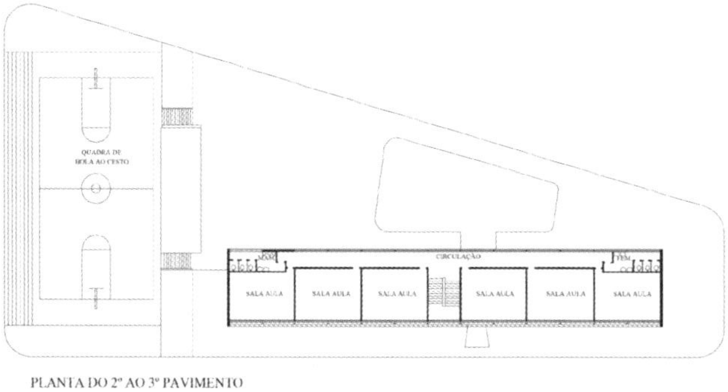

▲▲
Prédio alugado, em São José do Rio Preto, em 1954.

▲
Fachada lateral finalizada e o edifício pronto, em 1960.

▲▶
Fachada principal da unidade Senac de São José do Rio Preto, em 1958. Foto de José Moscardi.

▶
Plantas dos dois pavimentos.

▶▶ e ▼▶
Dois momentos da obra, 1959 e 1960, respectivamente.

▼▼▶
Croqui da fachada principal para o ginásio do Senac de São José do Rio Preto.

▲▲
Fotos gerais do edifício.

◄
Fachada principal

▲
Mural de Irênio Maia, cujo tema homenageia o comércio (1958).

SENAC
SENAC
ESCOLA SENAC "HENRIQUE BASTOS FILHO"

SENAC

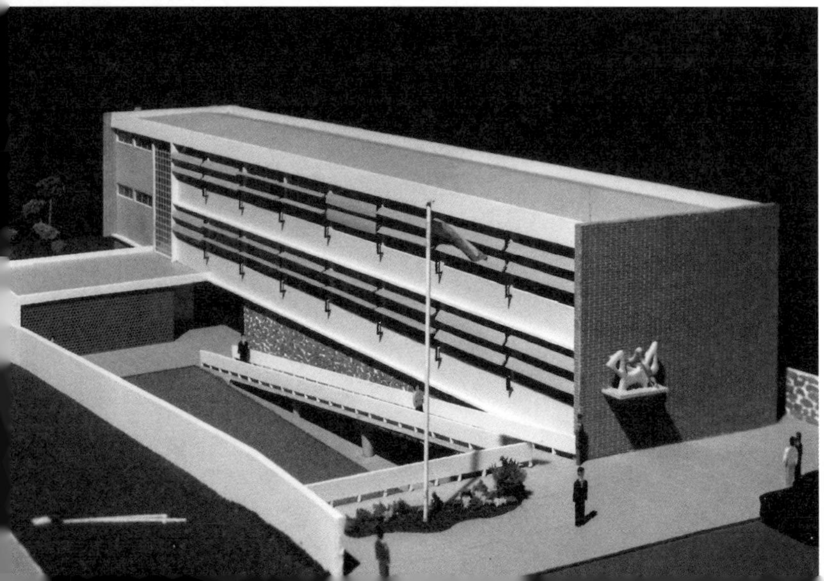

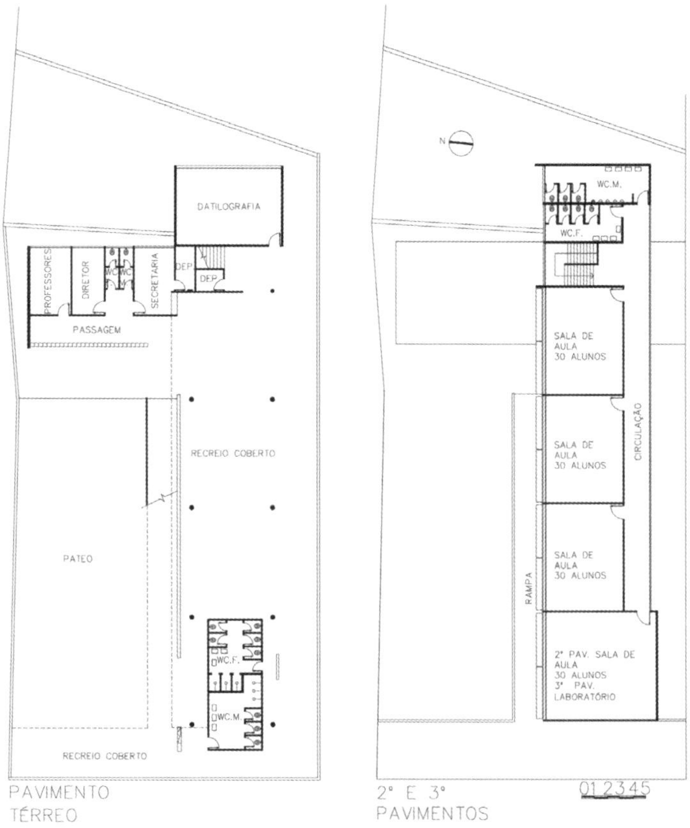
DATILOGRAFIA
PROFESSORES
DIRETOR
WC
WC
SECRETARIA
DEP
DEP
PASSAGEM
RECREIO COBERTO
PATEO
WC.F.
WC.M.
RECREIO COBERTO
PAVIMENTO
TÉRREO
N
WC.M.
WC.F.
SALA DE AULA 30 ALUNOS
SALA DE AULA 30 ALUNOS
SALA DE AULA 30 ALUNOS
CIRCULAÇÃO
RAMPA
2º PAV. SALA DE AULA 30 ALUNOS 3º PAV. LABORATÓRIO
2º E 3º
PAVIMENTOS
012345

O projeto fica com Oswaldo, que convoca o ex-colega de prancheta no Convênio Escolar, o carioca Eduardo Corona, para juntos desenvolverem o Senac na Morada do Sol.

Em terreno exíguo e inclinado, os arquitetos criaram um projeto com a maestria e elegância que o modesto programa para a escola comercial Senac pedia: salas de aula para trinta alunos, um laboratório de química, mais sala de professores, diretoria e secretaria, além de dependências sanitárias para ambos os sexos. Um pátio descoberto e outro coberto sob pilotis completavam o programa.

A importância que adquire a arquitetura escolar na formação do gosto e das tendências dos alunos é altamente educativa. Felizmente, sob vários aspectos, é este um dos setores em que a arquitetura brasileira tem rompido caminho para modificar a inteligência do problema da organização do espaço, em função da formação mental, moral, intelectual e estética dos jovens. As escolas feitas do passado, com janelas abertas sobre as ruas cheias de pó, com má orientação de luz e má insolação, passam a pertencer a um arquivo de tristes lembranças. Hoje, a tendência para a nova edificação da escola corrige amplamente o que tivemos no passado. Já temos dado relevo, em *Habitat*, aos trabalhos altamente especializados do Convênio Escolar, que, sob a orientação do arquiteto Hélio de Queiroz Duarte, serviu tão longa e eficientemente ao objetivo da nova adequação ambiente para o ensino. O exemplo que hoje trazemos para estas páginas de mais uma escola Senac, cuja construção vai em breve ser iniciada em Araraquara, é devido aos arquitetos Corrêa Gonçalves e Corona. Eis um edifício bem projetado, correspondendo a um programa restrito, mas onde os autores procuraram, da melhor maneira, servir à arquitetura e ao ensino[19].

A situação existente de um terreno anteriormente ocupado por um prédio demolido ensejou aos arquitetos o aproveitamento dessa organização, toda ela baseada na orientação leste-oeste. As salas de aula da escola, que é a parte para que tudo tende numa edificação do gênero, foram projetadas para o norte, e daí a aplicação dos quebra-sóis horizontais móveis, que dão ao longo tratamento lateral a característica mais ampla do prédio. O declive existente permitiu a colocação de um recreio coberto, aberto para outro recreio descoberto, pátio que acompanha a rampa de entrada até a ala de administração, colocada ao fundo e separada do grande corpo da escola. É naquela parte inferior, parte social por excelência, que os arquitetos tiveram ensejo de tratar decorativamente o edifício. Há espaço para um mural junto

▲
Prédio alugado da Escola Senac em Araraquara, em 1949 e em 1965.

◄◄
Visto do fundo, na posição em que esta fotografia o tomou, o edifício oferece quase a mesma vista que do outro lado, em sua concepção horizontal, não perturbado por elementos dispensáveis, mas adequadamente formulado como uma casa de ensino, em que as funções todas se dirigem para a formação direta do indivíduo. Foto da maquete.

◄
Plantas do conjunto.

▼◄
Do lado da rua, a límpida distribuição das linhas do novo edifício é uma lição de arquitetura funcional, em que plasticamente se embebe de nítida manifestação sensível e ordenada a harmonização dos interiores das salas de aula, acondicionadas em uma orientação rigorosa, fechadas sobre a via pública. Foto da maquete.

19 *Habitat*, *op. cit.*, pp. 27-9.

à secretaria. Contornando a parte reservada aos sanitários, uma parede revestida de ladrilhos hidráulicos estabelecerá uma separação de funções. Aliás, esse aspecto da integração das artes plásticas na arquitetura foi cuidado também, exteriormente, com a marcação de um espaço para escultura, na frente do edifício, para a rua. Como escola, esse novo edifício atrairá, pois, simultaneamente, a atenção dos seus alunos para todos esses aspectos, o que é uma função educacional[20].

"Na cidade de Araraquara, com a aquisição do imóvel de Irmãos Lia, proceder-se-á a reformas e instalações, para funcionamento no prédio da nossa Escola Comercial Senac naquela localidade", registra ata lavrada em assembleia ordinária em 1958. O terreno tinha 1.269 m^2 para uma ocupação proposta de 1.617 m^2.

O partido adotado foi de bloco maior perpendicular à rua, consequência de forma e declive do terreno. As salas da aula, parte mais importante numa edificação do gênero, estão voltadas para o norte e são equipadas com quebra-sóis horizontais móveis. O térreo compreende grande pátio coberto e descoberto e a ala de administração. O tratamento plástico do edifício é complementado pela presença de painel mural no térreo e escultura na fachada voltada para rua.
Em virtude de mudança posterior do terreno, esse projeto ainda não foi executado[21].

Edifício Visconde de Cayru[22]
(Prédio da Administração Regional do Senac São Paulo)

A história da fundação do Sesc/Senac, em 1946, começou a evoluir rapidamente a partir daquele momento. Nesse ínterim, ambas as instituições começaram a perceber que a sua imagem – ou seja, a sua marca – precisava aliar-se ao momento arquitetônico contemporâneo, que naquela época pautava-se no movimento moderno, que começava a amadurecer no Brasil. Assim, buscavam a própria identidade, procurando se estabelecer em prédios próprios, formando um patrimônio sólido e transmitindo aos seus clientes e colaboradores confiança e tradição.

Os registros apontam para o ano de 1950, quando, em 26 de maio, o Departamento Regional do Senac de São Paulo foi transferido para os 8º, 9º e 10º andares de

20. *Ibidem*, pp. 27-9.
21. Cf. manuscrito de Oswaldo Corrêa Gonçalves com a descrição do projeto.
22. Com a colaboração dos arquitetos Adolpho Rubio Morales e Osmar Tosi.

▲▶
Perspectivas. Desenho original.

▲▶▶
O prédio em 1963.

▲▶▶▶
Entrada principal do edifício Visconde de Cayru, em 1963.

▶
Perspectivas. Desenho original.

▶▶
Pátio interno descoberto, 1963.

▼
Fotos da maquete do conjunto. Projeto original com dezoito pavimentos.

Sesc
Senac

Sesc
Senac

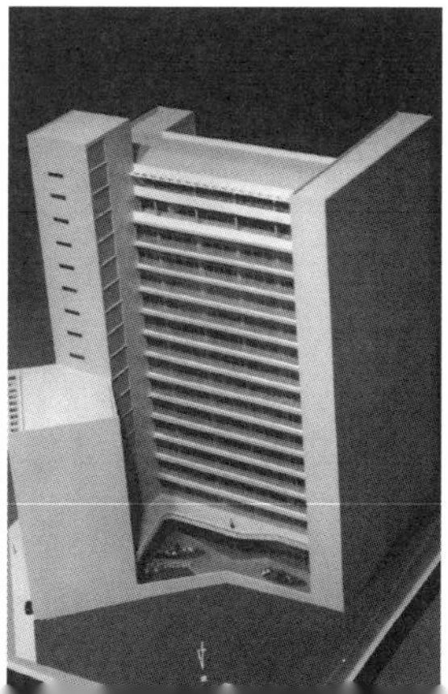

um prédio alugado na rua Vieira de Carvalho, 172. O prédio até então ocupado, na rua Florêncio de Abreu, n. 305, é adquirido pelo Sesc/SP, que o mantém em uso até hoje. Essa mudança da Administração Regional foi necessária devido ao crescimento das divisões e, consequentemente, do número de funcionários[23].

Pensando em sua imagem corporativa, bem como na demanda espacial, o Senac resolveu adquirir um edifício localizado na rua Doutor Vila Nova, 228, construído em 1946. Historicamente, esse prédio foi projetado e construído para abrigar o Liceu Nacional Rio Branco – originalmente, Instituto Rio Branco, mais tarde, em 1926, Liceu Nacional Rio Branco e, finalmente, Colégio Rio Branco. Tratava-se de uma construção de seis pavimentos, e os "Ss" poderiam ocupá-la imediatamente, necessitando tão somente de uma pequena reforma, como demolição de algumas paredes e pintura geral. Batizado o "novo" edifício com o nome de Escola Senac João Nunes Júnior, teve sérios problemas estruturais: a reforma do edifício vizinho e a demolição de outro na rua Major Sertório, localizado no fundo do lote, abalaram as fundações do edifício da escola, levando à sua desocupação imediata, bem como à total demolição em 1954.

Com isso, em 1957 o Conselho Regional do Senac de São Paulo decidiu aprovar a construção em regime de condomínio nesse terreno da rua Doutor Vila Nova pertencente ao Senac/SP, o qual abrigara o prédio recentemente demolido. Nesse novo edifício se instalariam as sedes da Administração Regional do Senac/SP e do Sesc/SP.

O projeto inicial, elaborado pelo renomado arquiteto santista Oswaldo Corrêa Gonçalves, previa a construção de um edifício de 18 andares, em dois blocos, contendo restaurante, refeitório, salão nobre, amplo auditório e garagem no subsolo. Em 1958 o prédio se encontrava na 7ª laje, e a construtora responsável pela obra prometia sua entrega no prazo de 14 meses. Ficou aprovada na reunião do Conselho Regional do Senac, realizada em 26 de janeiro de 1962, a sugestão do nome "Visconde de Cayru" para o edifício da rua Doutor Vila Nova, nº 228, como homenagem ao grande incentivador da Abertura dos Portos do Brasil, patrono do comércio brasileiro. Ainda no início de 1962, o Departamento Regional do Senac de São Paulo transferiu-se para sua sede definitiva, na rua Doutor Vila Nova, 228, sendo que o prédio ainda estava em fase de acabamento da construção. [...] Ainda em 1962, o Conselho Regional do Senac, pautado nos estudos elaborados pelos conselheiros e pelo engenheiro responsável pela

23. Senac São Paulo GCR/Memória Institucional.

obra, decidiu, na reunião realizada em 16 de maio, a aprovação da Resolução 51/62, que alterava o plano de construção do Edifício Visconde de Cayru, limitando a construção do prédio a 10 andares, e não mais aos 18 andares que haviam sido projetados. Foi aprovada a Escritura de Especificação e Estipulação de Condomínio, com atribuição de partes autônomas, cabendo ao Senac/SP os 2º, 3º, 4º e 9º andares e ao Sesc/SP térreo, 1º, 5º, 6º, 7º, 8º e 10º andares, sendo que parte dessas áreas seriam locadas para utilização da Federação do Comércio do Estado de São Paulo.
Em 1965, a Federação do Comércio compra parte do Condomínio Sesc/Senac, relativa ao 2º andar do Edifício Visconde de Cayru, para sua instalação definitiva, que se prolongou até 1976, quando da sua mudança, em conjunto com o Sesc/SP, para o edifício adquirido na avenida Paulista, no qual se encontram até os dias de hoje. A partir de 1976, o Senac/SP, já de posse das partes do Edifício Visconde de Cayru adquiridas em 1975 do Sesc/SP e da Federação do Comércio, passa a administrar integralmente esse edifício, mantendo-o como patrimônio até os dias atuais[24].

Projetado inicialmente como um edifício administrativo por Gonçalves, o prédio não se caracteriza como uma arquitetura escolar, muito embora, através dos anos, partes dele tenham sido usadas para esse fim.

Ainda, quanto à autoria deste projeto, sabe-se que Oswaldo Corrêa Gonçalves e o Escritório Técnico Ramos de Azevedo, Engenharia Arquitetura e Construções, Severo e Villares AS estão envolvidos em sua concepção, conforme consta em documentos e fotos encontrados. Possivelmente Gonçalves seja o autor do projeto e Severo e Villares tenham executado a obra, uma questão ainda passível de investigação[25].

Formalmente, em planta o conjunto forma um ângulo obtuso bem interessante. Internamente e separando os edifícios, há um pátio descoberto. A estrutura interna é modular e compassada, como manda a "norma" moderna, e apresenta formato de elipse. No bloco da frente, do edifício sede, os grandes pilares revestidos com mármore dão o tom e demonstram a importância da entidade no contexto paulista – a mais representativa da categoria dos comerciários. A monumentalidade, marca registrada de uma arquitetura institucional, só é quebrada com o andar intermediário, que devolve o sentido da escala humana ao passante.

24. Cf. Artemis Rodrigues Fontana Ferraz, *op. cit.*, p. 395.
25. *Ibidem*.

EDIFÍCIOS ESPORTIVOS

Ney Caldatto

A trajetória profissional de Oswaldo foi marcada pela concentração de projetos temáticos em determinados momentos de sua carreira. Isso pode ser observado nos projetos para as unidades Sesc/Senac (anos 1940-1950), postos de gasolina (anos 1940), equipamentos esportivos (anos 1940), habitações e planos urbanísticos, que se destacaram em sua diversificada produção arquitetônica.

Projetos para edifícios esportivos receberam de Oswaldo uma atenção maior, por ele ter aí buscado desenvolver uma linguagem projetual autêntica e ao mesmo tempo aproveitar o momento para consolidar sua carreira. Isso ocorreu nas décadas de 1940 e 1950, em uma época marcada por grande desenvolvimento econômico do país, juntamente com as transformações culturais pelas quais o mundo passava no período pós-guerra, que impulsionaram a demanda por instalações esportivas como forma de entretenimento, lazer e controle social.

Estádios, ginásios e clubes vão estar cada vez mais presentes no cotidiano do século XX, consequência de a prática de esportes ter se tornado um fenômeno da cultura de massa. Resgatados da Antiguidade, os Jogos Olímpicos transformaram-se em um evento de impacto global. Assim como o futebol, criado oficialmente no século XIX, tornou-se popular em todo o mundo, diversas outras competições e disputas fizeram aumentar o interesse do público em acompanhar os esportes. E, para sua viabilização, foram sendo criados edifícios de acordo com as especificidades de cada modalidade.

Inicialmente, quando esses edifícios foram projetados, os arquitetos tinham como referência os estádios e as arenas da cultura greco-romana. Portanto, assim como o esporte moderno havia buscado inspiração na Antiguidade, também os estádios começaram a ser construídos no início do século XX retomando-se tipologias das construções do mundo greco-romano.

Tempos depois, com o entendimento de que cada modalidade esportiva exigia determinadas especificidades técnicas e programas de necessidades mais complexos, os arquitetos modernos passaram a desenvolver soluções mais criativas.

A demanda por edifícios esportivos no Brasil foi crescendo na primeira metade do século XX, com a disseminação dos clubes. Se em um primeiro momento os estádios eram construídos por clubes privados e a maioria eram edificações construtivamente precárias, isso se modificaria a partir da ação do Estado, que passou a financiar diversas obras voltadas a atividades cívicas e esportivas, para atrair grandes públicos e assim consolidar a imagem de um país moderno. Centenas de

▸ Vista interna do ginásio do Clube Atlético Santista.

ginásios, quadras, piscinas e estádios foram sendo construídos ao longo desse século, e para atender a essa demanda os arquitetos foram buscar cada vez mais a criação de uma nova linguagem arquitetônica – além da monumentalidade e da ousadia estrutural que o desenvolvimento tecnológico da época permitia –, afirmando desse modo as virtudes do modernismo como metodologia projetual e construtiva.

Oswaldo Corrêa Gonçalves foi um dos profissionais que tiraram proveito desse momento. Mesmo com poucos anos de formado, já vinha obtendo projeção profissional; recebera premiação internacional pelo edifício Sobre as Ondas, no Guarujá (1946), escrevera dezenas de artigos e ainda tinha organizado o I Congresso Brasileiro de Arquitetos (1945). Oswaldo foi, assim, ampliando seus contatos profissionais e enxergou uma possibilidade de abrir novos caminhos ao se associar a Icaro de Castro Mello, arquiteto e ex-atleta, que trabalhava no Departamento de Esportes do Estado (1947) desenvolvendo normas e procedimentos técnicos relacionados à construção de equipamentos para várias modalidades esportivas. Esse emprego havia proporcionado a Icaro a aproximação com clubes e prefeituras que mais tarde se tornariam seus clientes. Com o tempo, ele direcionou sua carreira para a produção de arquitetura esportiva, tornando-se um dos maiores nomes da arquitetura moderna brasileira.

Nessa época, Oswaldo fazia parte de um grupo de arquitetos que contava com Vilanova Artigas, Zenon Lotufo, Miguel Forte e Eduardo Kneese de Mello, entre outros, que difundiam a arquitetura moderna e atuavam de maneira destacada na defesa dos interesses da categoria e na formação do arquiteto. Icaro e Oswaldo, que possuíam as mesmas afinidades profissionais, formaram então uma parceria e, além de produzir diversos projetos (casas, edifícios, estádios, clubes), participaram da formação do Instituto dos Arquitetos do Brasil em São Paulo (IAB/SP) e foram lecionar juntos a mesma disciplina na Faculdade de Arquitetura e Urbanismo da Universidade de São Paulo, entre 1954 e 1955.

Os principais projetos de edifícios esportivos de Oswaldo e Icaro foram realizados nesse período – especialmente em 1948, o ano de maior produção e também com os projetos de mais destaque. Foram quatro nesse ano: estádio do Clube Atlético Mineiro, em Belo Horizonte (Medalha de Prata no Salão Paulista de Belas-Artes); estádio do Guarani Futebol Clube, em Campinas, SP; e as sedes do Clube Atlético Santista e do Clube XV, ambos em Santos, SP.

Inicialmente, o projeto para a sede do Clube Atlético Santista consistia em dois volumes distintos implantados em um terreno pequeno, na esquina de duas avenidas. Uma matéria da revista *Acrópole* (1949, p. 276) revelava a intenção dos arquitetos de definir o partido arquitetônico separando as funções predominantes em edifícios isolados: "A vida social e os esportes se fazem em edifícios próprios, ficando completamente separadas as duas atividades caracteristicamente diferentes"[1]. Oswaldo e Icaro propõem a solução em dois volumes: um ginásio esportivo e uma sede social, implantados em terreno relativamente pequeno, cercado por área verde. A sede social possuía volume com dois prismas trapezoidais e cobertura em "telhado borboleta". O edifício era apoiado sobre pilotis, liberando o pavimento térreo para o jardim. Essa solução da cobertura, pioneiramente concebida por Le Corbusier no projeto da casa Errázuriz (no Chile, em 1930), popularizou-se após a construção do Pampulha Iate Clube (1942), de Oscar Niemeyer. Conforme explicação de Lauro Cavalcanti, toda inovação arquitetônica, na época, para obter legitimidade deveria ser justificada funcionalmente. Assim, para comprovar a criação dessa solução de cobertura, "alegava-se que possibilitava a criação de maior altura em áreas da construção, assim como o fato de que a água, canalizada por calha e condutor vertical, podia ser esgotada com maior precisão"[2].

No edifício da Sede Social, o programa era composto de serviços (barbeiro e cabeleireiro) e setor administrativo (secretaria, diretoria e zeladoria) no térreo, deixando o restante da área em vão livre possibilitado pelos pilotis. No pavimento superior situava-se um grande salão, dividido em sala de leitura e de troféus, sala de jogos, restaurante, bar, cozinha e sanitários, além de terraço coberto. A influência corbusiana[3] está presente na adoção do sistema estrutural independente em conjunto com a organização do programa de necessidades viabilizado pela planta livre, além do vão livre apoiado por pilotis. Esse edifício não foi construído.

O ginásio possui planta retangular, sendo definido por uma cobertura em abóbada executada com arcos de madeira laminada e telhas metálicas, que se estende

1 "Estádio do Clube Atlético Mineiro", *Acrópole*, São Paulo, 1949, n. 132, pp. 334-6.

2. Cf. Lauro Cavalcanti, *Quando o Brasil era moderno*, Rio de Janeiro: Aeroplano, 2001, pp. 395-6.

3. Em 1926, o arquiteto Le Corbusier propôs que a arquitetura moderna atendesse a algumas soluções construtivas, definidas por ele em cinco pontos: 1. pilotis: pilares de seção circular que apoiavam o edifício, liberando-o do solo e permitindo o uso desse espaço antes ocupado; 2. terraço jardim: eliminava o telhado tradicional, construindo na laje um terraço ocupado com funções ligadas ao lazer; 3. planta livre: consequência da independência entre estrutura e vedação, possibilitando uma versatilidade do programa de necessidades; 4. fachada livre: viabilizava a separação entre estrutura e vedação, possibilitando a máxima abertura das paredes externas de vidro, em contraposição às maciças alvenarias que outrora recebiam todos os esforços estruturais dos edifícios; 5. janela em fita: considerava que as janelas emolduravam a paisagem, por isso propôs aberturas longilíneas que cortassem toda a extensão do edifício, permitindo iluminação mais uniforme e vista panorâmica do exterior.

em apoios de concreto, cobrindo a quadra. Independentes da cobertura, nas laterais há dois volumes trapezoidais de concreto contendo as arquibancadas. Embaixo da quadra, no pavimento térreo, foram instalados vários serviços: sanitários, vestiários, rouparia, gabinete médico, secretaria esportiva e depósito. O acesso às arquibancadas se faz por meio de quatro escadas externas. A forma do ginásio é semelhante à de um projeto criado por Icaro pouco tempo antes: o da piscina coberta do Parque da Água Branca (1946). Essa piscina tinha uma estrutura com técnica construtiva diferente e mais arrojada; era coberta com uma parábola hiperboloide de concreto armado, e as arquibancadas eram embutidas na lateral. No ginásio, a quadra é coberta com uma abóbada, e as arquibancadas estão fora da cobertura, em volume isolado, que mesmo com as diferenças comparativas demonstra a tentativa do arquiteto de criar uma tipologia própria para esses programas.

O partido arquitetônico do Atlético Santista revela certo elementarismo, adotado nas formas geometrizadas de cada atividade, em que cada uma possui forma diferenciada. Assim, a quadra é coberta por uma abóbada, as arquibancadas apresentam volume em forma de trapézio retangular com balanço apoiado por pilotis, assim como as escadas de acesso também estão separadas do corpo principal, nos quatro cantos da edificação. O edifício da sede social possui solução diferente: dois volumes em trapézios retangulares, conectados pelo lado menor, criam um vértice na cobertura, gerando um "telhado borboleta".

Analisando esse projeto, constata-se uma influência da arquitetura do Conjunto Arquitetônico da Pampulha, na adoção dos volumes inspirados na igreja São Francisco de Assis (abóbada) e no Iate Clube (trapézio). O partido e a intenção plástica do projeto estão em sintonia com o momento que a arquitetura brasileira vivia nessa época. Ela se destacava internacionalmente com a produção dos arquitetos cariocas Oscar Niemeyer, Affonso Reidy, Lúcio Costa e os irmãos Roberto, que criavam soluções inovadoras, produzindo um novo repertório formalista.

A influência desses arquitetos nos projetos de Oswaldo ampliou-se com a aproximação que teve com Niemeyer, principalmente após fazer elogios públicos aos projetos deste e de Sérgio Bernardes, em artigos escritos no *Jornal de São Paulo*. Certamente, a identificação com os projetos da Pampulha, assim como a aplicação de conceitos corbusianos, gerou uma base importante de conhecimento projetual para a elaboração da solução arquitetônica do Clube Atlético Santista.

Para o projeto da sede do Clube Atlético Mineiro, em Belo Horizonte, foi desenhado um conjunto esportivo composto de estádio, ginásio de esportes, quadras de tênis e basquetebol, entre outros equipamentos que ocupavam grande área.

▲▶
Maquete do Clube Atlético Santista.

▲▶▶
Vista interna do ginásio do Atlético Santista.

▶
Maquete do Clube Atlético Mineiro.

▶▶
Perspectiva do conjunto esportivo do Clube Atlético Mineiro.

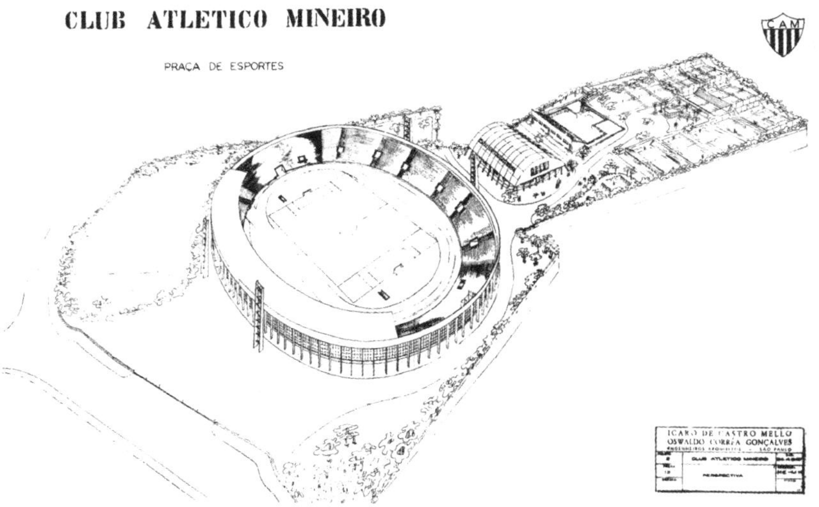
CLUB ATLETICO MINEIRO
CAM
PRAÇA DE ESPORTES
ICARO DE CASTRO MELLO
OSWALDO CORRÊA GONÇALVES
SÃO PAULO

O estádio ocupa a maior parte do terreno e ao lado se encontra o ginásio, que possui características formais próximas às do projetado em Santos.

Talvez por terem sido projetados na mesma época, os estádios de futebol do Atlético Mineiro (45 mil pessoas) e do Guarani (30 mil pessoas) seguiram com propostas semelhantes. Neles predominou a solução clássica do anel elíptico, comportando a arquibancada de concreto armado que vence alguns desafios: visibilidade plena, acessibilidade clara e rápida, segurança e cobertura para poucos lugares. O campo era circundado por pista de atletismo com 400 metros de extensão e outra reta com 140 metros, pista para salto e local para arremesso de peso. Os vestiários ficavam sob o campo. Também foram projetadas quatro torres de iluminação de concreto independentes, implantadas fora das arquibancadas laterais.

O espaço sob as arquibancadas era ocupado com atividades variadas, como: alojamento de atletas, salas de ginástica, diversas salas, administração, lojas, galeria de circulação, bar, restaurante e sanitários, dispostos em três pavimentos.

Nessa época, como muitos estádios eram usados para diversas modalidades esportivas, além do futebol, era comum ver junto ao campo as pistas de atletismo, salto em distância e local para arremesso de peso. Essa acomodação das diferentes modalidades esportivas ao redor do campo impôs algumas condicionantes, principalmente a implantação da pista de atletismo contornando o campo, que condicionou o traçado da arquibancada, criando um afastamento considerável entre o público e o campo de futebol e permitindo, assim, uma ótima visibilidade.

Os estádios eram implantados com grande recuo da rua, criando uma entrada monumental que continha as bilheterias e os portões de acesso. Na entrada para o estádio do Atlético, havia sete abóbadas de concreto, e a abóbada central possuía vão e altura quatro vezes maiores que os da lateral. Já no estádio do Guarani, as bilheterias e o portão de entrada ficavam sobre uma cobertura porticada em "T" apoiada em pilotis que direcionava o público para dentro do estádio. O acesso às arquibancadas era de baixo para cima, isto é, o público entrava pelo pavimento térreo e subia a arquibancada pela escada.

No estádio do Atlético, por ter sido implantado em terreno com declividade de 20 m, a arquibancada posterior à entrada monumental ficava no trecho mais alto do terreno, e os acessos eram pelo meio, distribuindo melhor o público. Os outros acessos permaneceram sendo por baixo. Outro elemento característico do projeto foi o uso da estrutura aparente, pilar e viga em concreto armado na fachada do estádio, criando quadros em decorrência da paginação da estrutura, que foi vedada com caixilho de aço e vidro no pavimento superior e no térreo ficou aberta.

Nesses projetos, Oswaldo apresenta o partido do estádio olímpico composto de uma faixa de arquibancada em forma oval, criando uma inovação que estava na separação do campo e da arquibancada por meio de fosso com cerca de 5 m de largura e 3 m de altura, utilizado para a circulação da torcida, ficando o campo elevado no nível da arquibancada. Essa solução evitava a instalação de grades, que prejudicariam a visibilidade, e impedia a invasão da torcida ao campo. No estádio do Centro Esportivo de Jaú (1955) encontra-se a mesma solução.

A elaboração desses estádios demonstra influências de tipologias principalmente europeias. Estádios como o de Wembley (1923), em Londres, e o Olímpico de Berlim (1936) tiveram alcance entre os arquitetos brasileiros, que passaram a interpretar suas características ao jeito regionalista da arquitetura moderna nacional – desde o desenho e o contorno das arquibancadas, a implantação das pistas de atletismo, a marcação externa das torres de iluminação e a grelha de concreto vedando a fachada do estádio. Essas soluções construtivas fizeram-se presentes nos projetos dos estádios que Oswaldo e Icaro criaram. Nesse contexto, é pertinente dizer que Icaro, além de ter sido atleta, participou da Olimpíada de Berlim, conhecendo então de perto esse estádio, além de outros equipamentos importantes. É bem provável, portanto, que tenha usado nesses projetos algumas citações arquitetônicas dos modelos europeus. Curiosamente, na matéria da revista *Acrópole* sobre o estádio do Atlético Mineiro se afirma explicitamente: "Numa das cabeceiras do Estádio foi projetado um placar inspirado no do Estádio de Berlim"[4]. Evidentemente, as influências não ficaram somente na solução do placar.

Dos estádios projetados por Oswaldo e Icaro, o único construído foi o do Guarani. Foi iniciado em 1948, inaugurado parcialmente em 1953 e completado no início dos anos 1970. No final dos anos 1970, o clube construiu uma grande arquibancada de 15 mil lugares, gerando uma solução desproporcional às existentes, o que descaracterizou o partido original.

Em Jaú, interior de São Paulo, Oswaldo projetou um Centro Esportivo Municipal (1953), composto de três edifícios: piscinas, estádio e ginásio de esportes, dispostos em um terreno nas margens do rio, criando um quarteirão esportivo. Somente as piscinas foram executadas.

A implantação do conjunto apresenta as atividades esportivas em edifícios separados, havendo um cuidado na disposição dos exemplares arquitetônicos, de maneira que se estabelece um equilíbrio por meio de um eixo em que cada edifício, na

4. "Estádio do Clube Atlético Mineiro", *Acrópole*, São Paulo, 1949, n. 132, p. 336.

composição, possui uma diversidade formal: oval (estádio), quadrado (ginásio) e retangular (piscinas). A entrada do centro esportivo se dá pelo eixo da implantação, e logo na entrada do conjunto há uma marquise que liga o ginásio com o edifício das piscinas, indo em direção ao estádio, centro da composição.

Nesse estádio foi adotada a mesma solução oval utilizada anteriormente, mas desta vez a arquibancada não é contínua, sendo fracionada em dois trechos dispostos nas curvas longitudinais; a arquibancada da entrada principal é coberta e possui maior extensão. O campo foi projetado como no do Guarani, sendo circundado por pista de atletismo, e está em cota mais alta, deixando o fosso de circulação ao redor. O acesso ao estádio ocorre por duas rampas situadas em frente. A veracidade estrutural do projeto é ressaltada na apresentação da estrutura porticada que sustenta arquibancada e cobertura, apoiada por pilares de concreto em "V".

O partido arquitetônico do ginásio e do edifício das piscinas possui solução trapezoidal. A forma do ginásio era caracterizada por um trapézio isósceles cuja base menor se apoiava no chão, além de conter sete pilares inclinados na fachada longitudinal. O acesso era realizado por quatro rampas externas que levavam às duas arquibancadas, que comportavam no total 2,5 mil pessoas. O edifício das piscinas se diferencia do ginásio, apresentando a forma de um trapézio escaleno, com todos os lados de tamanhos diferentes. O lado maior era apoiado no chão, e a cobertura tinha a inclinação de uma água. Seu programa de necessidades era composto de: vestiários, sanitários, consultório médico, administração e bar. Na área descoberta ficavam as duas piscinas, sendo uma infantil.

Esses projetos já revelam uma nova abordagem estrutural, além de domínio tecnológico. Buscavam-se grandes espaços livres caracterizados pela estrutura independente, rompendo com as tradicionais soluções construtivas e valorizando plasticamente os apoios. O Conjunto Esportivo Municipal de Jaú contém uma variação dos projetos anteriores, explorando a estrutura aparente e os apoios como elementos destacados na arquitetura. Juntamente com outros dois projetos realizados por Oswaldo nessa época – o Clube de Regatas Santista (1953) e o Jockey Clube do Guarujá (1958) –, percebe-se uma continuidade dessa característica. Os quadros estruturais são valorizados com desenhos que dão expressividade e qualidade estética aos edifícios, substituindo os tradicionais pilotis.

Embora não tenha sido executado, o projeto da sede do Clube de Regatas Santista foi pensado para ser construído em um grande terreno em frente ao mar, condicionando o partido arquitetônico definido com dois volumes que abrigariam separadamente a sede social e o ginásio, interligados por uma cobertura em concreto vedada

▲▶
Perspectivas do projeto do Jockey Clube do Guarujá.

▲▶▶
Perspectiva do projeto do Clube de Regatas Santista.

▶
Maquete do Estádio Brinco de Ouro da Princesa, do Guarani Futebol Clube.

▶▶
Centro Esportivo Municipal de Jaú: implantação.

▼▶
Centro Esportivo Municipal de Jaú: planta de vestiários e piscina.

▼▶▶
Centro Esportivo Municipal de Jaú: vestiários.

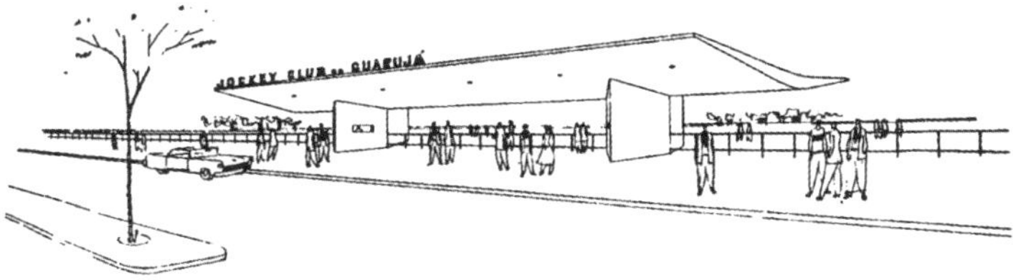

ANTE-PROJETO PARA
SÉDE SOCIAL E ESPORTIVA
DO CLUBE DE REGATAS SANTISTA

ARQUITETO — OSWALDO CORREA GONÇALVE
COLABORAÇÃO — RICARDO SIERVERS

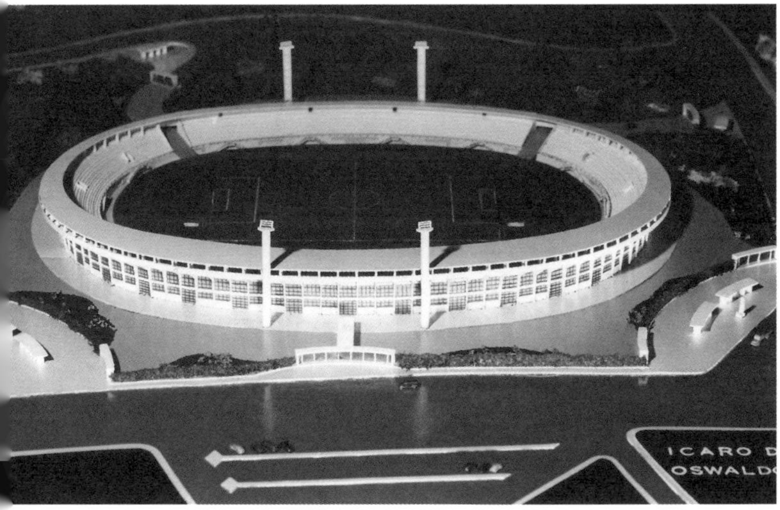

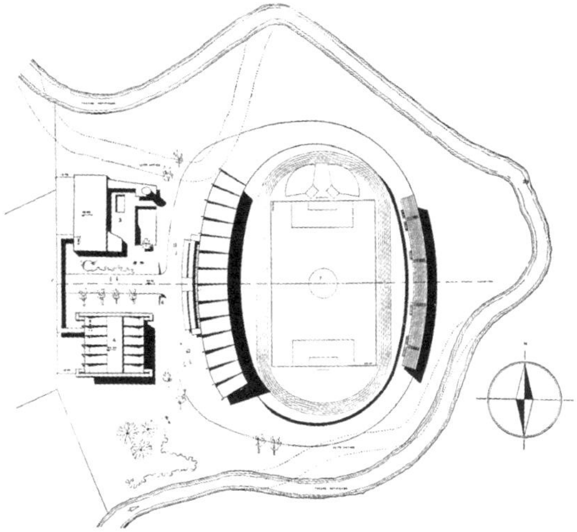

PLANTA DE CONJUNTO

Ginasium

Piscina

Estádio

1 — Estacionamento
2 — Entrada
3 — Piscina e Vestiários
4 — Ginasium
5 — Sanitários Públicos
6 — Bola ao Cesto
7 — Estádio
8 — Tunel

PISCINA 1

1 — Entrada
2 — Roupeiro
3 — Espera
4 — Administração
5 — V. Homens
6 — V. Meninos
7 — V. Senhoras
8 — V. Meninas
9 — Chuveiros
10 — Sanitários
11 — Médicos
12 — Curativos
13 — Lavapés
14 — Copa-Cozinha
15 — Bar
16 — Casa de Maq. e Filtros
17 — Depósitos
18 — Piscina de Criança
19 — Piscina
20 — Trampolim
21 — Passagem coberta
22 — Sanit. Homens
23 — Sanit. Senhoras
24 — W. C. e Lavatórios

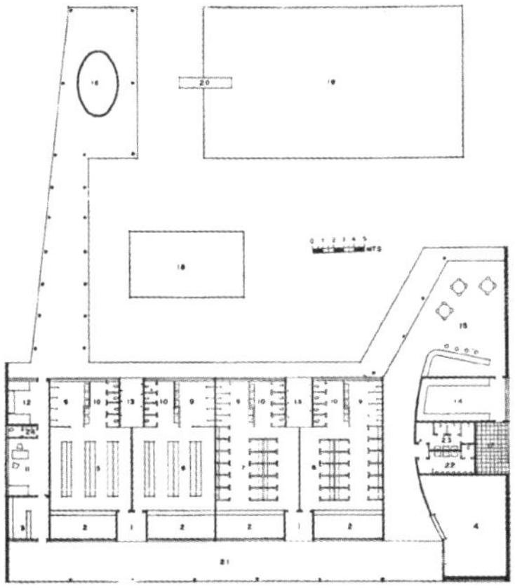

por um muro. Essa solução levava a uma continuidade no desenho da fachada lateral, criando uma unidade plástica representada pelo contorno dos perfis dos respectivos edifícios. Esse projeto contou com a participação do arquiteto Ricardo Sievers, colaborador em outros projetos, especialmente no do Sesc/Senac de Marília.

Entre a sede social e o ginásio estavam implantadas as quadras e a piscina. A solução arquitetônica proposta para o ginásio já é conhecida: um prisma trapezoidal escaleno com a base maior apoiada ao chão – a mesma linguagem utilizada no edifício das piscinas do Conjunto Esportivo de Jaú. Nota-se que, conforme os projetos iam sendo desenvolvidos, Oswaldo ia se apropriando da mesma linguagem arquitetônica de projetos anteriores: volumes trapezoidais, quadros estruturais, implantação oval, além do uso da estrutura independente com qualidade estética, que vai se tornando constante em seus projetos.

O edifício principal do clube – a sede social – foi implantado de frente para o mar, tirando proveito da localização e induzindo o projeto a uma solução horizontalizada, com nove quadros estruturais paralelos de concreto aparente, com pilares em "V", deixando recuada a caixa de vidro, que valorizava a fachada frontal. O programa de necessidades do edifício foi facilitado com a adoção de uma estrutura independente que possibilitava a ocupação do espaço com funções muito diversificadas. Havia dois pavimentos; o térreo era ocupado pela garagem de barcos e pela administração e no superior foi instalado um grande salão de festas, bar, restaurante, com as respectivas instalações de serviços, além de varanda, que percorria toda a fachada, vedada com caixilho de vidro, o que proporcionava vista plena para o mar.

Mesmo com as proporções e a solução estrutural simplificada, esse prédio apresenta um partido inspirado possivelmente em projetos como o do Museu de Arte Moderna do Rio de Janeiro (1953), de Affonso Reidy, e o do Hotel Tijuco, de Diamantina (1951), criado por Niemeyer, ambos contemporâneos ao clube. Essas soluções construtivas mostram que nesse período Oswaldo ainda era influenciado pela arquitetura carioca.

O Jockey Clube do Guarujá talvez seja um dos projetos mais interessantes que Oswaldo elaborou, pela solução formal apresentada. A arquibancada do hipódromo possui um desenho dinâmico, e sua composição e planta desenvolvem-se a partir de seis quadros estruturais, com perfis curvos em ângulo agudo, servindo de apoio para a arquibancada e a cobertura. Propostos para ser em concreto aparente, os quadros são travados pelos degraus da arquibancada, que servem de lajes e vigas e se apoiam sobre pilares inclinados que afinam no apoio. Esse projeto reflete um certo experimentalismo na fusão da estrutrura com o partido, levando a uma nova concepção estética.

O programa é bastante simples. Na área coberta conta com uma arquibancada para 1,5 mil pessoas, embaixo da qual, no térreo, estão instalados restaurante, bar e sanitários.

Foi apresentada uma implantação geral que indicava, na área externa, um vasto programa de necessidades: sede social, piscina, restaurante, *playground*, quadras de tênis e de basquete, além de um campo de polo e pista de hipismo. No entanto, somente foram desenvolvidos as arquibancadas e o hipódromo.

A entrada do Jockey recebeu um tratamento plástico de destaque, tendo sido elaborado um portal com uma grande laje em "borboleta", apoiada em dois edifícios losangulares, como se fossem pilares, e com o interior ocupado por bilheterias. Lamentavelmente, esse projeto acabou não sendo construído.

Também não se viabilizou o que foi provavelmente o último equipamento esportivo projetado por Oswaldo, o Centro Esportivo da Nova Cintra (1971), em Santos. Proposto para ocupar um terreno junto à encosta do morro, atendia a um programa de necessidades definido pela prefeitura que compreendia um grande estádio para 60 mil lugares, ginásio de esportes para 2,8 mil lugares, piscinas e quadras de tênis, vôlei e basquete.

A solução adotada, mais uma vez, foi a separação das atividades esportivas em edifícios específicos, com a localização condicionada pelas características do terreno. A implantação do conjunto se aproximava da encosta do morro, que envolvia as edificações, e cada edifício possuía uma diversidade formal: oval (estádio) e quadrado (ginásio). Em decorrência de suas proporções, o estádio ocupava quase a metade do terreno, estando mais próximo da encosta do morro; o restante do conjunto localizava-se em frente à avenida. As piscinas olímpica e de saltos eram ladeadas por arquibancadas, que se conectavam com marquises laterais que percorriam o perímetro do ginásio. As piscinas estavam alinhadas pelo eixo do ginásio, e as quadras ficavam ao lado deste. O centro esportivo possuía dois acessos independentes, um para o estádio e outro para o ginásio, as piscinas e as quadras – separando o público do estádio dos frequentadores das piscinas e das quadras.

Nesse projeto, a solução oval adotada para o estádio é a mesma já conhecida de projetos anteriores, aproximando-se muito da proposta do estádio do Guarani. Estão presentes a cobertura de somente um trecho da arquibancada e o campo circundado por pista de atletismo. Apesar de o projeto ter sido elaborado dezesseis anos após o do Centro Esportivo de Jaú (1955), ele ainda revelava a mesma abordagem conceitual. Isso é notado na separação das funções, abrigadas em edifícios isolados no terreno, criando um equilíbrio geométrico. A solução formal dos edifícios não possui mais a valorização dos apoios e das formas trapezoidais outrora utilizados para dar maior expressão plástica ao conjunto; o projeto é caracterizado por prisma retangular. A valorização formal presente nos projetos anteriores já não é percebida, sendo somente destacada a monumentalidade do conjunto, de formalidade discreta.

De acordo com Elaine de Oliveira, o período entre 1953 e 1958 – em que foram projetados, além do Regatas e do Jockey, também os criativos postos de gasolina – foi o momento de maior ousadia na carreira de Oswaldo, com experiências reveladoras da inquietude de um arquiteto que buscava uma consolidação conceitual e um caminho próprio[5].

Essa linguagem arquitetônica autêntica, que tanto Oswaldo como muitos outros arquitetos buscavam, está inserida em uma enorme produção da arquitetura moderna brasileira que retratou um momento de apogeu criativo, em que o arquiteto moderno pretendia resolver tudo, das cidades ao modo de vida das pessoas. Mesmo não conseguindo realizar as transformações idealizadas, essa arquitetura produziu um acervo numeroso e de qualidade diferenciada. A originalidade de alguns programas da arquitetura esportiva impôs ao arquiteto várias invenções formais, uma vez que se propunha a definição de grandes espaços livres a serem viabilizados pelos novos materiais e técnicas construtivas, especialmente com o amplo domínio do concreto armado. Isso conduziu à elaboração de tipologias originais, com uma valorização plástica cada vez maior da estrutura, que se tornava inseparável do partido arquitetônico.

Atualmente, essa arquitetura esportiva moderna vem sendo superada por novas exigências técnicas, definidas por padrões internacionais que vão modificar substancialmente suas características. Muitos edifícios construídos foram descaracterizados ou mesmo demolidos para atender às funcionalidades atuais, promovidas principalmente por eventos esportivos globais. Alguns exemplares que permaneceram encontram-se em mau estado de conservação; resistem, ainda que de maneira anacrônica, às necessidades contemporâneas, tornando-se somente testemunhos de uma época em que a arquitetura teimava em acreditar na utopia.

5. Cf. Elaine Rodrigues de Oliveira, *A contribuição de Oswaldo Corrêa Gonçalves para a arquitetura moderna* brasileira, dissertação de mestrado, Escola de Engenharia de São Carlos/USP, São Carlos, 1999, p. 17.

TEATRO MUNICIPAL DE SANTOS

Christiane Costa Ferreira

O projeto para o Teatro Municipal de Santos surgiu da necessidade de abrigar um dos movimentos artísticos mais importantes da cidade: o teatro amador[1]. No final de década de 1950, diante da situação precária dos equipamentos teatrais, os grupos amadores de dramaturgia existentes na cidade reclamavam a urgente construção de um novo teatro, considerando as necessidades dos espetáculos modernos e a tecnologia intrínseca.

O anseio tomou outras proporções durante uma campanha eleitoral do engenheiro Luís La Scala Jr., candidato à prefeitura, que fez da construção do Teatro Municipal de Santos o carro-chefe de sua plataforma política – um novo teatro que pudesse oferecer aos artistas ferramentas para a produção de seus espetáculos e ao público em geral a oportunidade de usufruir um equipamento cultural moderno, em toda a dimensão da palavra. Diante da proposta, La Scala não titubeou em convidar Oswaldo Corrêa Gonçalves para elaborar o projeto. O arquiteto santista, por sua vez, estendeu o convite aos ex-alunos Júlio Roberto Katinsky[2] e Abrahão Sanovicz[3], com os quais já havia desenvolvido outros trabalhos. A equipe estava formada.

Em um primeiro momento, como a prefeitura de Santos não possuía nenhum terreno disponível, cogitou-se construir o teatro na orla da praia, mais precisamente em frente ao Canal 3. A ideia, porém, foi logo descartada, pelo receio de se abrir um forte precedente para a proliferação de outras construções na faixa de areia[4].

1. Implementado e difundido pelos imigrantes, o teatro amador se desenvolveu amplamente na cidade de Santos e se tornou movimento artístico reconhecido nacionalmente.
2. Júlio Roberto Katinsky nasceu em Salto, SP, em 1932, e se formou em 1957 pela FAU/USP. Além da atuação como arquiteto – principalmente durante as décadas de 1960 e 1970 –, boa parte de sua carreira foi destinada ao meio acadêmico, na área de pesquisas e no âmbito do ensino pela Universidade de São Paulo.
3. Abrahão Velvu Sanovicz nasceu em Santos. Aos 16 anos foi para São Paulo e se formou em um curso técnico de edificações. Em 1953 entrou para a FAU/USP. Venceu concursos importantes como aluno e como arquiteto, a exemplo do concurso público nacional para o Iate Clube de Londrina, PR, em 1959, com Júlio Katinsky e Walter Toscano. Com outros arquitetos, como Nestor Goulart, Júlio Katinsky e Benedito Lima de Toledo, estudou a fundo a obra de Lúcio Costa. Sanovicz também participou da estruturação do Departamento de Projetos da FAU/Santos, com Oswaldo Corrêa Gonçalves e o parceiro Katinsky. Segundo Vittorio Corinaldi, Abrahão Sanovicz "se coloca na primeira linha dos arquitetos paulistas da geração que absorveu os ensinamentos de Artigas" (cf. *AU – Arquitetura e Urbanismo*, 2003, pp. 55-9).
4. Segundo transcrição de depoimento de Oswaldo Corrêa Gonçalves (acervo da Faculdade de Arquitetura da Universidade Católica de Santos).

Posteriormente, apresentou-se um terreno muito bem localizado no cruzamento de duas importantes avenidas da cidade: a avenida Francisco Glicério e a avenida Ana Costa, porém com dimensões muito reduzidas, o que tornou o projeto um verdadeiro desafio.

A intenção dos arquitetos era construir um monumento que, através de suas linhas e dos espaços por elas gerados, fosse capaz de promover e difundir arte e ainda concentrar em um único edifício atividades antes dispersas pelo território santista. Nas palavras dos próprios autores, no memorial descritivo:

> Os arquitetos, compreendendo o caráter dinamogênico que com certeza terá o edifício para a cultura de Santos, procuraram traduzir o espírito que anima a arte contemporânea e a arquitetura brasileira numa forma compacta e homogênea que possa exprimir o nosso comum anseio de progresso[5].

O programa do teatro foi resolvido em um único volume pesado e referencial na paisagem, liberando o restante do terreno para uma praça permeável em relação à malha urbana e ganhando a fluidez necessária para um equipamento de caráter coletivo. De acordo com o memorial descritivo:

> A preocupação foi integrar o edifício à praça existente, conservando, portanto, suas características urbanas atuais.
> Assim, vindo por qualquer das ruas mencionadas, atinge-se uma plataforma pouco elevada onde se localizam as bilheterias do teatro, a administração e o acesso para a sala de espera do teatro[6].

Seguindo os preceitos sociais modernistas, os arquitetos desenvolveram uma relação palco/plateia diferente da imposta pelo formato que se apresentava na maioria das casas de espetáculos existentes no Brasil e na Europa. A proposta era a criação da plateia única, sem diferenciação de níveis e visuais e, portanto, sem divisões sociais estabelecidas pelos preços de acordo com o posicionamento dos lugares. Não haveria camarotes, arquibancadas ou balcões; apenas uma plateia homogênea formada por fileiras de poltronas igualmente projetadas para um único público,

◄
Foto e montagem sobre foto com croqui de Oswaldo Corrêa Gonçalves, estudo para a construção do teatro na orla da praia.

5. Memorial descritivo original, acervo da Faculdade de Arquitetura da Universidade Católica de Santos.
6. *Ibidem.*

que seria uniforme e igualmente beneficiado pela excelência tecnológica: acústica, luminotécnica, cenográfica etc.

Isso, contudo, não significava que a plateia estivesse condenada ao "engessamento" ou à imutabilidade. Projetou-se um teatro cuja relação palco/plateia fosse flexível e assumisse diversas disposições: formato da cena tradicional italiana (área de representação à frente da plateia), forma do teatro elisabetano (área de representação rodeando parte da plateia), forma de teatro múltiplo (três palcos simultâneos com representação sincronizada) e formato do teatro de arena (onde a plateia cerca o palco). Dessa maneira seria possível acolher espetáculos variados, como teatro de comédia tradicional, balé, ópera de câmara e exibição de filmes de arte.

Mas o programa não se restringiu ao teatro em si; os arquitetos foram além e propuseram espaços para abrigar exposições de artes plásticas e ainda uma escola de balé. O *foyer* (primeiro pavimento) e a sala de exposições (segundo pavimento) formavam um conjunto que foi projetado junto ao fechamento da fachada frontal, onde um pano de vidro garante visuais da praça e da cidade. O acesso à escola de balé (localizada sobre a plateia) poderia ser feito somente por meio da circulação lateral (elevador e caixas de escada). Essa circulação serviria também ao local de exposições.

A questão tecnológica trazia constante preocupação à equipe, pois estava atrelada ao funcionamento de um teatro de requisitos modernos. Frequentes problemas foram enfrentados, desde soluções estruturais até a especificação de equipamentos de iluminação e cenografia que precisariam ser importados, em face da exígua produção nacional. Ainda segundo o memorial descritivo:

> O palco será provido de dois giratórios para troca instantânea de cenários.
> Na parte posterior do palco localizam-se os camarins. O forro e as paredes da plateia – que consta de 600 lugares – serão tratados para se obter um grande rendimento acústico.
> A estrutura constitui-se de seis grandes vigas que suportam as cargas do telhado e parcialmente da laje do museu, descarregando na parede do ciclorama e em colunas embutidas na parede de fecho da plateia[7].

Técnicos e profissionais qualificados participaram conjuntamente das decisões do projeto, formando uma equipe técnica permanente, com destaque para José de

7. *Ibidem.*

Luca (projeto estrutural), Lauro Rios (fundações), Aldo Calvo (cenotécnica) e Igor Sresnewsky (acústica). Os dois últimos também participaram do projeto do Teatro Nacional de Brasília, de Oscar Niemeyer.

A concepção do teatro, com suas linhas austeras e exímia funcionalidade, em conformidade com o pensamento modernista, foi claramente influenciada pelo projeto do Teatro Nacional de Brasília, que estava em grande evidência na época e se tornaria referência para a arquitetura projetada em todo o país: "uma massa fechada de todos os lados, que chama a atenção pela forma geométrica inédita, por sua semirregularidade"[8]. Em ambos os casos, o grande volume sólido e purista é resultante da função. No teatro brasiliense, o volume resulta da necessidade de abrigar duas salas de teatro distintas em um mesmo edifício; no caso santista, o programa se mostrou mais simplificado, com apenas um auditório.

Alguns anos antes, em 1954, Niemeyer projetara o Auditório do Ibirapuera, onde já seguia uma linguagem simplificada e geométrica, que mais tarde influenciou o projeto do Teatro Castro Alves (1957), em Salvador, de autoria do arquiteto José Bina Fonyat.

O anteprojeto do Teatro Municipal foi entregue em 1961 (ano de eleições municipais) e apresentado à comunidade e à mídia, obtendo boa aceitação geral. Para a crítica e para os conhecedores do que estava sendo produzido mundo afora, era um marco para a arquitetura e o desenvolvimento local. Para os setores envolvidos com o teatro amador, o equipamento sonhado. E para a classe política, sobretudo da oposição, um equívoco (sendo o principal alvo das críticas as dimensões propostas).

No mesmo ano, os arquitetos inscreveram o projeto na VI Bienal do Museu de Arte Moderna de São Paulo, em categoria destinada à exposição de projetos de casas de espetáculos, e conquistaram uma menção honrosa, obtendo grande divulgação através de publicações em inúmeras revistas especializadas do país.

Luís La Scala Jr. – o candidato que fez da construção de teatro sua promessa de campanha – venceu as eleições. Entretanto, seis dias antes da posse, faleceu tragicamente em decorrência de um acidente de automóvel, mudando a história do teatro santista. O vice-prefeito que assumiu o cargo – e não compartilhava das ideias de La Scala para a construção de uma nova casa de espetáculos – descartou logo a possibilidade. O projeto do Teatro Municipal seria retomado tempos depois.

8. Cf. Yves Bruand, *Arquitetura contemporânea no Brasil*, São Paulo: Perspectiva, 1997, p. 207.

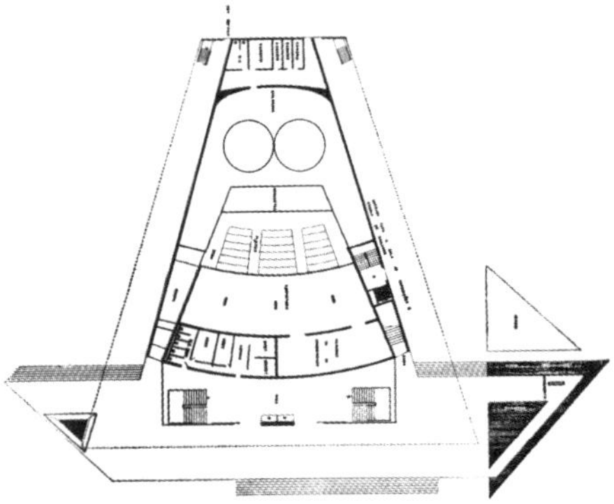

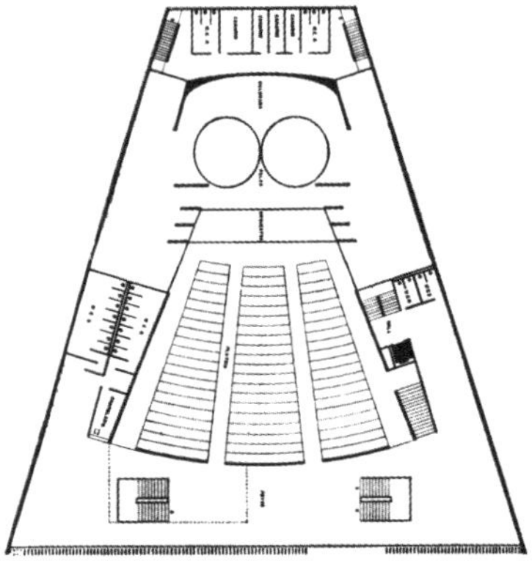

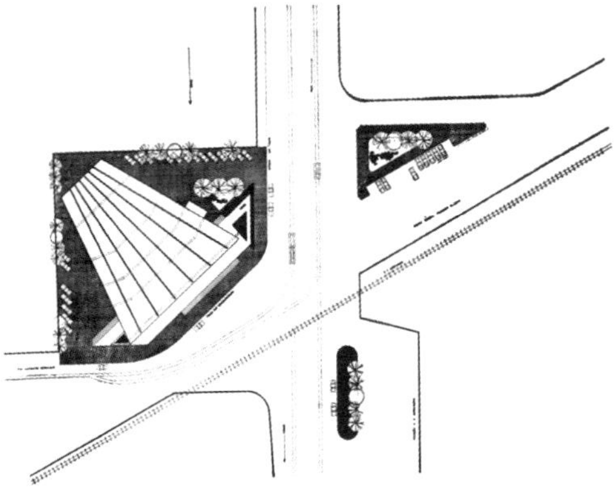

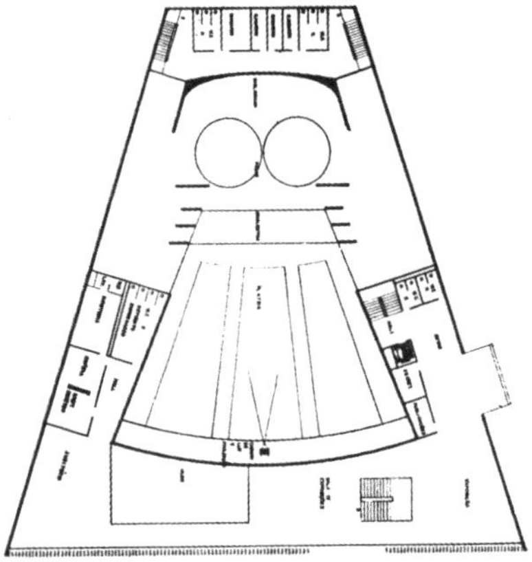

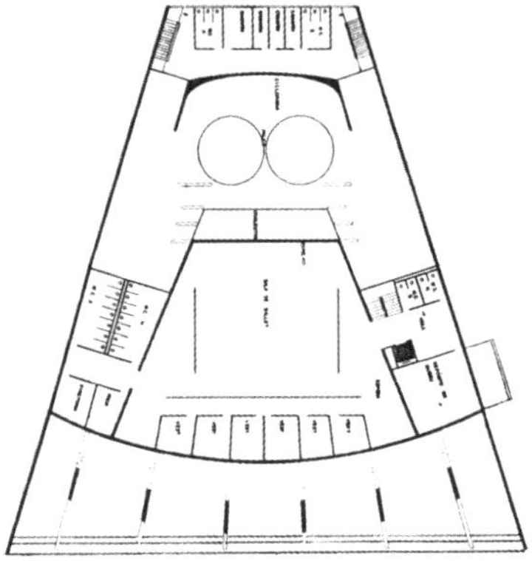

▲
Implantação. Desenho integrante do anteprojeto do Teatro Municipal apresentado à Prefeitura de Santos em 1961.

▲◄
Plantas do térreo e do 1º pavimento. Desenhos integrantes do anteprojeto apresentado à Prefeitura de Santos em 1961.

◄
Plantas do 2º e do 3º pavimento. Desenhos integrantes do anteprojeto apresentado à Prefeitura de Santos em 1961.

▼◄
Maquete integrante do anteprojeto para o Teatro Municipal de Santos apresentado à Prefeitura de Santos em 1961.

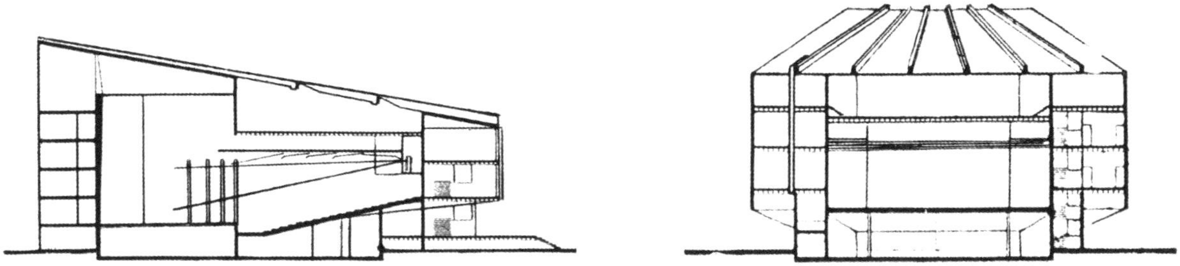

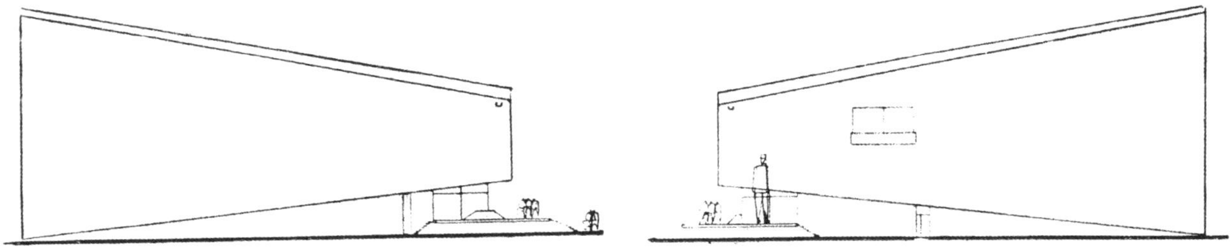

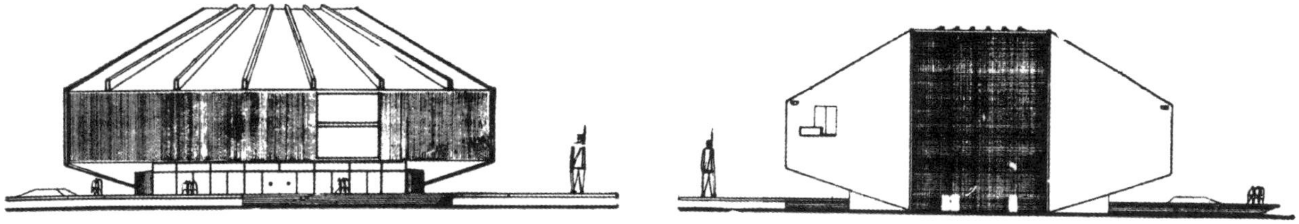

▲▲▲
Cortes longitudinal e transversal. Desenhos integrantes do anteprojeto do Teatro Municipal apresentado à Prefeitura de Santos em 1961.

▲▲
Fachada lateral esquerda e fachada lateral direita. Elevações.

▲
Fachada frontal e fachada posterior.

▶
Vista do *foyer* do teatro.

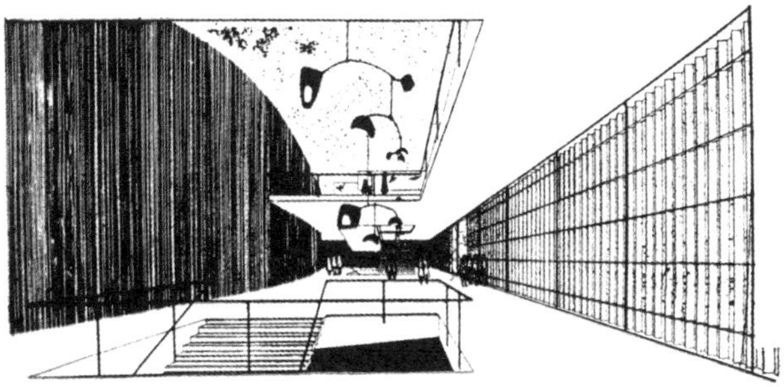

A retomada – segunda e definitiva versão do projeto

Seis anos mais tarde, em 1967 (após a grande recessão causada pelo golpe militar de 1964), os grupos de teatro amador voltaram a reivindicar a construção do Teatro Municipal. Sensibilizado, o prefeito Sílvio Fernandes Lopes retomou o projeto de Oswaldo e equipe, cuja execução ficaria a cargo da empresa Progresso e Desenvolvimento de Santos (Prodesan)[9].

O prefeito, porém, percebeu que o terreno era insuficiente para a magnitude do edifício e desapropriou um amplo terreno no bairro da Vila Matias para abrigar o teatro e suas dependências. Os arquitetos então se propuseram a rever o projeto.

A área, de aproximadamente 12,5 mil m², estava localizada em uma esquina – assim como a primeira –, onde se cruzam dois canais da cidade: o da avenida Pinheiro Machado (conhecido como "Canal 1") e o da avenida Francisco Manuel.

O novo projeto manteria todos os conceitos da primeira versão: a fluidez e permeabilidade dos espaços, o caráter social e a preocupação com a tecnologia aplicada. Contudo, beneficiados pela maior amplitude do local, os arquitetos estenderam o gestual arquitetônico, e a obra passou a ser chamada de Centro Cultural e Teatro Municipal de Santos.

Foi mantida a tipologia inspirada no Teatro Nacional de Brasília (1960), de Niemeyer. A "praça", acrescida em tamanho, assumiu grandes dimensões, contendo agora vasta área de sombra oferecida pela projeção de uma grande marquise em concreto armado. Esse elemento construtivo serviu como objeto plástico fundamental para a composição volumétrica – e de escala –, conveniente ao conjunto arquitetônico. Havia ainda a intenção de rebaixar toda essa área coberta, mas isso, segundo Júlio Katinsky, foi contraindicado em razão de problemas de escoamento precário de águas pluviais.

A transição do projeto básico para o projeto executivo permitiu que fossem revistas todas as dimensões do edifício, garantindo a qualidade espacial do teatro. Alguns setores foram significativamente ampliados, a exemplo do *foyer*, que conferiu grande valor qualitativo ao projeto.

Foram feitas adições importantes ao programa original, em sua maioria sob a extensa laje, como a inserção da biblioteca, da escola de arte e de um restaurante. A biblioteca, especializada em arte, teria capacidade para abrigar 40 mil volumes, e a

9.. Empresa de capital misto, que trabalha em parceria com a administração municipal.

escola de arte seria destinada à formação de técnicos que seriam absorvidos pelo próprio funcionamento do teatro. A escola contaria com ateliê, auditório experimental (com pé-direito alto, cabine de som e iluminação), camarins e vestiários (para aulas de arte dramática), salas para aulas de música (e gravação), além de um pequeno elevado circular com iluminação zenital para ensaios musicais, no meio de uma ampla área de convivência aberta ao contato com a rua. A ideia inicial de projetar "um restaurante no estilo do Museu de Arte Moderna, de alto padrão"[10], não vingou, e, ainda na fase de elaboração do projeto executivo, a área foi destinada à Secretaria de Turismo.

Sobre a marquise ficaria o local de recepção do público para acesso aos espetáculos, como uma ampla sala de espera, com agradável visual daquela região da cidade. Ali estariam localizadas ainda a bilheteria do teatro, a chapelaria e duas escadarias – uma envidraçada, levando ao *foyer*, e outra para fazer a conexão da rua com o teatro e com os demais pavimentos.

O bloco principal do edifício é formado pelo teatro e suas dependências. É possível dividi-lo em três setores distintos. O primeiro, destinado às salas de ensaio e camarins, é composto de cinco pavimentos com acesso pela fachada posterior do teatro. O segundo setor é equivalente ao teatro em si: palco e *backstage*, plateia e cabine de projeção de iluminação e som. Ainda nesse setor, em um nível superior, estaria abrigada a escola de balé. Na terceira porção localiza-se o *foyer*, com uma galeria para exposições de arte integrada, ocupando dois pavimentos. O acesso ao teatro se realiza de dois modos: pelo nível da rua (térreo) e através da grande laje (primeiro pavimento).

A relação palco/plateia proposta inicialmente permaneceu inalterada. Para o desenvolvimento do projeto executivo e a execução da obra, foram contratados profissionais que prestaram os mais variados serviços – muitas vezes indicados pelos próprios arquitetos: mecânica e iluminação cênica, acústica, estrutura, fundações, sistema de ar condicionado, paisagismo, mobiliário etc.

Todas as alterações do projeto foram prontamente aceitas pelos técnicos da administração pública, e o projeto foi aprovado para construção.

Em 10 de março de 1979, o Teatro Municipal finalmente foi inaugurado. A falta de recursos financeiros impôs constantes paralisações e críticas, na grande maioria das vezes de caráter político, que questionavam desde a localização do equipamento até a lotação do teatro, considerada reduzida diante das novas demandas[11].

10. Cf. Christiane Costa Ferreira, entrevista com Júlio Katinsky, 29 nov. 2007.
11. "Abre-se o Teatro Municipal", *A Tribuna*, Santos, 10 mar. 1979, p. 36.

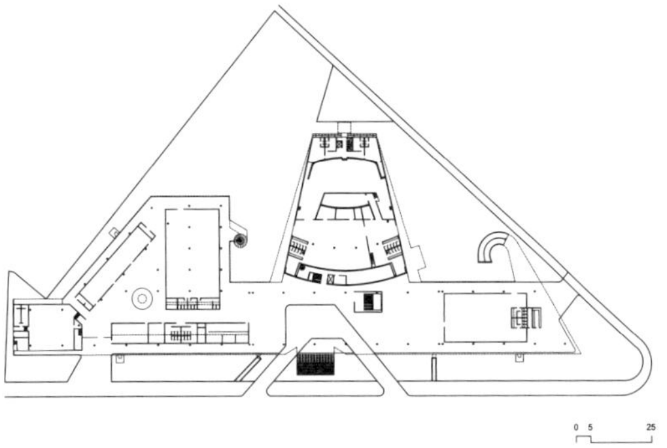
0 5 25

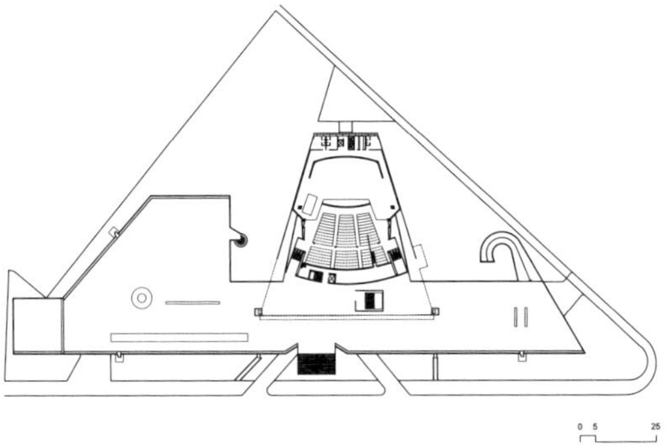
0 5 25

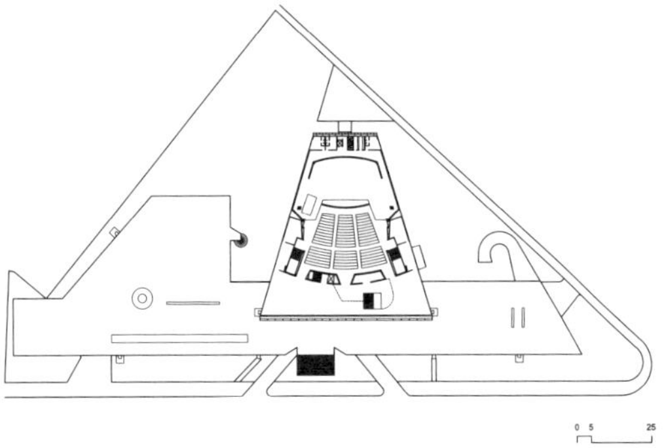
0 5 25

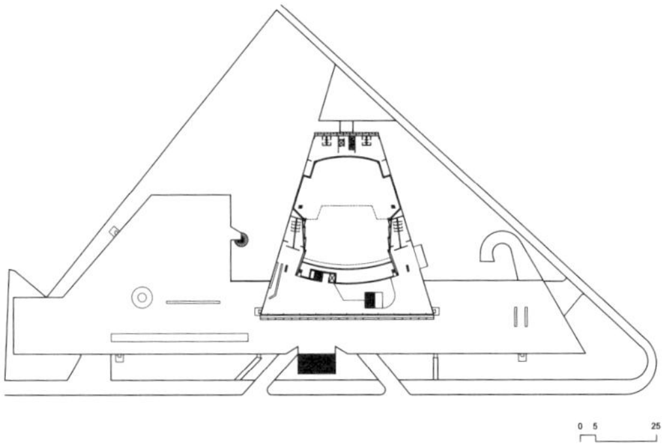
0 5 25

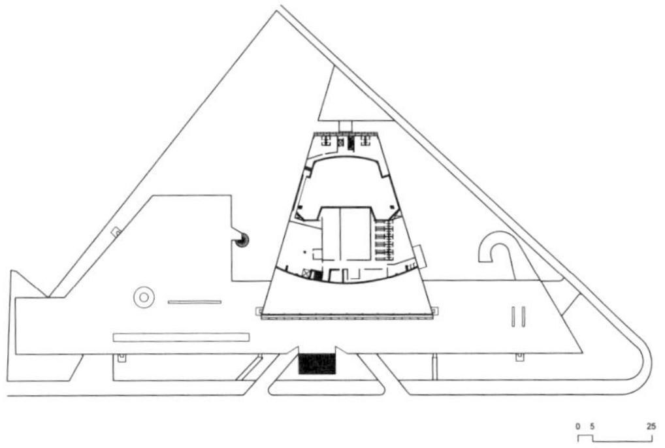
0 5 25

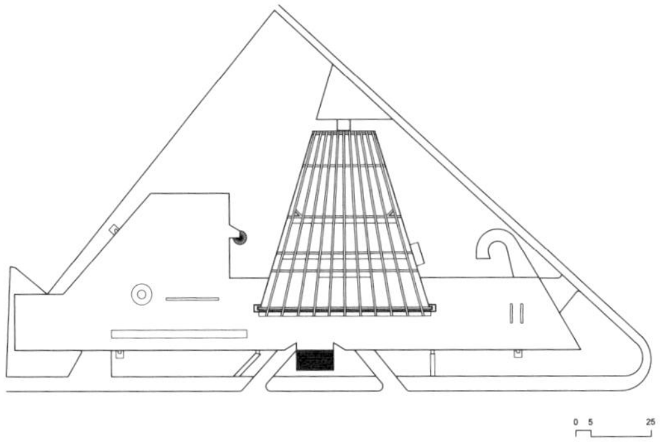
0 5 25

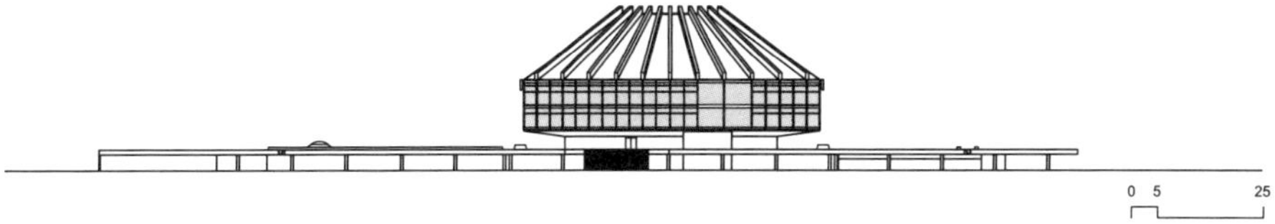

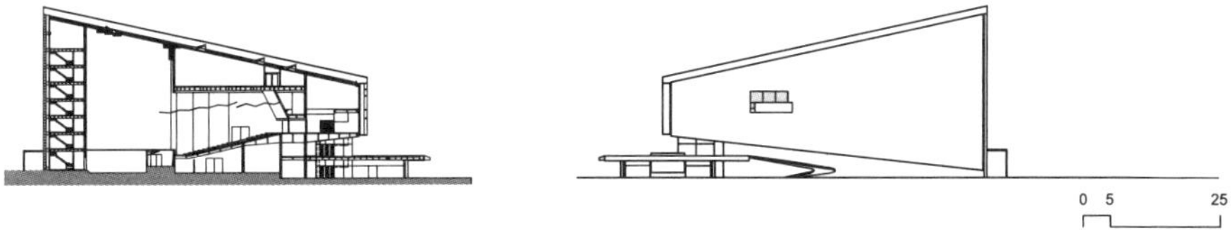

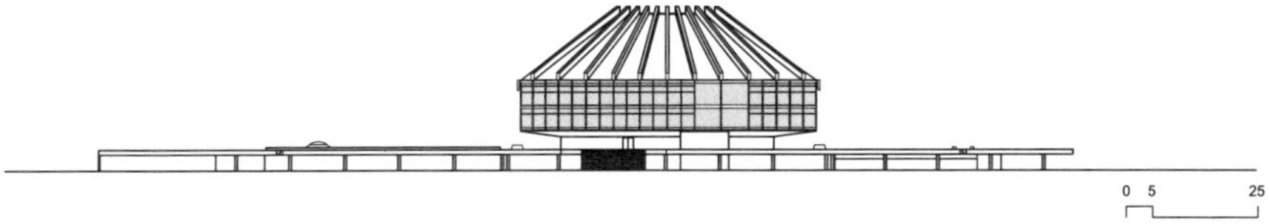

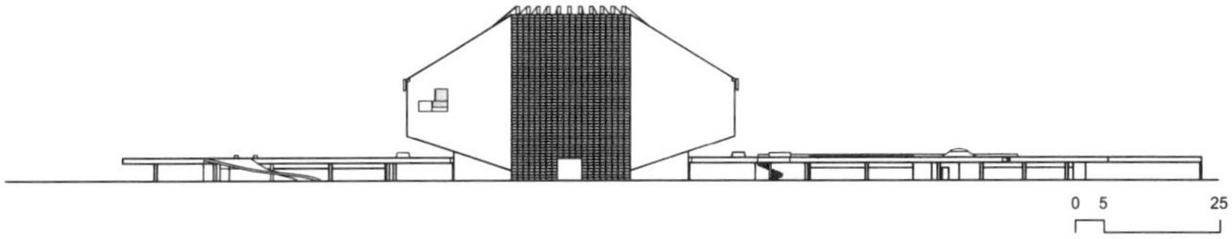

▲▲◀◀
Reprodução da planta do pavimento térreo que compõe o projeto executivo.

▲▲◀
Reprodução da planta do 1º pavimento.

◀◀
Reprodução da planta do 2º pavimento.

◀
Reprodução da planta do 3º pavimento.

▼◀◀
Reprodução da planta do 5º pavimento.

▼◀
Reprodução da planta de cobertura.
Desenho elaborado pelo autor.

▲
Reprodução do corte transversal, do corte longitudinal e elevação lateral.

▶
Reprodução das elevações que compõem o projeto executivo.

Em 1972, a administração municipal chegou a inaugurar o teatro completamente sem acabamento. E assim ficou durante alguns anos. Isso chamou a atenção dos arquitetos, que, segundo Júlio Katinsky, fizeram reclamações formais para alertar quanto ao perigo de deixar o edifício inacabado, com a estrutura (em concreto protendido) exposta às intempéries.

Finalmente, quando o então prefeito Antônio Manoel de Carvalho inaugurou o teatro, que recebia o nome de Teatro Municipal Brás Cubas (em homenagem ao fundador da Vila de Santos), o jornal *A Tribuna* registrou:

> Há muito tempo o santista aguardava por este dia, cansado de ver um teatro semiacabado, envolto por tapumes apodrecidos e sem qualquer conforto, já que as rampas da plateia estavam sem qualquer revestimento e as cadeiras eram comuns, desconfortáveis. Nesse clima, vários espetáculos concorridos chegaram a acontecer de forma precária. Hoje, tudo está correto. (Aplausos.[12])

Mas não tão correto assim. Apesar de o Teatro Municipal – formado pelo corpo principal e suas instalações – ter sido devidamente finalizado, apenas o trecho central da grande laje que dá acesso ao edifício havia sido executado; todos os outros espaços, como a biblioteca, a escola de arte e o restaurante, estavam por executar. Em outras palavras: o edifício que oficialmente convencionou-se chamar de Centro Cultural[13] estava inacabado. Ao longo dos anos – e aos poucos – ele foi sendo construído, passando por várias administrações municipais. Talvez por isso tenha sofrido tantas alterações com relação ao projeto original, assim como transformações do programa.

Quando o teatro passou a funcionar definitivamente, dispondo de praticamente todas as atividades que exerce hoje – teatro, escola de balé, museu, hemeroteca etc. –, gradativamente passou a desempenhar o papel de aglutinador e difusor cultural, ou seja, foco produtor e disseminador de arte. O desempenho do equipamento superou as expectativas, quando passou a fazer parte do roteiro de grandes companhias de teatro e dança, trazendo espetáculos de boa qualidade para a

12. *Ibidem.*
13. Em 1991, a administração municipal reinaugurou o Centro Cultural, agora com novo nome: Centro de Cultura Patrícia Galvão.

▲► e ▲►►
Execução das fundações, em 1969.

▲►►►
Foto da elevação frontal do teatro em obras, vista a partir do canal número 1 (Av. Pinheiro Machado), provavelmente no início da década de 1970. Notam-se os tapumes.

►
Vista do corpo principal do edifício com parte da grande laje construída. No canto esquerdo da foto se nota o sistema para a captação das águas pluviais.

►►
Foto tirada sobre a grande laje. Edifício ainda em construção.

►►►
Foto da elevação posterior, para onde estão voltados os camarins do teatro.

▼►
Teatro Municipal de Santos em 2010.

▼►►
Plateia do Teatro Municipal em 2010.

cidade; quando houve reconhecimento da qualidade de seus cursos de arte[14] e da vasta produção dos alunos em formação (a exemplo da formação do premiado Balé da Cidade de Santos, composto de ex-alunas da Escola de Bailado); quando conquistou sucesso com eventos como o Festival de Teatro Amador, a Bienal de Artes (que recebe artistas de todo o Brasil) e o Festival Música Nova[15] (evento de música contemporânea de abrangência internacional).

O PLANO DIRETOR DE SANTOS

Fabio Eduardo Serrano

Introdução

Entre os trabalhos desenvolvidos por Oswaldo Corrêa Gonçalves em sua trajetória profissional como urbanista, destacam-se a formulação e a implantação do Plano Diretor de Santos, SP, pela Lei n. 3.529, de 16 de abril de 1968. Esse plano se manteve, com poucas alterações, regendo as transformações urbanas da cidade por um período de 32 anos, até que um novo Plano Diretor fosse aprovado em 2000. Resistiu, portanto, durante todo o último terço do século XX às transformações produzidas pela dinâmica urbana.

Qual é o significado (importância e resultados) desse plano para a cidade de Santos? Diversas questões se colocam. Que circunstâncias à época exigiram a formulação de um Plano Diretor Físico? Foi uma atitude inovadora de planejamento? Que forças políticas e que interesses sociais e econômicos exigiram ou apoiaram a implantação do plano? Que propostas ele trouxe para o desenvolvimento da cidade? Em que medida elas se implementaram e de que forma conseguiram moldar

14. A Secretaria de Cultura oferece cursos gratuitos de qualidade, em que o número de frequentadores chega a ser superior a 5 mil por ano. São ministradas aulas de teatro, balé, dança moderna, dança contemporânea, dança de rua, dança sobre rodas (para cadeirantes), dança de salão, dança flamenca, dança para terceira idade, violão, teclado, coral, pintura a óleo, desenho artístico e artesanato, entre outras.
15. Esse festival nasceu em Santos, em 1962, e hoje tem suas apresentações na cidade de São Paulo e em Ribeirão Preto. Em entrevista concedida em 2000, Gilberto Mendes, um dos signatários do Manifesto Música Nova e idealizador do grande evento que hoje carrega seu nome, diz que "o Festival Música Nova é o festival de música erudita contemporânea de vanguarda mais importante do Brasil, e é seguramente o mais antigo da América Latina".

▸
Estudo para adensamento em terrenos junto ao mar.

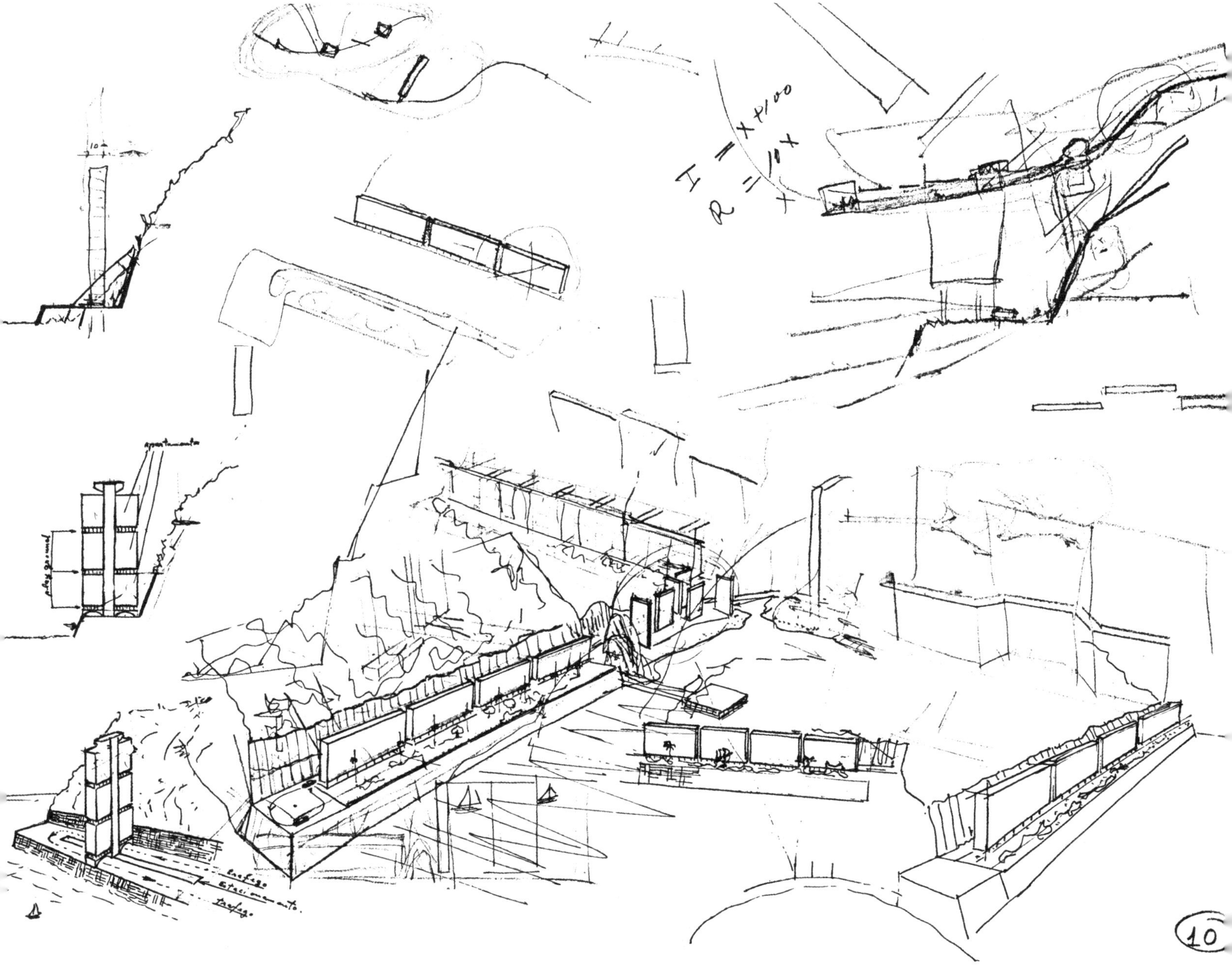

I = X + 100
R = 10 X
apartamento
play ground
tráfego
Estacionamento
tráfego

uma paisagem urbana dentro de seus objetivos? Que circunstâncias exigiram uma nova legislação em 2000?

A origem do planejamento urbano

Se fizermos uma revisão histórica do surgimento das ideias de planejamento no mundo, veremos que o primeiro que estendeu os objetivos do urbanismo além das preocupações principalmente estéticas da tradição *Beaux-Arts*, ou tecnicistas, na linha do plano para Barcelona de Ildefons Cerdà, foi Patrick Geddes, que em 1906 propôs que se levassem em conta não só os fatores físicos, mas também os sociais e econômicos e seu inter-relacionamento. Geddes passou a aplicar o método científico e mostrou a importância da relação entre cidade e região, ressaltando que os problemas de uma não podiam ser considerados sem abordar os problemas da outra[1].

No início do século XX, dois fatos vieram interromper a tradição acadêmica de transformação das cidades: as destruições urbanas da Primeira Guerra Mundial e a revolução socialista da Rússia. As destruições da Primeira Guerra fizeram germinar as ideias de renovação urbana formuladas nos Congressos Internacionais de Arquitetura Moderna (Ciam), adaptando as cidades às inovações da Revolução Industrial, principalmente à introdução do automóvel. A revolução socialista trouxe com grande força a ideia do planejamento estatal, que passou a reger o desenvolvimento das forças produtivas e, por consequência, do lugar da produção, a cidade.

Após a Segunda Guerra Mundial, a reconstrução das cidades europeias, muito mais afetadas, e o desenvolvimento urbano na América do Norte deflagraram a aplicação das questões teóricas do planejamento na direção apontada por Geddes. Em 1943, o Ministério do Planejamento Urbano e Rural da Inglaterra passou a adotar os *Town and Country Planning Acts*, implantando o planejamento físico urbano. Nos Estados Unidos da América, o governo federal foi o principal orientador e responsável pelos padrões de desenvolvimento físico segundo os quais as cidades norte-americanas se estruturaram. Pelo *Housing Act* de 1954, os empréstimos federais às cidades passaram a depender da apresentação de estudos de planejamento.

Na América Latina, Colômbia, Porto Rico e Venezuela adotaram processos de planejamento no final da década de 1950.

1. Hélio Modesto, "Planejamento governamental e urbanização", em: *Leituras de planejamento e urbanismo*, Rio de Janeiro: Ibam, 1965, p. 138.

O planejamento urbano no Brasil

No Brasil, o Rio Grande do Sul saiu na frente, com o governo do estado prestando assessoria ao planejamento físico dos municípios gaúchos. Enfrentaram a problemática do planejamento a cidade do Rio de Janeiro, então estado da Guanabara, regiões do estado de São Paulo, como o Vale do Paraíba e o Vale do Ribeira, e cidades como Santo André, São Bernardo, Mogi Mirim, São José dos Campos, Sorocaba, Araraquara e outras. No restante do Brasil podem ser citadas poucas e isoladas experiências de planejamento em Recife, Caruaru, Fortaleza, Goiânia, Anápolis e Brasília[2].

Hélio Modesto e Diogo Lordello de Mello, em 1960, denunciavam a inexistência de órgãos de planejamento no Governo Federal e em governos estaduais e ressaltavam:

> Na esfera municipal, o problema assume aspecto ainda mais grave, pelas consequências imediatas que resultam para as populações urbanas da ausência de planos diretores locais e regionais. Apesar de se tratar da modalidade mais aceita de planejamento, o urbanismo, quando não se acha quase que totalmente alheio às cogitações dos governos municipais, é praticado segundo fórmulas obsoletas ou deturpadas, contribuindo, assim, para agravar o processo caótico de nossos núcleos urbanos[3].

Em julho de 1963 ocorreu um evento importante, o 1º Seminário de Habitação e Reforma Urbana, inserido no clima de reivindicações por reformas do governo João Goulart. O seminário propôs a implantação de uma política habitacional por meio de planos nacionais, territoriais e de habitação, integrados em planejamento global nos níveis nacional, regional, estadual e municipal.

A formação de planejadores

Entre 1950 e 1955 foram implantados cursos de planejamento urbano, organizados oficialmente nas escolas de arquitetura de Belo Horizonte, Porto Alegre, Rio de Janeiro e São Paulo, ministrados em dois anos como pós-graduação. Em bases menos formais havia estudos semelhantes na Bahia, no Recife e em algumas outras esco-

2. Cf. Rubens de Mattos Pereira, "Integração do planejamento físico no planejamento governamental", em: *Leituras de planejamento e urbanismo*, Rio de Janeiro: Ibam, 1965, p. 83.
3. Cf. Hélio Modesto e Diogo Lordello de Mello, "Mentalidade de planejamento no Brasil", em: *Leituras de planejamento e urbanismo*, Rio de Janeiro: Ibam, 1965, p. 52.

las[4]. Prochnik, em 1958, assinalava que o Brasil estava particularmente atrasado na formação de quadros de planejadores, mesmo em comparação com outros países da América Latina[5].

Oswaldo Corrêa Gonçalves e Aníbal Martins Clemente, preocupados com a formação de quadros técnicos que dessem suporte ao processo de planejamento que se implantava em Santos, criaram em 1970 a Faculdade de Arquitetura e Urbanismo de Santos (Faus), a terceira do estado de São Paulo, abrigada na única mantenedora existente então em Santos, a Sociedade Visconde de São Leopoldo, ligada à Igreja Católica, que então mantinha uma Faculdade de Direito, uma Faculdade de Filosofia, Ciências e Letras e uma Faculdade de Ciências Econômicas. Esse grupo de faculdades se ampliou com outras unidades e, em 1986, se transformou na Universidade Católica de Santos. O currículo do curso de arquitetura e urbanismo oferecido pela Faus sempre teve uma alta carga horária de disciplinas profissionalizantes ligadas ao urbanismo, desde o primeiro semestre do curso, abrangendo: urbanismo; desenho urbano; planejamento urbano, metropolitano e regional; e paisagismo.

Os antecedentes locais

Santos, desde 1847, contava com legislação própria que procurava ordenar aspectos funcionais, estéticos, sanitários e de zoneamento, com a edição de seu primeiro Código de Posturas. Outros momentos importantes de implementação e renovação da legislação urbanística foram o Código de Posturas de 1895 e o Código de Construções[6]. Até então, essa legislação urbanística de Santos tinha origem na tradição do urbanismo clássico proveniente do Renascimento, do Barroco e do Ecletismo. A planta elaborada pela prefeitura em 1896, sobre levantamento efetuado por repartição estadual, quadriculou como tabuleiro de xadrez toda a planície da área leste da ilha de São Vicente, com ruas no sentido norte-sul e leste-oeste, em que alguns quarteirões seriam praças. Até mesmo o Plano Regulador de 1951, baseado nas propostas de Prestes Maia, estava fortemente imbuído dessa tradição.

4. Francis Violich, "Crescimento urbano e planejamento no Brasil", em: *Leituras de planejamento e urbanismo*, Rio de Janeiro: Ibam, 1965, p. 27.
5. Wit-Olaf Prochnik, "Formação de planejadores", em: *Leituras de planejamento e urbanismo*, Rio de Janeiro: Ibam, 1965, p. 39.
6. Lei n. 675, de 28 de junho de 1922.

O Código de Obras (Decreto-lei n. 403, de 15 de setembro de 1945), concebido pelo urbanista paulista Anhaia Mello, foi um grande passo à frente em direção a um sistema de planejamento: uma legislação abrangente que estabelecia zoneamento de usos, normas para construção de edifícios, regras para parcelamento do solo e para o sistema viário, licenciamento de obras e outros aspectos.

Já o Plano Regulador da Expansão e Desenvolvimento da Cidade de Santos (Lei n. 1316, de 27 de dezembro de 1951), formulado com base nas propostas de Prestes Maia, tinha outro caráter, o das intervenções pontuais e o de renovação e ampliação da estrutura viária.

Mas o que felizmente havia implantado as novas bases da estrutura urbana da cidade de Santos, em moldes contemporâneos, fora o plano de saneamento de 1910 do engenheiro Saturnino de Brito, que mesclava o urbanismo sanitarista com a perspectiva romântica de Camillo Sitte de respeito aos sítios históricos. Preservando o centro urbano, propôs uma ocupação da planície com um traçado urbano viário que considerava a geomorfologia e os novos meios de transporte, facilitando o escoamento das águas, a implantação dos canais de drenagem de águas pluviais e do sistema de coleta e afastamento dos esgotos sanitários, em sistema de separação absoluta.

A questão do zoneamento já se colocava em Santos de forma incipiente desde meados do século XIX, afastando do núcleo urbano usos nocivos, assim que a cidade começou a mostrar sinais mais fortes de seu despertar, com o crescimento da população e das atividades portuárias.

O Código de Posturas de 1847 determinava que curtumes e fábricas com processos que exalassem vapores ficassem longe da cidade, o que foi reiterado pelo Código de Posturas de 1895. A preocupação com o zoneamento continuou pontual em relação a alguns usos no início do século XX, com leis que defendiam interesses da classe dominante ou a estética urbana: a Lei n. 217, de 11 de abril de 1906, proibia o uso comercial na rua 7 de setembro, a nova área residencial da burguesia santista; e a Lei n. 235, de 10 de outubro de 1906, proibia alguns tipos de comércio, como açougues, nas esquinas[7].

O primeiro zoneamento que abrangeu toda a cidade foi implantado pela Lei n. 675, de 28 de junho de 1922, que estabeleceu uma zona comercial na parte central, uma zona industrial na região noroeste e a zona residencial na área restante. A proposta

7. Luiz Antônio de Paula Nunes, *Saber técnico e legislação*, dissertação de mestrado, Faculdade de Arquitetura e Urbanismo/USP, São Paulo, 2001, pp. 28, 40 e 49.

era tímida, uma vez que afirmava apenas que "devem, tanto quanto possível, ser distintas as zonas de habitação das de comércio e da indústria"[8].

A diferenciação dentro da zona residencial só foi aparecer com o Decreto-lei n. 306, de 25 de março de 1941, que criou a 1ª, a 2ª e a 3ª zonas residenciais, progressivamente mais tolerantes com outros usos que não os residenciais, à medida que se afastavam da orla da praia mais urbanizada (do bairro do José Menino à avenida Conselheiro Nébias) em direção ao centro. Essa gradação refletia uma distribuição espacial das classes de renda alta, média e baixa. Mas foi em 15 de setembro de 1945 que o Decreto-lei n. 403 implantou um zoneamento mais apropriado para uma cidade como Santos, criando uma zona portuária e subdividindo a zona comercial em central e secundária[9].

O pós-guerra trouxe a Santos alterações que provocaram mudanças em suas funções urbanas. O fechamento dos cassinos no governo Dutra tirou da rede hoteleira santista a base que a mantinha como serviço para a elite paulista e provocou um lento declínio cuja reversão só começou a se dar no final do século XX. A política de rodoviarização adotada pelos governos sob inspiração estadunidense trouxe, com a via Anchieta, uma atividade imobiliária que passou a atender à classe média paulistana.

A implantação de um processo estável de planejamento urbano em Santos, por meio do Plano Diretor Físico, veio consolidar uma série de tentativas nesse sentido, frustradas pelas instabilidades políticas dos governos municipais nos anos anteriores ao golpe de 1964, que resultaram em quebras de continuidade no governo municipal.

Um "Plano Regulador" para a cidade havia sido elaborado por uma Comissão do Plano da Cidade com base nas sugestões de Prestes Maia (Lei n. 1.316, de 27 de dezembro de 1951). Em seguida foi criada a Comissão Consultiva do Plano Regulador da Cidade, que anulou a comissão anterior.

Em 14 de abril de 1961 foi empossado o prefeito José Gomes, após muita resistência de setores reacionários da cidade. Em 1961 foi criada a Assessoria de Pesquisas e Planejamento na Secretaria de Obras e Serviços Públicos, que elaborou o Plano de Ação Municipal 1962-1965. Nesse mesmo ano, a Comissão Consultiva do Plano Regulador teve suas atribuições ampliadas. Em 1962 criou-se o Grupo Executivo de Planejamento (GEP), que iniciou os esforços para a implantação de

8. *Ibidem*, p. 95.
9. *Ibidem*, p. 121.

um Plano Diretor e contou com a colaboração do urbanista paulista Luiz de Anhaia Mello, desenvolvendo atividades até o início de 1965[10]. José Gomes foi cassado em 14 de junho de 1964 porque não se submeteu às imposições da ditadura recentemente implantada.

Seguiu-se o período de interventoria para o tempo que restava do mandato de Gomes, sendo indicado para tal o capitão de fragata Fernando Hortala Riedel. Em 25 de abril de 1965, foi empossado o prefeito eleito Sílvio Fernandes Lopes, do PSP, partido político do governador Adhemar Pereira de Barros, que governou até 14 de abril de 1968.

O Plano Diretor de 1968 foi formulado nesse governo, dentro do novo conceito de planejamento urbano que vinha se desenvolvendo na primeira metade do século XX. Até então, o urbanismo era entendido como a disposição espacial de volumes. O traçado de vias, quadras, parques, pontes e túneis constituía o "plano". Os equipamentos se instalavam sem um critério preestabelecido, sem estudo das necessidades e possibilidades. As regulamentações urbanísticas eram copiadas de uma cidade para outra, sem critérios e sem atender às especificidades de cada realidade. Os planos eram rígidos e estáticos, sem previsão de revisões. Não havia participação da população no processo de estabelecimento dos planos[11]. As cidades tinham carência de técnicos preparados para a implantação de processos de planejamento.

A adoção dessa nova terminologia implicou o abandono do conceito de código, um termo que expressava uma compilação e uma revisão de leis do passado; partiu-se então para a ideia de *plano* – um projeto para o futuro – *diretor*, que dirige as ações da coletividade nas transformações territoriais, e por isso *físico*.

O Plano Diretor de Santos de 1968 surgiu em meio à nova situação política decorrente do golpe militar de 1964. Ao governo de direita interessou adotar as recomendações do seminário realizado no governo Goulart, e, para os financiamentos do Plano Nacional da Habitação, passou a exigir planos diretores dos municípios.

Assim, Santos logo foi obrigada a adotar um Plano Diretor para poder obter financiamentos nos órgãos federais. Em plena ditadura, os entraves políticos para a aprovação de um Plano Diretor na Câmara Municipal eram frágeis. Também o incremento da construção civil através do Plano Nacional da Habitação trouxe o apoio das construtoras para um plano que ampliava as zonas com gabarito permitido de dez pavimentos.

Segundo Lamparelli,

10. *Ibidem*, p. 36.
11. Adina Mera, *Planejamento e urbanismo 5*, Folha Técnica, Rio de Janeiro: Ibam, 1965.

nesse contexto, as incipientes práticas do planejamento democrático se transformam rapidamente em planejamento centralizado, afastando-se da dinâmica política. A consequência dessa prática é a utilização de um método "neutro", de uma racionalidade técnico-científica amplamente difundida e ainda imposta, pois a concentração dos recursos em um único fundo controlado pelos organismos federais passa a exigir de todos os níveis da administração pública planos, projetos e programas[12].

E ainda:

O âmbito do planejamento municipal é um exemplo típico da difusão indiscriminada dos planos neste período. Para isso, basta recordar a discutida atuação do Serviço Federal de Habitação e Urbanismo (Serfhau), criado em 1964 como um organismo técnico paralelo ao Banco Nacional da Habitação. [...] Em sua curta existência, pois foi extinto em 1974, o Serfhau desempenhou, em nível nacional, o principal papel na difusão dos Planos Diretores e dos processos de planejamento em nível municipal[13].

Os estudos preliminares do Plano Diretor

O Plano Diretor de Santos foi elaborado pelo escritório do arquiteto Oswaldo Corrêa Gonçalves e pela Planurb – Planejamento e Urbanismo, dirigida pelo arquiteto Heitor Ferreira de Souza. As pesquisas e levantamentos foram efetuados pela firma Edison – Publicações e Pesquisas, especializada em estudos socioeconômicos e investigações de mercado.

Em abril de 1967 foram concluídos os estudos que permitiram mostrar a "Problemática Econômica e Social"[14]. Abordava os seguintes aspectos: meio físico, demografia, Santos como centro portuário e centro turístico, atividades econômicas, abastecimento, aspectos sociais, finanças públicas, tendências e perspectivas.

Três aspectos hoje relevantes na problemática santista eram considerados superficialmente ou omitidos: questões ambientais, preservação do patrimônio construído e habitação de interesse social.

12. Celso Monteiro Lamparelli, "Tres décadas de alguna planeación en Brasil (1950-1980)", *Revista Interamericana de Planificación*, Cidade do México: set-dez. 1982, vol. 16, n. 63-4, p. 84.
13. *Ibidem*.
14. Prodesan – Progresso e Desenvolvimento de Santos S.A., *Plano Diretor Físico*, Santos, 1967.

Santos ainda abrangia o distrito de Bertioga. A população em 1965 era de 280 mil habitantes, ocupada basicamente no setor terciário, pois as atividades primárias absorviam apenas 3,5% dos trabalhadores, e as secundárias, apenas 14%. As projeções demográficas indicavam, para 1980, uma população entre 430.716 e 476.121 habitantes, conforme o processo de cálculo que fosse adotado, e para o ano 2000 previam entre 700 mil e 850 mil habitantes.

Esses números fugiam muito dos que se verificaram realmente. A população tem se mantido estável nos últimos anos, com cerca de 400 mil em 2000. Mas aquelas projeções serviram como justificativa para a liberação do gabarito dos edifícios de até dez andares em diversos bairros, o que antes era restrito apenas ao centro e à orla.

Esse trabalho levou em conta a vocação múltipla da cidade, a função portuária, a comercial, a cultural, a de turismo e a prestação de serviços. A importância de Santos como centro portuário era confirmada, mas apontava o emperramento da expansão motivada pela proximidade do término do prazo de concessão à Companhia Docas de Santos, pela construção do terminal marítimo de São Sebastião e pelos altos custos dos investimentos necessários. O estudo indicava o turismo como segunda atividade econômica mais importante da cidade. A atividade industrial se mostrava estagnada nos anos anteriores ao plano, destacando-se as indústrias alimentícias e de mobiliário. O estudo mostrou ainda a importância das atividades comerciais, bancárias (oito matrizes) e da construção civil em Santos, comparáveis às de muitas capitais brasileiras. Destacava ainda o atraso da atividade pesqueira e a insignificância da agropecuária (de alimentos, o município só produzia pescado e banana). O estudo do abastecimento apontava diferenças em relação aos dados de hoje. A cidade ainda tinha um matadouro, cujo monopólio, entretanto, começava a ser combatido por empresas distribuidoras de carne. Havia moinhos de trigo e refinarias de açúcar e sal. A distribuição a varejo se fazia por centenas de armazéns, quitandas e empórios, pelo Mercado Municipal, por sete mercados privados e pelas dezessete feiras livres. Não havia supermercados.

A empresa que distribuía eletricidade também dispunha de rede de distribuição de gás, já então sofrendo a concorrência do gás engarrafado. A decadência do "gás de rua" iria resultar na explosão do gasômetro, no bairro da Vila Nova, causando a semidestruição de todo o patrimônio arquitetônico daquela região. O bairro, uma expansão urbana semelhante à dos Campos Elíseos em São Paulo, guardava inúmeras residências ecléticas da burguesia santista e o Santuário do Sagrado Coração de Jesus, um belo templo eclético em linguagem clássica, criminosamente demolido sob a injustificada razão das rachaduras provocadas pela explosão.

Em termos de drenagem de águas pluviais e de coleta e afastamento dos esgotos sanitários, a cidade estava dotada do sistema implantado por Saturnino de Brito. Não contavam com esses serviços os morros e a zona noroeste. O lixo coletado na cidade era destinado a aterro de mangues, o que era descrito sem críticas pelos estudos. Falava-se em uma futura usina de industrialização de lixo, nunca implantada.

O capítulo X, intitulado "Santos: tendências e perspectivas", indicava um quadro de dificuldades e poucas perspectivas para Santos. A vocação portuária era a única apontada com clareza, mas havia o temor de que o porto de São Sebastião fizesse concorrência ao de Santos, uma possibilidade que já vinha sendo combatida nos estudos de décadas anteriores de Prestes Maia. A pesquisa citava o turismo como segunda atividade econômica de interesse, mas já detectava uma decadência no setor, que em décadas anteriores se desenvolvera com a via Anchieta. Apontava o caminho da atividade industrial, mas via dificuldades em seu desenvolvimento, por falta de áreas propícias, o que foi confirmado anos depois com a proposta malsucedida do distrito industrial do Vale do Rio Quilombo, na área continental. Apresentou ainda a fase final da atividade agrícola e a falta de áreas para a expansão urbana. Não emitiu preocupações com a questão do transporte urbano, que veria poucos anos depois a extinção do antigo serviço de bondes.

As diretrizes do Plano Diretor

Em setembro de 1967 foram concluídos os dois volumes da Política de Desenvolvimento Físico do Plano Diretor. Na exposição de sua metodologia, o estudo concebia o planejamento como

> um processo dinâmico e transformador do desenvolvimento físico, enfocado na perspectiva mais ampla do planejamento integrado e fundamentado por uma análise multilateral e profunda da problemática econômica, social, física, administrativa e financeira[15].

Nos estudos foram elaboradas projeções do desenvolvimento demográfico, econômico e social. Foram examinadas também as fontes de recursos e meios disponíveis e mobilizáveis.

15. *Ibidem*, p. 12.

O Plano Diretor não previa o debate das propostas com a população, mas sua "promoção" junto à opinião pública[16].

Junto com o Plano Diretor foram elaborados o Código de Edificações, o Código de Posturas e as Normas Ordenadoras e Disciplinadoras da Urbanização e da Preservação da Paisagem Natural dos Morros de Santos, que integravam um conjunto de

> normas básicas ordenadoras e disciplinadoras das estruturas urbanas e do bem-estar da comunidade santista, que poderão criar as condições para lhe possibilitar usufruir uma vida social mais equilibrada e progressivamente sadia[17].

Previa a implantação da empresa Progresso e Desenvolvimento de Santos S.A. (Prodesan), do sistema de planejamento físico e a constituição, na prefeitura municipal, de um núcleo técnico habilitado a continuar os trabalhos permanentes de coordenação da implantação do Plano Diretor Físico[18].

A Prodesan foi criada como empresa de economia mista, dotada de flexibilidade operacional, com a incumbência de patrocinar estudos de planejamento em geral, preparar instrumentos legislativos básicos para o município e executar obras e serviços municipais. Teve como primeiro presidente o engenheiro-arquiteto Aníbal Martins Clemente, contemporâneo de Oswaldo Corrêa Gonçalves na Escola Politécnica. A empresa administrava o Fundo para o Progresso e Desenvolvimento de Santos e destacou-se pela implantação de equipamentos importantes, que se tornaram marcos da arquitetura moderna brutalista em Santos – como sua própria sede, o Teatro Municipal, a Estação Rodoviária –, assim como de diversas obras de urbanização, pavimentação e drenagem. A Prodesan foi pioneira nesse processo de administração municipal descentralizada e, assim, referência e modelo para inúmeros municípios.

A lei e os resultados do Plano Diretor

O Plano Diretor Físico de Santos, que se tornou lei em 1968, definiu como objetivos:

a) assegurar o desenvolvimento físico racional, harmônico e estético das estruturas urbanas e rurais;

16. *Ibidem*, p. 17.
17. *Ibidem*, p. 38.
18. *Ibidem*, p. 17.

b) propiciar estruturas urbanas capazes de atender plenamente às funções de habitar, trabalhar, circular e recrear;
c) proporcionar à população o ambiente urbano que lhe permita usufruir uma vida social equilibrada e progressivamente sadia.

Foi apresentado em 21 plantas que condensavam a configuração física do município, incluindo uma revisão histórica do desenvolvimento urbano. Cinco plantas passaram a ser oficiais por força da lei do Plano Diretor, contendo:

* a estruturação sistemática da configuração física;
* a divisão territorial em áreas integradas;
* o abairramento;
* o sistema viário; e
* o zoneamento de uso.

Com a estruturação sistemática da configuração física pretendeu-se implantar um sistema cartesiano de coordenadas ortogonais que permitiria localizar e dimensionar qualquer elemento construído na cidade. Com evidentes vantagens técnicas e tributárias, essa proposta mostrou-se pouco viável àquela época ainda não digitalizada.

Com a divisão territorial em áreas integradas (urbana, expansão urbana e rural) e com o abairramento, pretendeu-se facilitar o planejamento e a execução das obras e serviços, assim como a implantação de equipamentos comunitários de forma coerente com as características de cada região da cidade e as necessidades de sua população. O abairramento proposto foi uma grande conquista em termos de localização e reconhecimento das regiões da cidade, tanto para as comunicações sociais como para a circulação de pessoas e mercadorias. No Plano Diretor de 2000, o abairramento já estava consagrado e foi mantido com pequenas alterações.

Para o sistema viário, o Plano Diretor classificava as vias segundo uma hierarquia que evitasse os conflitos entre os diferentes fluxos, a saber: vias de trânsito rápido; vias principais ou preferenciais; vias secundárias; e vias locais. Como o sistema viário da planície insular estava bastante definido, essa classificação não teve efeitos em termos de dimensionamento de vias e definição de fluxos. Mas em termos de uso do solo as categorias das vias passaram a regular as novas construções, pois combinavam-se com o zoneamento de uso, sendo ou não permitidos certos usos nas diferentes categorias de vias.

O zoneamento de uso, que o documento considerava "talvez o principal instrumento da técnica do planejamento físico", distribuía as categorias de uso[19] em zonas com características peculiares a uma cidade litorânea e portuária[20], e baseou-se no processo histórico de configuração de distribuição de usos no espaço urbano resultante da interação entre a dinâmica dos interesses dos agentes sociais e econômicos e a ação controladora da legislação municipal.

Sendo o zoneamento rigoroso em termos de separação de usos, impedindo a instalação de comércio e serviços em vias locais, suas restrições incidiram sobre as novas construções, controladas pela Secretaria de Obras e mais tarde pela de Planejamento. Mas os usos conflitantes em edificações já existentes eram tranquilamente licenciados pela Secretaria de Finanças, que sempre ignorou o zoneamento do Plano Diretor.

Um dos grandes problemas causados pelo zoneamento foi a proibição de habitação nas zonas centrais da cidade. Essa regra, fruto do pensamento modernista que interpretou de forma radical a Carta de Atenas, foi uma das causas que deixaram, após esses anos de vigência, o centro morto à noite e o comércio varejista sem clientela. Uma inovação tecnológica no transporte de cargas, o contêiner, surgido após a implantação do Plano Diretor, causou inúmeros conflitos entre o uso residencial e os serviços portuários, que exigiram diversas adequações legais para minimização desses conflitos tanto na zona leste como na zona noroeste.

O Plano Diretor também controlava a edificação nos lotes estabelecendo coeficiente de ocupação e coeficiente de aproveitamento, as dimensões dos recuos, áreas e espaços livres das edificações nos lotes e finalmente as alturas das edificações e as densidades demográficas[21]. O controle da densidade demográfica na aprovação dos projetos, depois de poucos anos, caiu em desuso. Como os coeficientes de ocupação e aproveitamento eram muito altos, os edifícios de Santos acabaram se conformando aos recuos mínimos e gabaritos de altura, de forma que, durante muitos anos, foram erguidos como volumes simples, em geral paralelepípedos em cuja realização o lucro imobiliário sempre

19. Os usos "passíveis de autorização" nas áreas urbanas e de expansão urbana eram os seguintes: residencial; cultural; recreativo; assistencial; institucional; prestação de serviços; comercial; bancária e seguradora; industrial (artigo 61).
20. As zonas de uso propostas eram: turística; residencial; mista leste; comercial central; comercial paisagística; comercial residencial; comercial industrial; comercial secundária; industrial; mista noroeste; residencial noroeste; portuária (artigo 69).
21. Lei n. 3.529 [a, b, c].

foi preponderante em relação a possibilidades de formas e soluções estéticas mais ricas. Esse problema acabou sendo corrigido anos mais tarde, por pressão dos próprios construtores, inconformados com a comparação com soluções de outras cidades. Os gabaritos foram liberados, e as varandas deixaram de contar como área construída.

A liberação do gabarito veio resolver outro problema que se agravou nos últimos anos, referente aos recalques diferenciais apresentados por edifícios da orla. A necessidade de fundações profundas para garantir a estabilidade das construções passou a ser viabilizada por edifícios com maior número de pavimentos.

O Plano Diretor acabou também estendendo o gabarito de dez pavimentos para toda a planície da zona leste, com exceção da zona mista leste, ampliando uma tendência de legislações anteriores. Essa concessão de aumento de gabarito possibilitou maior aproveitamento do uso do solo pelos proprietários sem cobrança de nenhuma contrapartida aos proprietários, que ganharam do poder público uma grande valorização de seus terrenos. Os ônus de toda a renovação da infraestrutura urbana ficaram para o poder público, que teria nos anos vindouros unicamente o aumento da receita com o imposto predial urbano decorrente dessa valorização. Na realidade, a aplicação do conceito do solo criado ainda estava muito incipiente no Brasil, e só pôde ser adotada em Santos em legislação do ano 2000.

O Plano Diretor ainda abordava um conjunto de tópicos cuja eficácia transformadora foi muito reduzida, principalmente na área insular, em que a urbanização já estava bastante consolidada, mas teve efeitos na área continental. Esses tópicos compreendiam: alinhamento e nivelamento de logradouros públicos; urbanização de terrenos; estética dos logradouros; equipamentos comunitários; arborização e posteamento; áreas livres destinadas a recreação e lazer; passeios; sistemas de circulação e estacionamento; comunicação visual; renovação e revitalização de locais históricos; e renovação urbanística.

Uma proposta que não teve repercussão foi a de remanejamento das quadras existentes para transformar o modelo de ocupação da quadra tradicional em uma ocupação do tipo superquadra, permitindo o uso do centro da quadra como área comum, com estabelecimentos comerciais. Inspirada nas propostas de Le Corbusier e nas superquadras de Brasília, somente uma intervenção direta do poder público municipal poderia ter viabilizado a implantação dessa ideia, mas dentro de um programa de renovação urbana com grandes investimentos de capital. Esse talvez tenha sido o objetivo mais acalentado do Plano Diretor: produzir uma grande alteração no modelo de ocupação do solo das quadras, transformando-as de acordo com os padrões preceituados pelo movimento moderno. Mas foi também o mais frustrado, em função da falta de mecanismos que o viabilizassem.

Um instrumento de acompanhamento da aplicação do plano e de sua revisão e interpretação permanente foi o Conselho Consultivo do Plano Diretor, que realmente teve uma atuação continuada, consistente e respeitada, e contribuiu para a reformulação do plano nos moldes vigentes hoje.

Em 13 de março de 1969, o deputado Esmeraldo Tarquínio, eleito prefeito, teve seus direitos políticos cassados. Com a renúncia do vice-prefeito eleito, Oswaldo Justo, que não quis compactuar com o golpe de força, foi nomeado, como interventor federal, o general de divisão Clóvis Bandeira Brasil, em 1º de abril de 1969. A partir daí, o general Aldévio Barbosa de Lemos, presidente do Serviço Municipal de Transportes Coletivos (SMTC), consumou a retirada dos bondes da cidade. Os veículos eram desmontados e destruídos nas oficinas da empresa, sob a alegação de que representavam entrave ao progresso[22].

Com a perspectiva do final da concessão do porto, na década de 1980, a Companhia Docas de Santos deixou de investir em suas instalações, o que provocou o sucateamento dos equipamentos e a obsolescência de todo o sistema. A administração compartilhada com o Ministério dos Transportes e os investimentos dos "corredores de exportação" não foram suficientes para dar ao porto de Santos as condições necessárias para desempenhar seu papel de "maior porto da América Latina".

A perda da autonomia política da cidade de Santos durou quinze anos, até que em 9 de julho de 1984 fosse empossado o prefeito eleito Oswaldo Justo[23]. A partir daí, prefeitos ligados à cidade fizeram administrações municipais mais coerentes com os objetivos da comunidade santista. Entretanto, o agravamento de questões como as do meio ambiente, do crescimento das favelas e da falta de habitações, a necessidade e a consciência da defesa do patrimônio construído – enfim, os novos conceitos de desenvolvimento sustentável que não estavam presentes à época da elaboração do Plano Diretor de 1968 – levaram à necessidade de uma total reformulação do arcabouço legal do planejamento em Santos, o que ocorreu em 2000.

22. Ricardo Marques da Silva, *Sombras sobre Santo,* Santos: Secretaria Municipal de Cultura, 1988, p. 78.
23. *Ibidem.*

O papel de Oswaldo Corrêa Gonçalves na formulação do Plano Diretor

A atuação profissional de Oswaldo sempre foi desenvolvida em termos políticos. Não de política partidária, mas da política que se preocupa com os interesses maiores da pólis, da cidade, das nossas cidades, nunca defendendo interesses menores ou de grupos.

Oswaldo percebia as necessidades da cidade em cada momento e buscava contribuir para sua solução. Pensava a longo prazo e construía a possibilidade de implementar suas ideias, trabalhando incansavelmente para viabilizá-las.

Metódico, organizava sua agenda de forma que estabelecesse contatos e trabalhos tanto no planalto como no litoral. Sempre convocou os melhores talentos para ajudá-lo a desenvolver seus projetos e empreendimentos. Graças a esse cuidado, os trabalhos que realizou alcançaram um nível de qualidade que lhe garantiu grande prestígio profissional.

Uma análise do conjunto da obra de Oswaldo Corrêa Gonçalves mostra uma produção que é o retrato do que ele projetou em termos de arquitetura e urbanismo em São Paulo em seu tempo: as residências, os edifícios residenciais e comerciais, as escolas do Senac, os postos de gasolina, os conjuntos habitacionais, a urbanização da praia de São Lourenço, a criação de uma faculdade de arquitetura.

O desenvolvimento do Plano Diretor de Santos de 1968 e sua implantação foram o resultado dessa sua capacidade de articulação tanto no campo profissional como no campo político.

RIVIERA DE SÃO LOURENÇO[1]

Fabio Eduardo Serrano

O surgimento da Riviera

Para compreender o processo de evolução de uma cidade, temos que considerar três elementos: o tempo, o território e o homem. O tempo do desenvolvimento urbano vai além do tempo de vida de um homem; é preciso considerar décadas, séculos. Já o território tem que oferecer as condições propícias ao desenvolvimento das vocações

▲▶
Vista aérea da praia de São Lourenço, maio de 1979.

▶
Praia de São Lourenço no início da década de 1980. Arquivo Sobloco.

1. A elaboração deste texto foi possível graças à colaboração muito especial do arquiteto Benno Perelmutter, dos engenheiros Luiz Carlos Pereira de Almeida e Paulo Velzi e de Beatriz Pereira de Almeida, a quem expresso meus agradecimentos.

urbanas, e se essas condições desaparecem, a cidade perece. E o homem, organizado em sociedades políticas e econômicas, é o motor da criação e do desenvolvimento da cidade.

Essas considerações vêm à mente ao observarmos esse fenômeno urbano que é a Riviera de São Lourenço, que parece uma urbanização recente, mas vem sendo pensada há mais de setenta anos, para um território excepcional, por homens que se destacaram por ideias avançadas.

Alberto Hugo de Oliveira Caldas, com José Ermírio de Moraes, Octacílio E. Oliveira, José Quartim Barbosa e outros fundaram a Cia. Urbanística de Bertioga para abrir os primeiros loteamentos de Bertioga, no início da década de 1940, compreendendo grande parte da área da vila. Na década de 1950, Alberto também montou, em Bertioga, a primeira fábrica de blocos de cimento[2].

Nesse período, Alberto Caldas adquiriu as terras da praia de São Lourenço, em Bertioga, para ali desenvolver o projeto de um balneário, quarenta anos antes do início da efetiva implantação. Alberto foi atraído pelas qualidades excepcionais dessa praia, então isolada das áreas urbanas e sem acesso rodoviário. Delimitada pelas penínsulas do morro da Enseada e do morro de São Lourenço, com 4,5 km de extensão, aberta para o oceano Atlântico, é uma praia limpa, de areias finas e baixa declividade. As terras adquiridas chegavam até os divisores de água da serra do Mar.

Homem de visão voltada para o futuro, para administrar essa propriedade Alberto fundou a empresa Sociedade Agrícola São Lourenço Ltda. Com o apoio do sogro, João Mello Peixoto, associou-se a José Aparecido Ribeiro e à família Levy e organizou as empresas Praias Paulistas S.A. e Companhia Fazenda Acaraú[3].

Entretanto, o desenvolvimento urbanístico da praia de São Lourenço dependia da implantação da infraestrutura viária de acesso à região, o que teria desestimulado o interesse de grupos investidores árabes em adquirir a área por valores em torno de 25 milhões de dólares[4]. A rodovia Mogi-Bertioga foi inaugurada em 1982, prenunciando o processo de ocupação da região; a Rio-Santos foi inaugurada apenas em 1985.

2. Francisco Martins dos Santos e Fernando Martins Lichti, *História de Santos*, São Vicente: Caudex, 1986, disponível em: http://www.novomilenio.inf.br/bertioga/bh005c.htm, acesso em: 8 jun. 2014.
3. Sheila Mazzolenis, *Riviera de São Lourenço*, São Paulo: Abook, 2008, p. 15.
4. Benno Perelmutter, *apud* entrevista e correspondência eletrônica com o arquiteto em maio e junho de 2014.

As características naturais intocadas da praia de São Lourenço estimularam as intenções dos proprietários de realizar uma urbanização que garantisse a preservação, a valorização e a fruição do ambiente natural.

Situado no km 212 da rodovia Rio–Santos, o empreendimento, que recebeu da Sobloco a denominação de Riviera de São Lourenço, compreende uma área total de 8.849.164,64 m^2.

Em 1982, em entrevista a Ana Elvira Zauli, José Aparecido Ribeiro afirmou:

> O projeto de urbanização foi confiado aos arquitetos Oswaldo Corrêa Gonçalves e Benno Perelmutter. Salientamos, porém, nossos anseios de preservação do meio ambiente, do aspecto visual e, sobretudo, das características não poluidoras. A resposta dada em projeto pelos profissionais atingiu plenamente nossas expectativas. Feita a aprovação do plano geral, contratamos a Sobloco para a execução e a aprovação dos projetos subsequentes, uma grande empresa que consideramos sólida, séria e de tradição em projetos de desenvolvimento urbano[5].

Essa declaração de José Aparecido Ribeiro mostra que as questões de sustentabilidade originalmente levantadas foram mantidas no projeto, com a preocupação de preservação da natureza. Posteriormente, na fase de detalhamento do Plano Diretor, a Sobloco passou a desenvolver os sistemas de captação e abastecimento de água potável, de tratamento de esgoto sanitário e de destinação correta de resíduos sólidos.

Os trabalhos de elaboração dos projetos foram iniciados por Oswaldo Corrêa Gonçalves a partir de seu relacionamento com os proprietários de Praias Paulistas e Fazenda Acaraú. Entre eles se destacava José Aparecido Ribeiro – um homem de caráter, que estabeleceu um relacionamento de absoluta confiança com Oswaldo, acima de relações puramente contratuais, conforme testemunhou Benno Perelmutter[6].

Os proprietários, os arquitetos e a Sobloco participaram juntos do desenvolvimento dos trabalhos, aguardando o retorno que viria com o sucesso do empreendimento. Nesse aspecto, é importante lembrar como grandes empreendimentos se concretizam pela convergência de esforços de pessoas idealistas e de elevado descortino.

5. Ana Elvira Zauli, "Uma cidade turística de porte médio está nascendo no litoral paulista", *Construção em São Paulo*, São Paulo, nov. 1982, n. 1.815, p.7.
6. Benno Perelmutter, *op. cit.*, 2014.

Foi o que aconteceu com a Riviera de São Lourenço, que, com o projeto da Barra da Tijuca, de Lúcio Costa, são os mais extraordinários casos de urbanização litorânea do Brasil, segundo Benno Perelmutter.

O papel de Oswaldo Corrêa Gonçalves

Oswaldo, que era um arquiteto de prestígio em São Paulo, mas originário de família ligada ao comércio cafeeiro em Santos, reunia as melhores condições profissionais, técnicas e de relacionamento social para desenvolver e aprovar os projetos da praia de São Lourenço, no então distrito de Bertioga, que integrava o território do município de Santos. Bertioga tornou-se município alguns anos depois, em 19 de maio de 1991.

Os esforços conjuntos dos arquitetos – com José Aparecido Ribeiro e Mello Peixoto, de Praias Paulistas, e Luiz Carlos Pereira de Almeida, da Sobloco – levaram à concretização de uma urbanização de qualidade excepcional.

O pré-plano

O pré-plano, cujos estudos se iniciaram no fim da década de 1960, foi desenvolvido por Oswaldo Corrêa Gonçalves com a colaboração dos arquitetos Paulo Buccolo Ballario e José Wagner Leite Ferreira. Dividia a área, a partir da rodovia, em três faixas diferenciadas paralelas à praia, como determinava a legislação urbana do distrito de Bertioga.

Em uma faixa denominada zona turística, próxima à praia, eram previstos lotes de mil m^2, com 25 m de frente e 40 de profundidade. Na faixa seguinte, zona residencial, foram estabelecidos lotes com 480 m^2, com 12 m de frente e 40 de profundidade. A terceira faixa, ao longo da rodovia, na zona mista, teria lotes de 300 m^2, com 10 m de frente e 30 de profundidade.

Esse pré-plano, apresentado à Prefeitura de Santos, integrava-se à trama urbana do entorno. Teria um acesso principal na divisa lateral, na direção do morro da Enseada, prevendo inclusive expansão em glebas laterais do lado de Bertioga.

Na região central localizavam-se as áreas para edifícios públicos e centro comercial, formando um eixo central, sem vias, que se ligava perpendicularmente à praia com um grande *mall* de jardins, uma concepção de espírito neoclássico.

Acompanhada por um arruamento em quadrícula hipodâmica, tinha como resultado uma estrutura geral de difícil imaginabilidade, como diria Lynch[7] em suas análises de desenho urbano. A importância da preservação ambiental não era evidente, a circulação era confusa, e com esse partido não seria viável o acesso central com o pavilhão de recepção como a Riviera tem hoje.

O projeto definitivo

Oswaldo Corrêa Gonçalves e Benno Perelmutter se associaram em 1971, criando a Pluric – Escritório Pluricurricular de Projetos S/C Ltda., uma empresa de arquitetura e urbanismo em que, junto com os arquitetos José Arduin Filho e Marciel Peinado, passou a desenvolver projetos para os setores público e privado.

Foi nos anos iniciais da década de 1970 que o pré-plano da Riviera foi revisto. Estimulado pelas novas perspectivas de desenvolvimento do litoral norte e de Bertioga, e já com a participação da Sobloco e seus técnicos, o projeto tomou sua forma definitiva com consideráveis alterações, que vieram a receber do então presidente da Câmara Municipal (e ex-prefeito) de Santos, Paulo Gomes Barbosa, a seguinte carta de reconhecimento:

Santos, 27 de junho de 2005.
À Sobloco Construtora S/A
Nesta.
Prezados Senhores,
Em resposta à carta que V.Sas. nos enviaram, atendendo às formulações que me foram ali apresentadas, devo lhes dizer o seguinte:
O projeto da urbanização da praia de São Lourenço, de autoria dos arquitetos Oswaldo Corrêa Gonçalves e Benno Perelmutter, tramitava junto aos órgãos da Prefeitura, com vistas a sua final aprovação, quando as proprietárias da imensa área apresentaram a Sobloco como empresa responsável, que a partir de então passaria a conduzir o pretendido empreendimento.
Refiro-me ao processo n. 11.201/76, que à época do início do meu mandato como prefeito de Santos, com a interveniência da Sobloco, passa a ter sua tramitação atendida em seus aspectos técnicos.

7. Kevin Lynch, *A imagem da cidade*, Lisboa: Edições 70, 2014, p. 19.

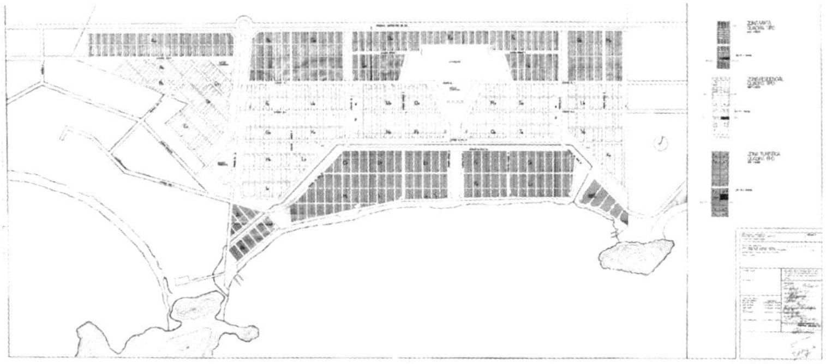

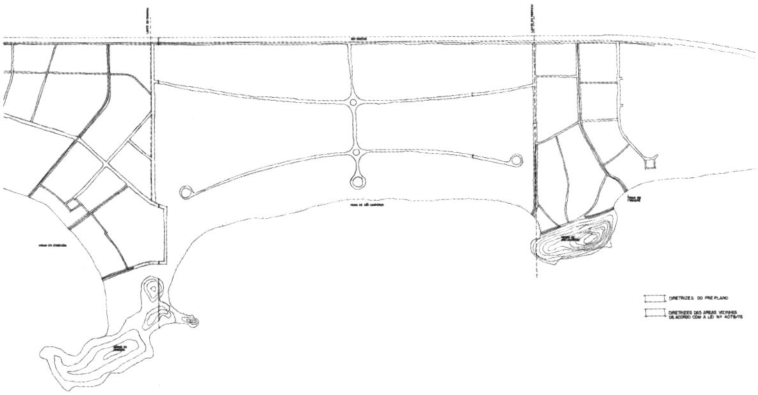

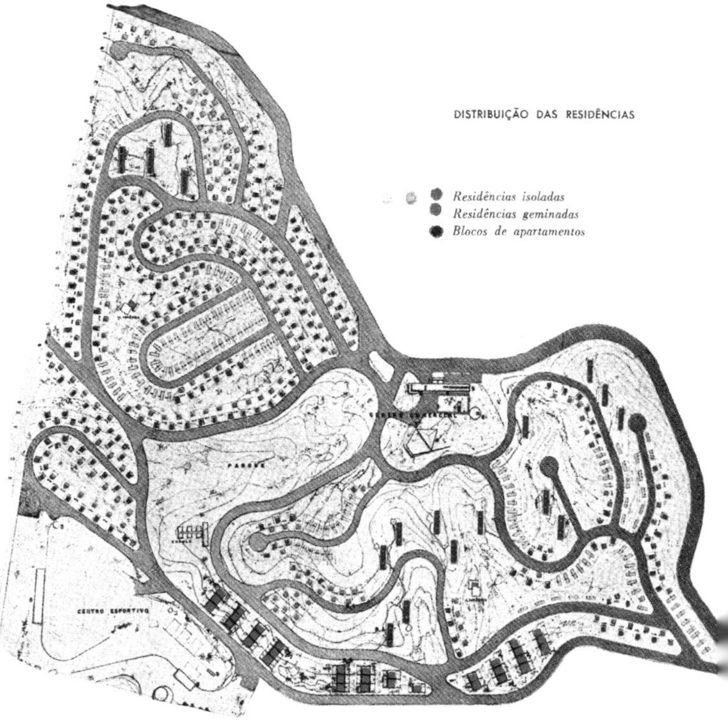
DISTRIBUIÇÃO DAS RESIDÊNCIAS
Residências isoladas
Residências geminadas
Blocos de apartamentos
PARQUE
CENTRO ESPORTIVO

Embora tenha tido suas diretrizes fornecidas previamente pela Prefeitura, lei municipal posterior passara a ser considerada, obstaculando os propósitos então da Sobloco, que, à época, calcada no traçado viário dos arquitetos, já apresentava um plano urbanístico inovador.

Testemunhei então o diálogo construtivo entre os urbanistas da Sobloco, a equipe técnica e o setor jurídico da prefeitura.

Convencida das propostas da Sobloco, da majestade do projeto e de seu disciplinamento de uso e ocupação do solo, apresentados então com riqueza de detalhes através de maquetes, áudio visuais e exposições públicas, o Poder Executivo submeteu à Câmara Municipal projeto de lei com vistas à adequação daquela proposta dentro de condicionamentos adicionais que a aperfeiçoaram. Resultou daí a Lei n. 4526, de 19 de novembro de 1982[8].

Passadas estas mais de duas décadas, constata-se hoje o acerto das medidas então tomadas.

A Sobloco, antecipando-se a todos, vira à época em sua proposta um brilhante futuro para Bertioga, em especial para a praia de São Lourenço.

A Prefeitura de Santos, antecipando-se também à opinião pública, concluíra pela oportunidade de dar àquela área de seu município o caminho correto da modernidade.

É, pois, com satisfação pessoal que escrevo estas linhas que, retratando a verdade dos fatos, trazem-me à memória este episódio gratificante de minha administração, graças à qual Bertioga hoje conta com um plano urbanístico internacionalmente reconhecido como paradigma, nos conceitos de urbanização de nossos dias.

Sem mais, apresento-lhes minhas cordiais saudações.

Atenciosamente,

Dr. Paulo Gomes Barbosa

Presidente da Câmara Municipal de Santos[9].

As datas das autorizações e aprovações legais para a implantação do empreendimento mostram que os trâmites foram sendo concluídos entre 1975 e 1981, quando,

▲◄◄
Pré-plano e esboço do partido urbanístico.

▲◄
Comunidade Brasílio Machado Neto.

◄◄
Última versão do projeto urbanístico da Riviera de São Lourenço.

◄
Estação de tratamento de esgotos da Riviera.

8. Colaboraram na concepção desta lei os advogados dr. Francisco Prado de Oliveira Ribeiro e dr. Luiz Antonio de Oliveira Ribeiro.
9. Cf. Sheila Mazzolenis, *op. cit.*, p. 26.

através do Decreto n. 5.891, de 12 de janeiro de 1981, a Prefeitura de Santos aprovou o projeto urbanístico[10].

Em agosto de 1979, a Sobloco iniciava estudos no local, com a instalação de um canteiro de obras, enquanto eram desenvolvidos os projetos executivos complementares, que compreendiam terraplenagem, rede de drenagem de águas pluviais, sistema de abastecimento de água potável, rede de esgotos sanitários, estudos oceanográficos para implantação de marina, estudos paisagísticos e estudos jurídicos e de mercado[11].

A concepção urbanística

No projeto definitivo, elaborado pelos arquitetos associados da Pluric, agora com a colaboração da Sobloco, foi revisto o pré-plano anterior, que recebeu uma nova configuração, mantendo as três faixas de uso que a legislação urbanística de Bertioga estabelecia.

Perelmutter explicava:

> Localizamos as duas grandes avenidas paralelas à praia e à Rio-Santos, previstas para que fossem integradas ao sistema viário de Bertioga. A área ficou assim dividida em três faixas retangulares. Cada segmento seria um setor ou "bairro" diferente. O primeiro, junto ao mar, corresponderia à "zona turística", o seguinte, no meio, seria a "zona residencial", e por último, a "zona mista", em limite com a Rio-Santos. Em seguida, desenhamos um eixo de penetração, no centro da gleba, para que ficasse geometricamente equidistante de todos os pontos da área urbanizada[12].

10. Oswaldo anotou: Ministério do Exército, 1975; Ministério da Aeronáutica, 1978; Ministério da Marinha, 1979; Condephaat, 1979; Cetesb, 1979; Secretaria da Agricultura, 1980; Sabesp, 1981; Prefeitura Municipal de Santos, 1981.
11. Foram contratados pela Sobloco: projeto de drenagem de águas pluviais: prof. Olquídio Lopez Bardney; projeto de esgoto sanitário: eng. Isaac Moyses Zimelman; assessoria de terraplenagem: prof. Wlastermiler de Senço; projeto da marina oceânica: prof. Carlos Eduardo de Almeida e eng. Daniel Vera Cruz, do Laboratório de Hidráulica de Lisboa; consultoria ecológica: Rodolfo Ricardo Geiser; montagem jurídica: advogados Arlindo de Carvalho Pinto Neto, Hamilton Caetano de Mello e Pedro Augusto Cortez (cf. Ana Elvira Zauli, *op. cit.*, p. 15).
12. Cf. Ana Elvira Zauli, *op. cit.*, p. 7.

Esse esquema geométrico das duas avenidas encurvadas com raios de cerca de 900 m e centros opostos lembra o eixo rodoviário curvo de Brasília, mas duplicado. A avenida mais próxima da praia é a da Orla, a de trás é a avenida São Lourenço. A avenida de penetração, que lembra o eixo monumental transversal, é a avenida Riviera.

Dessa forma, a setorização dos usos surgiu em perfeita harmonia com o sistema viário, de uma forma clara e facilmente imaginável. Os elementos que Lynch indica como definidores da estrutura urbana estão presentes. As três grandes avenidas são os caminhos e limites dos seis bairros. As rotatórias nas intersecções e terminais das avenidas são os pontos nodais e marcos de referência. Assim, a Riviera tem aquela legibilidade definida por Lynch: "Facilidade com que cada uma das partes da cidade pode ser reconhecida e organizada em um padrão coerente"[13].

O eixo de penetração central que dá acesso à Riviera é muito largo e recupera a ideia do *mall* do primeiro pré-plano, com seu largo gramado entre as pistas. Ao longo dele situam-se os usos complementares às residências, como o centro comercial e outros comércios e serviços.

As vias locais distribuem-se no interior dos seis setores ou bairros e têm um traçado sinuoso, sem cruzamentos. Esse tipo de traçado elimina a perspectiva infinita das ruas retas e cria perspectivas mais dinâmicas, que se movem à frente de quem caminha ou circula pelo local.

Benno Perelmutter ressaltou que a forma do desenho urbano das ruas curvas (ameboides) também tem a "função de eliminar o paredão junto à linha do mar, criando condições de ventilação e fruição visual para as edificações mais distantes, oferecendo assim um visual mais leve e agradável para os usuários"[14].

Isso é mais acentuado pelo afastamento entre os edifícios, que devem manter entre si distância igual à altura do mais alto, o que se torna possível com a anexação de lotes, resultando áreas mais amplas para cada edifício.

Oswaldo já havia tido uma experiência de projeto semelhante em Suzano, com a urbanização da Comunidade Brasílio Machado Neto, promovida pelo Sesc por

13. Kevin Lynch, *op. cit.*, p.12.
14. Entrevista de Benno Perelmutter ao autor, 2014.

meio de concurso que ele venceu em 1958[15]. Ali, as ruas sinuosas foram sugeridas pela topografia. Esse projeto foi parcialmente implantado, no setor das residências unifamiliares. Os edifícios multifamiliares, previstos em áreas de topografia mais acidentada, não foram construídos, nem todos os equipamentos comunitários previstos inicialmente.

O projeto urbanístico da Riviera de São Lourenço tem antecedentes que contribuíram para as soluções adotadas, com as necessárias atualizações. É um avanço sobre propostas e experiências anteriores no Brasil e no exterior.

A integração da natureza no espaço urbano deriva das propostas de cidades-jardins do estenógrafo e intelectual inglês Ebenezer Howard, descritas em seu livro *Cidades-jardins de amanhã*[16], lançado em 1898, e colocadas em prática em seguida pelos arquitetos e urbanistas ingleses Barry Parker e Raymond Unwin e pelo arquiteto paisagista estadunidense Frederick Law Olmsted Jr. Os bairros-jardins da Companhia City, em São Paulo, também foram projetados por Barry Parker.

Na Riviera de São Lourenço o índice previsto de área verde por habitante é de 21,77 m^2, enquanto a Organização Mundial da Saúde recomenda o índice mínimo de 12 m^2 de área verde por habitante na área urbana[17].

Com investimentos da Sobloco, de Praias Paulistas e da Companhia Fazenda Acaraú, a Riviera conta atualmente com *shopping center*, centro comercial e de serviços, hipermercado, restaurantes, escolas, atendimento médico e odontológico, *flats* e hotéis, postos de abastecimento e serviços, clube hípico, complexo tenístico e clube de golfe.

A marina projetada originalmente penetraria nas áreas entre os lotes dos módulos 9 a 17 da zona residencial oeste. Estudos de hidráulica posteriores encomendados pela Sobloco mostraram que não haveria suficiente renovação das águas na extensão prevista. Assim, a marina foi limitada ao espaço entre os lotes dos módulos M9, M10, M13 e M15. As áreas de que a marina foi retirada foram destinadas à implantação de um campo de golfe concebido, projetado e implantado pela Sobloco, que enriqueceu sobremaneira as oportunidades de lazer da Riviera.

15. Projeto de Oswaldo Corrêa Gonçalves e Heitor Ferreira de Souza, com a colaboração de Araken Martinho, Mário Reginato e Ubyrajara Gilioli (cf. Elaine Rodrigues de Oliveira, *A contribuição de Oswaldo Corrêa Gonçalves para a arquitetura moderna brasileira*, dissertação de mestrado, Escola de Engenharia de São Carlos/USP, São Carlos, 1999, p. 128).
16. Ebenezer Howard, *Cidades-jardins de amanhã*, São Paulo: Annablume, 2002
17. Sobloco Construtora S. A., *Riviera de São Lourenço*, disponível em: http://www.rivieradesaolourenco.com/, acesso em: 20 jun. 2014.

As soluções tecnológicas de saneamento básico

A infraestrutura de drenagem de águas pluviais – separada da rede de coleta – de afastamento de esgoto sanitário tem como precursoras as obras de saneamento de Saturnino de Brito em Santos.

Entretanto, o sistema de tratamento dos efluentes, projetado e executado pela Sobloco, é muito mais avançado que o de Saturnino de Brito, que lançava o esgoto *in natura* no mar, em Praia Grande, na Ponta do Itaipu. Também supera o usado nas últimas décadas do século XX nas cidades do litoral paulista pela Sabesp, que vinha implantando emissários submarinos que destinavam os esgotos ao oceano apenas com um simples pré-tratamento, solução atualmente não mais aceita.

Na Riviera, surgiram dificuldades no tratamento do esgoto em função das flutuações abruptas de ocupação nos fins de semana e feriados, que provocavam insuficiência no tratamento biológico. Após consultoria com o prof. Donald R. F. Harleman, do Massachusetts Institute of Technology (MIT), foi implantado o processo físico-químico conhecido como Tratamento Primário Avançado (TPA)[18], cujo sucesso permitiu à Sobloco obter a certificação ISO 14001[19].

O sistema de abastecimento de água da Riviera, construído pela Sobloco, também é próprio, com captação na serra do Mar e uma estação de tratamento situada no centro da urbanização.

O Laboratório de Controle Ambiental da Riviera, idealizado e implantado pela Sobloco, monitora a qualidade de todas as águas do empreendimento desde outubro de 1994. Tem como objetivo assegurar a potabilidade da água consumida, monitorar a eficiência do tratamento do esgoto, controlar a limpeza das águas dos canais de drenagem e verificar a balneabilidade do mar. Os exames físico-químicos e bacteriológicos, atendendo aos padrões da Cetesb, são realizados semanalmente, com exceção da água potável, examinada todos os dias.

Há ainda um sistema de coleta seletiva de resíduos sólidos que fecha o circuito de sustentabilidade do bairro, cuja execução e responsabilidade são da Sobloco. Os resíduos coletados, perigosos ou não, são separados, armazenados na Central de Triagem e destinados à reciclagem. Os resíduos triturados das po-

18. Em inglês, Chemically Enhanced Primary Treatment (CEPT).
19. Ricardo Y. Tsukamoto, *Tratamento primário avançado*, disponível em: http://www.agualatinoamerica.com/docs/pdf/3-4-02basico.pdf, acesso em: 20 jul. 2014.

das vegetais geram composto orgânico, em geral usado no próprio paisagismo do empreendimento. Os resíduos perigosos são destinados a empresas especializadas para reaproveitamento.

A administração do empreendimento pela Associação dos Amigos da Riviera de São Lourenço, criada pelas empresas Sobloco, Praias Paulistas e Cia. Fazenda Acaraú, controla a seleção de papéis, papelões, plásticos, garrafas PET, vidros (potes e garrafas), alumínio, sucata de ferro, madeira, pneus, resíduos de podas, pilhas, baterias, cartuchos de impressoras, eletrônicos, lâmpadas fluorescentes, óleo lubrificante usado, óleo vegetal usado, areia contaminada por óleo, tintas e similares, sobras de tintas, graxa, filtros de óleo, toalhas com resíduos, lodo de esgoto e resíduos da construção civil. Atualmente, a coleta atinge um volume mensal de 22 toneladas.

Hoje, a Riviera é uma aula de urbanismo. Os alunos da Faculdade de Arquitetura e Urbanismo de Santos sempre são levados ao local para uma visita que lhes permite compreender rapidamente os componentes de uma cidade em sua complexidade. Em meio dia se observa a estrutura urbana, o dimensionamento de lotes e vias, o resultado paisagístico, as instalações e o funcionamento dos equipamentos de tratamento de água potável, esgoto sanitário e resíduos sólidos.

Os jardins à beira-mar

Há um aspecto que se destaca na solução de urbanização litorânea: a inexistência de uma via ao longo da praia. As ruas que se dirigem à praia terminam em balões de retorno. Esses balões e as vias com lotes que tangenciam a praia dão acesso a ela através de vias de pedestres.

Como essa ideia se desenvolveu? Historicamente, nas cidades litorâneas brasileiras, havia ruas à beira-mar. No Rio de Janeiro, isso ocorria no Flamengo e em Copacabana. O aterro criado na praia do Flamengo seria destinado apenas a uma via expressa, não fosse a lucidez do arquiteto Affonso Eduardo Reidy, que propôs os belos jardins por onde passa essa via, submetida ao predomínio do pedestre. Os calçadões de Copacabana, desenhados por Burle Marx, tiveram que avançar sobre o mar, com uma praia artificial para permitir sua implantação.

Nas cidades da Baixada Santista, há sempre uma rua à beira-mar. Em Santos, a avenida da Praia é uma via arterial, com trânsito intenso e transporte coletivo. Já teve no passado linhas de bondes. E a faixa de jundu, que corresponde aos terrenos de marinha, hoje é ocupada por jardins com espécies exóticas em sua maioria. Essa faixa, de domínio público, foi ameaçada no início do século XX por tentativas de privatização e salva pela famosa carta de Vicente de Carvalho ao presidente da República, Epitácio Pessoa, solicitando o aforamento ao povo de Santos.

No Guarujá, no final dos anos 1970, as vias litorâneas das praias foram reduzidas a vias locais, para privilegiar o pedestre, em razão do plano de estrutura urbana desenvolvido pelo urbanista Jaime Lerner, que hierarquizou o sistema viário em três níveis: rodoviário, arterial e local. Apenas a praia de Pernambuco, urbanizada na década de 1950, não tem via ao longo da praia, e os jardins públicos foram invadidos e murados pelos proprietários lindeiros até a faixa da areia. Há mais de meio século a prefeitura de Guarujá e o serviço do patrimônio da União lutam judicialmente pela retomada dos jardins.

A solução adotada na Riviera foi defendida pelos arquitetos com o argumento de que a manutenção da faixa de jardins sem leito carroçável ao longo da praia seria essencial para a preservação da paisagem natural da praia de São Lourenço.

A falta de via à beira-mar foi questionada na aprovação pela Marinha, pois os militares ficaram preocupados com dificuldades no desembarque de tropas em caso de conflito armado[20]!

Mas, por fim, a solução foi adotada por consenso entre todos os empreendedores, pela valorização paisagística e econômica do empreendimento.

As normas urbanísticas

O Plano Urbanístico da Riviera de São Lourenço, incorporando as propostas da Sobloco que o viabilizaram economicamente, estabeleceu normas gerais atinentes a todas as zonas[21]. O objetivo dessas normas é garantir espaço para veículos nas habitações, qualidade visual das edificações, espaçamento mais amplo entre as edificações e recuos proporcionais à largura das ruas. As edificações, em qualquer dos lotes, devem observar os seguintes requisitos:

* a cada unidade residencial construída deve corresponder, no mínimo, uma vaga para estacionamento de automóvel;
* todas as fachadas de uma edificação devem ter o mesmo tratamento arquitetônico;

20. Benno Perelmutter em entrevista ao autor, 2014.
21. Sobloco, *op. cit.*

Riviera de São Lourenço
4,5 KM DE PRAIA
MODELO DE URBANIZAÇÃO NO LITORAL
OBRAS DO
Riviera Flat
SOBLOCO

* o recuo de frente das edificações nos lotes em vias de tráfego expresso deve ser de 10 m; em ruas de largura igual ou superior a 24 m, deve ser de 7 m; e em ruas terminadas em *cul-de-sac*[22], deve ser de 5 m;
* o recuo dos fundos deve ser de 2 m, mais 1/10 da altura da edificação, e o recuo lateral, de 1,50 m, mais 1/10 da altura da edificação, salvo se esta tiver mais de dois pavimentos, quando o recuo lateral deverá ser igual ou maior que a metade da sua altura;
* na determinação do recuo lateral da edificação com mais de dois pavimentos, para lotes com divisa lateral contígua à via pública ou à passagem de pedestres, é computada a metade da largura destas, observados os mínimos estabelecidos para recuos laterais;
* o afastamento mínimo entre blocos, no caso de construções pluri-habitacionais isoladas, não contíguas, dentro de um mesmo terreno, deve ser o da altura da construção mais alta;
* e os subsolos dos edifícios residenciais, quando destinados exclusivamente a garagens dos moradores dos edifícios, ficam dispensados dos recuos de fundo e laterais, desde que o nível do piso do pavimento térreo não ultrapasse 1,5 m acima do nível da guia, respeitando o recuo de frente obrigatório.

O Plano Urbanístico da Riviera de São Lourenço fixou restrições especiais de uso e ocupação do solo diferenciadas para a zona turística, a zona residencial e a zona mista, complementares à legislação do município de Bertioga.

A zona turística, com a proposta da Sobloco, é a única onde são permitidas habitações multifamiliares, com gabaritos variáveis, mas com a exigência de lotes maiores. Os gabaritos, com limites diferentes conforme os módulos, têm o objetivo de criar um *skyline* ondulado como as montanhas e as ondas do mar, segundo Perelmutter[23]. As taxas de ocupação são mais restritas, para garantir maiores áreas livres nos lotes, resultando em melhores visuais, insolação e ventilação.

Por essa razão, na zona turística, a regulamentação estabelece que:

* as edificações plurifamiliares só são permitidas em lotes unificados, com área mínima de 2,1 mil m^2;

▲◄
Os jardins na faixa de marinha em frente à praia. Arquivo Sobloco.

◄◄
Em 1984, a Sobloco iniciou a construção do Riviera Flat no módulo 3. O então primeiro edifício a ser construído estava equipado com elevador e servia de torre de observação aos visitantes, de onde podiam desfrutar a bela paisagem da praia de São Lourenço. Arquivo Sobloco.

◄
Maquete Riviera Flat e Hotel. Acervo Oswaldo Corrêa Gonçalves.

22. Balão de retorno para veículos.
23. Benno Perelmutter em entrevista ao autor, 2014.

* não são permitidas edificações com mais de dez pavimentos, nos lotes situados em vias de ligação com menos de 24 m de largura, integrantes das quadras componentes dos módulos 1, 3, 6, 8 e 9;
* não são permitidas edificações com mais de cinco pavimentos, incluindo o pavimento térreo, nos lotes situados nas ruas em *cul-de-sac* integrantes das quadras componentes dos módulos 1, 3, 6, 8 e 9;
* não são permitidas edificações com mais de cinco pavimentos nos módulos 2, 4 e 7;
* no módulo 5, só são permitidas edificações unifamiliares de no máximo dois pavimentos, excluídos os demais usos, com exceção dos lotes da quadra D (oito lotes), onde não são permitidas edificações com mais de cinco pavimentos;
* a taxa de ocupação máxima dos lotes para construção de edificações de até cinco pavimentos é de 0,40;
* a taxa de ocupação máxima dos lotes para construção de prédios de seis a dez pavimentos é de 0,20. Apenas no térreo essa taxa pode ser ampliada até 0,40, para permitir a construção de garagens para os moradores das unidades habitacionais;
* o coeficiente de aproveitamento para qualquer dos lotes não pode ultrapassar uma vez e meia a área do terreno, não sendo computadas: a área destinada exclusivamente à garagem; a área de uso comum no pavimento térreo; os balcões e terraços abertos com projeção de até 2 m lineares; as áreas complementares à edificação, tais como: guarita, vestiário de piscina, casas de bombas, caixas-d'água, piscina, casa de máquinas, toldos, dependências de zeladores etc.

Na zona residencial, as edificações residenciais com até dois pavimentos devem obedecer aos recuos mínimos estipulados pelo Código de Uso do Solo do Município de Bertioga, e a taxa de ocupação máxima dos lotes é de 0,40.

Na zona mista, as edificações também devem obedecer aos recuos mínimos exigidos pela legislação de Bertioga, mas a taxa de ocupação máxima dos lotes é de 0,50 para construções de tipo residencial e de 0,75 quando destinada a fins não residenciais.

As áreas verdes

A importância da preservação na concepção da Riviera é ressaltada por Luiz Carlos Pereira de Almeida, diretor superintendente da Sobloco:

> Primeiro, a concepção do projeto, muito generosa. Basta ver os coeficientes de aproveitamento de áreas verdes, a largura das ruas, o índice de ocupação dos lotes. Não houve a preocupação da máxima rentabilidade. Normalmente, em loteamentos, são destinados 60% da área global aos lotes e 40% a áreas verdes, ruas, praças, jardins e áreas comunitárias. Na Riviera de São Lourenço houve quase uma inversão desses valores – fato inédito em termos de planejamento urbano. Em segundo lugar, é sem dúvida inovadora a concepção de áreas condominiais da "zona turística". Todas elas se inserem dentro de áreas verdes privativas, que serão mantidas em caráter condominial, podendo ser equipáveis – com piscina, quadras poliesportivas etc. – ou implementáveis – apenas gramadas e floridas, propiciando lazer contemplativo totalizando mais de 425 mil m^2 de áreas verdes[24].

Riviera Flat e Hotel

Oswaldo Corrêa Gonçalves e Benno Perelmutter, além do Plano Urbanístico, elaboraram projeto arquitetônico de um *flat* combinado com um hotel na zona turística. A obra foi parcialmente executada.

Conclusão

A comparação do projeto da Riviera de São Lourenço com as urbanizações ocorridas em outras praias de Bertioga permite verificar que a Riviera tem a estrutura de uma cidade autônoma, embora seja um bairro de Bertioga, e esse diferencial decorre de sua concepção inicial, inovadora, graças a seus promotores. Isso não ocorre com os outros bairros, dependentes da estrutura maior da cidade. Mas a Riviera não é totalmente independente, porque é uma urbanização para

24. Cf. Ana Elvira Zauli, *op. cit.*, p. 4.

uma classe social de renda alta. A população que presta serviços à Riviera em sua maioria vive fora do bairro, e uma integração maior nesse sentido dependerá da construção de habitações de menor custo na zona mista.

No futuro – e no tempo próprio do desenvolvimento urbano – se verá a evolução desse modelo inovador dentro das condições socioeconômicas da realidade brasileira.

VILA HABITACIONAL EM BARRA BONITA

Fabio Eduardo Serrano

O número 340 da revista *Acrópole*[1] é um interessante instantâneo da arquitetura paulista do ano de 1967. Entre diversas obras de boa qualidade, na página 26 é apresentado o projeto para a Vila Habitacional, de Oswaldo Corrêa Gonçalves e Heitor Ferreira de Souza, construída em Barra Bonita para uma cooperativa habitacional. A matéria mostra casas já construídas, de modo que a obra foi um dos primeiros empreendimentos financiados pelo Banco Nacional da Habitação (BNH), criado em 1964 pelo governo militar e extinto em 1986, durante a presidência de José Sarney.

Barra Bonita, situada a 300 km da capital paulista, teve os primeiros sinais de urbanização na penúltima década do século XIX, na esteira da expansão ferroviária que servia à produção cafeeira. Na década de 1940, transformou-se em área de cultivo de cana e produção de álcool e açúcar sob a liderança do Grupo Ometto com a Usina da Barra S.A., que foi considerada a maior usina de açúcar e etanol do mundo em capacidade de moagem de cana.

No final da década de 1960 a cidade de Barra Bonita mostrava grande dinamismo, com a inauguração da Usina Hidroelétrica (1973), da Ponte do Açúcar (1970), do Hotel Turístico Municipal (1968), da Estação Rodoviária (1967) e do Mercado Municipal (1968). Foi incluída no Roteiro Turístico do Estado em 1967[2].

1 *Acrópole*. São Paulo: julho de 1967, ano XXIX, número 340.

2 Renato Abramo Bolla e Célia Stangherlin. "Barra Bonita. 100 anos de história. De Salles Leme e Pompeu (1883) a Wady Mucare (1983)". Disponível em: <http://barrabonita.sp.gov.br>. Acesso em: 29 nov. 2015.

Evolução da População de Barra Bonita – 1940 a 1980

ANO	URBANA	RURAL	TOTAL
1940	2.689	10.859	13.548
1950	2.906	8.262	11.168

Evolução da População de Barra Bonita – 1940 a 1980

ANO	URBANA	RURAL	TOTAL
1940	2.689	10.859	13.548
1950	2.906	8.262	11.168
1960	8.404	6.154	14.558
1970	14.136	3.217	17.353
1980	20.394	2.208	22.602

Fontes: IBGE e Pref. Munic. de Barra Bonita.

A Vila Habitacional surgiu oferecendo moradia para cerca de 5000 pessoas, de famílias de trabalhadores, mais da metade da população urbana de 8.404 habitantes.

A solução urbanística da Vila tem qualidades superiores em relação ao que se produzia em habitação popular à época, como a famigerada Vila Kennedy, de 1964, construída no Rio de Janeiro por Carlos Lacerda com recursos da Aliança para o Progresso. A implantação da Vila procurou evitar esse tipo de solução com casas implantadas em forma de "colônia", expressão utilizada na matéria da revista ao se referir à repetição monótona de um grande número de casas iguais justapostas.

A Vila tem um traçado diferente de outro projeto de Oswaldo Corrêa Gonçalves, o do núcleo habitacional de Suzano, do Senac que, embora constituído por residências térreas isoladas e edifícios de apartamentos, foi implantado em área com maiores declividades e um sistema viário de ruas sinuosas que se ajustam à topografia. A influência vinha de Richard Barry Parker, arquiteto inglês, responsável com Raymond Unwin pelo projeto da primeira cidade-jardim inglesa, que permaneceu em São Paulo de 1917 a 1919. Contratado pela companhia imobiliária de capital inglês City of São Paulo Improvements and Freehold Land, desenvolveu uma série de projetos de bairros jardim, inclusive o Pacaembu, em cuja proposta de ocupação do vale as ruas se acomodam às curvas de nível.[3]

Difere também do Conjunto Residencial Humberto de Alencar Castelo Branco, em Santos, financiado pelo BNH para cooperativas habitacionais, resolvido com edifícios de quatro pavimentos, sem dúvida em razão da escassez de terrenos na cidade. Essa obra em Santos também seguia a linha dos bairros jardins, com sistema viário perimetral, acessos aos prédios residenciais através de ruas locais em "U" e dotada de áreas exclusivas de pedestres no centro.

O projeto da Vila Residencial de Barra Bonita tinha o objetivo de oferecer condições dignas de moradia e ascensão social para os trabalhadores ligados à produção de cana, álcool e açúcar, e também às demais atividades econômicas decorrentes do desenvolvimento urbano de Barra Bonita e de Igaraçu do Tietê, cidade vizinha. Esses trabalhadores estavam dispersos na área rural, sem se beneficiar dos serviços urbanos.

O projeto, com 1.032 lotes e uma média de cinco pessoas por casa, abrigaria uma população de até 5.160 habitantes, que no ano de 1970 representava um terço da população urbana de Barra Bonita.

A Vila foi implantada em área com 868.277 m², com declividades variando entre 5% e 10%, localizada entre o centro da cidade e a Usina da Barra. Do total, 275.574 m² (31,6%) foram destinados aos 1.032 lotes, 183.847 m² (21%) a ruas e praças, 124.276 m² (14,4%) ao sistema de recreio. Foi deixada, no projeto, uma reserva para aproveitamento futuro de 284.579 m².

Embora o traçado viário seja ortogonal, o espírito da cidade-jardim está presente. Criou-se uma hierarquia viária, com uma via principal com vinte metros de largura (avenida Pedro Ometo) que liga o centro da cidade à usina, vias de distribuição com dezessete e catorze metros de largura, vias locais com nove metros de largura e vias de pedestres com cinco metros, para reduzir os percursos das pessoas a pé.

As superquadras formam blocos de quadras entre as vias de distribuição, com vias locais dispostas em direções rotacionadas em noventa graus, de modo que o trânsito de veículos não cruze as vias de distribuição. No centro das superquadras há áreas verdes e equipamentos comunitários, e as vias de pedestres seccionam as quadras longas.

3 Maria Cristina da Silva Leme. "A circulação das ideias e modelos na formação do urbanismo em São Paulo, nas primeiras décadas do século XX". Disponível em: <http://unuhospedagem.com.br/revista/rbeur/index.php/shcu/article/viewfile/946//921>. Acesso em: 13 dez. 2015.

▲▶
Planta do projeto urbanístico.

▶
Esquema das quadras, com a disposição dos lotes e das casas.

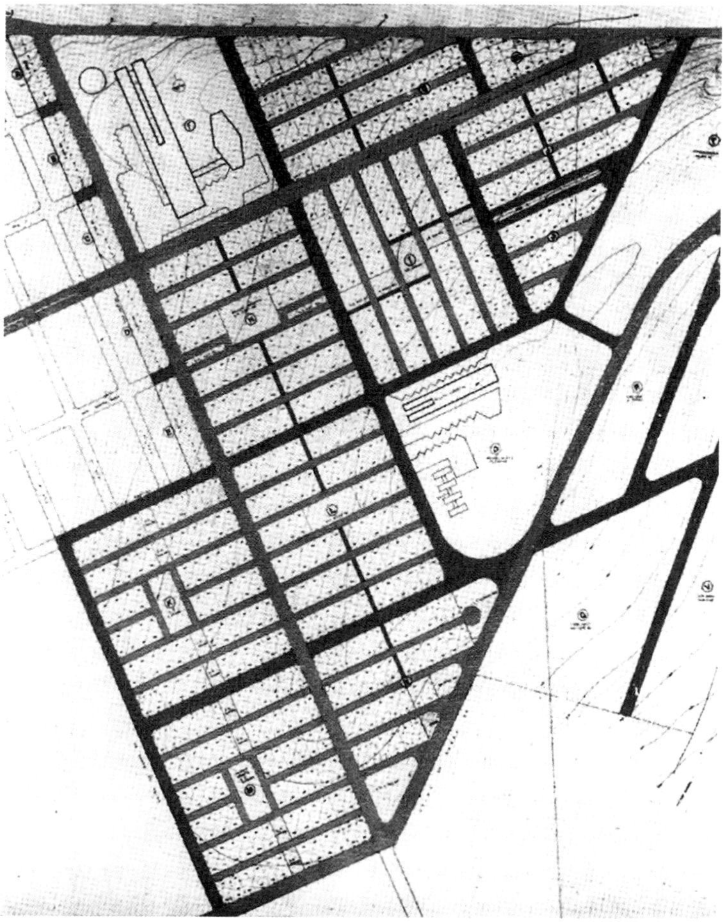

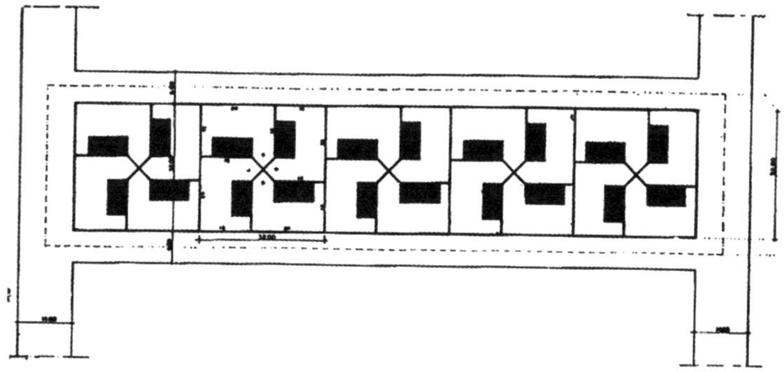

Os lotes de terreno ficaram com 256 m^2, pouco acima do mínimo de 250 m^2 exigido pela Lei Estadual nº 1.561-A, o Código Sanitário do Estado de São Paulo vigente à época.

A divisão das quadras forma grupos de quatro lotes dentro de um quadrado com 32 metros de lado, com frentes diferenciadas de vinte e doze metros, do que resultou uma largura reduzida das quadras.

A forma inovadora de lote, porém com a mesma área, permitiu a colocação de casas em posições alternadas frente à rua, eliminando a paisagem monótona. Assim, obteve-se uma melhor distribuição das casas, ampliando a área livre do lote e eliminando a ideia de separação de jardim e quintal. Uma caixa d'água externa servia às casas no centro dos quatro lotes.

Fazendo-se as vias de acesso principais paralelas à profundidade das quadras, obteve-se uma sensível redução porcentual no comprimento dessas vias, resultando em economia nas despesas de urbanização, com drenagem de águas pluviais e pavimentação etc.

Foram previstos os seguintes tipos de casa:

- Tipo A: Área construída de 34,72 m^2, com quarto, sala, cozinha e banheiro;
- Tipo B: Área construída de 34,72 m^2, com 2 quartos, sala, cozinha e banheiro;
- Tipo C: Área construída de 51,77 m^2, com 3 quartos, sala, cozinha e banheiro;
- Tipo D. Área construída de 65,00 m^2, com 3 quartos, sala, cozinha, banheiro e terraço.

A casa A foi considerada embrião e com aumento de dois quartos atinge o padrão da casa C. Todos os tipos têm parede hidráulica e procurou-se dar dimensionamento uniforme aos cômodos, qualquer que seja o tipo de casa (exceção do tipo D), a fim de facilitar o sistema de construção e a colocação do mobiliário.

Foi previsto um centro de comércio e serviços, com locais para igreja, mercado, centro social e cinema, serviço de saúde com ambulatório, restaurante e estação de ônibus, assim como a instalação de um centro esportivo, com piscina, quadra de jogos, ginásio e clube.

Para atender à educação foram garantidas áreas para o ensino fundamental e, em todas as quadras, parques infantis integrados ao sistema de recreio.

A Vila Habitacional está hoje perfeitamente integrada à cidade e mantém uma urbanização qualificada de bairro de classe média. Esse resultado, quase cinquenta anos depois, mostra o acerto da solução preconizada pelos arquitetos responsáveis pelo projeto.

FACULDADE DE ARQ
PATRIMÔNIO SA

TEMPO DE ENSINAR

Oswaldo e a Faus

GINO CALDATTO BARBOSA

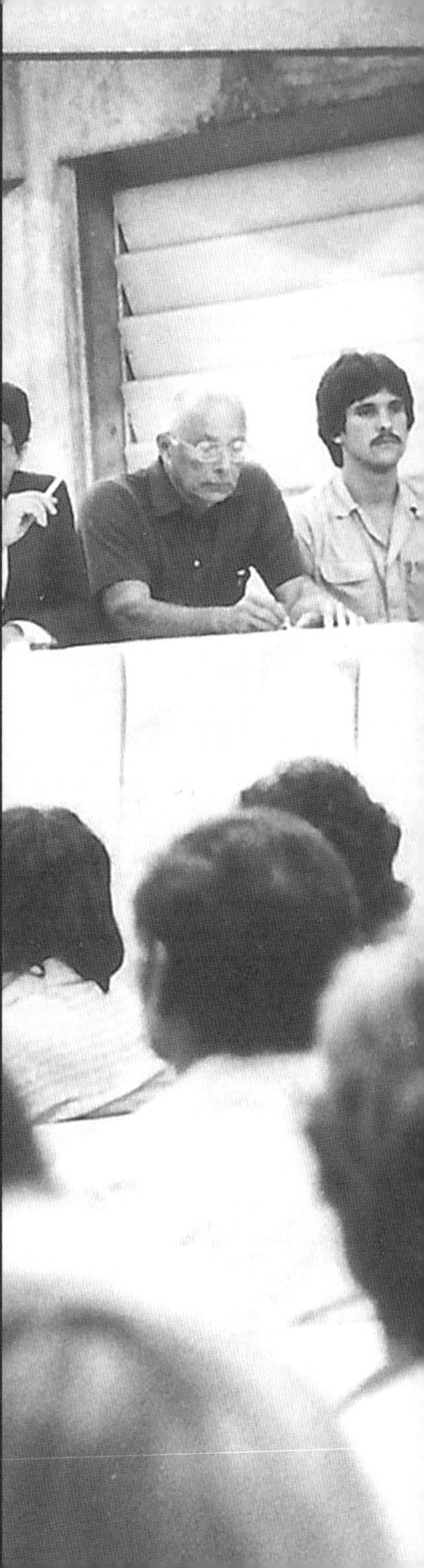

ANTECEDENTES

O interesse do arquiteto Oswaldo Corrêa Gonçalves pelo ensino de arquitetura merece especial destaque na abrangente carreira profissional acumulada em mais de sessenta anos de atividade. Atuante, participou da formação dos cursos da Faculdade de Arquitetura e Urbanismo da Universidade de São Paulo (FAU/USP) e da Faculdade de Arquitetura e Urbanismo de Santos (Faus), integrada desde 1986 à Universidade Católica de Santos (Unisantos). Lutou pela conquista da autonomia de ensino aos arquitetos na época em que seguia vinculado ao curso da engenharia politécnica, não medindo esforços para sua estruturação e aprimoramento.

À Faus, Oswaldo dispensou carinho especial. Destacou-se no meio acadêmico como professor, chefe de departamento e posteriormente diretor por 35 anos de atividade interrompida com o falecimento, no ano de 2005. Na faculdade, reuniu distintas correntes de pensamento sobre o ensino de arquitetura, organizou o quadro docente nos primeiros anos de atividade, montou centros de pesquisa e construiu o edifício-sede da escola.

Para Oswaldo, o envolvimento com o ensino de arquitetura não era casual e iniciou-se no período em que era recém-formado. No correr da década de 1940, juntou-se aos arquitetos João Batista Vilanova Artigas, Eduardo Kneese de Mello, Icaro de Castro Mello e Leo Ribeiro de Moraes, entre outros colegas do departamento paulista do Instituto dos Arquitetos do Brasil (IAB/SP), nas discussões para a criação da FAU/USP, escola que posteriormente se tornaria referência para diversos cursos de arquitetura, incluindo o de Santos. A reivindicação mantinha-se intimamente vinculada à origem do instituto, sendo a luta pela autonomia na formação profissional articulada como uma das principais bandeiras da instituição.

> Queríamos o ensino da arquitetura desligado do ensino de engenharia e das belas-artes [...] Nós achávamos que a engenharia era tecnicista e a arquitetura mais humanista, tendo a ver com as ciências humanas. E daí a necessidade de escolas diferentes para engenheiros e arquitetos"[1].

Com a falta da sede própria no funcionamento inicial do IAB/SP, o pequeno grupo de arquitetos se reunia em locais específicos ou em almoços periódicos para acirrar

1. Sylvia Ficher, *Arquitetos da Poli*, São Paulo: Edusp, 2005, p. 49.

o debate acerca da autonomia na formação e na atribuição profissional, discutindo então as estratégias para alcançar tais objetivos[2]. Em nota da imprensa, Oswaldo expressou-se favorável à manifestação dos arquitetos:

> A faculdade consubstancia a aspiração suprema dos arquitetos de São Paulo; junto trabalhará pela formação de uma mentalidade sã, de técnicos especializados na ciência do civismo, que é o urbanismo, cujo lema se exprime em dar o maior bem para o maior número. Que a tendência da faculdade seja livre, a fim de que possa ser influenciada pelos imperativos do progresso, assim reafirmando o conceito que o Brasil usufrui de ser um dos mais avançados no setor de arquitetura[3].

Vilanova Artigas tornou-se o mais influente do grupo. Tinha maior vivência com o problema, considerando a bolsa de estudos recebida da Fundação Guggenheim, em 1946, para especialização no Massachusetts Institute of Technology (MIT), em Cambridge, Estados Unidos. Durante a estada, Artigas analisou programas de ensino nas universidades estadunidenses para a criação da FAU. A troca de correspondência com Oswaldo revela a participação ativa de ambos na origem do processo. Em carta enviada em dezembro de 1946, Artigas aponta impressões positivas que o ensino de arquitetura nas universidades visitadas naquele país lhe causara, ao mesmo tempo em que confiava a Oswaldo articulações silenciosas para a viabilidade do curso:

> [...] Em primeiro lugar, não estou certo se eles estão interessados na nossa escola. É muito mais necessário que nós estejamos interessados. Já mandei há mais de um mês todo o material que eu pude colecionar a respeito das universidades para o dr. Anhaia. Com algumas anotações e sem procurar forçar. Ele já recebeu, por certo.
> 2º Não preste a mínima atenção no programa estabelecido pelo pessoal do Rio. É simplesmente ridículo e superficial. Tremendamente. Quanto mais longe daquilo nós ficarmos, melhor.
> 3º É muito importante. Quando eu estava no Brasil, o Neves me contou que

2. Cf. Catharine Gati, "Construindo a profissão", em: *AU – Arquitetura e Urbanismo*, abr. 1995, n. 59.
3. "Caberá à nova escola paulista consolidar o prestígio da moderna arquitetura do Brasil", *Diário da Noite*, São Paulo, 13 dez. 1947.

eles estavam procurando levar para a escola de arquitetura os velhos professores que saíram da Politécnica por ocasião da lei de desacumulação. Você sabe: o Machadão, o Belezinha (Lisandro) etc. Isso não tem importância, eles poderiam até servir. Mas o Neves me disse que eles achavam que, para a escola de arquitetura, qualquer professor serviria – para as cadeiras tipicamente técnicas, porque arquiteto não precisa conhecer muito isso. É errado. Exatamente o contrário deve ser o nosso ponto de vista. Para a nova faculdade, o melhor. Insisto nisso, Oswaldo, porque do tipo de ensino dessas cadeiras básicas vai depender todo o curso. Mantenha silêncio sobre isso e veja se o nosso pessoal apoia. Mas não critique o pessoal da escola por isso, senão eu vou passar mal depois. Mas o nosso *slogan* deve ser: para a escola, o melhor [...][4].

Não tardou para que a atuação de Oswaldo nas questões ligadas ao ensino de arquitetura superasse o plano das discussões e objetivasse o universo prático, considerando que a criação do curso específico para a formação de arquitetos havia se concretizado. O surgimento, em 1948, da FAU/USP[5] – concomitante à extinção do curso de engenheiros-arquitetos da Escola Politécnica – trouxe-lhe experiência acadêmica importante, apesar de circunscrita num breve período. Entre os anos de 1955 e 1956, Oswaldo fora professor assistente de Icaro de Castro Mello, na disciplina de grandes composições – equivalente curricular a Projeto III – para as turmas do terceiro ano. A experiência acadêmica acabou limitada a um ano de atividade aproximadamente. Seria pouco aproveitado pela FAU, e os motivos do desligamento,

▲▶
Estrutura de ensino de arquitetura organizada por Oswaldo Corrêa Gonçalves e João Batista Vilanova Artigas.

▲▶▶
Almoço no hotel Excelsior para a criação da FAU/USP, em 13 de dezembro de 1945 (data provável). Sentado à ponta da mesa, Oswaldo Corrêa Gonçalves. À sua direita: Aníbal Martins Clemente, Carlos da Silva Prado, Plínio Croce, João Batista Vilanova Artigas, Aldo Ferreira, Leo Ribeiro de Moraes, Jaime Fonseca Rodrigues. Sentados ao lado esquerdo de Oswaldo: Flávio de Carvalho, Alfredo Ernesto Becker, não identificado, não identificado, João Serpa Albuquerque, Leopoldino Wilson Paganelli e Gregori Warchavchik. Ao fundo em pé, da esquerda para a direita: garçom, Daniele Calabi, Rino Levi, Alfredo Giglio, Lauro da Costa Lima, Icaro de Castro Mello, Eduardo Kneese de Mello, João Kair, Lucjan Korngold, René Andraus e Hélio Duarte.

▶
Abrahão Sanovicz, Oswaldo Corrêa Gonçalves e Júlio Roberto Katinsky à frente do projeto para o Teatro Municipal de Santos na VI Bienal de Arquitetura, em novembro de 1961.

4. As informações apreendidas por Artigas das escolas americanas pouco influíram na organização pedagógica da FAU, sob a coordenação do urbanista Luiz de Anhaia Mello. Apenas em 1962 seriam revigoradas na ampla reforma de ensino engendrada sobretudo por Artigas. Cf. João Batista Vilanova Artigas, "Carta de Artigas a Oswaldo Corrêa Gonçalves", Nova York, 27 dez. 1946, disponível em: http://www.dearquiteturas.com/2012/03/fauusp-50-anos-da-reforma-de-ensino-de.html, acesso em: 8 jul. 2013.
5. As expectativas renovadoras do ensino de arquitetura almejadas para a FAU inicialmente malograram. As inovações pedagógicas objetivadas pelo grupo de arquitetos liderados por Artigas não surtiu o resultado esperado. Como efeito, o desenho curricular definido era impreciso e refletia incertezas quanto à formação dos alunos. Disciplinas técnicas extraídas da Escola Politécnica se misturavam com elementos do currículo-padrão da Escola Nacional de Belas-Artes do Rio de Janeiro. As disciplinas eram ministradas de modo independente; as de formação técnica eram de responsabilidade dos engenheiros, enquanto as cadeiras artísticas eram regidas por artistas plásticos. Cf. FAU – Histórico. Disponível em <http://www.fau.usp.br/fau/index.html>, acesso em: 13 dez. 2013.

FACULDADE DE SANTOS - 1 -

- O curso de arquitetura deve dividir-se em duas grandes partes:

1) - Parte fundamental. Experiência criativa em atelier durante os cinco anos. Representando os quatro aspectos da atividade do arquiteto.

   1) - Comunicação (desenho de mensagem) linguagem
   2) - Desenho do objeto (desenho industrial)
   3) - Desenho do edifício
   4) - Urbanismo (desenho da paisagem)

2) - Parte informativa (1) ciências da natureza.

   2.1) - ciência aplicada (Matemática - Física
   2.2) - Técnologia de materiais -

   Tendo em vista (não sòmente, como se tem feito) os materiais para a construção de edifícios mas - para os quatro aspectos citados na parte fundamental (ítem 1).

   2.3) - Técnologia de Construção:(mesma observação anterior).

   Compreendendo:

   2.3.1) - Resistência de materiais.
   2.3.2) - Estabilidade.
   2.3.3) - Concreto armado.

3) - Parte informativa (2) ciências históricas
   História da arte (comunicação e objeto).
   História da arquitetura e do urbanismo
   Estética
   Sociologia e Economia aplicada

Sugestões Artigas
1969

segundo relatou Júlio Katinsky, seu antigo aluno, tiveram relação com a proximidade de Oswaldo com Oscar Niemeyer, arquiteto carioca que sofria grande resistência ideológica na Universidade de São Paulo:

> Ele não era prestigiado como professor porque estava muito próximo do Oscar Niemeyer, e havia naquela época, década de 1950, uma intensa campanha contra o Oscar dentro da faculdade. Alguns arquitetos professores da FAU confundiam a visão política de Niemeyer com a atividade do arquiteto. O que eles queriam era destruir o político Oscar Niemeyer, e para isso faziam campanha contra o arquiteto. Grande admirador de Oscar, Oswaldo tinha ideias com relação à sociedade brasileira muito parecidas com as dele[6].

Em meio ao contexto desfavorável, Oswaldo estendeu as férias do semestre para em seguida deixar a FAU. Segundo o arquiteto, foi uma situação insólita, ocorrida em meados de 1955, quando se juntou a amigos para um safári na África e não retornou à faculdade[7].

A convivência direta com a prática do ensino, somada aos esforços para a criação da FAU/USP, tempos depois se mostraria algo profícuo a Oswaldo no debate para a criação da faculdade de arquitetura em Santos.

A FAUS

Oswaldo criou a Faus à época em que elaborava o Plano Diretor de Santos, no fim da década de 1960, estimulado por um idealismo que não se coadunava com as demandas de mercado. Os primeiros passos para a consolidação se confirmaram à medida que os dados produzidos sobre a cidade foram sendo levantados. Sensível diante das informações que detinha, Oswaldo foi inclinado a compartilhá-las com outros atores, reordenando a destinação comum desse material aos arquivos públicos para converter-se em referência permanente de investigação acadêmica.

O contexto socioeconômico do período confirmava o pujante surto desenvolvimentista no país, com impacto direto na região da Baixada Santista e seus reflexos no crescimento da indústria e da construção civil. As cidades da região emprega-

6. Cf. Ruy Eduardo Debs Franco, entrevista com Júlio Roberto Katinsky, São Paulo, 6 jan. 2014.
7. Cf. Oswaldo Corrêa Gonçalves, depoimento manuscrito, São Paulo, 8 mar. 1985, p. 5.

vam mais de 54 mil trabalhadores absorvidos em cerca de 3,1 mil estabelecimentos industriais de pequeno e médio porte, somados ao parque industrial de Cubatão que se implantava[8]. O aumento da demanda turística, observado desde a década anterior, promoveu verdadeiro *rush* na construção de edifícios de apartamentos, sobretudo na orla praiana de Santos, alcançando no ano de 1967 o expressivo número de 180 prédios, aproximadamente[9]. A esse fato somou-se a necessidade de os municípios produzirem planos diretores para desenvolvimento urbano, tendo em vista a liberação de recursos do Plano Nacional de Habitação pelo Governo Federal. Diante do contexto favorável para o desempenho do profissional arquiteto, estava sedimentado o terreno seguro que legitimaria a criação do curso de arquitetura na cidade.

Com ampla visão regional, Oswaldo Corrêa Gonçalves almejou a criação da Faus quando realizou o Plano Diretor Físico de Santos, concluído em 1968[10].

> A ideia da criação de uma Faculdade de Arquitetura ocorreu em 1969 (*sic*) em consequência da existência nessa época, em nossa cidade natal, Santos, bem como nos municípios vizinhos, de um surto de desenvolvimento territorial urbano, social e econômico marcante e da instrumentação para controlar esse desenvolvimento, recentemente criada em Santos pelo prefeito municipal de então, o eng. Silvio Fernandes Lopes, com a promulgação do Plano Diretor da cidade, em 1968[11].

Por meio da análise dos recursos físicos e econômicos da cidade, Oswaldo confiou ao planejamento uma condição transformadora da sociedade. Para ele, o arquiteto

8. Cf. Ministério da Educação e Cultura – Câmara de Planejamento, "Pedido de autorização para funcionamento da Faculdade de Arquitetura e Urbanismo de Santos, SP", parecer n. 439/69 de 11 jun. 1969, p. 2.
9. O jornal *A Tribuna* de Santos e o Conselho Municipal de Turismo da cidade realizaram em setembro de 1967 amplo levantamento dos edifícios de mais de dez pavimentos construídos em todas as áreas do município. Constataram que "na zona turística havia 438 arranha-céus, sendo 347 construídos e 91 em construção; nas avenidas à beira-mar, erguiam-se 109 edifícios grandes, além de 27 em construção; nas vias paralelas, havia 238 arranha-céus construídos e 64 em construção". Cf. Olao Rodrigues, *Almanaque de Santos – 1969*, São Paulo: Roteiros Turísticos de Santos, s.d., p. 146.
10. O Plano Diretor Físico do Município de Santos (Lei Municipal n. 3.529, de 16 abr. 1968) foi elaborado pelos arquitetos Oswaldo Corrêa Gonçalves e Heitor Ferreira de Souza.
11. Oswaldo Corrêa Gonçalvez, "Oração do paraninfo", Santos: Faus, mimeo, 1976, p. 1.

seria o único agente qualificado para sua elaboração e defesa[12]. Tratado como objeto de estudo estratégico, o Plano Diretor seria posto a serviço de estudantes, de modo que pudessem, diante da diversidade e da qualidade dos levantamentos fornecidos, analisar e atuar concretamente no território urbano:

> Com esse manancial de material e essa quantidade de plantas, nós achamos que o município de Santos tinha uma série de elementos necessários e suficientes para que os estudantes de arquitetura pudessem trabalhar, manipular, propor, enfim, realizar trabalhos sobre a cidade de Santos, que evidentemente a partir daquela data já vinha se desenvolvendo e tinha uma diretriz que devia ser reestudada a cada instante. Esse tipo de quantidade de material que existia foi que me pareceu importante utilizar até por uma faculdade de arquitetura[13].

Nessa linha de pensamento, destacou a criação da faculdade de arquitetura na Baixada Santista como necessária para assegurar e dar sequência às ideias preconizadas no Plano Diretor.

> A responsabilidade era de criar não uma escola a mais, porém a escola capaz de ministrar o ensino voltado para os altos interesses do país, preocupada com os problemas nacionais, propondo soluções para os problemas do desenvolvimento da região e prestando serviços à coletividade local[14].

A produção influenciaria a formação qualitativa dos estudantes, movida pelo sentimento criativo e pelo engajamento com os problemas da cidade. Nesses termos, o idealismo e o espírito público de Oswaldo se impuseram como premissa imediata para a existência da nova escola, ao mesmo tempo que abnegava do interesse empresarial comum às instituições de ensino superior privado, emergentes em grande

12. "É atribuição específica do arquiteto a elaboração do Plano Diretor Físico, e na Baixada Santista somente a Prefeitura de Santos tem arquitetos no seu corpo técnico, havendo urgente necessidade desses profissionais nos quadros das demais prefeituras da Baixada" (cf. Oswaldo Corrêa Gonçalves, "Considerações sobre a necessidade do curso e sobre as condições culturais", Santos, mimeo, s/d., p. 9).
13. Edison Gloeden e Eugênio Lara, entrevista com o professor arquiteto Oswaldo Corrêa Gonçalves, Santos, 21 nov. 1982, p. 6.
14. Oswaldo Corrêa Gonçalves, *op. cit.*, 1976, p. 1.

número no cenário acadêmico nacional, beneficiadas pela reforma universitária de 1968. Desse modo, os objetivos do curso mantinham Oswaldo alinhado ao pensamento de Vilanova Artigas e ao papel social da escola na vida profissional do país.

Os primeiros passos para a abertura da Faus seguiram agenda político-institucional. À época, a Sociedade Visconde de São Leopoldo, ligada à Igreja Católica, fora solicitada por Oswaldo junto ao bispo Dom David como entidade mantenedora do curso. Este, por sua vez, buscou parecer do núcleo paulista do IAB para a anuência da criação da escola de Santos, considerando que a entidade era contrária à abertura de novos cursos de arquitetura.

> Trocamos ideias com o arq. Aníbal Martins Clemente, antigo presidente do Núcleo de Santos do Departamento de São Paulo do Instituto de Arquitetos do Brasil e naquela ocasião presidente da Prodesan, empresa pública incumbida de pôr em execução o Plano Diretor. Os arquitetos propuseram ao senhor bispo, presidente da Sociedade Visconde de São Leopoldo, a criação da Faus sob a égide desta mantenedora, que se mostrava, como entidade de ensino superior, mais categorizada para conter uma faculdade de arquitetura. O presidente da sociedade quis conhecer primeiro a opinião do Instituto dos Arquitetos do Brasil – Departamento de São Paulo.

O órgão de classe dos arquitetos em nosso estado havia recentemente firmado posição, em face do início do surto de criação de escolas de arquitetura, enviando ao reitor da Universidade de São Paulo extenso ofício esclarecendo como os arquitetos viam a criação de novas faculdades, posicionando-se contra a proliferação indiscriminada de escolas, mas favorável inteiramente à criação de escolas capazes de ministrar o ensino em alto nível e corresponder aos reclamos do desenvolvimento do país.

Esta era e é a posição dos arquitetos que pensaram a Faculdade de Arquitetura de Santos[15].

O IAB/SP se valia do histórico de luta pela autonomia da formação acadêmica do arquiteto para se colocar como entidade reguladora e fiscalizadora do ensino de arquitetura no estado. A ampliação da oferta de vagas com a criação dos cursos do Mackenzie (1947) e da Universidade de São Paulo (1948) satisfazia naquele momento a incipiente demanda estudantil. Na década de 1960, o aumento significativo da

15. *Ibidem*, p. 1.

procura por vagas manifestou o problema do aluno excedente; jovens aprovados no vestibular eram impedidos de cursar escolas de ensino público superior pela indisposição de vagas. A questão dos "excedentes" não era um fenômeno acadêmico restrito aos anos 1960. Desde 1951 vigorava legislação específica[16] que normatizava o aproveitamento dos candidatos excedentes por escolas particulares, levando em conta a infraestrutura e a possibilidade de atendimento de seu corpo docente. Seguindo esse princípio, o IAB/SP encarava com grande preocupação o problema do aluno excedente, visto como demanda reprimida a ser solucionada com a abertura de novos cursos de arquitetura. A posição do instituto ao pedido de abertura da Faus seguiu expressa em ofício ao presidente da Sociedade Visconde de São Leopoldo.

> [...] vimos a sua presença externar o ponto de vista do Instituto dos Arquitetos do Brasil – Departamento de São Paulo – expedido em carta ao Magnífico Reitor da Universidade de São Paulo por ocasião do problema do aluno excedente criado junto à Faculdade de Arquitetura e Urbanismo da Universidade de São Paulo, cuja cópia anexamos à presente.
> Verificará Vossa Reverendíssima que somos favoráveis à criação de novos quadros de profissionais arquitetos para participarem do processo de desenvolvimento que nosso país enfrenta; estamos certos de que a cidade de Santos, uma das maiores em nosso estado pelo seu crescimento demográfico, já teria condições de merecer sua Faculdade de Arquitetura e Urbanismo[17].

Com parecer favorável do IAB/SP, a criação da Faus fora oficializada pela Sociedade Visconde de São Leopoldo, no segundo semestre de 1967. No ano seguinte ocorreu o registro do estatuto no Cartório das Pessoas Jurídicas da Comarca de Santos, definindo-a como "instituição não governamental de ensino superior, de pesquisa e estudo no campo da arquitetura e do urbanismo, e de divulgação científica, técnica e cultural"[18].

A autorização do Conselho Federal de Educação, processo intrincado repleto de percalços burocráticos, universo pouco afeto ao cotidiano da arquitetura, foi superada

16. Lei n. 1.392, de 11 de julho de 1951.
17. Instituto dos Arquitetos do Brasil – Departamento de São Paulo. "Ofício enviado a dom David Picão, presidente da Sociedade Visconde de São Leopoldo", São Paulo, 8 ago. 1967.
18. "Faus – Faculdade de Arquitetura e Urbanismo: regimento interno", em: Sergio Novita Fortis, *Trabalho Memória da Escola*, Santos: Unisantos, mimeo, 2000, p. 13.

pela postura obstinada de Oswaldo. Para conseguir a audiência desejada, reza a lenda que Oswaldo teria praticamente acampado em frente à sede do Ministério da Educação, no Rio de Janeiro, edifício expoente da arquitetura moderna brasileira, até alcançar o objetivo. Verdade ou mito, o certo é que a Faus tempos depois recebeu autorização do ministério para iniciar as atividades pedagógicas.

O primeiro exame de admissão, organizado em dezembro de 1969, ofertou setenta vagas no período vespertino, com vestibulares no início de cada ano. A aula inaugural, proferida pelo arquiteto Luis Saia – em instalações adaptadas pela Sociedade Visconde de São Leopoldo no histórico casarão da esquina das ruas Euclides da Cunha e Piauí, no bairro do José Menino, Santos, onde por muito tempo funcionou a Faculdade de Filosofia –, foi oportuna, uma vez que o tema versou sobre a história da arquitetura e o papel social do arquiteto diante do crescimento das cidades.

Novamente Oswaldo participava ativamente da estruturação de um curso de arquitetura. Na condição de protagonista desse processo, assumiria responsabilidade maior que na experiência anterior.

Currículo

Na organização do plano curricular da Faus, Oswaldo baseou-se inicialmente na estrutura de ensino que Vilanova Artigas e equipe elaboraram para a FAU/USP na ampla reforma imposta em 1962. Distribuídas por departamentos que sintetizavam três estruturas básicas do pensamento arquitetônico – projeto, tecnologia e história –, as disciplinas, como na reforma de 1962, buscavam conciliar a formação artística com a técnica e a humanística convergentes à formação universal e generalista proposta.

Oswaldo ainda solicitou contribuição direta de Artigas para ajustar o modelo pedagógico do curso de Santos. Desse diálogo resultou a organização inicial do ensino da Faus. Segundo a proposta, o curso deveria dividir-se em duas grandes partes: a fundamental, compreendendo as quatro atividades do arquiteto: comunicação (desenho de mensagem), desenho do objeto (desenho industrial), desenho do edifício e urbanismo (desenho da paisagem); e a informativa, setorizada em ciências da natureza (matemática, física, tecnologia dos materiais e da construção) e ciências históricas (história da arte, história da arquitetura e do urbanismo, estética e sociologia e economia aplicada). O ateliê estava idealizado como local de múltiplas atividades, onde no correr dos cinco anos de aprendizado se sucederiam experiências criativas das atividades fundamentais, determinando a prancheta como unidade básica de organização do aluno.

A subdivisão do universo prático e teórico do curso, observada na proposta de Oswaldo e Artigas, não se mostrava excludente da estrutura de ensino organizada em três áreas do conhecimento – projeto, ciências da natureza (tecnologia) e ciências históricas – presente na FAU/USP. As disciplinas estariam orientadas de modo sequencial, sobretudo nos núcleos de projeto – urbanismo, edificação, desenho do objeto e mensagem (plástica) –, na tentativa de alinhar diversas linguagens projetuais ao desenvolvimento industrial. Para o Trabalho de Graduação Interdisciplinar (TGI), realizado no último ano do curso, atribuiu-se a função integradora de todas essas atividades. Essa mesma estrutura seguiu vigente no plano de ensino da faculdade, sem sofrer alteração por mais de trinta anos de existência. Recebeu alteração substancial com a reforma promovida pela universidade no início da década de 2000, que, entre diversas medidas, eliminou a estrutura departamental do curso.

As práticas de projeto formavam a gênese pedagógica da Faus, a força motriz que impulsionava seus primeiros anos de atividade. Refletiam diretamente a atuação profissional do quadro docente, que vislumbrava a região da Baixada Santista, à época transformada num fértil canteiro de obras, como objeto de estudo para analisar e onde intervir diretamente.

> [...] na ocasião da fundação da Faus, o arquiteto Aníbal era presidente da Prodesan – Progresso e Desenvolvimento de Santos S.A., e o arquiteto Oswaldo atuava ativamente na cidade de Santos em arquitetura e urbanismo, sendo que entre seus projetos em execução destacava-se o Teatro Municipal de Santos, em parceria com os arquitetos Abrahão Sanovicz e Júlio Katinsky [...] as quatro sequências do Departamento de Projeto (Urbanismo, Mensagem, Objeto, Edificação) foram inicialmente ocupadas pelos arquitetos do Teatro Municipal: Oswaldo em Urbanismo, Abrahão em Mensagem e Júlio em Objeto [...][19].

As aproximações de Oswaldo com o modelo de ensino da FAU/USP não obstruíam a junção de novas ideias para o curso em Santos. Ciente dos debates sucedidos no fórum de 1968 da FAU, Oswaldo abriu espaço para incorporar propostas que Sérgio Ferro e Rodrigo Brotero Lefèvre haviam contraposto a Artigas. Ferro participava

19. Cf. Sergio Novita Fortis, *op. cit.*, p. 6.

▲▶
Faculdade de Arquitetura e Urbanismo de Santos: ateliê.

▲▶▶
Faculdade de Arquitetura e Urbanismo de Santos: palestra de Burle Marx em 27 de setembro de 1976.

▶
Edifício da Faculdade de Arquitetura e Urbanismo de Santos – Faus em 1976.

▶▶
Faculdade de Arquitetura e Urbanismo de Santos, em 1976: ateliê.

diretamente das discussões para a criação da Faus e talvez almejasse no curso de Santos a viabilização e a afirmação das convicções rejeitadas pelo fórum[20].

O quadro docente pioneiro era heterogêneo e expressava de certo modo o sincretismo de ideias que se pretendia implantar. Contava com grande número de professores vindos da FAU/USP, que, impossibilitados de lecionar na Universidade de São Paulo por causa das dificuldades impostas pelo regime militar, encontraram na proposta para a faculdade de Santos um porto seguro na continuação da tarefa de estruturar sólida formação profissional aos alunos. O quadro docente pioneiro era formado pelos arquitetos Abrahão Sanovicz, Benno Perelmutter, Júlio Katinsky, Sergio de Souza Lima, Sérgio Ferro e Roberto Machado de Almeida. Aníbal Clemente era o diretor; Oswaldo, chefe do Departamento de Projeto[21]; Sérgio Ferro, do Departamento de História, e Sergio de Souza Lima, de Tecnologia[22]. Em seguida entraram Mayumi Watanabe Souza Lima, Rodrigo Lefèvre e Gabriel Bolaffi, entre outros. Segundo Lenimar Rios, aluna da primeira turma da Faus, hoje professora da disciplina urbanismo na escola, a intenção de Oswaldo de aglutinar ideias heterogêneas em torno do curso era uma decisão acertada:

20. O Fórum de discussões ocorrido a partir do segundo semestre de 1968 na FAU/USP trouxe grandes mudanças para o ensino do curso com a escolha da proposta de Vilanova Artigas. Entre as estratégias apresentadas, Sérgio Ferro e Rodrigo Brotero Lefèvre polarizaram o debate. As diferenças não se limitavam às questões de ensino e alcançavam a forma de pensar a produção social do arquiteto. Ferro pretendia a criação de ateliês experimentais de produção com ênfase na realidade do canteiro como instrumento de tomada de consciência social. Artigas saiu em defesa do desenho como diálogo crítico entre arquiteto e sociedade. Ambos divergiam também sobre o momento político remanescente do golpe de 1964. Ferro e Lefèvre aderiram à luta armada, enquanto Artigas, contrário a essa posição, convergiu sua atuação política para a atividade profissional e a militância dentro do Partido Comunista Brasileiro (PCB) . Cf. Angélica Irene da Costa, *Sérgio Ferro*, São Carlos: Escola de Engenharia de São Carlos da Universidade de São Paulo, 2008, p. 86.
21. Durante o período em que lecionou na Faus, Oswaldo ministrou aulas nas disciplinas de edificação, urbanismo e orientou trabalhos finais de graduação (TFG).
22. Sobre os professores que participaram da implantação da Faus, Oswaldo declarou: "Inicialmente participaram eu e o Aníbal. Depois comecei a convidar outros profissionais para participarem, e um deles foi o Sergio de Souza Lima, o Abrahão Sanovicz, Júlio Katinsky, a Mayumi e o Sérgio Ferro. Foram os primeiros professores da faculdade, porque cada dois passaram a responder por um dos três departamentos sob os quais foi montada a faculdade: o de Projeto, de História e de Tecnologia, segundo as exigências do MEC". Cf. Edison Gloeden e Eugênio Lara, entrevista com o professor arquiteto Oswaldo Corrêa Gonçalves, Santos, 21 nov. 1982.

A intenção dele foi excelente, criar uma escola que não fosse uma mera reprodução da FAU. Não se pode esquecer que à época a FAU estava completamente amordaçada pela ditadura, com professores sendo aposentados compulsoriamente, estava sob estreito controle do governo[23].

Os ideais de Artigas estavam assegurados pela presença dos difusores da escola paulista de arquitetura, em que se associava o projeto arquitetônico de um novo brutalismo[24] aos princípios éticos e políticos de inspiração marxista. Sanovicz era declaradamente discípulo de Artigas, enquanto Ferro e Lefèvre aprofundaram o discurso político do "velho mestre" nas questões inerentes às relações do trabalho no canteiro de obras e à atuação política do arquiteto, aguçando radicalismos em suas propostas, que posteriormente lhes causariam grandes problemas com o regime militar[25].

Os dois professores permaneceram pouco tempo na Faus, mas esse breve período foi reconhecido por Sérgio Ferro como importante experiência acadêmica:

Nosso método era bem diferente do da FAU/USP. Desde o primeiro ano, todas as cadeiras, repito, todas adotaram o mesmo objeto de pesquisa e intervenção: as favelas próximas. Sociólogos, economistas, professores de artes visuais ou de estruturas, assim como os de arquitetura, desenvolviam suas aproximações específicas da arquitetura a partir da realidade concreta, carente, das favelas. Em todas as áreas, as mesmas condições sociais, construtivas, jurídicas etc. orientavam as propostas dos estudantes. Pusemos em prática o que havíamos proposto no fórum. Não houve segundo ano: quase todos fomos presos ou ameaçados. O programa era ultrassimples: éramos arquitetos formados com o dinheiro público; nosso dever ético era atender às necessidades básicas da sociedade que havia possibilitado nossa formação; essas necessidades básicas se concentravam nas favelas[26].

23. Lenimar Rios, entrevista ao autor, 2013.
24. Sobre a arquitetura brutalista paulista, cf. Ruth Verde Zein, *A arquitetura da escola paulista brutalista 1953-1973*, tese (Doutorado) - Universidade Federal do Rio Grande do Sul. Porto Alegre: 2005.
25. Cf. Miguel Antonio Buzzar, *Rodrigo Brotero Lefèvre e a vanguarda da arquitetura no Brasil*, São Paulo: Edições Sesc, 2019.
26. Cf. Angélica Irene da Costa, *op. cit.*, p. 106.

Aluna de Sérgio Ferro, Lenimar Rios enxergou o momento como condição profícua para se alcançar um saldo qualitativo na formação crítica dos futuros profissionais:

> [...] o que estava sendo colocado naquele momento é uma crise que em certa medida era a própria crise da sociedade. Ou haveria um rompimento total e nossa faculdade se transformaria em algo totalmente inédito em relação às demais ou ela seguiria um caminho convencional[27].

A saída dos professores do curso de Santos ocorria em meio à disputa política interna, impondo longa paralisação das aulas. As polêmicas sobre o modelo de ensino disseminadas no Fórum de 1968 também se manifestaram na Faus, gerando inquietações no universo acadêmico, sobretudo entre os grupos "ferristas e artiguistas". Oswaldo não presumiu que o sistema de ensino preconizado por Ferro traria conflitos ao modelo almejado para o curso:

> [...] havia duas ideologias diversas que não poderiam conviver sem estraçalhar a escola. Essas coisas foram colocadas para cima dos alunos [...] Era uma confusão. Eles estavam apavorados. No meio da situação, o meu grupo, da nossa ideologia, chegou ao diretor e apresentou a renúncia [...] Acontece que naquela semana, por motivos de terrorismo que ocorreu em São Paulo, foram presos o pessoal da outra ideologia, quase todos: o Sérgio Ferro, o Sergio de Souza Lima, entre outros. Então foram considerados afastados da escola"[28].

A prisão dos professores da Faus acusados de participação no atentado ao Consulado Americano em 1968, no caso Ferro e Lefèvre, caiu, literalmente, como uma bomba no universo acadêmico em formação. As aulas foram paralisadas, e os alunos se mobilizaram em defesa dos presos políticos. A oposição ao grupo dissidente não impediu Oswaldo de lutar pela libertação dos colegas:

27. Lenimar Rios, *op. cit.*
28. Os "artiguistas" da Faus eram Oswaldo Gonçalves, Abrahão Sanovicz e Júlio Katinsky; os "ferristas" eram Sérgio Ferro, Rodrigo Lefèvre, Sergio de Souza Lima e Mayumi Souza Lima. Aos filiados do grupo de Sérgio Ferro aliavam-se os sociólogos Francisco de Oliveira e Marina Heck. Cf. Oswaldo Corrêa Gonçalves, *apud* Edison Gloeden & Eugênio Lara, *op. cit.*

Ele teve uma atitude muito bonita em relação aos arquitetos que eram professores de Santos e foram presos. Ele foi lá lutar, libertar os professores, apesar de estes não serem pessoas muito simpáticas, negativas para a faculdade e para nós todos [...] Ele lutou para libertá-los, aliás, todos nós nos empenhamos para isso, e, ao saírem da prisão, a primeira coisa que fizeram foi tentar nos derrubar da escola de arquitetura[29].

Em 1972 Ferro exilou-se na França, onde permanece até hoje, lecionando na Universidade de Grenoble. Lefèvre faleceu em 1984, vítima de um acidente automobilístico na Guiné-Bissau, África, causando grande comoção na época. Para Ferro, a experiência de ensino ocorrida em Santos teve seus méritos e resultou na pesquisa sobre habitação popular em autoconstrução produzida em conjunto com Rodrigo Lefèvre, publicada posteriormente como o artigo "A casa popular", na revista *GFAU*[30].

Mudanças

O surgimento de novas turmas impôs infraestrutura melhor que a existente, levando a Faus a mudanças sucessivas de endereço. A faculdade transitou por inúmeros locais do tecido urbano antes de se estabelecer definitivamente na sede atual. A transferência das instalações provisórias da Faculdade de Filosofia, próximo à praia, para um galpão na avenida Ana Costa, onde posteriormente funcionou o Colégio Anglo, foi imediata. No ano seguinte, em 1971, ocupou espaços menos improvisados na avenida Senador Feijó, 215, 2º andar, na região central.

A contínua expansão do número de alunos e professores solicitou nova infraestrutura para melhor desenvolvimento das atividades didáticas. Gozando de uma área de 786,70 m² no 3º andar do antigo Colégio Santista, situado na rua Sete de Setembro, 73, bairro da Vila Nova, satisfizeram-se momentaneamente as novas demandas do curso.

O ano de 1976 começou promissor para a Faus e trouxe conquistas significativas na consolidação do curso na região, marcadas não apenas pela inauguração da sede própria como pelo reconhecimento institucional do Conselho Federal de Educação, simultâneo ao aumento da oferta de vagas para 140 inscrições – duas turmas de setenta alunos cada – e à realização de vestibulares semestrais.

29. Cf. Ruy Eduardo Debs Franco, entrevista com Júlio Roberto Katinsky, São Paulo, 6 jan. 2014.
30. Cf. Angélica Irene da Costa, *op. cit.*

A construção da sede atual, na avenida Conselheiro Nébias, 595, no bairro da Encruzilhada, concentrou e ampliou a infraestrutura, até o momento dispersa. Compreendendo 3,7 mil m² de área construída, o novo edifício era uma obra coletiva: foi concebido por um grupo de professores da escola liderados pelo arquiteto Michail Lieders[31], sob a orientação de Oswaldo, e contou também com a participação de alunos do curso. O projeto era uma das atividades do escritório-piloto, centro de pesquisa implantado por Oswaldo na Faus em 1972, composto de professores e alunos que tinham por objetivo prestar serviços à comunidade na área de arquitetura.

Na ocasião, poucas escolas de arquitetura do país tiveram a oportunidade de construir sede própria, e Oswaldo tinha consciência da importância do momento. Para tanto, a assinatura do contrato com a empresa construtora foi convertida em evento de destaque na Bienal de Arquitetura, em São Paulo. Além de Oswaldo – na ocasião diretor da Faus e presidente da Fundação Bienal –, o evento contou com a presença de Miguel Alves Pereira, presidente do Instituto dos Arquitetos do Brasil e diretor do Instituto Central de Artes e da Faculdade de Arquitetura da Universidade de Brasília.

O projeto compreendia soluções inovadoras para estrutura e vedação com o emprego de componentes pré-fabricados em concreto armado protendido. A introdução de tecnologia de ponta, propagada na imprensa local como grande novidade na região[32], de imediato atenderia às demandas por baixo custo e rapidez na execução e, ao mesmo tempo, propagaria imagem positiva da Faus junto à comunidade. Ainda com relação à técnica, a inexistência de revestimentos para revelar aos olhos instalações e sistemas construtivos aproximava o edifício das inquietações arquitetônicas de Artigas[33]. Do ponto de vista acadêmico, o despojamento construtivo convertia o edifício em objeto didático para as atividades disciplinares do curso.

As especificidades do programa de necessidades da escola se distribuíram em três pavimentos. Os espaços indispensáveis ao funcionamento do curso – administração, biblioteca e atividades de apoio – ficaram no térreo, enquanto as salas de aula se concentraram no primeiro andar. Desse modo, os laboratórios de física,

31. Michail Lieders se formou arquiteto na FAU/USP em 1968 e fazia parte do círculo de amizades de Oswaldo. A relação nasceu durante o estágio no escritório do experiente arquiteto, quando Michail era estudante.

32. Cf. "Estrutura pré-moldada: novidade anunciada para o prédio da Faus", *A Tribuna*, Santos: 21 jul. 1973.

33. A inexistência dos revestimentos na construção para revelar estrutura, tubulações hidráulicas, elétricas etc. era uma das manifestações que arquitetos engajados com a transformação social buscaram para valorizar o trabalho do operário (cf. Ruth Verde Zein, *op. cit.*)

de resistência dos materiais e de materiais técnicos de construção foram agrupados no segundo andar, junto com o grande ateliê – um amplo espaço aberto pensado como núcleo central do curso voltado para a interação multidisciplinar. Por fim, a cantina e a área de recreação com jardim e terraço foram acomodadas no último pavimento[34].

> A meu ver, a Faus tinha uma coisa essencial para uma boa escola: primeiro as características físicas – o prédio é bom e estava adaptado para a função –, depois a localização maravilhosa, central. É uma escola de cidade, não de *campus*, e isso a obrigava a ter uma atividade muito intensa, não havia hora para entrar nem para sair. Oswaldo tinha estabelecido que não teria portas, então era uma escola tipo FAU, você entra e sai, dentro da cidade[35].

Na conclusão do edifício, poucos objetivos foram alcançados; a maioria das expectativas foi frustrada. A obra atrasou, e o custo foi superior ao elaborado. Dentre os diversos laboratórios previstos, o fotográfico não foi concretizado. O local inicialmente concebido para abrigar as atividades do curso de arquitetura, para surpresa da coletividade acadêmica, precisou ser adaptado para acomodar no terceiro pavimento a recém-criada Faculdade de Serviço Social[36].

Apesar dos percalços, o curso de Santos aos poucos foi se tornando uma sólida referência no ensino de arquitetura, atraindo alunos de várias regiões do estado. Passados alguns anos desde a sua fundação, a faculdade começava a produzir os frutos desejados por seu idealizador.

Em 1976, o corpo docente de excelência encontrava-se ampliado e diversificado diante dos novos rumos que a arquitetura buscava. A coexistência entre as diversas tendências do pensamento arquitetônico, presente desde a formação da Faus, se aprofundou. Diante do pluralismo de ideias que se consolidavam, destacou-se mais uma vez a postura de Oswaldo. Carismático, ele se revelou um hábil articulador diante

34. "Adotamos no prédio próprio um andar com salas fechadas e outro com tudo aberto, fazendo o grande ateliê, na expectativa de ouvir de professores e alunos qual a escolha do melhor. Porém até hoje encontramos adeptos do ateliê aberto e partidários das salas fechadas. Decidimos contentar gregos e troianos fazendo um andar de um jeito e outro de outro jeito" (cf. Oswaldo Corrêa Gonçalves, depoimento manuscrito, São Paulo, 8 mar. 1985).
35. Cf. Ruy Eduardo Debs Franco, entrevista com o professor arquiteto Jon Maitrejean, São Paulo, 17 abr. 2013.
36. Cf. artigo "Diretor da Faus não aceita reclamações", *Cidade de Santos*, Santos: 24 jul. 1976.

do antagonismo de tendências ideológicas manifestado no corpo docente e, particularmente, um negociador sempre disposto a solucionar adversidades acadêmicas resultantes dos períodos de grandes efervescências políticas. "[Oswaldo Corrêa] Gonçalves pretendia criar uma síntese de diferentes correntes de pensamento ligadas ao ensino de arquitetura, juntando professores da USP, do Mackenzie e de Brasília.[37]"

O Departamento de Projeto, a espinha dorsal da faculdade, refletia no quadro de professores uma verdadeira "Babel acadêmica". Aos seguidores de Artigas, como Júlio Katinsky, Abrahão Sanovicz e Ubyrajara Gilioli, somaram-se professores e ex-alunos da FAU, como Jon Maitrejean, João Walter Toscano, Decio Tozzi, Francisco Petracco, Walter Makhohl, Ruy Ohtake, Michail Lieders, Maurício Nogueira Lima, Geraldo Puntoni, Odiléa Toscano, Maria Argentina Bibas, Alfred Talaat, Cristiano Mascaro, entre outros. Os professores Benedito Lima de Toledo, Dacio Ottoni, Antonio Luiz Dias de Andrade (Janjão), Lucio Gomes Machado, Lena Bodanzky e Ari Vicente Fernandes constituíam o sincretismo de posturas que caracterizava o Departamento de Ciências Históricas.

A esse grupo incorporaram-se Jorge Caron e Paulo de Mello Bastos, que traziam fértil vivência acadêmica de suas experiências nas escolas de arquitetura da Universidade de Brasília e São José dos Campos, respectivamente. O corpo docente que residia em Santos era basicamente composto de profissionais da empresa Progresso e Desenvolvimento de Santos S/A (Prodesan)[38].

A Faus, segundo Jon Maitrejean:

> Tinha um corpo docente muito bem escolhido pelo Oswaldo, do ponto de vista do modernismo, da arquitetura, de toda aquela escola que nós tínhamos imaginado. O corpo docente era muito bom, e as condições disponíveis eram muito boas[39].

Na essência, os aspectos elogiáveis ou críticos do corpo docente heterogêneo foram canalizados por Oswaldo na manutenção da estrutura de ensino. Entre as diversas áreas do conhecimento, o currículo da Faus dava grande ênfase às disciplinas do

37. Depoimento do arquiteto Ubyrajara Gilioli, cf. "Cinquentenário da FAU/USP", revista *Projeto*, São Paulo, jan. 1999, p. 72.
38. Ainda em atividade, essa empresa de capital misto foi criada em 1965 para atuar junto à prefeitura de Santos nas questões ligadas ao planejamento e à infraestrutura urbana. Os arquitetos Antônio Carlos Quintas, Celio Calestine, Roberto M. de Almeida e o engenheiro Sergio Novita Fortis foram os profissionais da Prodesan que atuaram na Faus a partir de 1986.
39. Cf. Jon Maitrejean, *apud* Ruy Eduardo Debs Franco, *op. cit.*

▲▶
Da esquerda para a direita: Telma de Souza, não identificada, Maria Helena de Barros Flynn, não identificada, Esmeraldo Tarquínio (prefeito de Santos cassado), Oswaldo Corrêa Gonçalves, Edison Eloy de Souza (presidente do Sindicato dos Arquitetos), Claudio Abdala (presidente do IAB Santos), José Magalhães Junior, não identificado, não identificado e não identificado. Manifestação de apoio à Faus em razão da crise estudantil de 1982.

▶
Oswaldo reassumiu a direção da Faus após o encerramento da crise de 1982.

▼▶
Formatura na Faus, em abril de 1995.

FACULDADE DE ARQUITETURA
PATRIMÔNIO SANTISTA

Departamento ao Projeto[40]. A experiência da integração multidisciplinar encampada no primeiro ano por Sérgio Ferro era uma clara demonstração da prioridade que a área de projeto possuía no currículo acadêmico. Por sua vez, na formação de quadros técnicos que dessem suporte ao planejamento que se implantava em Santos, Oswaldo, à época diretor da escola, valorizou também disciplinas profissionalizantes ligadas ao urbanismo – desenho urbano, planejamento urbano, metropolitano e regional, urbanismo e paisagismo.

Atentando para os objetivos da escola, foi criado o escritório-piloto ligado ao Centro de Assessoramento, Pesquisa e Documentação de Arquitetura e Urbanismo, órgão afeto à Diretoria e ao Conselho Departamental, constituído por docentes e técnicos integrantes da Faus. O escritório pretendia expandir suas atividades de pesquisa e projetos para a prestação de serviços à comunidade. Inicialmente, esse órgão cuidaria dos trabalhos de interesse da Sociedade Visconde de São Leopoldo e suas faculdades. Em pouco tempo já havia realizado o projeto do edifício para a Faculdade de Tecnologia do Mar e auxiliado na elaboração do projeto da Faus. A necessidade de expansão dos objetivos levou o escritório-piloto a efetuar tratativas com as prefeituras da Baixada Santista para prestação de serviços.

Junto ao escritório foi criada a "oficina modelo" para elaboração de maquetes; ambos foram instalados no espaço existente na avenida Senador Feijó, 319, e ficaram sob a coordenação do professor David Ottoni.

O Centro de Assessoramento, Pesquisa e Documentação, constituído em 1972, tinha tarefas específicas a desempenhar. Além de incorporar o escritório-piloto e a oficina de modelos, o centro realizava pesquisas nos campos de arquitetura, urbanismo e tecnologia da construção. Buscava também a manutenção da excelência no ensino e na pesquisa acadêmica. Para isso, todo o material de estudo solicitado pelos professores era organizado, classificado e arquivado. Ao mesmo tempo, registrava o processo de formação e desenvolvimento pedagógico da Faus e da situação do ensino da arquitetura e do urbanismo no país, com atenção às experiências renovadoras de outras escolas ou faculdades e seus resultados. E, por fim,

40. Da carga horária anual de 4.122 horas/aula, a maior parte estava destinada às disciplinas do Departamento de Projeto (60,70%). Coube aos demais departamentos (Tecnologia e Ciências Históricas) fatia residual da carga horária total – 27,36% e 11,94%, respectivamente. Ao longo de três décadas, essa proporcionalidade foi sendo equacionada de modo que se recuperasse o desequilíbrio inicial entre os departamentos de Projeto e Tecnologia com o de História, resultante das discussões sobre o ensino de arquitetura no correr dos anos (cf. Faculdade de Arquitetura e Urbanismo de Santos, "Projeto político e pedagógico", Santos, mimeo, 2001).

contemplava questões ligadas à difusão do conhecimento por meio da organização da biblioteca, da tradução de textos estrangeiros e da publicação de trabalhos fornecidos pelos departamentos.

Lamentavelmente, o Centro de Assessoramento deixou de existir anos depois de sua constituição. Na década de 1980, a criação do Laboratório de Habitação (Habitafaus) procurou preencher a lacuna deixada pelo centro, promovendo pesquisas voltadas às questões ligadas à habitação popular e à luta por terra urbana.

Cursos complementares à formação profissional, como difusão, extensão e pós-graduação, previstos no regimento interno da Faus, contribuíram para as necessidades de aprimoramento a que se destinavam.

> [...] em alguns casos teve a participação também do Núcleo Regional do IAB – Instituto dos Arquitetos do Brasil – Seção São Paulo. Podemos citar os cursos: Aperfeiçoamento de Professores, Renovação de Áreas Urbanas e Arquitetura e Administração Hospitalar[41].

Em 1979, a Faus realizou o Fórum de Debates sobre o ensino de arquitetura, buscando dessa forma acompanhar as mudanças que vinham ocorrendo nos cursos do país, resultantes da reforma universitária feita pelo MEC e da política de expansão desordenada dos estabelecimentos particulares de ensino superior. A crítica recaía no desequilíbrio da carga horária entre os três departamentos, na falta de integração interdisciplinar e de ensino voltado à pesquisa, na dificuldade de autonomia didática do Departamento de Tecnologia e no distanciamento entre as questões teóricas e a prática projetual encontrado nos departamentos de Ciências Históricas e de Projeto.

Nas resoluções extraídas do Fórum, reafirmava-se o caráter universal e humanista da formação do aluno e estabeleciam-se as estratégias pedagógicas para sua manutenção. Foi proposta a criação de cadeiras optativas para complementação e suplementação do currículo essencial, ampliação do quadro de professores, principalmente nos departamentos de Tecnologia e História, docentes com dedicação plena, criação de cursos de extensão universitária e pós-graduação, particular atenção com relação aos primeiros semestres e revisão do TGI. O caráter democrático das discussões alcançou questões relacionadas ao processo de tomada das decisões ao solicitar participação ampla, geral e irrestrita de alunos, professores e

41. Cf. Sergio Novita Fortis, *op. cit.*, p. 6.

funcionários para todos os assuntos relacionados à escola – desde a seleção e admissão de funcionários e professores e discussão do plano de ensino até a escolha do diretor a ser eleito por voto direto.

Basicamente, a dedicação do corpo docente e discente esteve voltada para a consolidação e a ampliação do currículo pleno, a melhora da relação entre professor e aluno, o aperfeiçoamento dos professores e a ampliação da carga horária.

Das deliberações do Fórum, poucos objetivos foram alcançados; outros, por razões diversas, ainda são esperados. Desse processo também resultou a eleição, em 1980, do novo diretor, Jon Maitrejean, rompendo um período de sete anos de mandato de Oswaldo. Assumia o cargo diretivo um dos arquitetos ligados diretamente a Vilanova Artigas, no mesmo período em que fora beneficiado pela anistia política implantada no país, sendo reintegrado ao quadro de docentes da FAU/USP42.

O mandato de Maitrejean durou apenas dois anos, assumindo o vice Noêmio Xavier da Silveira, protagonista da grave crise de 1982 que acarretou a paralisação das aulas por noventa dias. A exemplo dos problemas ocorridos no ano de 1972, que culminaram na demissão de Aníbal Clemente, diretor da Faus naquela ocasião, Oswaldo teve papel importante como mediador da crise que levou ao encerramento da greve e à sua recondução para a direção do curso.

A primeira crise aconteceu no início de sua existência, quando ocorreu um conflito sadio de posicionamentos acadêmicos entre os professores que faziam parte do seu corpo docente inicial, dando origem a uma filosofia de curso em que a prancheta era o local de trabalho do arquiteto e dando origem ao corpo docente pertencente a sua fase de reconhecimento.
A segunda crise aconteceu quando um diretor da faculdade, o professor Noêmio, resolveu demitir sem nenhuma razão dezessete professores, dando origem a uma paralisação de alguns meses do corpo docente e discente. A solução somente aconteceu quando o diretor-geral da Sociedade Visconde de São Leopoldo, o prof. dr. padre Waldemar Valle Martins, demitiu o prof. Noêmio e readmitiu os dezessete professores[43].

42. Também retornaram à FAU/USP, beneficiados pela anistia de 1979, os professores João Batista Vilanova Artigas e Paulo Mendes da Rocha. Cf. Jefferson Lafaiette Keese (org.), *Anistia na FAU/USP*, São Paulo: Fupam/FAU, 1998.
43. Cf. Sergio Novita Fortis, *op. cit.*, p. 8.

A disponibilização para consulta pública de documentos da antiga Delegacia de Ordem Política e Social (Dops), conhecido órgão que atuou na repressão política durante a ditadura militar, trouxe leitura renovada aos problemas enfrentados na Faus que de certo modo reforça o papel conciliador de Oswaldo na solução vital desse processo. A radicalização de posicionamentos por todos os setores envolvidos despertou a atenção do Ministério do Exército e do Dops, que passaram a monitorar esses desdobramentos que, segundo investigações, se encaminhavam para o desfecho trágico ao curso.

> Diante dos fatos, aparentemente, existe interesse da mantenedora em fechar a Faus, aproveitando tal espaço físico para outras áreas de ensino. Tal medida não foi tornada pública pela mantenedora, mas deixa clara essa intenção com a abertura do vestibular para o curso de pedagogia, pertencente à Faculdade de Filosofia, Ciências e Letras de Santos (Fafi). Além desse fato, a mantenedora organizou uma comissão de professores para o estudo da unificação dos regimentos das 6 (seis) faculdades mantidas pela SVSL.
> Os alunos da Faus realizaram várias reuniões de repúdio ao cancelamento do vestibular da Faus, no entanto, até a presente data, embora contando com o apoio do Centro dos Estudantes de Santos (CES), não conseguiu sensibilizar os dirigentes da mantenedora[44].

Apesar do desgaste natural causado pela paralisação, a escola conseguiu superar as adversidades impostas pela crise e recuperou a autoestima presente na atmosfera acadêmica do Fórum de 1979.

Novamente sob a direção de Oswaldo, a Faus organizou debates sobre o currículo pleno, realizado em 1984, destacando-se o plano de Maitrejean para valorização do ateliê como centro de integração multidisciplinar. Desse processo emergiu também a necessidade de atuação direta da escola junto à comunidade local.

Com intervenção de Oswaldo, foi criado o Habitafaus, órgão interdepartamental com atuação voltada às comunidades populares, fruto de um enriquecedor proces-

44. Cf. Ministério do Exército – II Exército – 2º DE Comando de Artilharia Divisionária/2 2ª Seção. Pedido de Busca n. 042/82 de 07/jun/1982 e Polícia Militar do Estado de São Paulo. Informe n. CPAI6-347/2-123-82 de 14/jun/1982, em: Deops/Santos, Faculdade de Arquitetura e Urbanismo: Prontuário de n. 001359, disponível em: <http://www.arquivoestado.sp.gov.br/upload/Deops/Prontuarios/BR_SP_APESP_DEOPS_SAN_P001359_01.pdf>, acesso em: 5 jan. 2014.

so de discussão com ampla participação de professores e alunos na consolidação desse trabalho. Joan Villà, professor do Departamento de Projeto, trazia experiência similar realizada no curso de arquitetura da Faculdade de Belas-Artes, em São Paulo, e, juntamente com um grupo de alunos, teve participação decisiva na concretização desse projeto.

A existência do Habitafaus renovava o debate em torno do papel social do arquiteto, iniciado por Ferro e Lefèvre, e confirmava a possibilidade real da atuação profissional junto às comunidades carentes, em detrimento do antigo modelo de ensino ainda vigente.

Após o período de grande entusiasmo decorrente dos trabalhos aplicados na reurbanização de favelas e na criação de protótipo de sistema construtivo de baixo custo, inexplicavelmente o Habitafaus deixou de existir.

As décadas seguintes foram marcadas pela presença no corpo docente de ex-alunos da Faus, formados nas primeiras turmas. Também indicaram momentos de constantes debates para o aprimoramento do plano de ensino, estimulado pela proposta de currículo mínimo para os cursos de arquitetura e urbanismo, aprovada em 1986 no Seminário Nacional de Currículo Mínimo realizado pela Associação Brasileira de Escolas de Arquitetura (Abea). Dois anos depois a Faus organizou, com apoio da Abea e do IAB, o 1º Encontro Estadual do Ensino de História e Teoria da Arquitetura, para o qual foram convidados arquitetos e professores de diversos cursos que contribuíram significativamente no debate das questões ligadas às deficiências teóricas da formação acadêmica. Com o Encontro Estadual do Ensino, os conteúdos das disciplinas de teoria e história da arquitetura foram reformulados; antes vistos como "verniz cultural" à formação dos alunos, passaram a ter o enfoque crítico direcionado ao partido arquitetônico e ao papel do arquiteto na sociedade.

Entre os anos de 1991 e 1992, os fóruns de debates foram resgatados como instância de deliberação legítima ao aprimoramento do currículo pleno, sem, no entanto, alcançar soluções conclusivas que possibilitassem abranger os segmentos heterogêneos da comunidade acadêmica em um plano comum.

As mudanças geradas pelo currículo mínimo do Ministério da Educação e Desporto (MED), Portaria n. 1170, e o atendimento à decisão da Unisantos para anualização do curso, implantada a partir de 1986, alimentaram novas discussões para a reestruturação do ensino. Nas propostas apresentadas pela comissão de reestruturação foram questionados o conteúdo e os objetivos do curso, apontados como causadores da ausência de identidade clara da escola, e avaliados o perfil do profissional graduado pela Faus e sua inserção no mercado de trabalho. Ainda na proposta do curso avaliaram-se problemas do excesso de carga horária acarretado pela inclusão das novas disciplinas previstas pelo currículo do MEC. Das discussões resultaram novos olhares para a cidade, valorizando-se as posturas da intervenção no patrimônio histórico, com repercussão interdisciplinar.

Em 1994, Oswaldo reassumiu a direção da Faus, nessa que seria sua última passagem pelo cargo. Acometido por constantes problemas de saúde que lhe causaram sucessivas licenças médicas, teve dificuldade para conduzir a política da escola com a vivacidade de tempos passados. A esse contexto somou-se o desempenho insuficiente de alguns vice-diretores na defesa dos interesses da faculdade junto à reitoria da universidade, que culminou no acirramento de uma crise institucional e acadêmica similar à ocorrida em 1982 e que eclodiu definitivamente no ano 2000. Durante as ausências de Oswaldo, as insatisfações surgidas entre professores e alunos, agravadas pela falta de interlocução confiável com a reitoria, acarretaram a paralisação das aulas por longo período, retomadas após o entendimento dos grupos envolvidos.

Apesar da saúde fragilizada, Oswaldo nunca se desligou da Faus. Comparecia periodicamente às dependências da faculdade, buscando habitar o universo acadêmico que produziu e que lhe fazia tão bem. Essa rotina só se encerraria com seu falecimento, em agosto de 2005.

Em vida, Oswaldo presenciou diversas homenagens que a escola lhe concedeu. Em março de 1980, ocorreu um encontro de professores para homenageá-lo pela atuação como professor e diretor da Faus.

> Foi sobremaneira enaltecida pelos presentes a atuação do professor Oswaldo Corrêa Gonçalves na construção e consolidação desta faculdade, que tem para com ele inestimável dívida de gratidão[45].

No ano de 1997, aconteceu a exposição retrospectiva de sua obra, no salão de eventos da faculdade; e tempos depois, no ano de 2002, com apoio do Serviço Nacional de Aprendizagem Comercial (Senac), realizou-se ampla mostra itinerante com seus projetos e maquetes. Esse trabalho foi posteriormente ampliado e exposto em 2005, como homenagem póstuma ao arquiteto na 6ª Bienal Internacional de Arquitetura de São Paulo. Desde a origem até a consolidação da Faus, o envolvimento de Oswaldo Corrêa Gonçalves foi pleno; para ele, a escola era como o segundo filho.

45. Cf. Faculdade de Arquitetura e Urbanismo de Santos, Departamento de Projeto, ata de reunião realizada em 9 fevereiro de 1980.

Incansável no desempenho das funções administrativas e pedagógicas, esteve sempre disposto a defendê-la com paixão incomum diante dos críticos, assumindo a direção do curso por diversas ocasiões, sobretudo nos períodos de crise institucional, acumulando um total de quinze anos no comando da faculdade.

De todos os projetos e trabalhos realizados por Oswaldo, a Faus talvez se apresente como sua principal obra. Ela foi como um legado que ele deixava para as futuras gerações de profissionais:

> O acerto da criação de uma Faculdade de Arquitetura e Urbanismo em Santos, polo de desenvolvimento da Baixada Santista, é comprovado pela procura cada vez maior da mocidade estudiosa presente aos exames vestibulares. Por outro lado, a solicitação e a demanda, seja por parte da iniciativa privada, seja por parte do poder público, do concurso dos nossos estudantes para utilização do seu conhecimento, ainda em fase de formação, em prestação de serviços da sua futura especialidade, dizem do acerto daquela decisão. Hoje a Faculdade de Arquitetura e Urbanismo de Santos já constitui um patrimônio não só da cidade, mas da região e do estado. Como elemento ativo da cidade, está em condições não só de prestar serviços a sua comunidade, mas também reivindica o direito de emitir opinião sobre os seus destinos[46].

Ao longo de sua existência, a Faus continua a cumprir o papel que Oswaldo idealizou como centro de referência ao pensamento da arquitetura e do urbanismo da região, atendendo aos princípios da formação humanista e generalista que no século XX permearam o pensamento da arquitetura moderna brasileira no qual ele tanto acreditou.

▸

Exposição comemorativa pelos 60 anos de profissão de Oswaldo Corrêa Gonçalves, realizada na Faus, 2001.

46. Cf. Oswaldo Corrêa Gonçalves, *op. cit.*, 1976, p. 4.

TODO O TEMPO

1917

Nasce Oswaldo Corrêa Gonçalves na cidade de Santos, em 27 de fevereiro, filho de Balbina e Pedro Borges Gonçalves.

1934

Conclui o Liceu Nacional Rio Branco, em São Paulo.

1935

Alista-se no Centro de Preparação de Oficiais da Reserva do Exército (CPOR) de São Paulo.

1936

Conclui o Colégio Universitário da Politécnica, chamado de curso pré-politécnico.

1937

Ingressa no curso de engenheiro-arquiteto, na Escola Politécnica da Universidade de São Paulo.

1938

Forma-se aspirante em armas no CPOR.

1941

Conclui o curso de engenheiro-arquiteto.
Conclui o curso de especialização de Artilharia de Costa e o estágio no Corpo de Tropa.

1942

Atua na Divisão de Urbanismo da Prefeitura Municipal de São Paulo.
É convocado para o Serviço Ativo do Exército, servindo como oficial (primeiro-tenente) e comandante de bateria no 5º Grupo de Artilharia da Costa no Forte de Itaipu, Praia Grande, litoral de São Paulo, até 1943. Prêmios: Medalha de Guerra.

1943

Participa da criação do IAB/SP e integra a primeira diretoria da entidade como tesoureiro, função desempenhada por três diretorias consecutivas, até 1949.

▲▲
Balbina e Oswaldo em 26 de abril de 1917.

▲
Oswaldo em 1930.

1944

Retorna à Escola Politécnica da Universidade de São Paulo para cursar engenharia civil.

Projetos

Residência de Plínio Fagundes, Avaré, São Paulo (não executado).

1945

Conclui o curso de engenheiro civil.

Inicia a série de artigos sobre urbanismo e arquitetura que seriam publicados no *Jornal de São Paulo* até 1948.

Participa da organização do I Congresso Brasileiro de Arquitetos.

Projetos

Edifício de apartamentos Sobre as Ondas, em Guarujá, SP – projeto em colaboração com Jaime Fonseca Rodrigues.

1946

Escreve artigo no *Jornal de São Paulo* em defesa do projeto de Oscar Niemeyer para a igreja da Pampulha, em Minas Gerais.

Membro do júri para seleção e premiação da Seção de Arquitetura do XII Salão Paulista de Belas-Artes.

Viagem a Minas Gerais com arquitetos paulistas.

Projetos

Edifício de apartamentos para Ricardo Daundt, em São Paulo (estudo).

Escritórios de Camilo Lang, em São Paulo.

1947

Viagem à Europa e aos Estados Unidos com arquitetos paulistas e cariocas. Participação na Trienal de Milão.

Projetos

Anteprojeto para o Minas Tênis Clube, em Belo Horizonte, MG, com Icaro de Castro Mello (não executado).

Edifício de apartamentos na rua Nestor Pestana, em São Paulo, SP, com Icaro de Castro Mello.

Prêmios

Medalha de Prata no Congresso Pan-Americano de Lima, Peru, em 1947, pelo projeto do edifício Sobre as Ondas.

▲▲
Residência em Avaré.

▲
Oswaldo em Veneza, em 1947.

1948

Palestra realizada na Associação dos Engenheiros e Arquitetos de Santos com o tema "Plano e limitação do crescimento da cidade".
Participa da I Exposição Internacional de Arquitetura Contemporânea, em 1948, no Rio de Janeiro e em São Paulo.
Participa do II Congresso Brasileiro de Arquitetos, em Porto Alegre.
Participa do XIV Salão Paulista de Belas-Artes.
Publica na revista *Acrópole* texto sobre Oscar Niemeyer.

Projetos

Anteprojeto para nova sede do Clube XV, em Santos, SP, com Icaro de Castro Mello (não executado).
Casas populares para a Sociedade Humanitária dos Empregados do Comércio, em Santos, SP (estudo).
Clube Atlético Santista, em Santos, SP, com Icaro de Castro Mello.
Estádio do Clube Atlético Mineiro, em Belo Horizonte, MG, com Icaro de Castro Mello.
Estádio do Guarani Futebol Clube Brinco de Ouro da Princesa, em Campinas, SP, com Icaro de Castro Mello. Edifício Biquinha, em São Vicente, SP, com Icaro de Castro Mello.
Edifício de apartamentos para Jocelino P. Rocha, em São Paulo, SP, com Icaro de Castro Mello.
Edifício de apartamentos para Fábio de Barros, em São Paulo, SP, com Icaro de Castro Mello (estudo).
Posto de Lavagem e Lubrificação Consolação, em São Paulo, SP, com Icaro de Castro Mello.
Residência de Júlio Pimenta de Pádua (Fazenda Marília), SP (não executado).

Prêmios

XIV Salão Paulista de Belas-Artes: 1º Prêmio Prefeitura de São Paulo e Grande Medalha de Prata pelo projeto do estádio do Clube Atlético Mineiro.

1949

Membro do Conselho Diretor da Sociedade Amigos da Cidade.
Participa da Exposição de Arquitetura Contemporânea organizada pelo IAB/SP nas cidades de Campinas, Santos, São Vicente e Ribeirão Preto.
Participa da seção de arquitetura do XV Salão de Belas-Artes.
Publica na revista *Acrópole* o texto "Plano e limitação da cidade".

▲
Maquete do Estádio do Guarani F. C.

Projetos

Casas populares para Gabriel de Paula (estudo).
Fábrica de Calçados Sanches, em São Paulo, SP, com Icaro de Castro Mello.
Grupo Escolar Romeu de Morais, em Vila Ipojuca, São Paulo, SP.
Santa Casa de Santos: estudo para o necrotério, Santos, SP (não executado).

1950

Projetos

Edifício de apartamentos para Balbina Corrêa Gonçalves, em Santos, SP (primeiro estudo).
Edifício de apartamentos para o sr. Negrete, em São Paulo, SP, com Icaro de Castro Mello.
Edifício de apartamentos Sanches, em São Paulo, SP (estudo).
Fábrica de Calçados Sanches, em São Paulo, SP.
Ginásio Adhemar de Barros, em São Paulo, SP.
Grupo Escolar Almirante Visconde de Inhaúma, no Mandaqui, São Paulo, SP.
Grupo Escolar Canuto do Val, na Barra Funda, São Paulo, SP.
Grupo Escolar Carlos Escobar, no Tatuapé, São Paulo, SP.
Grupo Escolar D. Bernardo Rodrigues Nogueira, na Vila Talarico, São Paulo, SP.
Grupo Escolar Pae Cará, em Guarujá, SP.
Grupo Escolar Pedro Taques, em Guaianases, São Paulo, SP.
Hotel Excelsior, no Rio de Janeiro, RJ (estudo).
Residência de Alberto Carvalhaes, em Santos, SP.
Residência de Michel Abu Jamra, em Sumaré, São Paulo, SP.
Residência de Washington Proença, em São Paulo, SP.

1951

Diretor das Exposições Externas do IAB/SP.
Membro do júri para seleção e premiação da seção de arquitetura do XVI Salão Paulista de Belas-Artes.
Participa da I Bienal de Artes de São Paulo.
Participa do I Salão Paulista de Arte Moderna.

Projetos

Concurso para anteprojeto do Centro de Instrução Naval, no Rio de Janeiro, RJ, com Icaro de Castro Mello e Giancarlo Fongaro.
Edifício de apartamentos para Germaine Bouchard, em São Paulo, SP.

Edifício Belmonte, em Santos, SP (estudo).
Edifício de apartamentos para Inácio Wallace Cochrane, em Santos, SP (estudo).
Edifício de apartamentos para Paulo Mello Gonçalves, em São Paulo, SP (estudo).
Edifício de apartamentos para René Baccarat, em Santos, SP (estudo).
Capela Ordem Terceira do Carmo, em Santos, SP (estudo).
Fábrica Negrete de Souza, em São Paulo, SP, com Eduardo Corona.
Grupo Escolar República do Paraguai, na Vila Prudente, São Paulo, SP.
Oficina Mecânica e Autopeças Discopa, em Santos, SP (não executado).
Remodelação do interior da Loja Panair, em São Paulo, SP (estudo).
Residência de Osmar Gonçalves, em Santos, SP (demolida).
Residência de J. Forbes, em São Paulo, SP (não executado).
Residência de Pedro Borges Gonçalves, em Santos, SP.
Residência de Luiz Suplicy, em Santos, SP (não executado).
Residência de William Assom, em São Paulo, SP (não executado).
Sede Social do Clube XV, em Santos, SP (não executado).
Teatro de Bonecos, em São Paulo, SP.

Prêmios

I Salão Paulista de Arte Moderna: Grande Medalha de Ouro pelo projeto do Centro de Instrução Naval no Rio de Janeiro.
Menção Honrosa do Clube dos Artistas e Amigos da Arte pelo concurso de anteprojeto da sede social da entidade.

1952

Membro da Comissão Organizadora do XVII Salão Paulista de Belas-Artes.
Participa do VIII Congresso Pan-Americano de Arquitetos, no México.

Projetos

Condomínio H. Rebizzi, em São Paulo, SP (não executado).
Edifício de apartamentos para J. B. Martins, em São Paulo, SP (estudo).
Grupo Escolar Paulo Setúbal, na Vila Maria, São Paulo, SP.
Grande Hotel Amparo, em Amparo, SP (estudo).
Posto de Serviço Anhangabaú, em São Paulo, SP (demolido).
Residência de José Luiz A. Belo, em São Paulo (estudo).
Residência de Paulo Mello Gonçalves, em São Paulo, SP.

▲
Casa de Osmar Gonçalves.

▲▶
Grupo Escolar Maria Auxiliadora, em Barretos, SP, com Rubens Carneiro Vianna.

▶
Edifício Luiz Suplicy.

▼▶
Casa de João Lima de Pádua, em Belo Horizonte, em fotografia de Oswaldo feita na viagem a Minas Gerais em 1946.

1953

Eleito para a comissão diretora do IAB/SP no período de 1953/1954.
Membro do Conselho Diretor do IAB Nacional, no período de 1953/1954.
Membro titular da delegação paulista do III Congresso Brasileiro de Arquitetos, em Belo Horizonte.
Participa do XVIII Salão Paulista de Belas-Artes.
Primeiro-secretário da diretoria do IAB/SP.

Projetos

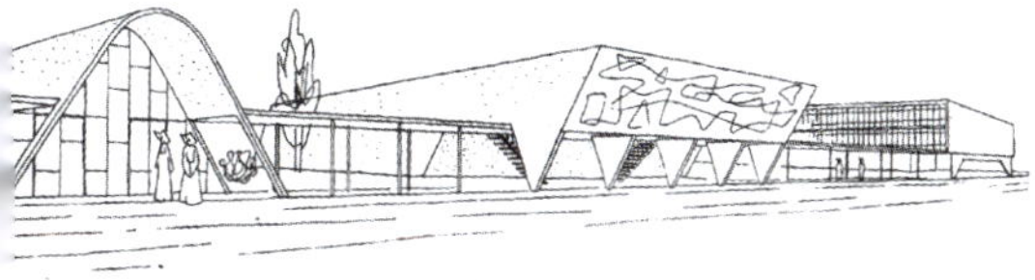

Anteprojeto para a sede social e esportiva do Clube de Regatas Santista, em Santos, SP, com Ricardo Sievers (não executado).
Estádio Municipal de Jaú, SP.
Clube de Regatas Santista, em Santos, SP (não executado).
Garagem coletiva para Waldemar Ortiz, em Santos, SP.
Grupo Escolar Maria Auxiliadora, em Barretos, SP, com Rubens Carneiro Vianna.
Loteamento Sagrimec, em São Bernardo, SP.
Paço Municipal, em Jaú, SP (estudo).
Piscina municipal, em Jaú, SP.
Residência de Anselmo Duarte, em São Paulo, SP (não executado).
Residência de Edgar Barroso do Amaral, em Itanhaém, SP (não executado).
Residência de J. Bento Alves de Lima Neto, em São Vicente, SP (não executado).
Residência de João Roberto Hafers, em Guarujá, SP.
Residência de Maria Luiza Meireles, em São Paulo, SP (estudo).
Residência de Paulo Torres, em São Paulo, SP (não executado).
Residência LM, em São Paulo (estudo).

1954

Atua como professor assistente da disciplina de grandes composições na FAU/USP, até 1955.
Integra a comissão organizadora do IV Congresso Brasileiro de Arquitetos, em São Paulo.
Membro da comissão organizadora do XIX Salão Paulista de Belas-Artes.
Palestra realizada no Rotary Clube de Jaú com o tema "As quatro funções da cidade".
Participa da Exposição Internacional de Arquitetura da II Bienal de Artes de São Paulo.

Projetos

Edifício de apartamentos para Domiciano Gomes, em São Paulo, SP (estudo).
Edifício de apartamentos Instituto de Aposentadoria e Pensões dos Bancários, em Marília, SP (não executado).

Edifício de apartamentos para S. A. M. Rocha e Ricardo Vidigal, em São Paulo, SP (estudo).
Edifício de escritórios Luiz Suplicy, em Santos, SP.
Loja Discopa, em Santos, SP.
Posto Gulf, em Santos, SP (reformado).
Parque infantil da Prefeitura Municipal de Jaú, SP, em equipe com Heitor Ferreira de Souza, Ubyrajara Gilioli, Araken Martinho e Mário Reginato.
Residência de Lauro Dutra, em São Paulo, SP (não executado).

1955

Participa de safári na África.
Participa do IV Salão Paulista de Arte Moderna.

Projetos

Anteprojeto Sesc – Balneário Bertioga, em Bertioga, SP (não executado).
Centro Esportivo Municipal, em Jaú, SP.
Clube de Regatas Saldanha da Gama, em Santos, SP.
Edifício de apartamentos Linda Abud, em Santos, SP.
Edifício de apartamentos Taiuva, em Santos, SP, com Roberto Millet.
Posto Shell, na entrada do túnel de Santos, SP.
Pavilhão de Praia, em Guaiuba, Guarujá, SP.
Residência de Ibiacaba Oliveira Martins, em São Paulo, SP (não executado).

▲
Safári na África.

1956

Divulgação da residência para Osmar Corrêa Gonçalves em Santos, SP, no livro *Modern Architecture in Brazil*, de Henrique Mindlin.

Projetos

Batistério, em Bertioga, SP (não executado).
Edifício Aliança Imobiliária Ltda., em São Paulo, SP (estudo).
Edifício de apartamentos Instituto de Aposentadoria e Pensões dos Bancários – Edifício Brasília, em Santos, SP.
Edifício Henrique Monteiro, em São Paulo, SP (estudo).
Edifício de apartamentos e lojas comerciais Haroldo Murray, em Santos, SP, com Osmar Antônio Tosi (estudo).
Edifício de apartamentos para Balbina Corrêa Gonçalves, em Santos, SP (segundo estudo).
Posto de Serviços Antônio S. Campos, em São Paulo, SP (não executado).

Posto de Serviços Esso J. Moreira da Silva, em Santos, SP (não executado).
Posto de Serviços Manoel Magalhães, em Santos, SP (não executado).
Posto de Serviços Gulf, em Santos, SP (reformado).
Posto de Serviços Rua da Consolação, em São Paulo, SP (não executado).
Posto de Serviços Shell A. Lauro Marques, em Santos, SP (não executado).
Sesc/Senac: centro social e escola comercial, em Ribeirão Preto, SP.
Residência de Aldo Silveira, em Santos, SP (não executado).
Residência Cedric Baskerville, em Campos de Jordão, SP.
Residência de Danilo Marchioli, na praia de Pernambuco, Guarujá, SP.
Residência de José Maria Novais, em Santos, SP, com Osmar Antônio Tosi.
Residência de João Roberto Hafers, em São Vicente, SP (não executado).
Residência de Gilberto Sampaio Moreira, na praia do Guaiuba, Guarujá, SP.
Residência de Maria Helena Fonseca, em São Paulo, SP (estudo).

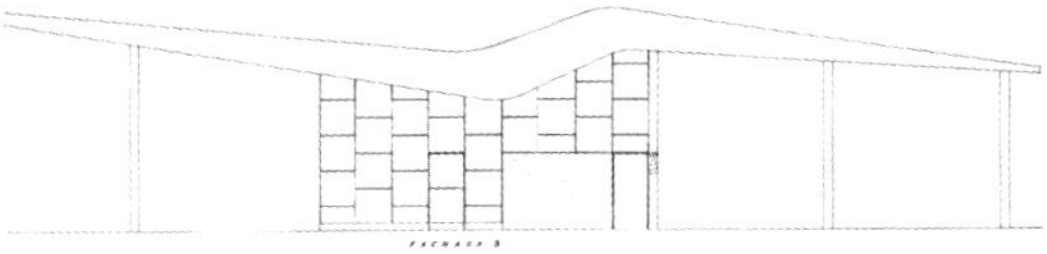

1957

Projetos

Edifício de apartamentos Instituto de Aposentadoria e Pensões dos Bancários, em Ribeirão Preto, SP, com Rubens Carneiro Vianna e Ricardo Sievers.
Posto Texaco, em Santos, SP (reformado), com Osmar Antônio Tosi.
Residência de Hélio Coutinho, em Campos do Jordão, SP (estudo).
Sesc/Senac: centro social e escola comercial, em Araraquara, SP, com Eduardo Corona (não executado).
Sesc/Senac: centro social e escola comercial, em Marília, SP, com Rubens Carneiro Vianna e Ricardo Sievers (tombado pelo Condephaat).

1958

Membro da comissão organizadora do XXI Salão Paulista de Belas-Artes.

Projetos

Chácara Lino Morganti (projeto de reforma).
Edifício de apartamentos Instituto de Aposentadoria e Pensões dos Bancários, em Anápolis, GO (não executado).
Edifício Fúlvio Morganti (projeto de reforma), em São Paulo, SP (não executado).
Jockey Clube do Guarujá, em Guarujá, SP (não executado).
Residência de Luiz Ballerini, em São Paulo, SP (não executado).
Residência de Valirio Delbone, em São Paulo, SP (não executado).
Sesc/Senac: centro social e escola comercial, em Bauru, SP.

▲▲
Detalhe do projeto do Posto Esso.

▲
Matrimônio de Oswaldo e Neide Fabbri Moura, em 17 de outubro.

Sesc/IAPC (Comunidade Brasílio Machado Neto): cidade comerciária, centro social, centro comercial e centro esportivo, em Suzano, SP, com Heitor F. de Souza, Ubyrajara Gilioli, Araken Martinho e Mário Reginato.

1959

Eleito membro da diretoria do IAB/SP entre os anos de 1959 e 1961.
Membro da Comissão de Estudos do Plano Diretor do Município de Guarujá, SP.

Projetos

Capela de Santo Antônio, em Vicente de Carvalho, Guarujá, SP (não executado).
Centro Telefônico, em Guarujá, SP.
Ipesp: Conjunto Habitacional e Grupo Escolar Francisco Morato de Oliveira, em Tucuruvi, SP.
Sesc/Senac: centro social e escola comercial, em Santos, SP (reformado).
Restaurante popular do Sesc, em São Paulo, SP.
Reforma em edifício comercial de propriedade do sr. Luiz Roberto de Carvalho Vidigal, em São Paulo, SP.

1960

Participa do VII Salão de Belas-Artes de Santos.

Projetos

Associação Comercial de Santos (nova sede), SP, com Osmar Antônio Tosi (não executado).
Cia. Telefônica do Guarujá, em Guarujá, SP (não executado).
Cinema Abdalla Jaime, SP.
Clube Náutico (Vila Lígia), em Guarujá, SP.
Fábrica Jafet, em São Paulo, SP.
Fece: Grupo Escolar Vila Brasil, na Mooca, São Paulo, SP. Menção honrosa na VI Bienal Internacional de São Paulo.
Paço Municipal do Guarujá, SP.
Sesc/Senac: escola comercial em São José do Rio Preto, SP.
Conjunto Balneário do Guarujá, SP, com Rubens Carneiro Vianna e Ricardo Sievers (não executado).
Residência de Francisco A. Moura (duas residências), em Sumaré, São Paulo, SP.
Residência para Luiz Mezavilla, em São Paulo, SP (estudo).
Residência para Maria de Lourdes Lina Paiva, em São Paulo, SP (estudo).
Senac: escola de hotelaria, em São Paulo, SP (estudo).

▲
Edifício do Mercado – Comunidade Brasílio Machado Neto.

1961

Coordena a Exposição de Arquitetura da VI Bienal de Artes de São Paulo.
Eleito presidente do IAB/SP para o período de julho de 1961 a julho de 1963.
Nomeado membro da Comissão de Honra da VI Bienal de Artes de São Paulo.
Participa da criação do programa *Arquitetos na TV*.
Coordena a Comissão de Habitação do IAB/SP até 1965.

Projetos

Condomínio hoteleiro, SP (estudo).
Edifício de apartamentos Clipper Sea, em Santos, SP.
Edifício de apartamentos Santa Helena, em São Paulo, SP, com Osmar Antônio Tosi.
Fórum de Duartina, SP, com Osmar Antônio Tosi.
Ipesp: Grupo Escolar Valinhos, em Valinhos, SP, com Osmar Tosi (não executado).
Loteamento para Luiz Roberto de Carvalho Vidigal (Praia Paulistana), SP.
Teatro Municipal de Santos, SP, com Abrahão Sanovicz e Júlio Katinsky.

Prêmios

Menção Honrosa na VI Bienal Internacional de São Paulo na categoria teatro, pelo projeto do Teatro Municipal de Santos.
Menção Honrosa na VI Bienal de Artes de São Paulo pelo projeto do Grupo Escolar Vila Brasil, na Mooca, São Paulo, SP.

1962

Participa da 2ª Mesa-Redonda Pan-Americana de Arquitetos, realizada em São Paulo, SP.
Participa da Mostra de Arquitetura – Plano de Ação do Governo do Estado, Ipesp – no saguão do Aeroporto de Congonhas, em São Paulo, SP.

Projetos

Conjunto das Físicas – Cidade Universitária, São Paulo, SP – com Abrahão Sanovicz e Júlio Katinsky (não executado).
Clube Iguape, em Iguape, SP.
Grupo Escolar Cidade Comerciária, em Suzano, SP.
Teatro Casa do Jornalista, em São Paulo, SP (estudo).

1963

Organiza a Exposição de Arquitetura da VII Bienal de Artes de São Paulo.
Participa da 1ª Exposição de Materiais de Construção (Exmac) na Cidade Universitária, em São Paulo, SP.

Participa, em Cuba, da reunião preparatória para o VII Congresso da União Internacional dos Arquitetos (UIA), realizado em Havana.
Participa da Noite de Arquitetura na VII Bienal de Artes de São Paulo.
Participa do Seminário de Habitação e Reforma Urbana promovido pelo IAB e pelo Ipase.

Projetos

Centro Social Politécnico – Cidade Universitária, São Paulo, SP –, com Abrahão Sanovicz e Júlio Katinsky (não executado).
Conjunto Residencial Santa Rita, na Vila São José, São Bernardo do Campo, SP.
Sesc/Senac: Federação do Comércio, Sede Social Vila Nova, em São Paulo, SP, com Adolpho Rubio Morales.
Residência de José Mello Gonçalves, em São Paulo, SP (estudo).

1964

Projetos

Banco Noroeste (instalação e decoração), em São Paulo, SP.
Edifício de Apartamentos Renata, em São Paulo, SP.
Ipesp: Grupo Escolar Pae Cará, em Itapema, Guarujá, SP.

1965

Organiza a Exposição de Arquitetura da VIII Bienal de Artes de São Paulo.
Realiza palestra sobre o arquiteto Gregori Warchavchik na VIII Bienal de Artes de São Paulo.

1966

Membro do Conselho Superior do IAB entre os anos de 1966 e 1970.
Participa do 1º Encontro Nacional de Arquitetos Planejadores, em Curitiba, PR.
Participa do VI Congresso Brasileiro de Arquitetos, em Salvador, BA.

Projetos

Edifício de Apartamentos Antônia de Queiroz, em São Paulo, SP.
Paço Municipal do Guarujá, SP.
Plano Diretor Físico de Santos (início), SP, com Heitor Ferreira de Souza.
Projeto de Educação para Santos, SP.
Projeto e drenagem do bairro da Ponta da Praia, Prodesan, em Santos, SP.
Residência de Luiz Coelho, no Guarujá, SP.

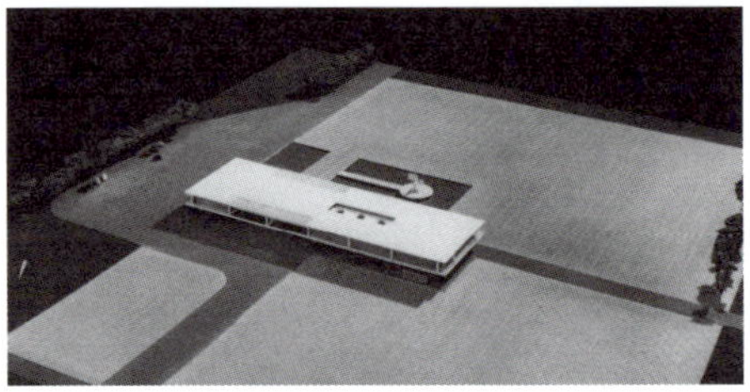

▲▲
Governador Carvalho Pinto e Oswaldo Corrêa Gonçalves na abertura da Exmac.

▲
Centro Social Politécnico.

Urbanização do Conjunto Habitacional da Usina da Barra, Cooperhabit, em Barra Bonita, SP.

1967

Membro da Comissão de Planejamento e Habitação no biênio 1967/1968.

Projetos

Grupo Escolar São Vito, em Americana, SP.

Plano de Desenvolvimento da Nova Cintra, em Santos, SP, com Paulo Buccolo Ballario e José Wagner Leite Ferreira (não executado).

Residência de Francisco A. de Moura, em São Paulo, SP.

Residência de Walter Macedo, em São Paulo, SP.

Reurbanização da orla da Praia, em Santos, SP, com Luigi Villavecchia (não executado).

1968

Representante do IAB/SP no Conselho Técnico da Cooperativa Habitacional (Cohab), em São Paulo, SP.

Participa do VII Congresso Brasileiro de Arquitetos.

Projetos

Centro Esportivo de Santos: estádio, ginásio e piscina, em Caneleira, Santos, SP, com Paulo Buccolo Ballario e Wagner Ferreira (não executado).

Edifício para consultórios e apartamentos na Bela Vista, em São Paulo, SP, com Paulo Buccolo Ballario e José Wagner Leite Ferreira (não executado).

Conjunto Habitacional da Ponta da Praia, em Santos, SP, com Paulo Buccolo Ballario e José Wagner Leite Ferreira.

Prêmios

Prêmio BNH (1º lugar) pelo projeto do Conjunto Habitacional da Ponta da Praia, em Santos, SP, com Paulo Buccolo Ballario.

1969

Cria a Faculdade de Arquitetura e Urbanismo de Santos – Faus.

Membro da Comissão Permanente de Contratação de Serviços Especializados da Secretaria de Obras e Serviços do Estado de São Paulo.

Organiza a Exposição de Arquitetura da X Bienal de Artes de São Paulo.

Projetos

Sede Social do Santos F. C. (no Jardim do Parque Balneário), em Santos, SP (não executado).

Edifício de apartamentos na rua Domingos de Morais, em São Paulo, SP, com Paulo Buccolo Ballario e Wagner Ferreira (não executado).

Edifício de apartamentos na alameda Lorena, em São Paulo, SP.

1970

Membro do Conselho Consultivo do Plano Diretor Físico de Santos.

Membro da diretoria do IAB/SP.

Realiza o primeiro vestibular da Faus.

Projetos

Anteprojeto de Centro de Lazer em Santana (Sítio Morrinhos), em São Paulo, SP, com Benno Perelmutter (não executado).

Garagem pública na praça Alfredo Issa, em São Paulo, SP, com Benno Perelmutter.

Plano urbanístico da estância hidromineral de Termas de Ibirá, SP, com Benno Perelmutter.

Residência de Abílio Ramos, em Guarulhos, SP, com Paulo Buccolo Ballario e Wagner Ferreira (não executado).

1971

Coordena o Grupo de Trabalho sobre os Problemas da Cidade do IAB/SP.

Organiza a Exposição de Arquitetura da XI Bienal de Artes de São Paulo.

Projetos

Concurso para o Centro Cultural Georges Pompidou (Beauborg), em Paris, França, com Paulo Mendes da Rocha, Abrahão Sanovicz e Cláudio Gomes (projeto premiado).

Edifício Pio XII, em São Paulo, SP.

Centro Esportivo da Nova Cintra, em Santos, SP, com Paulo Buccolo Ballario e Wagner Ferreira (não executado).

1972

Diretor da Faus.

Membro da Diretoria do IAB/SP.

Participa como representante do IAB no XIV Congresso Pan-Americano de Arquitetos realizado em Assunção, Paraguai.

Projetos

Conjunto Habitacional Paraíso para a Cúria Metropolitana, em São Paulo, SP (não executado).
Residência particular, em São Paulo, SP, com Benno Perelmutter.
Centro Cultural e Teatro Municipal de Santos, SP, com Abrahão Sanovicz e Júlio Katinsky (inspirado no projeto de 1961).

▲
Eduardo Kneese de Mello, Oswaldo Corrêa Gonçalves e João Batista Vilanova Artigas, na abertura da I Bienal Internacional de Arquitetura, em 1973.

1973

Organiza a I Bienal Internacional de Arquitetura.
Vice-presidente do IAB Nacional.
Participa da IV Reunião do Conselho Superior do IAB (Cosu), no Recife, PE.

Projetos

Via Expressa Sumaré, em Ribeirão Pires, São Paulo, SP, com Benno Perelmutter.

Prêmios

Colar de Ouro do IAB.

1974

Membro do júri para seleção e premiação da seção de arquitetura do XXXIX Salão Paulista de Belas-Artes.
Nasce Fernando Oswaldo Moura Gonçalves, o Gutti, único filho de Oswaldo e Neide, em 21 de janeiro.

Projetos

Terminal de ônibus da praça das Bandeiras, em São Paulo, SP, com Benno Perelmutter.
Conjunto de passarelas na avenida São João x Anhangabaú, em São Paulo, SP, com Benno Perelmutter.
Galeria subterrânea para pedestres em São Paulo, SP, com Benno Perelmutter.
Urbanização do Sítio Monte Alegre em Taboão da Serra, SP, com Benno Perelmutter.
Plano de Melhoramentos no morro do Voturuá, em São Vicente, SP, com Benno Perelmutter (não executado).

1975

Projetos

Colégio Técnico de Pesca, em Bertioga, SP, com Benno Perelmutter, Carlos Ferro, Decio Tozzi, Franco Petrich, João Walter Toscano, Marcos Acayaba, Michail Lieders e Ubyrajara Gilioli (não executado).

Laboratório Municipal de Análises, em Santos, SP, com Benno Perelmutter, José Arduin Filho e Marciel Peinado.
Pronto Socorro Municipal de Santos, SP, com Benno Perelmutter, José Arduin Filho e Marciel Peinado.

1976

Vice-presidente da Associação Brasileira de Escolas de Arquitetura (Asbea).

Projetos

Escola Estadual de 1º Grau Jardim das Rosas (Campo Limpo), em São Paulo, SP, com Benno Perelmutter e Marciel Peinado.
Escola Estadual de 1º Grau Jardim Irene, em Santo André, SP, com Benno Perelmutter e Marciel Peinado.
Escola Estadual de 1º Grau Nova Guará, Guaratinguetá, SP, com Benno Perelmutter e Marciel Peinado.
Escola Estadual de 1º Grau Jardim do Tiro (Vila Brasilândia), em São Paulo, SP, com Benno Perelmutter e Marciel Peinado.
Escola Estadual de 1º Grau Vila Penteado (Vila Brasilândia), em São Paulo, SP, com Benno Perelmutter e Marciel Peinado.
Escola Estadual de 1º Grau Vila Rio Branco, em Ermelino Matarazzo, São Paulo, SP, com Benno Perelmutter e Marciel Peinado.
Instituto de Geriatria de Santos, Santos, SP, com Benno Perelmutter, José Arduin Filho e Marciel Peinado (não executado).
Parque Municipal de Guarulhos, Guarulhos, SP, com Benno Perelmutter e José Arduin Filho.
Plano de Diretrizes e Ocupação, em João Lisboa, MA.
Plano de Desenvolvimento Físico Territorial: Projeto Cura e Plano Diretor, em Imperatriz, MA.
Sistema Teleférico e Equipamentos Complementares, em São Vicente, SP, com Benno Perelmutter e José Arduin Filho (não executado).

Prêmios

Prêmio Prefeitura de São Paulo no XL Salão Paulista de Belas-Artes, pelo Projeto do Instituto de Geriatria de Santos, em equipe com Benno Perelmutter e José Arduin Filho.

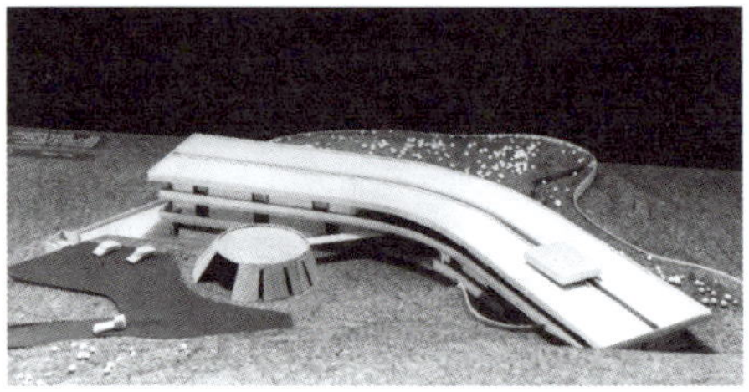

▲▲▲
Oswaldo e Gutti no Guarujá, 1975.

▲▲
Pronto Socorro Municipal de Santos.

▲
Instituto de Geriatria de Santos.

1977

Projetos

Conjunto Habitacional Cecap, em Guaratinguetá, SP, com Benno Perelmutter e José Arduin Filho.

Centro de Manutenção de Linhas de Eletricidade, em Guaratinguetá, SP, com Benno Perelmutter e José Claudio Paneque.

Colônia de Férias Afpesp, em Guarujá, SP, com Benno Perelmutter e Marciel Peinado.

Colônia de Férias Afpesp (Represa de Guarapiranga), em São Paulo, SP, com Benno Perelmutter e Marciel Peinado.

Escola Estadual de 1º Grau Vila Albertina, em Campos de Jordão, SP, com Benno Perelmutter e Marciel Peinado.

Escola Estadual de 1º Grau Vila Anchieta (Jabaquara), em São Paulo, SP, com Benno Perelmutter e Marciel Peinado.

Escola Estadual de 1º Grau Vila Colorado, em Pereira Barreto, SP, com Benno Perelmutter e Marciel Peinado.

Escola Estadual de 1º Grau Vila Imperador (Tatuapé), em São Paulo, SP, com Benno Perelmutter e Marciel Peinado.

Escola Estadual de 1º Grau Vila Roseira (Jabaquara), em São Paulo, SP, com Benno Perelmutter e Marciel Peinado.

Urbanização da praia de São Lourenço, em Bertioga, SP, com Benno Perelmutter, José Arduin Filho e Marciel Peinado.

Prêmios

Grande Medalha de Ouro no XLI Salão de Belas-Artes de São Paulo pelo projeto do Sistema Teleférico e Equipamentos Complementares, em São Vicente, SP.

1º Prêmio Categoria Lazer – Premiação Anual do IAB/SP pelo projeto do Sistema Teleférico e Equipamentos Complementares, em São Vicente, SP.

Prêmio IAB pelo projeto do Instituto de Geriatria de Santos, com Benno Perelmutter e José Arduin Filho.

1978

Projetos

Escola Estadual de 1º Grau Jardim Camila, em Mogi das Cruzes, SP, com Benno Perelmutter e Marciel Peinado.

Terminal Intermunicipal de Passageiros de São Carlos, SP, com Benno Perelmutter e Marciel Peinado.

Terminal Rodoviário Intermunicipal de Açailândia, MA, com Benno Perelmutter.
Urbanização do morro do José Menino, em Santos, SP, com Benno Perelmutter.

1979

Projetos

Casa de Cultura, em São Carlos, SP, com Benno Perelmutter, José Arduin Filho e Marciel Peinado (não executado).
Terminal Rodoviário de Catanduva, SP, com Benno Perelmutter e Marciel Peinado (não executado).
Plano de Complementação Urbana, em Imperatriz, MA, com Benno Perelmutter e José Arduin Filho.
Plano de Complementação Urbana, em São Carlos, SP, com Benno Perelmutter, José Arduin Filho e Marciel Peinado.
Terminal de integração ônibus-metrô (estações Bresser e Belém), em São Paulo, SP, com Benno Perelmutter e Marciel Peinado.
Terminal Rodoviário de Amparo, SP.

Prêmios

Medalha de Ouro Mário de Andrade concedida pelo governo do estado de São Paulo pelos serviços prestados no campo da arquitetura.

1980

Projetos

Escola Estadual de 1º Grau Água Vermelha, em Poá, SP, com Benno Perelmutter e Marciel Peinado.
Parque da Lagoa do Medeiros (Projeto Cura), em São Carlos, SP, com Benno Perelmutter, José Arduin Filho e Marciel Peinado.
Plano Urbanístico para a implantação de projetos de equipamentos sociais inseridos no projeto Cura, em Imperatriz, MA, com Benno Perelmutter e José Arduin Filho.
Projetos de pré-escola e creche (Projeto Cura), em São Carlos, SP, com Benno Perelmutter, José Arduin Filho e Marciel Peinado.

1981

Projetos

Mercado Distrital Rural, em Imperatriz, MA, com Benno Perelmutter e Marciel Peinado.
Parque Municipal, em Guarulhos, SP, com Benno Perelmutter e José Arduin Filho (não executado).

Plano urbanístico para implantação de conjunto habitacional para a Cohab, em São Paulo, SP, com Benno Perelmutter e José Arduin Filho.
Plano urbanístico do Parque da Lagoa do Medeiros, em São Carlos, SP, com Benno Perelmutter e Marciel Peinado.
Projeto Cura, em São Luís, MA, com Benno Perelmutter e José Arduin Filho.

1982

Assume novamente o cargo de diretor da Faus.

Projetos

Edifício de apartamentos Riviera Flat, na Riviera de São Lourenço, Bertioga, SP, com Benno Perelmutter e Marciel Peinado.
Hotel Riviera, na Riviera de São Lourenço, Bertioga, SP, com Benno Perelmutter e Marciel Peinado.

▲▲
Trancredo Neves e Oswaldo, em 3 de outubro de 1984.

▲
Oswaldo em cima do carro de som à frente de protesto pela preservação do morro do Pitiú, Guarujá.

1984

Inaugura escritório político em São Paulo para a campanha de Tancredo Neves à Presidência da República.

1986

Projetos

Unidade de Saúde Jardim Aurora, em São Paulo, SP.

1988

Prêmios

Prêmio Internacional de Urbanismo em Viena, Áustria, pelo projeto da Riviera de São Lourenço.

1991

Participa na luta pela defesa da preservação do morro do Pitiú, no Guarujá.

1992

Suplente do Conselho Superior do IAB/SP.
Assume o cargo de presidente da Bienal Internacional de Arquitetura.

1993

Organiza parcialmente a II Bienal Internacional de Arquitetura em São Paulo.

Projetos
Projeto de Urbanização da praia da Enseada, em Guarujá, SP (estudo).

1997
Recebe o título de Cidadão Emérito de Santos, outorgado pela Câmara Municipal de Santos.

2001
Exposição comemorativa dos sessenta anos de profissão, realizada pela Faus com apoio do Senac, em Santos, SP.

2002
Exposição comemorativa dos sessenta anos de profissão realizada na sede do IAB/SP.

2003
Prêmios
Prêmio Master Imobiliário Hors Concours pelo projeto da Riviera de São Lourenço.

2005
Falece em São Paulo no dia 28 de agosto.
Exposição-homenagem na VI Bienal Internacional de Arquitetura em São Paulo.

▲▲
Oswaldo e seu leão no apartamento em São Paulo, em 1992.

▲
Exposição-homenagem na VI Bienal Internacional de Arquitetura em São Paulo.

BIBLIOGRAFIA

Bibliografia de Oswaldo Corrêa Gonçalves

Jornais

GONÇALVES, Oswaldo Corrêa. *Considerações sobre a necessidade do curso e sobre as condições culturais*. Santos, mimeo, s/d.

______. "Urbanismo I". *Jornal de São Paulo*. São Paulo: 23 dez. 1945.

______. "Urbanismo II". *Jornal de São Paulo*. São Paulo: 30 dez. 1945.

______. "Urbanismo IV". *Jornal de São Paulo*. São Paulo: 13 jan. 1946.

______. "Urbanismo VI". *Jornal de São Paulo*. São Paulo: 27 jan. 1946.

______. "Urbanismo VII". *Jornal de São Paulo*. São Paulo: 10 fev. 1946.

______. "Urbanismo VIII". *Jornal de São Paulo*. São Paulo: 17 fev. 1946.

______. "Urbanismo XI". *Jornal de São Paulo*. São Paulo: 10 mar. 1946.

______. "Urbanismo XII". *Jornal de São Paulo*. São Paulo: 17 mar. 1946.

______. "Urbanismo – Habitação". *Jornal de São Paulo*. São Paulo: 21 abr. 1946.

______. "Ergue-se na Pampulha a mais moderna igreja católica do mundo". *Jornal de São Paulo*. São Paulo: 8 set. 1946.

______. "Um futuro". *Jornal de São Paulo*. São Paulo: 4 set. 1947.

______. "Falta trabalho de equipe na arquitetura brasileira". *Jornal Flan*. São Paulo, 19-25 abr. 1953.

Manuscritos

GONÇALVES, Oswaldo C. *Excursão de arquitetos a Minas Gerais de abril de 1947: diário de viagem*. Manuscrito, 14-23 abr. 1947.

______. *Diário de viagem à Europa em maio de 1947*. Manuscrito, 1947.

______. *Discurso por ocasião do recebimento do Colar de Ouro do IAB*, manuscrito, 10 jun. 1973.

______. Depoimento. São Paulo, manuscrito, 8 mar. 1985.

Revistas

GONÇALVES, Oswaldo C. "Exercícios de composição". *Politécnica*. São Paulo: mar-abr. 1940, n. 134.

_____. "Projeto de um prédio de escritórios". *Politécnica*. São Paulo: jul-set. 1940, n. 136.

_____. "Casa para week-end". *Politécnica*. São Paulo: jan.-fev. 1941, n. 137.

_____. "Play-field". *Politécnica*. São Paulo: mar.-abr. 1941, n. 138.

_____. "O transporte coletivo por ônibus". *Politécnica*. São Paulo: maio-dez. 1941, n. 139.

_____. "O arquiteto Oscar Niemeyer". *Acrópole*. São Paulo: fev. 1948, n. 118.

_____. "Estádio do Clube Atlético Mineiro". *Acrópole*. São Paulo: abr. 1949, n. 132.

_____. "Plano e limitação da cidade". *Acrópole*. São Paulo: maio 1949, n. 133.

_____. "Grupos do Convênio Escolar do Município de São Paulo". *Acrópole*. São Paulo: jan. 1950, n. 141.

_____. "Grupo Escolar Canuto do Val". *Habitat*. São Paulo: jul.-set. 1951, n. 4.

_____. "Grupo Escolar Romeu de Morais". *Habitat*. São Paulo: jul.-set. 1951, n. 4.

_____. "Residência de L. M.". *Acrópole*. São Paulo: jun. 1952, n. 170.

_____. "Arquitetura de Sérgio W. Bernardes". *Habitat*. São Paulo: abr.-jun. 1952, n. 7.

_____. "Outras arquiteturas do Convênio Escolar". *Habitat*. São Paulo: out.-dez. 1952, n. 9.

_____. "Residência em Santos". *Habitat*. São Paulo: out.-dez. 1952, n. 9.

_____. "Residência em São Paulo". *Habitat*. São Paulo: out.-dez. 1952, n. 9.

_____. "Casa Michel Abu Jamra". *Arte e Decoração*. São Paulo: 1953, n. 2.

_____. "Posto de gasolina". *Acrópole*. São Paulo: abr. 1953, n. 180.

_____. "Residência em São Paulo". *AD Arquitetura e Decoração*. São Paulo, out.-nov. 1953, n. 2.

_____. "Oswaldo Corrêa Gonçalves – Arquiteto". *Acrópole*. São Paulo: ago. 1953, n. 184.

_____. "As quatro funções da cidade", palestra pronunciada no Rotary Clube de Jaú. *AD Arquitetura e Decoração*. São Paulo, jan.-fev. 1955, n. 9.

_____. "Residência no Morumbi". *AD Arquitetura e Decoração*. São Paulo, mar.-abr. 1955, n. 10.

_____. "As quatro principais funções da cidade". *Habitat*. São Paulo: out.-nov. 1955, n. 24.

_____. "Centro Esportivo Municipal, Jaú". *Acrópole*. São Paulo: jan. 1956, n. 207.

_____. "Edifício em Santos". *Acrópole*. São Paulo: mar. 1956, n. 209.

_____. "Residência em Campos do Jordão". *Habitat*. São Paulo: jul.-ago. 1956, n. 37.

_____. "Edifício Sesc/Senac de Ribeirão Preto". *Acrópole*. São Paulo: fev. 1957, n. 220.

_____. "Posto de serviço em Santos". *Acrópole*. São Paulo: ago. 1957, n. 226.

_____. "Comunidade Brasílio Machado Neto – Suzano". *Bem-estar*. São Paulo: 1958, n. 2.

_____. "Posto de Serviço Esso". *Acrópole*. São Paulo: fev. 1958, n. 232.

______. "Posto de Serviço Shell". *Acrópole*. São Paulo: fev. 1958, n. 232.
______. "Comunidade Brasílio Machado Neto". *Acrópole*. São Paulo: ago. 1958, n. 238.
______. "Jockey Clube do Guarujá". *Acrópole*. São Paulo: out. 1958, n. 240.
______. "Escola Senac e Centro Social do Sesc em Marília". *Acrópole*. São Paulo: fev. 1959, n. 244.
______. "Projeto para um centro telefônico: Cia. Telefônica do Guarujá". *Acrópole*. São Paulo: ago. 1959, n. 250.
______. "Escola Sesc/Senac em Bauru". *Acrópole*. São Paulo: nov. 1959, n. 253.
______. "Edifício Sesc/Senac em Santos". *Habitat*. São Paulo: mar.-abr. 1960, n. 59.
______. "Casa de praia". *Acrópole*. São Paulo: set. 1960, n. 263.
______. "Pavilhão de praia". *Acrópole*. São Paulo: set. 1960, n. 263.
______. "Teatro Municipal e Centro de Arte em Santos". *Habitat*. São Paulo: nov.-dez. 1961, n. 63.
______. "Arquitetura na 6ª Bienal do Museu de Arte Moderna de São Paulo". *Acrópole*. São Paulo: nov. 1961, n. 276.
______. "Teatro Municipal e Centro de Arte em Santos". *Módulo*. São Paulo: jun. 1962, n. 28.
______. "Arquitetura na 8ª Bienal". *Acrópole*. São Paulo: out. 1965, n. 322.
______. "10ª Bienal: Exposição de Arquitetura". *Acrópole*. São Paulo: out. 1969, n. 366.
______. "O desenvolvimento da região santista". *Acrópole*. São Paulo: jun. 1970, n. 374.
______. "O Plano Diretor Físico de Santos". *Acrópole*. São Paulo: jun. 1970, n. 374.
______. "Sesc/Senac, Rio Preto". *AB Arquitetura Brasileira*. Rio de Janeiro: 1972, n. 7.
______ & SIEVERS, Ricardo Morton. "Sede social e esportiva do Clube de Regatas Santista". *Acrópole*. São Paulo: mar. 1953, n. 179.
______ & VIANNA, Rubens Gouvêa Carneiro. "Ginásio e Escola Normal Maria Auxiliadora". *Acrópole*. São Paulo: maio 1953, n. 181.
______ & MILLIET, Roberto Carlos. "Prédio de apartamentos". *Acrópole*. São Paulo: dez. 1955, n. 200.
______ & TOSI, Osmar Antônio. "Edifício Haroldo Murray". *AD Arquitetura e Decoração*. São Paulo: set.-out. 1956, n. 19.
______ & ______. "Posto de abastecimento de automóveis". *Acrópole*. São Paulo: ago. 1956, n. 214.
______ & CORONA, Eduardo. "Novo edifício do Senac em Araraquara". *Habitat*. São Paulo: jul.-ago. 1957, n. 43.
______ & SOUZA, Heitor Ferreira de. "Paço Municipal do Guarujá". *Habitat*. São Paulo: mar.-abr. 1960, n. 59.
______ & ______. "Paço Municipal do Guarujá". *Acrópole*. São Paulo: out. 1968, n. 355.

_____ *et al.* "Sesc/Senac, Marília". *AD Arquitetura e Decoração.* São Paulo: set.-out. 1955, n. 13.
_____. "Edifício IAPB em Ribeirão Preto". *Acrópole.* São Paulo: fev. 1958, n. 232.
_____. "Teatro Municipal e Centro de Arte em Santos". *Acrópole.* São Paulo: dez. 1961, n. 277.
_____. "Conjunto residencial para as Cooperativas Habitacionais de Santos". *Arquitetura.* Rio de Janeiro: 1968, n. 69.
_____. "Núcleo Habitacional da Ponta da Praia". *Acrópole.* São Paulo: maio 1968, n. 350.
_____. "Plano de Desenvolvimento da Nova Cintra". *Acrópole.* São Paulo: jun. 1970, n. 374.

Outras publicações

GONÇALVES, Oswaldo Corrêa. "Arquitetura". *VI Bienal de São Paulo: catálogo geral.* São Paulo: MAM, 1961.
_____. *Curriculum vitae.* São Paulo, 1975.
_____. "Oração do Paraninfo". Santos: Faus, 1976. Mimeo.
_____ & SOUZA, Heitor Ferreira de. *Plano Diretor Físico do Município de Santos.* Lei Municipal n. 3.529, de 16 de abril de 1968.

Bibliografia sobre Oswaldo Corrêa Gonçalves

ABREU, Ivanir Reis Neves. *Convênio Escolar: utopia construída.* Dissertação (Mestrado) – Faculdade de Arquitetura e Urbanismo/USP. São Paulo: 2007.
ACERVO DO DEPARTAMENTO Memória Institucional do Senac de São Paulo.
ALMEIDA, Paulo Mendes de. *De Anita ao museu.* São Paulo: Perspectiva, 1976.
ARTIGAS, João Batista Vilanova. *Caminhos da arquitetura.* São Paulo: Cosac Naify, 2004.
_____. Carta de Artigas a Oswaldo Corrêa Gonçalves. Nova York, 27 dez. 1946. Disponível em: http://www.dearquiteturas.com/2012/03/fauusp-50-anos-da-reforma-de-ensino-de.html. Acesso em: 8 jul. 2013.
A PALAVRA do presidente do Conselho Diretor da Bienal de Arquitetura. *C&J Arquitetura*: São Paulo: 1974, n. 314.
"ABRE-SE o Teatro Municipal". *A Tribuna.* Santos. 10 mar. 1979.
ALMEIDA, Marcos Leite. *As casas de Oscar Niemeyer: 1935-1955.* Dissertação (Mestrado) – UFRGS. Porto Alegre: 2005.

BAFFI, Mirthes e equipe DPH. *Convênio Escolar: a arquitetura moderna a serviço do ensino público*. Disponível em: http://docomomo.org.br/wp-content/uploads/2016/01/Mirthes_baffi.pdf, pp. 5-7.

BARBOSA, Gino Caldatto. Entrevista com Lenimar Rios. Santos, 31 mar. 2013.

BARDI, Lina Bo. *Contribuição propedêutica ao ensino da teoria da arquitetura*. São Paulo: Instituto Lina Bo Bardi, 2002.

BRUAND, Yves. *Arquitetura contemporânea no Brasil*. São Paulo: Perspectiva, 1997.

CABERÁ à nova escola paulista consolidar o prestígio da moderna arquitetura do Brasil. *Diário da Noite*. São Paulo: 13 dez. 1947.

CALDEIRA, Mário Henrique de Castro. *Arquitetura para educação: escolas públicas na cidade de São Paulo (1934-1962)*. Tese (Doutorado) – Faculdade de Arquitetura e Urbanismo/USP. São Paulo: 2005.

CASA de Praia. *Acrópole*. São Paulo: nov. 1952, n. 175.

CARRERA, Renato. Em: *Enciclopédia dos municípios brasileiros*. Rio de Janeiro: IBGE, 1958, vol. 30.

CASTILHOS, Yolando de. Em: *Enciclopédia dos municípios brasileiros*. Rio de Janeiro: IBGE, 1958, vol. 30.

CAVALCANTI, Lauro. *Quando o Brasil era moderno: guia de arquitetura 1928-1960*. Rio de Janeiro: Aeroplano, 2001.

CERETO, Marcos Paulo. *Arquitetura de massas: o caso dos estádios brasileiros*. Dissertação (Mestrado) – UFRGS. Porto Alegre: 2004.

CHAVES, Miriam Waidenfeld. "A afinidade eletiva entre Anísio Teixeira e John Dewey" (parte integrante de tese de doutorado, em fase de pesquisa, sobre a administração de Anísio Teixeira na Inspetoria Pública do antigo Distrito Federal, nos anos 1930).

COMUNIDADE Brasílio Machado Neto. *Acrópole*. São Paulo: ago. 1958, n. 238.

CONGRESO de Arquitectos: Coopera decididamente Brasil con Cuba. *Revolución*. Havana: 6 jun. 1963.

LE CORBUSIER. *Carta de Atenas*. Disponível em: http://portal.iphan.gov.br/portal/baixaFcdAnexo.do?id=233. Acesso em: 5 fev. 2014.

CORDIDO, M. T. R. B. *Arquitetura forense do estado de São Paulo: produção moderna, antecedentes e significados*. Dissertação (Mestrado) – Escola de Engenharia de São Carlos/USP. São Carlos: 2007.

COSTA, Angélica Irene da. *Sérgio Ferro: didática e formação*. São Carlos: EESC/USP, 2008.

DEDECCA, Paula Gorenstein. *Sociabilidade, crítica e posição: o meio arquitetônico, as revistas especializadas e o debate do moderno em São Paulo (1945-1965)*. Dissertação (Mestrado) – Faculdade de Arquitetura e Urbanismo/USP. São Paulo: 2012.

DEOPS/SANTOS. Faculdade de Arquitetura e Urbanismo. Prontuário n. 001359. Disponível em: http://www.arquivoestado.sp.gov.br/upload/Deops/Prontuarios/BR_SP_APESP_DEOPS_SAN_P001359_01.pdf. Acesso em: 5 jan. 2014.

GILIOLI, Ubyrajara. Depoimento. *Projeto*. São Paulo: jan. 1999, n. 228.

DIRETOR da FAUS não aceita reclamações. *Cidade de Santos*. Santos: 24 jul. 1976.

EDIFÍCIO IAPB em Ribeirão Preto. *Acrópole*. São Paulo: fev. 1958, n. 232.

ESTRUTURA pré-moldada: novidade anunciada para o prédio da Faus. *A Tribuna*. Santos: 21 jul. 1973.

FACULDADE de Arquitetura e Urbanismo de Santos. Departamento de Projeto. Ata de Reunião realizada em 9 fev. 1980.

FACULDADE de Arquitetura e Urbanismo de Santos. *Projeto político e pedagógico*. Santos: 2001. Mimeo.

FAU – Histórico. Disponível em: http://www.fau.usp.br/fau/index.html. Acesso em: 13 dez. 2013.

FERNANDES, Fernanda. "Bienal 50 anos: exposições internacionais de arquitetura". Em: *Bienal 50 anos*. São Paulo: Fundação Bienal, 2001.

FERRAZ, Artemis Rodrigues Fontana. *Arquitetura moderna das escolas "S" paulistas 1952-1968: projetar para a formação do trabalhador*. Tese (Doutorado) – Faculdade de Arquitetura e Urbanismo/USP. São Paulo: 2008.

FERREIRA, Avany de Francisco Ferreira & MELLO, Mirela Geiger de (orgs.). *Arquitetura escolar paulista: anos 1950 e 1960*. São Paulo: Fundação para o Desenvolvimento da Educação (FDE), 2006.

FERREIRA, Christiane Costa. Entrevista com Júlio Roberto Katinsky, 29 nov. 2007.

FICHER, Sylvia. *Os arquitetos da Poli: ensino e profissão em São Paulo*. São Paulo: Fapesp/Edusp, 2005.

FORTIS, Sérgio Novita. "Trabalho memória da escola: Faus – Faculdade de Arquitetura e Urbanismo da Unisantos (Universidade Católica de Santos)". Santos: Unisantos, 2000. Mimeo.

FRANCO, Ruy Eduardo Debs. Entrevista com Jon Maitrejean. São Paulo: 17 abr. 2013.

______. Entrevista com Júlio Roberto Katinsky. São Paulo: 6 jan. 2014.

———. Entrevista e correspondência eletrônica com Benno Perelmutter em maio e junho de 2014.

GATI, Catharine. "Oswaldo Corrêa Gonçalves: construindo a profissão". *AU – Arquitetura e Urbanismo*. São Paulo: abr.-maio 1995, n. 59.

GLOEDEN, Edison & LARA, Eugênio. "Entrevista com Oswaldo Corrêa Gonçalves". Santos: 21 nov. 1982.

GOODWIN, Philip. *Brazil Builds: Architecture New and Old 1652-1942*. Nova York: The Museum of Modern Art, 1943.
IMPRENSA Oficial do Estado – Governo Carvalho Pinto. *Plano de Ação 1959-1963*. São Paulo.
HOWARD, Ebenezer. *Cidades-jardins de amanhã*. São Paulo: Annablume, 2002.
IAB São Paulo. "Boletim mensal n. 1". *Acrópole* São Paulo: jan. 1953, n. 184.
IMÓVEL do Senac em Marília é tombado como bem cultural. Disponível em: http://www.revistamuseu.com.br/noticias/not.asp?id=5267&MES=/12/2004&max_por=10&max_ing=5. Acesso em: 23 jan. 2014.
IBGE. *Enciclopédia dos municípios brasileiros*. Rio de Janeiro: IBGE, 1957, vol. 29.
INSTITUTO dos Arquitetos do Brasil – Departamento de São Paulo. Ofício OSL-02 mai. 3, 29 maio 1951.
______. *Ofício enviado a dom David Picão, presidente da Sociedade Visconde de São Leopoldo*. São Paulo: 8 ago. 1967.
______. *Boletim informativo*, n. 51, jul.-ago.-set. 2005.
KATINSKY, Júlio Roberto. "Um militante fiel da arquitetura: evocação". *Boletim informativo do Instituto dos Arquitetos do Brasil* – Departamento de São Paulo. São Paulo: jul.-set. 2005, n. 51.
KEESE, Jefferson Lafaiette (org.). *Anistia na FAU/USP: a reintegração dos professores cassados pelo AI5*. São Paulo: Fupam/FAU, 1998.
KOPP, Anatole. *Quando o moderno não era um estilo e sim uma causa*. São Paulo: Nobel, 1990.
LAMPARELLI, Celso Monteiro. "Tres décadas de alguna planeación en Brasil (1950-1980)". *Revista Interamericana de Planificación*. México: set.-dez. 1982, vol. 16, n. 63-4.
LEMOS, Carlos. *Apud* FICHER, Sylvia. *Os arquitetos da Poli*. São Paulo: Edusp, 2005.
LIMA, Elyane A. Vianna de. *A preservação da arquitetura moderna na Baixada Santista. Estudo de caso: o acervo arquitetônico de Oswaldo Corrêa Gonçalves*. Especialização em teoria e prática da preservação e restauro do patrimônio arquitetônico e urbanístico – Unisantos. Santos: 2005.
LIMA, Jorge Alves de. *Chasing the Horizon: Hunting in East Africa and India*. Agoura: Trophy Room Books, 2010.
LOURENÇO, Maria Cecília França. *Operários da modernidade*. São Paulo: Hucitec/Edusp, 1995.
Lynch, Kevin. *A imagem da cidade*. Lisboa: Edições 70, 2014.
MAFFEI, Walter Renan de Abreu. "Oswaldo Corrêa Gonçalves e a Bienal de Arquitetura de 1973". Depoimento ao IAB-SP. São Paulo: fev. 1989.
MARCÍLIO, Maria Luiza. *História da escola em São Paulo e no Brasil*. São Paulo: Imprensa Oficial do Estado, 2005.

MAZZOLENIS, Sheila. *Riviera de São Lourenço: ontem, hoje... Registros*. São Paulo: A Book, 2008.
MERA, Adina. "Planejamento e urbanismo". *Folha técnica Ibam 5*. Rio de Janeiro: Ibam, 1965.
MEMORIAL descritivo original. Acervo da Faculdade de Arquitetura da Universidade Católica de Santos.
MINDLIN, Henrique. *Modern Architecture in Brazil*. Rio de Janeiro/Amsterdã: Colibris, 1956.
MINISTÉRIO da Educação e Cultura. Câmara de Planejamento. Pedido de autorização para funcionamento da Faculdade de Arquitetura e Urbanismo de Santos, São Paulo. . Parecer n. 439/69. São Paulo: 11 jun. 1969.
MINISTÉRIO do Exército – II Exército – 2º DE Comando de Artilharia Divisionária/2 2ª Seção. Pedido de busca n. 042/82, de 7 jun. 1982; e POLÍCIA Militar do Estado de São Paulo. Informe n. CPAI6-347/2-123-82, de 14 jun. 1982, in DEOPS/Santos. Em: Faculdade de Arquitetura e Urbanismo: prontuário n. 001359. Disponível em: http://www.arquivoestado.sp.gov.br/upload/Deops/Prontuarios/BR_SP_APESP_DEOPS_SAN_P001359_01.pdf. Acesso em: 5 jan. 2014.
MODESTO, Hélio. "Planejamento governamental e urbanização". Em: *Leituras de planejamento e urbanismo*. Rio de Janeiro: Ibam, 1965.
______ & MELLO, Diogo Lordello. "Mentalidade de planejamento no Brasil". Em: *Leituras de planejamento e urbanismo*. Rio de Janeiro: Ibam, 1965.
NUNES, Luiz Antônio de Paula. *Saber técnico e legislação. A formação do urbanismo em Santos – 1894 a 1951*. Dissertação (Mestrado) – Faculdade de Arquitetura e Urbanismo/USP. São Paulo: s/d.
OLIVEIRA, Elaine Rodrigues de. *A contribuição de Oswaldo Corrêa Gonçalves para a arquitetura moderna brasileira*. Dissertação (Mestrado) – Escola de Engenharia de São Carlos/USP. São Carlos: 1999.
O expurgo na Universidade de São Paulo. Disponível em: http://novo.fpabramo.org.br/content/o-expurgo-na-universidade-de-sao-paulo. Acesso em: 5 jan. 2014.
O IV CONGRESSO Brasileiro de Arquitetos lançou as bases de uma autocrítica da arquitetura brasileira. *Diário de Notícias*. São Paulo: 7 fev. 1954.
OBSERVARÃO na Europa e nos Estados Unidos os planos de desenvolvimento urbanístico. *Jornal de São Paulo*. São Paulo: 11 maio 1947.
PENTEADO, Fábio. *Ensaios de arquitetura*. São Paulo: Empresa das Artes, 1998.
PEREIRA, Rubens de Mattos. "Integração do planejamento físico no planejamento governamental". Em: *Leituras de planejamento e urbanismo*. Rio de Janeiro: Ibam, 1965.
PERELMUTTER, Benno. "Um militante fiel da arquitetura: atuação". *Boletim informativo do Instituto dos Arquitetos do Brasil* – Departamento de São Paulo. São Paulo: jul.-set. 2005, n. 51.

PINHEIRO, Maria Lucia Bressan. "Rumo ao moderno: uma historiografia da arquitetura moderna em São Paulo até 1945". Em: II Seminário Docomomo Brasil. São Paulo: 1999.

PRÉDIO de Apartamentos – Edifício "Taiuva", Santos. *Acrópole*. São Paulo: jun. 1955, n. 200.

PROCHNIK, Wit-Olaf. "Formação de planejadores". Em: *Leituras de planejamento e urbanismo*. Rio de Janeiro: Ibam, 1965.

PRODESAN. "Plano diretor físico. Problemática econômica e social". Santos: 1967.

______. "Política de desenvolvimento físico". Santos: 1967.

QUEIROZ, Rodrigo. "Forma moderna e cidade: a arquitetura de Oscar Niemeyer no centro de São Paulo". Disponível em: http://www.vitruvius.com.br/revistas/read/arquitextos/13.151/4632. Acesso em: 12 jan. 2014.

ROCHA, Osório. *Barretos de outrora*. Edição do autor, 1954.

RODRIGUES, Olao. *Almanaque de Santos: 1969*. São Paulo: Roteiros Turísticos de Santos, s/d.

______. *Veja Santos*. Santos: Prefeitura Municipal de Santos, 1974.

ROMANELLI, Otaíza de Oliveira. *História da educação no Brasil (1930/1973)*. Petrópolis: Vozes, 1978.

RONCHEZEL, Roberto. "Entrevista com Oswaldo Corrêa Gonçalves". *Senac e Você*, jul. 2001.

SANDCVILLC JR., E. A. *A Arquitetura dos teatros distritais da Prefeitura Municipal de São Paulo*. São Paulo: Museu do Teatro Municipal, 1985.

SANTOS, Francisco Martins dos & LICHTI, Fernando Martins. *História de Santos & Polianteia Santista*. São Vicente: Caudex, 1986. Disponível em: http://www.novomilenio.inf.br/bertioga/bh005c.htm. Acesso em: 8 jun. 2014.

SEGAWA, Hugo. *Arquiteturas no Brasil 1900-1990*. São Paulo: Edusp, 2002.

SERÁ realizada em Campinas uma Exposição de Arquitetura Contemporânea. *Correio Popular de Campinas*. Campinas: 27 abr. 1949.

SESC/SENAC. "Arquitetura para o lazer e a educação". Folheto, *c*. 1996.

SILVA, Ricardo Marques da. *Sombras sobre Santos: o longo caminho de volta*. Santos: Secretaria Municipal de Cultura, 1988.

SIQUEIRA, Sérgio Corrêa de. "Capítulo sobre Jorge Alves de Lima Filho" Disponível em: http://www.santohuberto.com/forum/forum_detalhes.asp?ID=14128&Origem=14128 Acesso em: 26 maio 2014.

TSUKAMOTO, Ricardo Y. "Tratamento primário avançado: o paradigma moderno de tratamento de esgotos". Disponível em: http://www.agualatinoamerica.com/docs/pdf/3 abr. 02basico.pdf. Acesso em: 29 jul. 2014.

UMA CONDECORAÇÃO para Oswaldo Corrêa e Ciccillo Matarazzo. *Arquiteto*. São Paulo: 1973, ano I, n. 10.

UNIVERSIDADE de São Paulo/Escola Politécnica: Curso de engenheiros-arquitetos. Histórico escolar de Oswaldo Corrêa Gonçalves. São Paulo, 8 set. 1975.
VIOLICH, Francis. "Crescimento urbano e planejamento no Brasil". Em: *Leituras de planejamento e urbanismo*. Rio de Janeiro: Ibam, 1965.
ZAULI, Ana Elvira. "Uma cidade turística de porte médio está nascendo no litoral paulista". *Construção em São Paulo*. São Paulo: nov. 1982, n. 1.815.
ZEIN, Ruth Verde. *A arquitetura da escola paulista brutalista: 1953-1973*. Tese (Doutorado) – UFRGS/Propar. Porto Alegre: 2005.

Revistas e jornais

A Tribuna. Santos, 22 ago. 1956.
______. 2 set. 1982.
______. n. 135, 1949.
______. n. 179, 1953.
______. n. 181, 1953.
______. n. 184, 1954.
______. n. 207, 1956.
______. n. 240, 1958.
______. n. 263, 1960.
AD – Arquitetura e Decoração. São Paulo: mar.-abr. 1955, n. 10.
AU – Arquitetura e Urbanismo. São Paulo: mar. 2003, ano 18, n. 10.
______. São Paulo: maio 1995, n. 59.
Folha de S.Paulo. São Paulo: 25 dez. 1965.
Habitat. São Paulo: abr.-jun. 1952, n. 7.
______. São Paulo: out.-dez. 1952, n. 9.
______. São Paulo: jul.-ago. 1956, n. 37.
______. São Paulo: jul.-ago. 1957, n. 43.
______. São Paulo: mar.-abr. 1960, n. 59.
______. São Paulo: jan.-fev. 1961, n. 64.
Jornal da Hora. São Paulo: 9 ago. 1954.
Manchete. Rio de Janeiro: 16 jun. 1956, n. 217 (assinada por Daniel Linguanotto).
Quatro Rodas. Edição Especial. São Paulo: s/d, n. 507.
Última Hora. São Paulo: 18 jun. 1955[a].
______. São Paulo: 21 jun. 1955[b].
______. São Paulo: 23 set. 1955[c].

______. São Paulo: 27 out. 1955[d].
______. São Paulo: 10 jan. 1956[a].
______. São Paulo: 7 fev. 1956[b].
______. São Paulo: 19 abr. 1956[c].

Sites

http://alerjln1.alerj.rj.gov.br/scpro0307.nsf/15f5a903b973ce7683256cee0067f718/01292fdb8cbea80b8325717e005c402b?OpenDocument. Acesso em: 10 dez. 2013.

http://almanarkitapema.blogspot.com.br/2010/07/escola-prof-walter-scheppis.html. Acesso em: 2 jul. 2014.

http://pt.wikipedia.org/wiki/Bento_de_Abreu_Sampaio_Vidal. Acesso em: 22 abr. 2012.

http://pt.wikipedia.org/wiki/Mar%C3%ADlia. Acesso em: 22 abr. 2012.

http://pt.wikipedia.org/wiki/Barretos. Acesso em: 22 jul. 2014.

http://www.coladaweb.com/historia-do-brasil/governo-marechal-eurico-gaspar-dutra). Acesso em: 24 mar. 2012.

http://www.pedagogiaemfoco.pro.br/heb09.htm#manif. Acesso em: 12 fev. 2013.

http://www.revistacafeicultura.com.br/index.php?tipo=ler&mat=7032. Acesso em: 22 abr. 2012.

http://www.rivieradesaolourenco.com/. Acesso em: 20 jun. 2014.

CRÉDITOS DAS IMAGENS

Acervo Oswaldo Corrêa Gonçalves
Figuras das páginas 19, 24-5, 26, 29, 32, 35, 38, 43, 44, 47 (figs. 1, 2 e 3), 52, 53, 56, 59, 64, 69, 70, 76, 85, 89, 90-1, 92, 96, 100 (figs. 1, 2, 4, 5, 6 e 7), 105, 105, 106, 107, 108, 109, 111, 115, 116, 119 (figs. 1, 2, 3, 4, 5, 6, 8 e 9), 121, 125, 128, 131, 133, 136, 137, 138, 153, 156, 157, 160, 165 (figs. 1 e 2), 166, 169, 170 (figs. 1, 2 e 3), 174 (fig. 2), 183 (fig. 4), 187 (fig 4), 190 (fig. 7), 194 (fig. 5), 198 (figs. 4 e 7), 200 (fig. 4), 203, 207, 211, 215, 220, 231 (figs. 3, 4, 5 e 6), 233, 254 (fig. 1), 262 (fig. 3), 272-3, 277, 285, 293, 301, 302-3, 304, 305, 306, 308, 309, 310, 311, 312, 314, 317, 318, 321, 322.

José Moscardi
Fotografias das páginas 170 (figs. 4, 5, 6 e 7), 178, 181, 183 (fig. 1 e 5), 184, 186 (figs. 2, 3, 4, 5, 6, 7, 8, 9, 10 e 11), 187 (fig. 2 e 3), 190 (figs. 2, 3, 4, 5 e 6), #191 (fig. 1), 193 (figs. 2, 3, 4 e 6), 196 (fig. 2), 197, 231 (figs. 1 e 2).

Acervo Centro de Memória Senac São Paulo
Fotografias das páginas 183 (figs. 2 e 3), 186 (figs. 1), 187 (figs. 1, 5 e 6), 190 (fig. 1), 191 (fig. 2), 193 (fig. 1 e 5), 198 (figs. 1, 3, 5 e 6), 199 (figs. 3, 6 e 7), 200 (figs. 1 e 2).

Gino Caldatto Barbosa
Figuras das páginas 100 (fig. 3), 103, 112, 119 (fig. 7), 323.

Revista Acrópole
Figuras das páginas 47 (fig. 4), 129, 254 (fig. 2), 269.

Tony Miyasaka
Fotografias da página 194 (figs. 1, 2, 3 e 4).

Revista Habitat
Fotografias das páginas 200 (figs. 3 e 5), 224, 225.

Acervo Sobloco
Figuras das páginas 249, 254 (fig. 4 e 5), 262 (figs. 1 e 2).

Christiane Costa Ferreira
Desenhos das páginas 229 e 230.

Marcos Assis Piffer
Fotografias da página 231 (figs. 7 e 8).

Blog Almanark Itapema <http://almanarkitapema.blogspot.com.br>. Acesso em: 2 jul. 2020.
Fotografias das páginas 165 (fig. 3 e 4).

Maria Teresa Regina Leme de Barros Cordido
Figuras da página 174 (figs. 1 e 3).

Todos os esforços foram feitos para identificar e localizar os proprietários das imagens deste livro. Caso alguma incorreção tenha acontecido, solicitamos que os proprietários entrem em contato com a editora para que as futuras edições sejam corrigidas.

FONTES UNB PRO E KNOCKOUT

PAPEL SUPREMO ALTA ALVURA 250 G/M² E OFFSET ALTA ALVURA 90 G/M²

GRÁFICA GRÁFICA E EDITORA PIFFERPRINT LTDA

DATA NOVEMBRO DE 2021

FSC www.fsc.org MISTO Papel produzido a partir de fontes responsáveis FSC® C044162